国企
三资盘活

黄乐　林德良◎著

中信出版集团｜北京

图书在版编目（CIP）数据

国企三资盘活 / 黄乐，林德良著. -- 北京：中信出版社，2024.10（2024.11重印）. -- ISBN 978-7-5217-6782-7

Ⅰ. F279.241

中国国家版本馆 CIP 数据核字第 20241R5X08 号

国企三资盘活

著者：　　黄乐　林德良
出版发行：中信出版集团股份有限公司
　　　　　（北京市朝阳区东三环北路27号嘉铭中心　邮编　100020）
承印者：　北京启航东方印刷有限公司

开本：787mm×1092mm　1/16　　印张：22.25　　字数：329千字
版次：2024年10月第1版　　　　印次：2024年11月第2次印刷
书号：ISBN 978-7-5217-6782-7
定价：98.00元

版权所有·侵权必究
如有印刷、装订问题，本公司负责调换。
服务热线：400-600-8099
投稿邮箱：author@citicpub.com

编审委员会

总　编：高　宇　　姜海洋
主　编：黄　乐　　林德良
副主编：赵　宸　　何泽仪
编　委：史彦波　　夏　凯　　许菲菲
　　　　田　祎　　张梦岚　　唐　亮
　　　　徐小俊　　谢攀登
专家顾问（按姓氏音序排列）：
　　　　甘卫斌　　卢蕴琦　　冉　斌
　　　　徐风军　　徐世湘　　张劲泉
　　　　周军山　　周星星

目　录

推荐序一　/ V
推荐序二　/ VII
推荐序三　/ IX
前　言　/ XIII

第一章　新时代引领发展新格局，国企迎来高质量发展新机遇　/ 001

第一节　全球经济形势持续复杂化，中国成为最大自变量　　003
第二节　国企作为中国经济顶梁柱，莫辜负改革发展红利　　012
第三节　"做强、做优、做大"新目标，国企三资盘活新思路　　020
第四节　中央和地方政策频出，国有资产盘活迎来全新机遇　　037

第二章　立足资源禀赋找到坐标，实现国企"大象转身"　　/ 047

第一节　深化改革是关键动力，擘画国企高质量发展蓝图　　050
第二节　土地资源是基础要素，多途径盘活促进土地高效利用　　066
第三节　住房资源是基本保障，把握双轨制的未来住房趋势　　084
第四节　产业资源是核心动能，围绕"建链、补链、强链、延链"构筑产业护城河　　098
第五节　城市配套服务资源是增长契机，拓展企业多元化收入　　110
第六节　金融创新是腾飞翅膀，明晰国有资本投资运营之道　　123
第七节　数字化转型是底层驱动，推动企业构建新的发展动能　　134

第三章　搭建系统化资产管理体系，打造三资盘活顶层设计　　/ 143

第一节　国有资产现状："家底"相对殷实，构筑国家经济发展基础　　145
第二节　问题盘点：国有企业资产管理存在诸多共性问题　　155
第三节　战略升级：以"管资本"为核心的可持续增长逻辑闭环　　161
第四节　思维重塑：用增量思维看存量资产，用资本思维看资产价值　　200
第五节　组织支撑：以"决策上移，运营下沉"为要义，保障战略落地　　223

第四章　以资本为核心，探索三资盘活最佳业务实践　　/245

第一节　以资本四要素和价值四阶段实现三资盘活闭环　　247
第二节　价值发现：三重盘点，盘清资产全貌　　253
第三节　价值分析：识别资产优劣，分级施策助推资产价值最大化　　272
第四节　价值实现：灵活运用多种盘活方式，实现资产保值增值　　287
第五节　价值放大：资本加持，打通资产管理闭环，实现循环投资　　301
第六节　长沙城发实践："目标—执行—保障—赋能"层层递进　　320

后　记　/333

推荐序一

国有资产盘活是一项系统性工程，涉及资源配置、管理优化、创新发展等多个方面。从"三资"视角来看待资产管理，为我们打开了新的视野。资源、资产、资金三者之间相互关联、相互影响：资产的优化管理和价值提升，是实现资源有效整合的关键；资金的合理配置和高效运作，是资产盘活的基础和保障；资源的充分利用和协同发展，有助于提升资产的附加值和市场竞争力。

在当前中国经济转型升级和高质量发展的大背景下，国有资产的盘活与高效利用显得尤为重要，特别是在产业园区这一具有战略意义的领域，它不仅为国有资产的有效利用提供了广阔的舞台和丰富的机遇，更对推动产业发展、促进区域经济增长具有举足轻重的作用。

近年来，国家对产业发展高度重视，政策支持力度不断加强，产业园区呈现蓬勃发展的态势。产业园区的本质在于产业，核心在于运营，其不仅是产业集聚的空间载体，更是优势资源的整合平台、创新发展的引擎。产业园区的发展也为国有资产盘活提供了一个崭新的思路和方向。因此，我们需要以全新的视角和思维来审视国有资产盘活工作，将其与产业园区的发展紧密结合，以实现资源的优化配置和价值的最大化。

作为立足工业领域的国有资本投资公司和先进制造业龙头企业，广州工控集团聚焦先进制造、产业金融、产业园区三大业务板块，致力于推动高端产业资源向广州集聚，加速广州工业产业的转型升级，实现"广州制造"向"广州质造"、"广州智造"、"广州创造"转变。

因此，我们特别强调产业园区对协同集团主业和构建产业生态的赋能作用，把产业园区作为集团集聚创新资源、整合产业链条、强化产业培育的重要载体和平台。而且，产业园区在产业孵化培育、产业投资上具有得天独厚的优势，这与广州工控国有资本投资公司的定位不谋而合。

在长期的土地开发和园区运营过程中，我们逐步探索出一套载体与产业深度融合、平台与金融相互支撑的经营模式，即围绕产业园区的"投、融、建、管、退"全生命周期系统谋划、一体规划。我们聚焦工业园区、科创园区、综合园区等方向，通过"摸、筛、理、定"四个步骤，持续下好园区开发规划"一盘棋"；利用重大项目落地、龙头企业牵引、重要平台招引、产业基金"以投促引"、内扶外引以及"建、补、延、强"结合等方式，前置招商、精准招商；带动产业引育和产业集聚，打造更具竞争力的园区产业格局；搭建园区运营体系和"线上＋线下"综合服务平台，完善科技成果的"转化—孵化—产业化"机制；积极推进资产证券化，打通资产退出通道，借助资本的力量加速"资产—资金—资产"的投融资良性循环。

当前，在高质量发展背景下，产业迭代加速，数字化转型、绿色低碳、招商引资变革、"工业上楼"等新趋势不断涌现，进一步全面深化国资国企改革纵深推进。《国企三资盘活》一书的出版恰逢其时，为我们提供了全面、系统、深入的国有资产盘活指南。

这本书深入剖析了"三资"视角下国有资产盘活的策略和方法，具有很强的针对性和实用性。它不仅为读者提供了理论指导，更通过大量的实际案例和经验分享，让读者直观感受到资产盘活的成功经验和可借鉴之处。无论是对于刚刚涉足资产管理领域的新手，还是对于经验丰富的管理者，这本书都具有极高的参考价值。

景广军

广州工控集团董事长

推荐序二

在国企改革深化提升行动全面推进的今天,国有"三资"盘活正成为国企改革与发展的核心议题。《国企三资盘活》一书为我们提供了深入理解"三资"盘活的理论思考与实践路径。

"三资"盘活是国资国企深化改革的必然要求。"三资"盘活作为国企改革的重要组成部分,不仅是国企提升运营效率、优化资源配置的有效手段,更是国企增强市场竞争力和核心功能、实现可持续发展的重要途径。本书通过深入剖析"三资"盘活的重要性与紧迫性,明确指出了其在国企改革中的战略地位,为我们理解国企改革的深层逻辑提供了有力支撑。

"三资"盘活是国企转型升级的必由之路。本书通过大量案例,揭示了"三资"盘活在推动国企转型升级中的关键作用。它在促进国企盘活存量资产的同时,更加注重技术创新、管理创新和产业焕新,从而实现从传统产业向新兴产业、从低附加值向高附加值的跨越式发展。这种转型升级,不仅提升了国企的核心竞争力,更为其在新时代背景下发挥国企核心功能奠定了坚实基础。

"三资"盘活是发展新质生产力的重要基础。本书通过深入分析"三资"盘活与丰富场景变现、创新资本形成、科技创新、产业焕新的内在联系,揭示了其在提升国企创新能力、培育新经济增长点中的关键作用。国资国企在"三资"盘活的过程中不仅要注重资产本身的优化配置和价值释放,更要注重将资产盘活与创新驱动发展战略相结合,通过引入新技术、新模式、新业态,不断提升企业的创新能力和核心竞争力。

"三资"盘活需要全局视野下的主动作为。面对外部环境的剧烈变化，今天的"三资"盘活面临更大的挑战，并非简单的资产调整，而是一场涉及企业转型、产业升级乃至国家发展战略的系统性工程。本书强调了全局视野的重要性，企业不仅要关注资产本身的价值，更要从国家发展大局和城市发展战略出发，主动谋划、科学布局，将"三资"盘活与企业战略、产业与城市发展趋势紧密结合。

"三资"盘活需要系统思维下的综合施策。本书从战略升级、思维重塑、组织支撑等多个维度出发，构建了系统化的资产管理体系，强调资产盘活的全面性和协同性，形成了强大的联动效应。这种系统思维的应用，有助于国企在"三资"盘活的过程中形成合力，实现资产价值的最大化释放和企业的可持续发展。

"三资"盘活需要创新方法下的路径突破。面对新挑战与新机遇，创新方法成为"三资"盘活的关键。本书在总结国内外成功经验的基础上，提出了许多富有洞见的盘活策略与方法。从资产证券化到公募REITs（不动产投资信托基金），从资产交易处置到资产整合重组，这些创新方法与创新工具，拓宽了国有资产盘活的渠道和方式，还为企业提供了切实可行的操作指南。

我相信，本书出版后，将有更多的国资国企从中受益，实现"三资"盘活的突破与跨越，共同推动国资国企的高质量发展。在此，我诚挚地向广大读者推荐此书。

罗新宇

上海国有资本运营研究院院长

推荐序三

承蒙林德良先生的信任，我得以提前拜读明源不动产研究院组织多位业内专家集体编写的《国企三资盘活》。适逢二十届三中全会结束不久，我同社会各界人士一样认真研读了《中共中央关于进一步全面深化改革、推进中国式现代化的决定》（以下简称《决定》），由此学习和领会党中央对未来五年乃至更长一段时间内进一步深化改革方略的总体部署。在此背景下，再来读本书，我对书中的精彩论述多了一些思考。

从党的十九大到二十届三中全会，"推动国有资本和国有企业做强做优做大"在推进国资国企高质量发展过程中的主线地位一以贯之。理论界和实践界诸多专家已经对"强、优、大"三者的排序所蕴含的深意进行了多方面解读，其中，提升国有资本投资运营效率是最常被提及的一点。正如本书开篇部分提及的，当前国有企业资产收益率整体水平仍然存在较大提升空间，并且近年来利润额和营收额的提升速度多次出现低于资产规模提升速度的情况，在地方国企中这种现象尤其明显。这意味着相当一部分国有资产仍处于低效运营甚至"沉睡"状态，这也凸显了将"盘活"作为国有企业资产管理工作重心的必要性。

资产的范畴很大，本书相对聚焦于我们通常所说的不动产类资产，即土地、房屋和基础设施等，我非常赞同这样的聚焦。这当然不是因为我个人的研究领域在此而"王婆卖瓜"，以我个人的浅见，在《决定》所勾勒的未来改革图景中，国有企业重点盘活不动产类资产具有两个方面的战略性意义。

一方面，国有企业尤其是地方国有企业中的相当一部分，直接以房地产、基础设施等不动产作为投资经营对象。此类企业当前面临的最大挑战是高杠杆率水平下的化债压力，在此背景下，以资产证券化等方式盘活存量不动产类资产、回收补充企业流动资金的紧迫性不言而喻。与此同时，此类企业同样面临着如何发展新质生产力、显著提高生产率的命题。从房地产和基础设施领域的特点出发，在技术革命性突破、生产要素创新性配置和产业深度转型升级这三项新质生产力的主要推动力中，生产要素创新性配置发挥着特殊且重要的作用，是国有企业最有可能发挥主导作用的切入点，资产盘活则是实现这种创新性配置的关键途径。

另一方面，更多国有企业专注于制造业等行业，并不直接开展房地产或基础设施方面的业务。但这些企业的相当一部分资产是厂房、仓库、写字楼、土地甚至宿舍、酒店、道路和桥梁等不动产。十年前我在一项研究中发现，折算为公允价值后，上市国有制造业企业中土地和房屋等资产在总资产中所占比重平均达到近10%，其他研究则指出这一比重近年来还呈现出上升趋势。对于这类企业而言，盘活不动产类资产绝不是"不务正业"，更不是"炒房"。恰恰相反，通过创新性体制机制安排将这部分资产变"轻"，有助于国有企业将生产要素集中到其重点投资的领域和方向，尤其是更具创新潜力的方向，进而更充分地发挥比较优势，助推其在主营业务上实现高质量发展。

如果说上述逻辑关注的是国有企业重视资产管理尤其是资产盘活的必要性，即"why"（为什么），那么本书着墨更多的是国有企业资产管理工作的主要内容，即"what"（是什么）。本书从资源类型和资产管理顶层设计两个维度分别展开，构建了较为系统性的国有企业资产管理体系。在此，我想着重分享个人阅读本书后最有共鸣的三点。

其一，在将"资产"列为"资源—资产—资金"这个"三资"体系核心的基础上，本书明确提出了"用增量思维看存量资产、用资本思维看资产价值"的资产管理思路，这一简洁鲜明的论述堪称本书的文眼，令人有拍案叫绝之感。"增量思维"与"资本思维"相结合，其实质是将收益法这一投前分析中最核心的量化决策方法延伸到对存量资产的投后管理中。我常年在清华大学为本科生讲授"房地产价格理论与估价方法"课程，为研究生讲授"房地产投资"课程，收益法是这两门课程中的重点内容之一。在课堂讨论中我经常会和同学们提及，收益法的计算结果是持有型资产投资决策的关键依据，其基本思路可以并且应当贯穿投后管理过程——这与本书作者的观点相同。以资产价值最大化为目标，基于收益法的资产管理思路不仅指明了提升资产价值的可行举措（包括为了提高收益而对现金流开源、节流，为了降低资本化率而坚持降风险、稳增长），还构建了量化评估资产管理改进措施效益的基础性框架，这为企业资产管理工作从理念到落地并持续改进提供了切实可行的路径。

其二，本书正视了国有企业以出售、证券化等方式实现资产变现的现实需求，结合最新政策和业界实践介绍了可供企业采用的主要方式，实现了"投、融、管、退"的资产管理闭环，进而将资产盘活的视野由企业内部拓展至整个资本市场。如前文所述，这无论是对房地产、基础设施类国有企业化债，还是对制造业等行业国有企业更高效地将资金配置到其主营业务方向，都具有重要的现实意义。

其三，在企业资源类型上，本书体现出了宽广的研究视角。值得一提的是，本书将城市配套服务和数据列入国有企业保有的主要资源范畴并做了较为深入的讨论。当前，"城市配套服务"和"数据"的价值尤其是增长潜力正在快速得到认可和重视，同时随着相关政策（如2024年开始的企业数据资产"入表"新规）推动而处于由资源向资产转化的关键阶段。但二者也面临着相似的挑战，即如何准确并合理界定资产范畴和价值，一方面要将资产收益切实落地，另一方面要避免资产化过程中的风险过度累积甚至泡沫化。本书的分析为如何把握好这个"度"提供了新的视角。

从实践角度看，把握住了"why"和"what"等资产管理之"道"，只是做好资产管理工作的起点。与其他多数管理工作一样，资产管理同样是"知易行难"，其中的关键在于基于长期经验积累形成的诀窍、技巧等"knowhow"。记得林德良先生在带领我参观广州国际金融中心时，如数家珍般介绍资产管理中各种细节的独特做法，并自豪地告诉我这才是越秀商管最大的竞争力。难能可贵的是，本书以大量的国际领先企业和国内典型国有企业的最佳实践案例为载体，并结合直观的图表和朗朗上口的要点总结，尝试传递出尽可能多的"knowhow"之"术"。例如，长沙城发以资产证券化为导向的"目标—执行—保障—赋能"资产管理体系，保利物业对城市配套服务资源的资产化实践，西安工投对"工业遗存"的盘活，等等。尽管限于篇幅，这些案例无法充分展开，但已能够提供颇多启发。

这是一本少有的聚焦资产管理尤其是不动产类资产管理理论与实践的著作，我个人从中获益良多。期待本书所传递的资产管理的"道"与"术"能够为更多的国有企业提升资产管理水平，为推动国有资本和国有企业做强做优做大贡献力量。

吴璟
清华大学建设管理系教授
清华大学恒隆房地产研究中心主任

前　言

改革开放以来，中国经济以惊人的速度迅速崛起，成为世界经济发展的重要引擎，中国取得举世瞩目的成就不仅体现在经济增长速度上，更体现在对全球发展和变局应对的积极贡献上，尤其是 21 世纪以来，科技进步的快速推动和全球格局的深刻变化，使得中国在世界舞台上扮演着越来越重要的角色。

进入新时代新征程，我国明确将高质量发展作为经济建设的主题，经济建设从"量"的增长向"质"的突破全面迈进。这不仅包括通过新科技、新技术构建新质生产力，推动全要素生产率提升，还包括积极培育新兴产业和未来产业，推动产业结构升级，促进绿色可持续发展，实现经济发展质量的整体提升。

国有企业在这一发展进程中扮演着至关重要的角色，不仅承担着服务全局、强化产业报国的使命，还在保障社会民生和应对重大挑战中发挥着关键作用。而国有资产作为国家经济安全和社会稳定的重要支撑，其巨大的体量和影响力决定了国有企业必须发挥更大的作用。因此，如何有效盘活国有"三资"，释放潜力，提升国有资产的真实价值和效益水平，成为当前的核心命题。

明源云作为国内领先的不动产生态链数字化解决方案服务商，长期致力于国资国企改革与高质量发展研究及服务，通过深耕实践，积累了丰富的经验和成果。我们深知国有企业在全球化新形势下进行战略调整和资产管理的重要意义，也切身体会到了科技创新和数字赋能对于"三资"盘活的巨大价值。因此，我们将这些经验和成果整理出来，著成《国企三资盘活》，希望为广大国资国企提供实用的操作指引和解决方案，赋能国资国企在竞争激烈的市场环境中更好地立足和发展。

本书深入分析了在全球形势持续复杂化的背景下，中国经济面临的新机遇和新挑战，探讨了国有企业如何通过资产优化和管理升级来提升核心竞争力、增强核心功能。从国有企业以深化改革为关键动力，重点提高管理能力和市场化水平，到以土地、住房、产业和城市配套服务等多方面资源为关键要素，推动经济结构优化，再到以金融创新和数字化转型为驱动，促进资源整合和产业升级，本书全面剖析了新时代国有企业实现高质量发展的路径和策略。

对于具体的"三资"盘活顶层设计和实施路径，本书从战略升级、思维重塑、组织支撑等方面，系统阐述了如何构建全面的资产管理体系。从资产梳理盘清的价值发现，到资产分等定级的价值分析、盘活策略制定的价值实现，再到资产证券化的价值放大，本书全面解析了如何实现资产的全周期价值链管理。与此同时，通过分析标杆企业对数字科技的创新应用，书中详细诠释了"资产有数、投资有道、运营有术、增值有望"的智慧资管路径，为国企"三资"盘活提供了坚实的理论支持和实践指导。

第一章

新时代引领发展新格局，国企迎来高质量发展新机遇

长期以来，中国经济以惊人的速度实现了快速增长，取得了举世瞩目的成就。然而，风云变幻，全球经济持续面临着不稳定、不确定和不均衡的困境，作为全球经济的重要参与者，中国经济在抵御外部不利影响的同时，正经历着内部增速"换挡"的调整。从量的增长到质的突破，高质量发展是新时代发展的客观要求和必然选择，是以国内大循环为主体、国内国际双循环相互促进的新发展格局的战略选择，也是新时代发展的硬道理。

国有企业是中国特色社会主义的重要物质基础和政治基础，在高质量发展进程中承担着战略性使命，在国民经济发展中起到"压舱石"作用，而国有资产更是已经成为社会经济发展和国家安全的坚实基础和可靠保障。当下我国国有资产体量极大，但相当一部分国有资源、资产、资金（以下简称"三资"）处于无效、低效或闲置状态，甚至存在较大的流失风险，这造成了极大程度的浪费，因而国有企业三资盘活行动迫在眉睫。

作为三资盘活的实施主体，国有企业应该把握三资盘活机遇，以三资盘活为目标，提高资源配置效率，充分发挥国有资产效益，培育高质量发展新动能，为新发展格局和高质量发展添砖加瓦。

因此，本章着眼于中国经济高质量发展、国有企业改革发展红利、城市资源价值提升、国有存量资产盘活等多个维度，对新时代国有企业高质量发展新机遇进行了分析和探讨。

第一节
全球经济形势持续复杂化，中国成为最大自变量

"放眼世界，我们面对的是百年未有之大变局。新世纪以来一大批新兴市

场国家和发展中国家快速发展，世界多极化加速发展，国际格局日趋均衡，国际潮流大势不可逆转。"这两句话是 2017 年 12 月 28 日中共中央总书记、国家主席、中央军委主席习近平在接见回国参加 2017 年度驻外使节工作会议的全体使节时的讲话内容，也是其关于世界"百年未有之大变局"的首次公开完整表述。

全球经济方面，持续的不稳定性、不确定性和不均衡性越发突显，经济增速低迷、通胀高企、债务攀升、失业率上升等问题交织。作为世界第二大经济体，中国的经济已从依赖要素投入和外需拉动阶段转向注重创新和高质量发展阶段，这不仅为中国经济注入了新动力，也为全球经济增长提供了重要支撑。中国的高质量发展将成为塑造全球经济形势的重要因素之一，其发展将深刻影响全球经济的走势和格局。

一、全球经济：恢复缓慢且不均衡的动态调整期

2020 年，新冠肺炎疫情使得多国经济不振，全球 196 个国家和地区中有 159 个出现经济负增长。同年，全球实际经济增速仅为 –3.2%，甚至低于 2008 年金融危机之后的 –2.0%。2024 年 1 月，世界银行预测 2020—2024 年可能是近 30 年来全球经济增速最慢的 5 年，由新冠肺炎疫情引发的系列调整和相关政策措施对经济的影响仍在持续。

全球经济的不稳定性、不确定性、不均衡性上升，经济低增长的同时伴随着高通胀、高利率、高债务和高失业，整体呈现"一低四高"的发展态势（见图 1-1）。

自 2008 年金融危机以来，全球经济增速未曾经历周期性起伏，而是持续放缓。发达经济体复苏形势有分化，美国经济复苏具备一定支撑，在发达经济体中经济韧性相对较强；英国等地的经济增长于 2023 年再次呈现出"双底型衰退"，经济复苏程度有限。图 1-2 显示的是 2022—2025 年全球主要经济体的经济增速（含预测）。

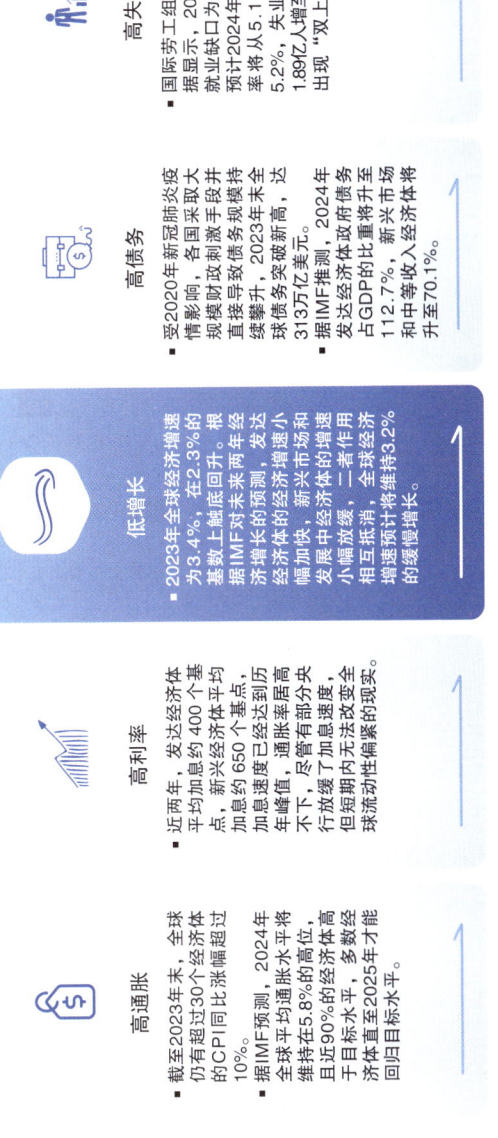

图1-1 "一低四高"发展态势

注：CPI是指消费价格指数；IMF是指国际货币基金组织；GDP是指国内生产总值。

资料来源：公开资料，明源不动产研究院整理。

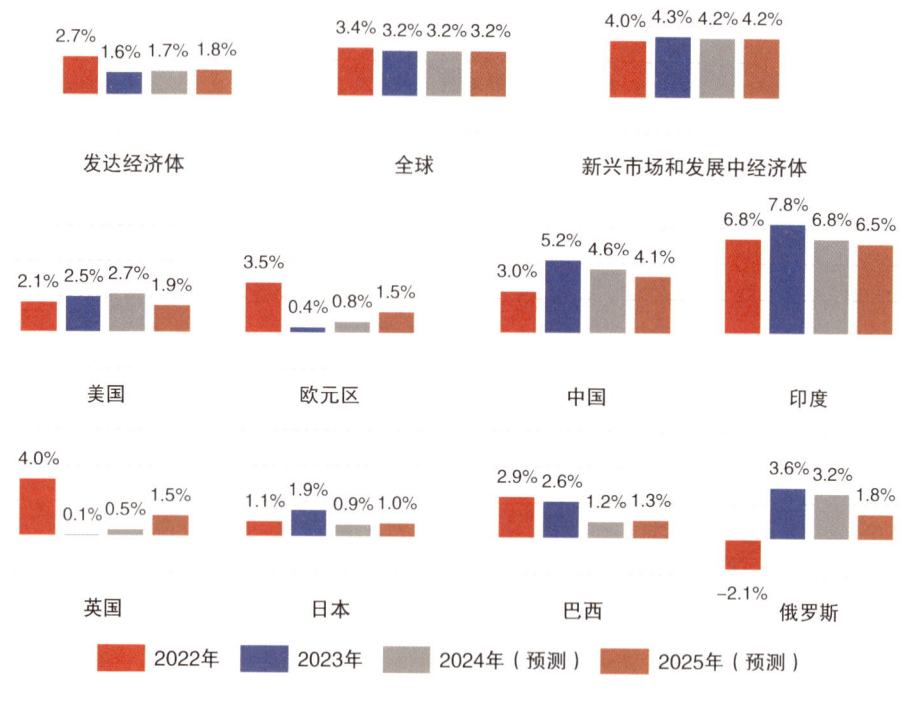

图 1-2　2022—2025 年全球主要经济体的经济增速（含预测）

资料来源：国际货币基金组织，明源不动产研究院整理。

新兴市场和发展中经济体仍是全球和区域溢出效应的重要来源，其经济增长放缓的负面溢出效应将给全球经济增长带来趋同风险。从另一个角度看，这意味着其他国家可以支持世界经济发展，通过可能出现的增长加速产生积极的全球溢出效应，从而拉高世界经济增长率，而中国经济与全球经济高度融合，中国正在以较大的经济增速优势发挥更大的全球影响力。

二、中国经济：新时代长期向好的高质量发展期

作为全球经济增长的火车头和世界第二大经济体，中国正逐渐成为世界经济发展中的主角。凭借着长期经济增长所需的投资、劳动力和全要素生产率优

势，以及强劲的后来者优势，在改革开放以来的四十余年里，被誉为"中国奇迹"的经济增长在一定程度上推动了世界经济的发展。

然而，曾经的很长一段时间内我国经济增长主要依靠外需和投资拉动。随着经济发展进入新常态，我国面临外部需求对经济拉动作用放缓，更多新兴经济体工业化步伐加快加剧了世界市场竞争，国内老龄化程度提高，市场需求结构升级加快等系列问题。我国社会的主要矛盾也从"人民日益增长的物质文化需要同落后的社会生产之间的矛盾"转化为"人民日益增长的美好生活需要和不平衡不充分的发展之间的矛盾"，于前者而言，经济增速是关键，于后者而言，经济质量是关键。

中国经济已经进入"换挡"时期，以习近平同志为核心的党中央多次强调高质量发展的必要性，并不断提出相关实践要求、丰富相关思想内涵、探索相关发展路径，高质量发展已是首要任务（见表1-1）。

表1-1 以习近平同志为核心的党中央对高质量发展的部分指示

时间	会议	相关内容	总结
2017.10.18	中共十九大	■ 习近平在十九大报告中提到，我国经济已由高速增长阶段转向高质量发展阶段，正处在转变发展方式、优化经济结构、转换增长动力的攻关期，建设现代化经济体系是跨越关口的迫切要求和我国发展的战略目标	提出中国经济转入高质量发展阶段的重点判断，并提出相关实践要求
2017.12.06	党外人士座谈会	■ 习近平强调，现阶段，我国经济发展的基本特征就是由高速增长阶段转向高质量发展阶段。实现高质量发展，是保持经济社会持续健康发展的必然要求，是适应我国社会主要矛盾变化和全面建设社会主义现代化国家的必然要求	
2017.12.18—2017.12.20	中央经济工作会议	■ 会议认为，推动高质量发展是遵循经济规律发展的必然要求	

（续表）

时间	会议	相关内容	总结
2018.03.05	十三届全国人大一次会议内蒙古代表团审议	■ 习近平指出，推动经济高质量发展，要把重点放在推动产业结构转型升级上，把实体经济做实做强做优。要立足优势、挖掘潜力、扬长补短，努力改变传统产业多新兴产业少、低端产业多高端产业少、资源型产业多高附加值产业少、劳动密集型产业多资本科技密集型产业少的状况，构建多元发展、多极支撑的现代产业新体系，形成优势突出、结构合理、创新驱动、区域协调、城乡一体的发展新格局	提出中国经济转入高质量发展阶段的重点判断，并提出相关实践要求
2018.03.07	十三届全国人大一次会议广东代表团审议	■ 习近平指出，构建推动经济高质量发展的体制机制是一个系统工程，要通盘考虑、着眼长远，突出重点、抓住关键。要全面推进体制机制创新，提高资源配置效率效能，推动资源向优质企业和产品集中，推动创新要素自由流动和聚集，使创新成为高质量发展的强大动能，以优质的制度供给、服务供给、要素供给和完备的市场体系，增强发展环境的吸引力和竞争力，提高绿色发展水平	
2018.12.19—2018.12.21	中央经济工作会议	■ 会议认为，我国经济运行主要矛盾仍然是供给侧结构性的，必须坚持以供给侧结构性改革为主线不动摇，更多采取改革的办法，更多运用市场化、法治化手段，在"巩固、增强、提升、畅通"八个字上下功夫 ■ 会议确定，要推动先进制造业和现代服务业深度融合，坚定不移建设制造强国 ■ 会议还确定，要坚持农业农村优先发展	以新发展理念为引领，指导质量发展的实践，丰富高质量发展的思想

（续表）

时间	会议	相关内容	总结
2019.12.10—2019.12.12	中央经济工作会议	■ 会议确定，新时代抓发展，必须更加突出发展理念，坚定不移贯彻创新、协调、绿色、开放、共享的新发展理念，推动高质量发展。各级党委和政府必须适应我国发展进入新阶段、社会主要矛盾发生变化的必然要求，紧紧扭住新发展理念推动发展，把注意力集中到解决各种不平衡不充分的问题上	以新发展理念为引领，指导质量发展的实践，丰富高质量发展的思想
2020.04.10	中央财经委员会第七次会议	■ 习近平指出，国内循环越顺畅，越能形成对全球资源要素的引力场，越有利于构建以国内大循环为主体、国内国际双循环相互促进的新发展格局，越有利于形成参与国际竞争和合作新优势 ■ 首次提出新发展格局	
2020.05.23	全国政协十三届三次会议经济界委员联组会	■ 习近平指出，面向未来，我们要把满足国内需求作为发展的出发点和落脚点，加快构建完整的内需体系，大力推进科技创新及其他各方面创新，加快推进数字经济、智能制造、生命健康、新材料等战略性新兴产业，形成更多新的增长点、增长极，着力打通生产、分配、流通、消费各个环节，逐步形成以国内大循环为主体、国内国际双循环相互促进的新发展格局，培育新形势下我国参与国际合作和竞争新优势	立足构建新发展格局，探索"十四五"时期高质量发展路径
2020.10.26	中共十九届五中全会	■ 全会提出了"十四五"时期经济社会发展指导思想和必须遵循的原则，强调要以推动高质量发展为主题 ■ 全会还提出，要不断提高贯彻新发展理念、构建新发展格局能力和水平，为实现高质量发展提供根本保证	

（续表）

时间	会议	相关内容	总结
2021.12.08—2021.12.10	中央经济工作会议	■ 会议指出，在充分肯定成绩的同时，必须看到我国经济发展面临需求收缩、供给冲击、预期转弱三重压力。世纪疫情冲击下，百年变局加速演进，外部环境更趋复杂严峻和不确定 ■ 会议还指出，无论国际风云如何变幻，我们都要坚定不移做好自己的事情，不断做强经济基础，增强科技创新能力，坚持多边主义，主动对标高标准国际经贸规则，以高水平开放促进深层次改革、推动高质量发展	开拓以"高质量发展"为主题的中国式现代化新道路
2022.02.28	中央全面深化改革委员会第二十四次会议	■ 习近平强调，要推动国有企业完善创新体系、增强创新能力、激发创新活力，促进产业链创新链深度融合，提升国有企业原创技术需求牵引、源头供给、资源配置、转化应用能力，打造原创技术策源地	
2022.10.16	中共二十大	■ 习近平指出，高质量发展是全面建设社会主义现代化国家的首要任务	
2023.03.13	十四届全国人大一次会议	■ 习近平指出，我们要坚定不移推动高质量发展，推动经济实现质的有效提升和量的合理增长，不断壮大我国经济实力、科技实力、综合国力	
2023.03.04—2023.03.13	十四届全国人大一次会议、全国政协十四届一次会议	■ 着眼新的实践方位，全国两会部署牢牢把握高质量发展这个首要任务	
2024.01.31	中央政治局第十一次集体学习	■ 习近平指出，新质生产力是创新起主导作用，摆脱传统经济增长方式、生产力发展路径，具有高科技、高效能、高质量特征，符合新发展理念的先进生产力质态	

资料来源：公开资料，明源不动产研究院整理。

国际局势错综复杂，世界经济复苏乏力，我国所面临的外部压力越来越大。有效需求不足、周期性结构问题持续，内部困难仍存在。然而，面对内外部困境，我国在稳定经济运行方面并未松劲，并且持续推动高质量发展，以求最终实现"质的有效提升"和"量的合理增长"。

质的有效提升，转型升级持续推进。我国经济结构优化调整，服务业和消费的经济增长主引擎作用日益凸显；优势产业布局加快，现代产业体系建设取得重要进展；人民生活逐步改善，民生保障持续有效发力。

量的合理增长，国民经济回升向好。我国经济增速回升，2023年实现5.2%的GDP增长；就业形势改善，2023年全国城镇调查失业率同比下降0.4%；此外，物价温和上涨和国际收支基本平衡也论证了我国经济的合理增长。

作为实现"十四五"规划目标任务的关键一年，2024年国务院《政府工作报告》将全年经济增长预期目标定为5.0%左右，这是科学合理且通过努力可实现的。过去中国经济没有因为"中国崩溃论"而崩溃，今天也不会因为"中国经济见顶论"而见顶。中国经济仍是全球经济增长的重要引擎，展望未来，中国经济长期向好的大势毋庸置疑。

国有企业在维护宏观经济稳定、积累国家物质财富、改善人民生活水平，以及推动国民经济平稳运行和持续健康发展方面发挥着主导作用。国有企业应该坚持新发展理念，顺应中国经济发展的方向和要求，担负起新的任务和使命，持续发挥国有企业核心功能，通过有效推动新一轮国企改革，不断助力中国经济高质量发展目标的实现。

综上所述，在全球经济缓慢复苏的过程中，欧美发达经济体增长乏力，新兴市场经济增长势头依然强劲。中国经济正逐步从高速增长阶段转向高质量发展阶段，国有企业作为国民经济的顶梁柱，也应该通过深化改革、转变发展方式、动力转换、战略转型、能力再造等途径，在高质量发展的道路上迈出坚实的步伐。

第二节
国企作为中国经济顶梁柱，莫辜负改革发展红利

高质量发展是全面建设社会主义现代化国家的首要任务，这一理念不仅体现了我国对经济发展规律的深刻把握，也展示了中国特色社会主义进入新时代的明确方向。在此关键时期，作为发展排头兵的国有企业，其深化改革也迎来关键阶段，通过提升核心竞争力和市场化经营水平，国有企业在经济领域发挥主导作用的同时，也在服务社会、保障民生等方面承担起更多责任。因此，我国经济建设要以高质量发展为目标，以新质生产力为动力，以国有企业改革为抓手，提升城市资源价值，助推国有三资盘活，实现产业的深度转型和全要素生产效率的提升。

一、加快形成新质生产力，国企助推经济发展责无旁贷

作为我国经济建设的主旋律，"高质量发展"与时俱进，明确了我国未来经济发展的目标。为进一步寻找新的发展方向和关键的着力点，习近平总书记前瞻性提出了极具理论意义与实践价值的新质生产力概念："新质生产力是创新起主导作用，摆脱传统经济增长方式、生产力发展路径，具有高科技、高效能、高质量特征，符合新发展理念的先进生产力质态。它由技术革命性突破、生产要素创新性配置、产业深度转型升级而催生，以劳动者、劳动资料、劳动对象及其优化组合的跃升为基本内涵，以全要素生产率大幅提升为核心标志，特点是创新，关键在质优，本质是先进生产力。"这一重要论述明确指出了我国经济由"量"的积累转向"质"的突破的新时代现状，也深刻指明了新质生产力的特点、关键、本质等问题。

透过现象看本质，我们看到科技是新质生产力的重要推力，创新是科技进步的关键动能，诸多关键要素的创新性组合推动了新质生产力的构建。为深刻理解新质生产力的内涵，我们将其拆解开来，详细解读（见图1-3）。

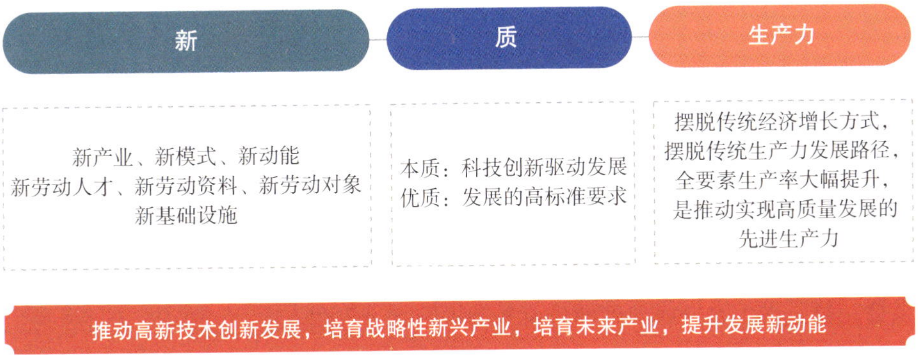

新	质	生产力
新产业、新模式、新动能 新劳动人才、新劳动资料、新劳动对象 新基础设施	本质：科技创新驱动发展 优质：发展的高标准要求	摆脱传统经济增长方式，摆脱传统生产力发展路径，全要素生产率大幅提升，是推动实现高质量发展的先进生产力

推动高新技术创新发展，培育战略性新兴产业，培育未来产业，提升发展新动能

图1-3　新质生产力解读

新质生产力的"新"代表了新时代背景下全新的发展形态，这里面包含了新产业、新模式、新动能。新产业意味着对未来产业、新兴产业的培育；新模式是指新时代新征程下，企业面对发展的不同阶段，应采取新的发展思路，选择新的发展路径，借助金融、资本等手段，打造新的发展模式；新动能则是创新技术、新兴产业模式、国有存量资产盘活等相结合产生的新的经济发展推动力。

发展新产业、新模式、新动能的力量来自新型人才，人才作为第一资源不仅可以创造新的生产技术，还能将新的生产技术应用到实践当中，所以要持续扩大国家战略人才力量，建立人才高地，培养领军团队和个人。从创造新动能到应用新动能，人才是完成资源与技术迭代并循环提升的关键要素。

由于新劳动人才不断进行创新创造，新的生产工具与生产条件形成，例如，高端智能设备等新型基础设施作为新劳动资料开始补充生产能力甚至改变生产结构。与此同时，新劳动对象携带着它的全新价值被孕育，例如，作为第五大生产要素的"数据"，在新生产资料发展的过程中，被赋予了截然不同的意义，数字经济作为一种新时代下的新经济形态，新质生产力会将其推动到未来主导产业的地位。与传统经济在生产过程中持续投入大量自然资源不同，新的生产关系通过新劳动资料和新劳动对象完成对原有技术路线的颠覆，在提高生产效率的同时实现可持续发展。

新质生产力的"质"则代表了"本质"和"优质"。新质生产力应以科技创新为"本质",摆脱传统经济发展方式,让科技起到引领作用。"优质"则是对发展的高标准要求,我国经济从高速发展转向高质量发展,应将生产力做优、做强,进而促进经济的稳健发展。

新质生产力的构建一定落实在解放和发展生产力本身上,习近平总书记对新质生产力的重要论述丰富了马克思主义生产力理论,为生产力赋予了新的时代内涵。这有利于我国摆脱传统生产力发展路径,使全要素生产率大幅提升。最终,新质生产力将成为推动高质量发展的先进生产力。

可见,新质生产力与高质量发展之间的关系应该是互相牵引且互相支撑。一方面,新质生产力在高质量发展的进程中起到引领作用与牵引作用,通过优化资源配置,提高生产效率,其将直接作用于经济的高质量发展。另一方面,高质量发展为新质生产力的构建创造了有利的环境,想要高质量发展,就一定要提升科技力量,培养技术能力,促进供给侧结构性改革,扩大内需,高质量发展为新质生产力提供了诸多有利条件,让新质生产力如鱼得水。

目前,我国以科技创新推动高质量发展,已经取得了显著成效,加速发展新质生产力将为经济发展带来深刻影响。未来,发展战略性新兴产业,培育未来产业,推动数字经济,都将在高质量发展的总体要求下持续深化,并将发展思想、发展政策、发展主体深度融合。可以看到,新质生产力与高质量发展的内在逻辑具有一致性,新质生产力将为高质量发展源源不断地注入推动力,高质量发展必将在新质生产力的作用下继续走向新的历史高度。

二、持续深化国企改革,筑牢国企高质量发展基石

新质生产力牵引着高质量发展,高质量发展推动着经济建设,在大力发展经济的过程中,我们应坚持"两个毫不动摇",无论是国企还是民企,都应充分发挥各自优势,提升我国在全球产业格局中的综合实力。而国有企业作为发展的排头兵,承担着服务全局、强化产业报国的使命,发挥着保障社会民生和应对重大挑战的作用,国有企业助推经济发展责无旁贷。

为了更好担起发展之重任,国有企业需要通过深化改革,优化国有经济布

局、完善现代企业制度、提升资源配置效率、推动新质生产力构建，以体制机制的灵活带动人员用活，进而实现资产盘活。

1. 国企改革在风雨兼程中一路高歌

为了深刻理解我国当前所处的重要发展阶段，下文以国有企业的改革历程为镜，透过国有企业改革从"推进"到"加快"，再到"提升"的四十余年，复盘得失、总结经验，以便我们继续迈向高质量发展之路（见图1-4）。

图 1-4　国有企业改革历程

资料来源：公开资料，明源不动产研究院整理。

第一轮国企改革在计划经济的背景下正式开启，政府通过放权让利，承认了企业和个人利益的存在。其价值和意义在于，调整了国家与企业的权责关系，通过放权让利来增强企业的活力，初步完成了国企从面向计划到面向市场的转变，迈出了国有企业突破原有制度的关键一步。

第二轮国企改革开始于党的十四大，明确提出改革思路从"放权让利"转向"制度创新"，中央建立现代企业经营管理制度，通过"抓大放小"，提质增效。其价值和意义在于，国有企业以退为进，以破产兼并、人员分流，换来了产能出清，扭亏为盈。

第三轮国企改革以国务院国有资产监督管理委员会（简称"国务院国资

委")正式成立为起始标志，持续推动"管人、管事、管资产"相统一的国有资产监督管理模式的成熟与完善，并通过深化国有企业公司制、股份制改革，优化国有经济布局和结构。其价值和意义在于，健全了现代企业制度，增强了国有经济活力，通过成立国务院国资委，建立了新的管理体系。

第四轮国企改革则始于中共十八届三中全会的《中共中央关于全面深化改革若干重大问题的决定》，随后在2015年，中共中央、国务院印发了《关于深化国有企业改革的指导意见》，正式建立深化改革顶层设计，铺开"1+N"系列政策体系。新一轮国企改革系统且深入，从全面部署到专项试点、深化推进、操作指引，再到行动落地，改革的车轮正在向着远方缓缓滚动。

在国企改革行动中我们看到，无论是"1+N"体系的七项核心行动部署，还是三年行动的八项重点工作，抑或双百计划的"五突破""一加强"，以及国企改革深化提升行动，改革内容既全面又有系统性，看似有些繁杂，但综合来看，我们认为国企改革的核心是做好两件事情：形成健全的市场化经营机制及完善的管理监督体系。通俗地讲就是将国有企业推入市场，同时做好资本管理和监督。想要做好这两件事，就要围绕四项核心内容开展改革：优化国有经济布局，体制机制改革，资本管理及监督，强化党建工作（见图1-5）。

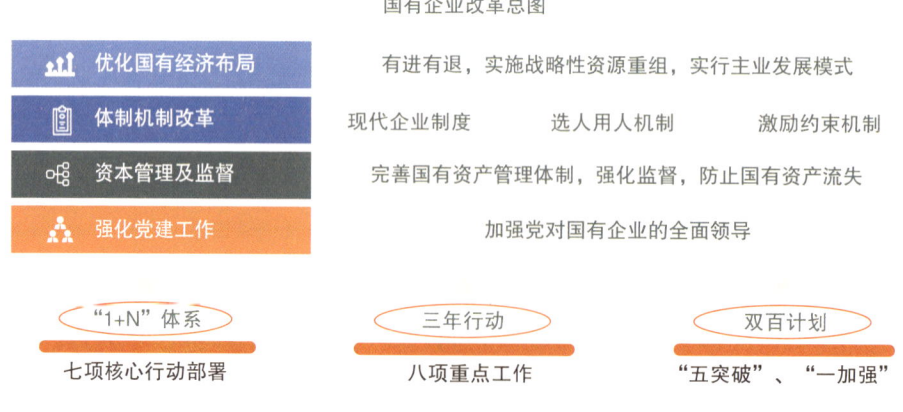

图1-5 国有企业改革概览

资料来源：公开资料，明源不动产研究院整理。

国资国企通过优化国有经济布局，解决行业分布过宽过散、资源配置效率不高、盈利能力不足、竞争能力不足、区域分布尚不均衡等问题；通过体制机制改革，完善"三会一层"治理结构、构建现代企业制度，推进三项制度改革、优化选人用人机制，建立现代企业薪酬体系、完善考核激励机制；通过资本管理及监督，构建完善的国资监管体系，高效开展国有资本运作；通过强化党建工作，将加强党的领导和完善公司治理统一起来，以高质量党建引领高质量发展。

2. 坚持"一个目标"，用好"两个途径"

当前，国有企业改革来到深化提升阶段，做强、做优国有资本和国有企业是发展的目标。实现这一目标有两大重要途径，一是提高核心竞争力，二是增强核心功能。

关于提高核心竞争力，首先要说的就是"科技"，新质生产力构建的关键在于科技，高质量发展的动力在于科技，新时代新征程的路线也离不开科技，可以说科技发展是当前经济发展的核心内容，科技力量是建设中国特色社会主义的关键力量，以科技强国，以科教兴国，是提升核心竞争力的根本所在。其次是"效率"，核心竞争力提升的标准之一就是提高生产效率，提升资源配置效率，更大限度地发挥资源价值，实现资源、资产、资金的高效循环，实现存量资产的价值挖掘与提升。再次是"人才"，"人才"将核心竞争力不断沉淀、循环、提升，既是核心竞争力的打造者，又是高质量发展的实践者，因此培养人才、善用人才、建立人才培养高地是又一关键举措。最后是"品牌"，从中国产品升级为中国品牌，品牌可以理解为核心竞争力发展的目标，也可以当作核心竞争力发展的结果。

增强核心功能则体现为国有企业要持续优化布局、巩固发展命脉，并在创新体系建设、新兴产业培育方面重点投入，起到科技创新、产业控制和安全支撑的关键作用。总结起来就是，国资国企改革应坚持"一个目标"，用好"两个途径"，在此基础上实现改革的进一步推进。

不同的改革阶段被赋予了不同的使命，也代表着不同的价值，改革的关键不仅仅是完成哪些任务，国企要密切结合自身实际，补短板、强弱项、固底板、扬优势，并且将之前获得的成果固化下来，注重成果制度化、长效化，避免"反弹回潮"，如此才可以真正实现通过改革激活体制、用活人员、盘活资产、促活价值。

3. 落实国有企业"一利五率"考核指标

国有企业在新的改革发展阶段有新的指标要求。2023年1月5日，国务院国资委召开中央企业负责人会议并提出，为加快推进中央企业高质量发展，国资委进一步将中央企业经营指标体系优化为"一利五率"。从原来的"两利四率"到现在的"一利五率"，此次改革保留了利润总额、资产负债率、研发经费投入强度、全员劳动生产率，用"ROE"（净资产收益率）替换"净利润"，用"营业现金比率"替换"营业收入利润率"，引导企业更加注重投入产出效率和经营活动现金流，不断提升资本回报质量和经营业绩"含金量"（见图1-6）。

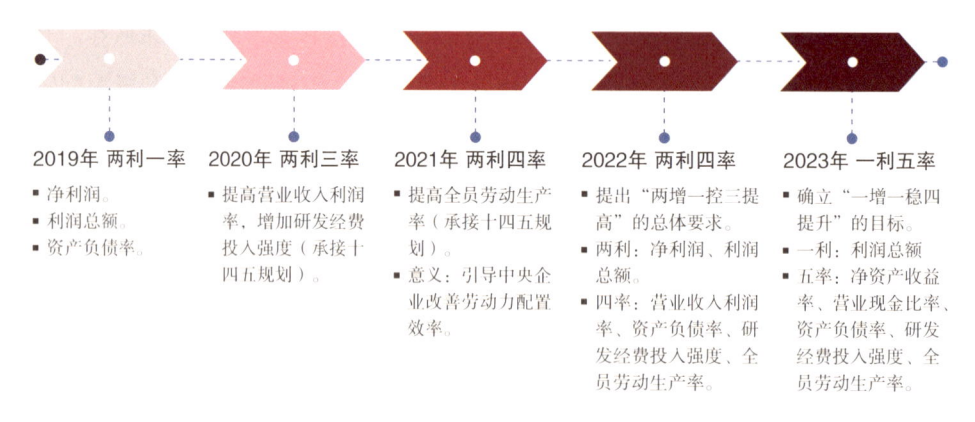

2019年 两利一率	2020年 两利三率	2021年 两利四率	2022年 两利四率	2023年 一利五率
■ 净利润。 ■ 利润总额。 ■ 资产负债率。	■ 提高营业收入利润率，增加研发经费投入强度（承接十四五规划）。	■ 提高全员劳动生产率（承接十四五规划）。 ■ 意义：引导中央企业改善劳动力配置效率。	■ 提出"两增一控三提高"的总体要求。 ■ 两利：净利润、利润总额。 ■ 四率：营业收入利润率、资产负债率、研发经费投入强度、全员劳动生产率。	■ 确立"一增一稳四提升"的目标。 ■ 一利：利润总额。 ■ 五率：净资产收益率、营业现金比率、资产负债率、研发经费投入强度、全员劳动生产率。

图1-6 中央企业经营指标体系演变历程

资料来源：公开资料，明源不动产研究院整理。

最重要的指标变化是，原来的"净利润"被"ROE"替换。过去考核净利润，看的是绝对值，这容易导致企业"摊大饼"，或者通过堆积低效的项目来确保利润额的完成。将考核指标从"净利润"变为"ROE"，可以更加准确地反映企业的经营质量、资产质量和创收能力，体现企业为股东创造价值的能力，也更加契合国资委管资本的监督导向，这对国有企业来说既是机遇，也是挑战（见图1-7）。

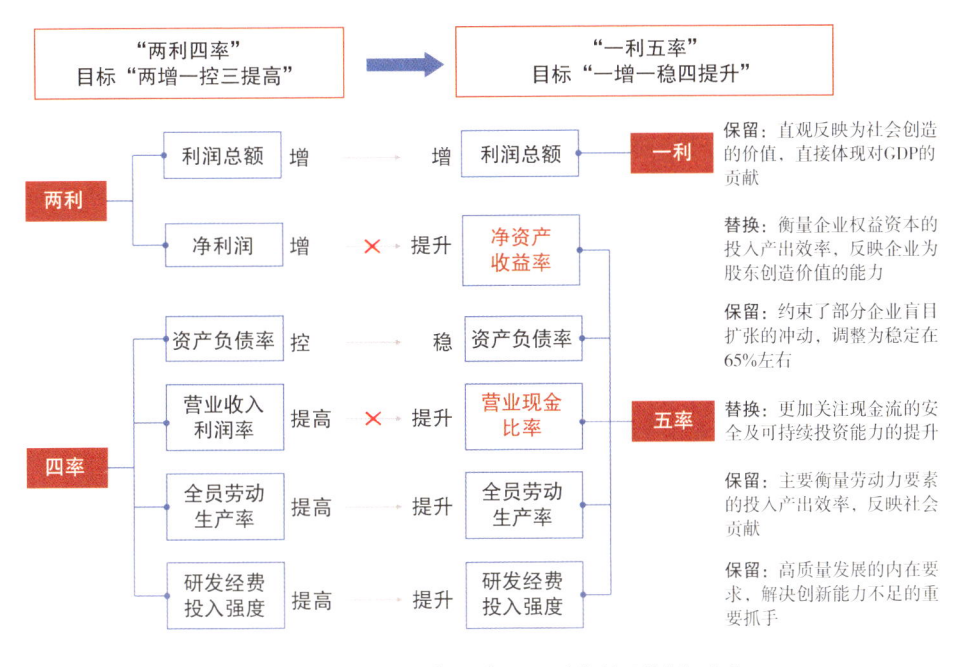

图1-7 从"两利四率"到"一利五率"的具体指标变化

资料来源：公开资料，明源不动产研究院整理。

随着"一利五率"指标在中央企业的逐步落实，地方国企也将迎接这一新的考核体系。事实上，这些指标变化的背后与国家的高质量发展导向密切相关，这将倒逼央企、国企真正实现从量的增长转变为质的突破。

而放眼国际，中国企业的盈利能力和美国企业相比仍有一定差距。从2023年《财富》世界500强排行榜的上榜企业数量看，中国为142家，美国为136家，中美强势霸榜、势均力敌。但从质量上看，中国企业仍存在明显短板。

一方面，企业的利润水平较低。中国上榜企业的利润总额为 5 618.6 亿美元，整体净利润率仅为 4.77%，而美国上榜企业的利润总额为 10 882.7 亿美元，整体净利润率达到 8.36%。此外，从平均利润来看，中国内地、中国香港上榜企业的平均利润为 39 亿美元（而美国上榜企业为 80 亿美元），并且相较世界 500 强企业 58 亿美元的平均利润也存在一定差距。由此可见，中国上榜企业存在大而不强的特点，整体盈利能力低于美国企业。

另一方面，中国上榜企业集中在资源垄断性行业和金融部门。例如，电力、石油、银行等，并且大部分为央企、国企。美国上榜企业的类型则更为多元，集中在科技、零售、制造等领域，并且多为私营企业。

从这些角度看，中国经济及国有企业要真正实现高质量发展，仍任重而道远。国有企业需要持续强化科技自主创新能力，培育核心竞争力，围绕"一利五率"考核，真正提升盈利能力，从而在大国较量中拥有内生力量和屹立之道。

第三节
"做强、做优、做大"新目标，国企三资盘活新思路

国企是中国经济的顶梁柱，培育发展新质生产力，进一步深化国企改革，已是国企发展的主旋律，加快国有经济布局优化和结构调整，推动国有资本和国有企业"做强、做优、做大"，已是国企发展的核心命题。做强，意味着优化国有资产和国有资本布局；做优，意味着提升国有资产质量；做大，则意味着需要通过提高运营能力，把大量散落在各地的国有资源变成国企的资产。

国有企业要"做强、做优、做大"，实现高质量发展，亟须寻找新的发展动能，围绕"管资本"构建新的模式。作为大量国有资产的持有和经营方，国有企业需要进一步发挥经营杠杆属性和资本杠杆属性，把资源变成资产，通过优化运营让资产得以提质增效。这背后就需要推进资源、资产、资金的"三资盘活"，为国有企业乃至中国经济的高质量发展注入全新动能。

到底哪些资源能变成国企的资产，以及如何把资产真正盘活，是本节重点探讨的问题。我们将围绕国企三资及城市资源是什么，为什么要加速推进国企三资盘活，以及做好城市资源运营这三个方面来展开论述。

一、全局审视城市资源，重新诠释国企三资

国企是运营城市资源的主体，要承担社会责任，做好公益性资产的管理、运营和服务，更要思考如何实现经营性资产的保值、增值。当前，如何在做大资产规模的同时，提升资产质量、优化资产结构、加快三资盘活，为高质量发展奠定基础，是国企亟须思考的课题。

1. 清晰界定国企三资：资源、资产、资金

在探讨国企三资盘活问题之前，我们首先需要对国企三资的概念做一个清晰的梳理和界定，本书将国企三资界定为资源、资产和资金（资本），其含义分别如下。

关于资源（resource），马克思在《资本论》中说："劳动和土地是财富的两个原始形成要素。"恩格斯的定义是："其实，劳动和自然界在一起时才是一切财富的源泉，自然界为劳动提供材料，劳动把材料转变为财富。"可见，资源的来源及组成，不仅涉及自然资源，还涉及与人类劳动有关的社会、经济、技术等因素，包括人力、人才、智力（信息、知识）等资源。随着人类文明的进步和生产力的提高，人类对资源的认知和利用水平也在提升，从最初的材料资源到能源资源，再到如今的信息资源，这也推动着人类社会从农业时代迈向工业时代，并快速向信息时代迈进。综合来看，我们可以有如下界定：资源是自然界和人类社会中一种可以用来创造物质财富和精神财富的、具有一定量的积累的客观存在形态，包括土地资源、矿产资源、森林资源、海洋资源、人力资源、信息资源等。如今，在新质生产力的概念下，资源又纳入了新的要素，比如数据。

关于资产（asset），它是指企业过去的交易或事项形成的、由企业拥有或

控制的，预期会给企业带来经济利益的资源。资产具有三大基本特征：其一，资产是一项由过去的交易或事项形成的资源，资产必须是现实的资产，而不能是预期的资产；其二，资产必须由企业拥有或控制，即企业享有某项资产的所有权，或者虽然不享有某项资产的所有权，但该资产能被企业所控制；其三，资产预期会给企业带来经济利益，也就是说资产必须具有交换价值和使用价值，具有直接或间接导致现金和现金等价物流入企业的潜力。此外，按照中国的企业会计准则，符合上述资产定义的资源，还要同时满足两个条件才能被确认为资产：一是与该资源有关的经济利益很可能流入企业，二是该资源的成本或价值能够可靠地计量。按照不同的标准，资产可以分为不同的类别，按耗用期限的长短，可分为流动资产和长期资产；按是否有实体形态，可分为有形资产和无形资产。

关于资金（fund），它是指用来进行周转、创造社会物质财富的物资或货币，也是国民经济中财产物资的货币表现。资金按分配形式可分为通过财政收支形式分配的财政资金和通过银行信贷形式分配的信贷资金，按用途可分为用于基本建设的资金和用于生产经营活动的资金。资金只有在运动中才能保存价值并使原有的价值得到增值。随着生产经营活动的进行，企业的资金从货币资金形态开始，依次经过供应过程、生产过程和销售过程，分别表现为储备资金、生产资金、成品资金等不同的形态，最后又回到货币资金形态，这种运动过程就是资金的"循环"。资金周而复始地不断循环，称为资金的"周转"。资金的"退出"则是指资金离开企业，退出资金的循环与周转，例如企业偿还各项债务、支付各项税金及向所有者分配利润等。资金运动的三部分内容是相互支撑、相互制约的统一体。

明确了资源、资产、资金的基本概念后，那么到底什么是三资盘活？我们可以先将其拆分：资源盘活是指将资源进行分类并转化，使其发挥最大作用，通过优化配置提升资源价值；资产盘活是指综合运用"用、售、租、融"等方式，提高资产效益、做大资产体量、调优资产结构、提高资产质量；资金盘活则包含财政专款、专项资金的清算，对沉淀资金、挪用资金完成回收。与此同时，需要着重指出的是，三资盘活不仅仅是资源、资产、资金的各自盘活，更是资源、资产、资金三者的联动、高效运转、相互促进和循环增值，实现资源资产化、资产资本化和资本证券化，再将期间产生的资金进行循环投资，促活更多资源。

在"一利五率"考核体系的要求下，国企会更加注重国有资本的投资效益。在"管资本"的顶层视角下，如何推动资源、资产、资金实现有效循环，从而使得国有资本的投资效益最大化，是国企三资盘活的重要底层逻辑。总体而言，国企三资盘活应立足于宏观，统领全局，从发展新质生产力、推动高质量发展的高度去思考，充分发挥资源、资产、资金的价值，深刻认识"一切资源都有可能变成资产，一切资产都有可能变成资本，一切资本都事关城市高质量发展"的本质。三资盘活是一本"经济账"，更是一本"政治账"，用好这本账，将为国有企业的高质量发展注入关键动能。

2. 上升到城市资源视角，建立"金、木、水、火、土、数"全资产框架

在界定了国企三资盘活的内涵后，我们还需要确定盘活方向，也就是说，具体盘活什么？根据《国务院办公厅关于进一步盘活存量资产扩大有效投资的意见》（国办发〔2022〕19号），盘活存量资产的重点领域包括三个方面：一是重点盘活存量规模较大、当前收益较好或增长潜力较大的基础设施资产，包括交通、水利、清洁能源、保障性租赁住房、水电气热等市政设施、生态环保、产业园区、仓储物流、旅游、新型基础设施等；二是统筹盘活存量和改扩建有机结合的资产，包括综合交通枢纽改造、工业企业退城进园等；三是有序盘活长期闲置但具有较大开发利用价值的资产，包括老旧厂房、文化体育场馆和闲置土地等，以及国有企业开办的酒店、疗养院等非主业资产。

可以看到，国办发〔2022〕19号文为国有存量资产盘活给出了方向，在这个方向的指引下，我们可以进一步将思维或视角打开，触类旁通，上升到城市资源的角度看，其实还有更广阔的盘活空间。国有企业手中的资源，都是城市的资源，而各地国资国企正是城市资源运营的主体。近年来，明源不动产研究院走访了大量的国资国企，并陆续走进40余个地方国资委开设"国资大讲堂"，与各地国资国企共研共创。经过梳理沉淀，我们搭建了城市资源的全资产框

架，根据国企自有资产类型和特性，以资源类型为划分标准，将城市资源划分为六大类，可简称为"金、木、水、火、土、数"（见图 1-8）。

- 矿山、砂石（经营权）
- 金融股权类资产
- 停车位、加油站、充电桩、广告位等经营性资产

- 林业资源、公园等自然景观资源
- 文旅、教育、康养、体育、会展、医疗等与文化相关的资源

- 港口、供排水、污水处理等相关资源

- 电力、燃气、能源资源

- 片区土地资源
- 交通基础设施（机场、高速公路、轨道交通、桥梁等）
- 房产资源（住宅、办公楼、产业园、厂房、保障性租赁住房等）

- 数字经济、数据资产

图 1-8　以全资产框架对城市资源进行分类

从现状来看，大量的城市资源还散落在各处，没有转变为国企手中的资产，因此国企也就没有利用到企业经营杠杆和资本市场杠杆，这是非常可惜的。但也有一些先行城市已经做出了有益探索，比如早在 2002 年重庆市政府就组建了重庆交投、重庆高速、重庆能投、重庆水利等八家公司（简称"重庆'八大投'"），通过这八家城市建设投资（简称"城投"）平台把原来散落在政府手里的交通、能源、水利等资源转化到地方城投手中形成资产，并用未来的收益换取发展的资金。总的来说，国有企业如何充分利用城市资源，将其转化为国有资产并相应地盘活，从而实现国有资产的保值增值，同时利用证券化手段实现资本的循环投资，这是全资产框架下需要重点发力的方面。下面我们分别阐述"金、木、水、火、土、数"的具体含义。

- 金：包括矿山、砂石等具有经营权的资源，金融股权类资产，以及停车位、加油站、充电桩、广告位等经营性资产。

以停车位这一类经营性资产为例，2022 年以来，全国范围内掀起了出让或

拍卖公共停车位特许经营权的"热潮"。据统计，2023年1—5月，近40个地方政府主体出让停车位经营权，以盘活公共停车位资源。地方政府转让停车位的买方，一般为当地的城投公司或国有企业，对于地方政府而言，停车位经营权属于存量资产，只有通过转让给国有企业或城投公司的方式，才能充分盘活这一存量资产，将每年收取的停车费转化为一次性上缴的25~30年经营收入。对于国有企业或城投公司而言，在获得地方政府转让的停车位经营权后，通过盘活这类存量优质项目，其可以将未来的收费权或收益权作为质押继续融资。

重庆发展投资有限公司（简称"重发公司"）是盘活停车场资源的标杆企业，其业务聚焦重庆市公租房商业资产的盘活。由于停车位是公租房的硬件配套，重发公司大力探索市场化运营模式，面向全国公开征集停车行业专业运营公司作为合作伙伴，择优引入了深圳捷顺科技公司，采取"联合运营管理、基础保底收费、超额利润分成"模式，对11个公租房项目停车场，共计4万多个车位进行智能化改造提升，引入全智能收费设备，更新停车场设施，全面覆盖无死角监控并与公安部门联网，缓解了停车场出入口的拥堵现象，增强了车主进场意愿。2022年6月至今，通过空间数字化能力升级、绿色便民惠民服务升级、标准化服务质量提升和空间商业化增值等方式，重发公司的公租房停车场资源实现了数字化盘活，国有资产焕发新样貌，而有了停车环境改善的加持，公租房住宅入住率大大提升。

- 木：包括林业资源、公园等自然景观资源，以及文旅、教育、康养、体育、会展、医疗等与文化相关的资源。

如今，文化旅游消费成为热门消费场景，各大城市都在加大投入和宣传力度，以彰显地方文化特色和挖掘特色旅游资源，文旅产业成为城市运营板块中的重要发力点，通过"旅游+文化"双轮驱动，推动大文化与大旅游的深度融合与互补发展。而在此过程中，将城市现有的文旅资源进行盘活成为重要发力方式。例如，长沙城市发展集团有限公司（简称"长沙城发"）旗下的岳麓山旅游文化开发有限公司（简称"岳麓山文旅公司"）专门负责文旅产业板块的运营。在资产盘活过程中，岳麓山文旅公司积极探索文旅转型新思路、新模式、新路径，注重转型与发展共进，同步推进资源归集、改造、运营三方面工作，充分利用策划引领、媒体资源两大优势，形成多类产品之间的强关联，让闲置的资产动起来，并活用互联网手段驱动网红效应，撬动线上、线下联动杠杆，完成了文化价值资产化，实现了资产价值的提升。

杜甫江阁是岳麓山文旅公司打造的标杆文旅项目之一，是长沙市规模最大的仿唐建筑群。杜甫江阁在资产盘活的过程中，遵循"保持原貌、提升品质、利旧修缮"的原则，从硬件设施、功能动线、运营提质等方面进行升级。例如，打造诗圣展厅，通过深入挖掘杜甫寓湘期间的经历和所创作诗歌的内涵，以"客身天地""鸥寄湖湘""流寓长沙""千秋诗圣"四个篇章，展示湖湘文化视角下伟大诗人杜甫的忧国诗情和人格精神。杜甫江阁不仅在硬件设施和功能上完善升级，还以文化为内核、以文旅为载体，打造以陈展为主，微剧场、交互体验于一体的诗圣文化沉浸式体验精品景点和国学文化研学教育基地。通过数字陈展更新、互动式体验升级、文创产品开发、营销活动引爆等形式，打造新场景、植入新业态、开发新产品，以"组合拳"形式提升景区游览体验。通过深度挖掘历史文化与新兴业态互融共促的可能性，为传统文旅注入互动化科技和年轻化潮流元素，杜甫江阁已成为长沙标志性打卡点。

- 水：包括港口、供排水、污水处理等相关资源。

作为城市民生基础领域，再生水资源需求稳定，发展前景明确，不可预测性较低，但同样存在着行业塑造性较低、同业竞争压力大等问题，行业转型发展严苛性较高。再生水的生产和使用，是提高城市水资源利用效率的重要一环。如今，各大城市在盘活城市水资源方面不断拓展相关业务，包括水生态的构建与修复、水环境治理、污水处理运营、中水（再生水）供应、智慧水务检测检验、中水回用等业务。与此同时，在符合碳达峰、碳中和的"双碳"目标基础上，力求实现再生水产业链的高效利用。

水资源利用方面，以重庆市江北嘴中央商务区投资集团为例，其充分利用江北嘴位于长江、嘉陵江两江交汇处的优越地理位置和丰富的水资源，通过水资源处理推进能源创新，打造重庆市级能源工程——江水源热泵集中供冷供热系统（"江水源工程"），利用嘉陵江的水温差进行供冷或供热，让江北嘴中央商务区的公共建筑用上了"水空调"，经过处理后的江水进入水空调供能时，温度最高可达 42℃，最低可达 5℃。

水资源盘活方面，以北京首创生态环保集团（简称"首创环保"）为例，其业务覆盖城镇水务、水环境综合治理等，是全球第五大水务环境运营企业。2021 年 6 月，富国首创水务封闭式基础设施 REITs 在上海证券交易所（简称"上交所"）正式挂牌交易，成为国内首只上市的水务公募 REITs，也是唯一一只以污水处理基础设施为基础资产的产品。事实上，全国很多地方国企手中都有与水资源相关的资产，但往往是大量的重资产投下去，却没有产生效益，反而带来大量资产沉积。首创环保联合富国基金发行的这只水务公募 REITs，通过资产证券化的手段，把历史沉积的资产变成资金，实现了资源的循环利用，为各地国企激活水资源价值提供了绝佳参考。

- 火：包括电力、燃气、能源资源等。

地方国企在新一轮战略转型过程中，都在思考如何从"建城"到"营城"，思考有哪些城市资源可以有效运营并形成企业新的收益增长点，在这方面，片区能源运营正是一片广阔的蓝海。能源运营与我们常说的水电局业务有着显著差别，水电局主要生产能源，而非运营能源。能源运营不仅有着巨大的市场，还有利于国企在开展片区开发业务时获取得天独厚的优势，使片区开发与片区能源运营形成良好的协同效应，为国企主业带来大量的营收。这方面其实已经有很多优秀的公司，比如珠海华发、长沙城发等，这些企业都纷纷设立了下属的片区能源运营公司，对片区能源进行统筹管理和运营。

以长沙城发为例，"十四五"期间，其旗下能源公司以上市为导向，争做一流的"城市能源综合服务商"。一方面，其把握传统交通能源业务基本盘，优化交通能源站点布局，并与集团智慧出行业务合作，逐步布局充电站业务；

另一方面，以马栏山能源站为试点，加快布局建设区域综合能源站，切入增量配电网、合同能源管理等业务，与科技型企业合作打造能源科技生态集群，重点推动能源业务向绿色、低碳领域转型延伸，助力长沙市加速实现"双碳"目标。总的来看，相较其他资源，能源资源的属性极为特殊，在从城市建设转向城市运营的过程中，能源板块的规模性和成长性都不容忽视，如何将这类资源盘活，是各地国企需要思考的问题。

- 土：包括片区土地资源、交通基础设施（机场、高速公路、轨道交通、桥梁等）、房产资源（住宅、办公楼、产业园、厂房、保障性租赁住房等）。

如今，在产城融合、以产促城的大趋势下，片区综合开发成为提升土地资源利用效率的重要方式。片区开发业务对国有企业来说既是责任，也是不小的挑战。国企需要加强片区发展规划和模式创新研究，分类制定片区开发运营标准，形成合理的市场化运作模式，同时要做好产业招商，构建产业生态圈，真正提升土地资源价值。在交通基础设施盘活方面，国企可以通过资产证券化的方式，盘活长期沉积的资产，让高速公路、轨道交通等资产焕发新的价值，比如高速公路 REITs 已成为目前数量最多、累计发行规模最大的一类基础设施公募 REITs。

在房产资源的盘活利用方面，城市更新、保障房建设成为主流趋势。国企可以围绕老旧小区、老旧街区、老旧厂房和城中村，以拆除新建、综合整治、拆整结合等不同方式，推动这些房产资源的更新改造，这既是国家战略导向，亦是城市发展所需。除了物理空间的改造，如何在旧的物理空间导入合适的产业、激活消费和商业价值，是盘活这类资源的关键。此外，在城市更新的过程中，国企应着重强调保留城市旧有建筑肌理和历史文化风貌，打造带有"文化价值"的片区名片，为更新项目提供文化和消费附加值，进一步提升资产价值。例如，广州的永庆坊、上海的张园、深圳的南头古城等，都是以历史文化赋能城市更新的典范，高效盘活了老旧街区资源，使其焕发新的价值。

另外，近年来保障房支持政策不断出台，比如要求城中村改造后配建一定比例的保障房，又如推行"政府统租、纳入保障"的模式，即政府向城中村业主"统租"物业，加以改善后再作为保障房出租。此外，相关政策也明确支持国企利用闲置低效工业、商业、办公等非住宅用地建设保障性住房，这些都是盘活土地及房产资源的具体方式。

- 数：包括数字经济、数据资产。

当今全球已进入数字经济时代，建设数字中国是数字时代推进中国式现代化的重要引擎，是构筑国家竞争新优势的有力支撑。2020年4月，中共中央、国务院印发的《关于构建更加完善的要素市场化配置体制机制的意见》首次将"数据"作为与"土地、劳动力、资本、技术"这些传统要素并列的第五大生产要素。2023年2月，中共中央、国务院印发《数字中国建设整体布局规划》，要求夯实数字基础设施和数据资源体系"两大基础"，推进数字技术与经济、政治、文化、社会、生态文明建设"五位一体"深度融合。毋庸置疑，数据已然是国家基础性、战略性资源，而如何盘活数据资源是当务之急。

对地方政府而言，随着土地财政逐渐终结，盘活政府数据资源、建立数据财政，是破解地方债务难题、优化改善政府资产负债表的有效手段。对地方国企而言，数据资产化不仅是提高效率的要求，更是紧迫的生存之道。国企应全面开展数据资源盘点、数据治理、资产评估，推进数据资产"入表"工作，增加资产规模，降低资产负债率，从而优化资产负债表，提升资本化能力。如今，有些重点城市成立了相关机构，支持企业开展数据资产"入表"工作。以广州为例，其2022年成立了"广州数据交易所"，在全国首创数据流通交易全周期服务，围绕数据开放、共享、交换、交易、应用、安全、监管等数据要素全周期，采用市场化运作方式，为市场主体提供合规安全、集约高效的数据流通交易综合性服务。

总体来讲，上升到城市资源的高度重新审视，我们应构建起"金、木、水、火、土、数"全资产框架，对城市资源进行精细划分：一方面更好地体现出不同资产属性的原有特征；另一方面在颗粒归仓的基础上，对同类资源的盘活经验进行合并，总结出一定的盘活规律。面向未来，如何把现有的城市资源运营好，如何通过盘活资产来增强资产到资金的流动性、提升自有营收、贡献财政收入、实现企业资产优化与政府财政支撑的双效共赢，是当下国企需要重点思考的问题。

二、国有三资运营配置仍有难点，国企三资盘活迫在眉睫

从中央到地方的各级国企是城市资源的运营主体，通过优化城市资源配置来做大国有资产规模、提升国有资产质量，真正让资源与资产创造资金效益，实现国有资本的循环投资，为城市发展贡献力量，是国资国企面临的问题。但是从现状来看，国有三资运营配置仍有难点，城市资源价值并没有得到充分发挥，而在地方政府债务化解（简称"化债"）的大背景下，推动国企三资盘活更是箭在弦上。

1. 当前国有三资运营配置面临四大核心问题

近年来，各地国企的专业整合重组在持续进行。重组后的企业，首先是资产、员工、下属单位都面临"量"的激增，这对国企的管理精细度提出了新的挑战。其次是长期以来，国企对于手中不动产资产的管理多陷入"重实物管理、轻价值管理"的误区，这带来了资产的低利用率和低效益。此外，在资产评估方面，国有资产也多以成本价在财务报表中体现，亟待价值重估。总的来看，从定性角度讲，当前国有三资运营特别是在城市资源优化配置上，面临四大核心问题（见图1-9）。

其一，国有资产利用不充分。长期以来，我国的经济发展模式主要是投资驱动型增长，相应地，国企在资源配置上也是投资拉动型，在过去经济上行期，间接融资较为充沛、需求动力强劲，这种模式的确带来了资产的快速增长。但是，当前伴随宏观经济下行的压力，中国经济由高速增长转向高质量发展，投资增速已经显著下降，地方基础设施投资的增长空间越来越小，投资的边际效应逐步递减。如果继续依靠投资拉动，过量投资势必带来过度的规划，

这将推高政府的隐性债务，并进一步增加国企的负债规模，给国企带来额外的债务负担，同时导致资产供给超越现实需求，从而带来大量资产的闲置和空置。所以，未来国企的资源配置应从过去的投资拉动型转向消费引导型，从以投资规划为主导转向以需求规划为主导。

问题	现状	应对
国有资产利用不充分	长期以来，资源配置都是投资拉动型，这带来大量资产的闲置、空置	从投资拉动型转向消费引导型，从市场出发思考和引导项目
国有企事业单位资产利用不充分	国有企事业单位资产利用不充分，导致大量资产闲置、空置，并且可能会对民营企业构成挤出效应	积极鼓励内循环，自用、借用等多措并举，寻找新的场景，多元化、多手段盘活
资源配置的结构性不平衡	前期缺乏合理的投资规划，导致资产闲置或过剩，资源配置结构性不平衡现象凸显	科学的产业规划，合理的投资规划，基于市场需求去做精准的投融资决策
重硬件供给、轻软性运营服务	硬件供给过剩，软性运营服务不足，运营意识和能力薄弱	"软硬兼施"，提升专业能力，打造双重能力体系，获得更多资产化效应

图 1-9　国有三资运营配置面临的四大核心问题

其二，国有企事业单位资产利用不充分。长期以来，大多数国有企事业单位对国有资产管理的重要性认识不足，管理意识不强。同时，国有企事业单位的资产体量大，往往存在利用不充分的情况，比如内部管理缺少对国有资产的梳理和分类管理，这不利于资产的流动和共享，导致资产使用效率偏低，资产空置或闲置情况普遍，并且还可能会对民营企业构成挤出效应。以城市大型体育场馆为例，各地在举办体育赛事后往往将其长期闲置，在这种情况下，我们可以选择将其交给专业的运营公司做运营管理，盘活闲置资产。

在这方面，国家近年来也出台了相关政策，支持体育场馆向社会免费或低收费开放，鼓励采取公开招标方式委托社会力量运营，提升运营效率。比如深圳市投资控股有限公司（简称"深投控"）旗下专门设立深圳市体育中心运营管理有限公司，该公司系深圳市国资系统中唯一一家集体育园区建设和运营于一体的国有企业，深圳市四家大型市属体育场馆都由该公司集中运营管理。

2024年1月，"i深体"平台正式上线，整合了市、区、园区楼宇、学校等多种类型的体育场馆，向深圳市民全面开放，实现了体育场馆的"一网统管、一键预约"。

其三，资源配置的结构性不平衡。从整个城市资源的配置看，目前还存在结构性不平衡的问题。很多城市规划建设新区，新建大量产业园区、标准厂房、酒店、写字楼，然而产业招商和人口导入却很难，大量的厂房或写字楼空置，这带来城市资源的错配和浪费。着力推进城乡融合与区域协调发展，全面推进乡村振兴，是优化资源配置结构的关键举措之一，这在党的二十大报告中也已做出明确强调。因此，更好地优化配置城市资源，扎实推动乡村产业、人才、文化、生态、组织振兴，不仅能让农村居民享受到相应的配套资源，支撑乡村振兴战略，还可以助力国企开拓更广阔的农村市场。总的来看，各地国资国企不仅要着眼于本区域的发展战略和产业规划，还要充分考虑自身在宏观经济大局中的地位和作用，服务国家整体重大战略，注重改革的系统性、整体性、协同性，防止发生同质化低效竞争、重复建设、资源错配与资源浪费等问题。

其四，重硬件供给、轻软性运营服务。从长期看，国企往往更重视生产，在开发建设方面的"硬性"能力很强，但是在"软性"能力方面，产业招商、运营、服务等相关意识和能力都比较薄弱。部分国企的资产管理以简单租赁为主，市场化程度不高，投资回报率偏低，资产运营较为低效，资产价值未得到充分挖掘。这就要求国企未来要"软硬兼施"，构建起硬性和软性双重核心能力，投资决策、投后管理、资源整合、资产管理、招商运营等方面的能力都需要进一步加强。

总的来说，当下国有三资运营配置存在的问题可以简要概括为十六个字：热于投资，疏于运营，低于效率，冷于回报。

除了定性层面的问题，从定量层面看，当前国有三资运营配置同样存在一些问题。国务院国资委印发的《2021年度企业国有资产统计报表》显示，从2017年到2021年，国有企业资产总额快速增长，2021年国有企业资产总额（不含金融类资产）达308.3万亿元，是2017年的1.68倍，增速远超GDP增速。

资产体量虽然持续增长，但已到达一定的瓶颈期。资产营收率（资产真正创造的效益）整体呈下降趋势，2017年国有企业资产营收率为28.4%，到2021年下降为24.5%（见图1-10）。

2017—2021年GDP增长情况、国有企业资产总额

年份	国有企业资产总额	GDP	国企资产增长速度	GDP增长速度
2017年	183.5	83.2		10.5%
2018年	210.4	91.9	14.7%	7.4%
2019年	233.9	98.7	11.2%	2.7%
2020年	268.5	101.4	14.8%	12.8%
2021年	308.3	114.4	14.8%	

（单位：万亿元）

2017—2021年国有企业资产营收率情况

年份	国有企业资产总额	国有企业营业收入	国有企业资产营收率
2017年	183.5	52.2	28.4%
2018年	210.4	58.8	27.9%
2019年	233.9	62.6	26.8%
2020年	268.5	63.3	23.6%
2021年	308.3	75.6	24.5%

（单位：万亿元）

注：资产营收率 = 营业收入 ÷ 资产总额 ×100%。

图1-10　2017—2021年GDP增长情况、国有企业资产总额及资产营收率走势

资料来源：国务院国资委，明源不动产研究院整理。

总之，从现状看，长期以来在投资拉动的逻辑下，大量的城市资源在开发、建设之后，产生大量的资源错配问题，带来大量的资产闲置，更没有产生太多的营收，这些都是国企面对的现实问题。

2. 盘活城市存量资源是地方政府化债的重要手段

在我国多年的土地金融发展模式下，地方政府举债融资，背负了大量的债务，并通过土地出让、借新还旧等方式来偿还债务，这一模式在经济高速增长、房地产市场高歌猛进的增量时代不成问题。但是，如今世界政治经济格局动荡变化，国内经济发展面临多重压力，城市发展已然步入存量运营的新时代，推动地方债的化解和防范地方政府债务违约，变得尤为重要和紧迫。

2024年2月23日的国务院常务会议部署了进一步做好防范化解地方债务风险工作，3月22日国务院再次召开防范化解地方债务风险工作视频会议，国务院总理李强在会上强调，要强化责任意识和系统观念，持续推进地方债务风险防范化解工作，要统筹抓好化债和发展，在高质量发展中推进债务风险化解。此外，财政部于2024年3月7日发布《2023年中国财政政策执行情况报告》，强调2024年要有效防范化解地方政府债务风险，深入开展财政承受能力评估，增强财政可持续性；强化地方政府债务管理，坚决防止新增隐性债务，健全化债长效机制。在化债举措上，报告指出，推动落实一揽子化债方案，压实地方化债主体责任，通过安排财政收入、压减支出、盘活存量资产资源等方式逐步化解风险。

从国家政策导向上我们不难看出，盘活城市的存量资产资源，是地方化债的重要手段。各地国企应首先盘清手中有哪些存量资源可以盘活利用，并制定资源配置和提升运营效率的策略。对地方国企而言，其手持的核心资源就是城市的资源，能否把城市资源利用好，避免资源的闲置与浪费，从而为地方财政减负、助推地方化债，是地方国企需要仔细思考的问题，也是实现高质量发展的应有之意。

三、优化城市资源运营，助推"资源资产化、资产资本化、资本证券化"

前文我们提到了国有资产或城市资源在运营配置上面临的四大核心问题，针对这些问题，国企如何有效解决？如何优化城市资源配置、推动国企三资盘活？结合当下国企改革和地方国企战略转型的方向，我们总结提炼了应对这些问题的总体思路，可概括为"四化"：市场化、多元化、科学化和专业化。换言之，国有企业在推进三资盘活的过程中，需重点构筑"四化"能力。

其一，市场化。在资源配置从投资拉动型转向消费引导型的导向下，国企在做任何城市资源运营、任何新增投资时，都要从市场角度出发去思考，用市场化的方式去算账，"既要听市长的，也要听市场的"，要坚持"政企分离"，让市场的归市场。在市场化算账的过程中，如果发现账算不平，那么企业要敢于和政府去做一些合理的博弈。这就要求国企在具体业务的运作过程中，坚持"政企相通"，"懂企业的政府官员和懂政府的企业家"二者要双向奔赴。国企不能纯粹追求利润，还要做好民生保障，反之政府也要为企业的盈利考虑，做到"有为政府"和"有效市场"相结合，所以尽管要以市场化为导向，但"政企分离"与"政企相通"二者并不矛盾，而是对立且统一的关系。

如今，各地方政府也在加速推进市场化改革，比如重庆市委在 2023 年 12 月的六届四次全会上明确提出了"三攻坚一盘活"的改革突破任务。"三攻坚"，即扎实推进国企改革、园区开发区改革、政企分离改革攻坚；"一盘活"，即有效盘活国有资产。在政企分离改革方面，明确强调落实好摸清底数、全面"脱钩"、理顺政企关系、集中统一监管等一系列措施，让服务回归政府，企业市场化运行，形成责权利明确的政企关系，这正是对"市场化"改革的生动诠释。

其二，多元化。针对国有资产利用不充分，从而导致大量资产闲置、空置的问题，国企应创新多元化的盘活方式，寻找新的场景，多措并举，多手段盘活，同时积极与社会化的专业机构合作，发挥各方优势，实现国民共进。比如，通过资产出售、股权合作、兼并重组等方式进行产权处置，让闲置资产焕发新的价值；通过资产租赁、存量改扩建等方式，盘活并利用老旧资产；对符合地方产业规划的闲置低效资产，可围绕资产基础功能进行再定位，推动产业招商，强化专业运营，让资产产生持续的经营收益；此外通过数字化赋能资产盘活，推进业务与数据的深度融合，实现资产的精细化管理，亦是重中之重。

其三，科学化。针对资产配置的结构性不平衡等问题，国企需要有一双善于发现价值的慧眼，着重构建精准的投资测算能力，做出科学的产业规划、合理的投资规划，基于市场需求去做精准的投融资决策。与此同时，国企要做好后端的运营管理，做到投运一体。过去国企对项目后期的运营管理重视程度不高，这在高速发展的增量时代不成问题，但随着城市发展步入存量时代，后端的运营提升更加重要，这反向又对前端的投资提出了更高的要求。也就是说，要做好后端的运营，在前端就要做好国有资本的投资，以终为始地去推进。总的来说，现在国有资本投资运营公司的所有投资都应基于国有资本的投资回报去展开。这在本质上都是为了实现国有资产的保值增值，这背后科学化的投资测算尤为重要。

其四，专业化。如今，城市发展已然步入存量运营时代，城市发展模式已从"建城"逐渐转向"营城"，前者的核心能力是"建"，后者的核心能力是"营"。建的能力是硬的，国企中做工程建设的好手有很多，但是具备运营、招商、服务等软性能力的企业却很少，硬件供给过剩、软性运营服务能力不足的问题极为突出。在这一重大转变之下，国企一定要强化自身的专业能力，"软硬兼施"，不仅要有硬性的开发建设能力，更要提升软性的运营服务意识和运营服务能力，打造双重能力体系，从过去的资源制胜，真正转向能力制胜、专业制胜。

伴随城市发展模式的转型，国企在战略规划上也从过去的以"建城"为主转向以"营城"为主，近年来国企纷纷向城市运营服务商转型，承担起"营城"的职能。那么，具体如何转型？如何确定未来的主营业务和发力赛道？这就需要国企充分利用和运营好城市资源，坚持市场化、多元化、科学化、专业化的发展逻辑，通过专业能力和经营杠杆来整合各类资源，实现精准投资，将城市的资源变成国企手中的资产，并通过运营能力使自身的资产提质增效。

更重要的是，国企需要进一步运用资产证券化的方式，将资产变成资本，使资金进一步循环起来，最终实现"资源资产化、资产资本化、资本证券化"。因为在"营城"时代，国企手里的很多资产是不能卖出的，需要大量自持，但这些资产不能一直积压在项目里面，而是要让它变成新的增量投资，这时候就一定离不开资产证券化的加持。比如充分运用公募REITs、ABS（资产支持证券）、CMBS（商业房地产抵押贷款支持证券）、类REITs等资产证券化手段，使国有企业的资产进入新的循环，形成新的、有效的增量投资。

对国企而言，无论做任何业务，运营任何资源，或者布局任何赛道，通过构建"投、融、管、退"整体的资产管理能力，优化城市资源运营，推动"资源资产化、资产资本化、资本证券化"，实现三资联动、循环增值，是提升国有资本投资回报、实现国有资产保值增值的核心路径，也是国企三资盘活的总体思路。

综上所述，对于城市资源的界定和认识，我们需要构建起全资产框架，从"金、木、水、火、土、数"六大维度来全盘审视。国企是运营城市资源的主体，从国有三资的运营现状来看，由于受历史遗留问题等因素影响，运营效率仍不足。在地方政府化债的大背景下，提升城市资源运营效率，推动国企三资盘活更显重要和紧迫。总的来说，国有资产盘活和价值提升是当前国企的首要任务，在实践中做好资产、资源、资金的三资盘活，是推动国企"做大、做强、做优"，实现高质量发展的关键。本节我们仅对国企三资盘活的总体思路进行概述，具体如何推动国企实现三资盘活，我们将在后续章节做详细阐述。

第四节
中央和地方政策频出，国有资产盘活迎来全新机遇

作为当前国资国企的首要任务，国有资产盘活和价值提升不仅有总体思路指导，更有顶层政策的支持。近年来，各类资产盘活政策层出不穷、加速落地，为国有资产的活化注入了强劲动力。各级政府通过推动国有资产的市场化、多元化改革，打破了原有体制机制束缚，鼓励和引导各类资本进入，从而使国有资产释放出巨大的潜能。

作为存量资产盘活的重要专项文件，国办发〔2022〕19号文对存量资产盘活中涉及的重点方向、盘活方式、支持政策、回收资金的利用、风险防控举措和组织保障措施等方面进行了明确规定。以国办发〔2022〕19号文为指导，各类政策不断发力，金融活水政策更是为资产盘活提供了充沛的资金支持和风险保障，促进了资产的有效流动和再配置。

与此同时，随着科技进步和产业升级，存量资产类别不断扩充，新型资源盘活也成为新的关注点，对新兴产业、绿色低碳领域资源的发掘，为存量资产盘活注入了新的动能和活力。

一、资产盘活政策加速落地，助力国企减包袱、迎发展

近年来，在国资国企改革和财政收支面临一定压力的背景下，盘活存量国有资产已经成为国企提质增效和地方政府开源节流的重要手段。2017年末，《中共中央关于建立国务院向全国人大常委会报告国有资产管理情况制度的意见》出台，这是中华人民共和国成立以来国务院首次向全国人大常委会报告国有资产管理情况，也是国有资产"家底"首次在全国人民面前亮相；2020年，国务院国资委召开的中央企业负责人会议提出，央企要加快非主业、非优势业务的"两非"剥离，抓好无效资产、低效资产的"两资"处置；2021年，十三届全国人大四次会议表决通过的《中华人民共和国国民经济和社会发展第十四个五年规划和2035年远景目标纲要》，提出"有效盘活存量资产，形成存量资产和新增投资的良性循环"；2022年，资产盘活相关政策开始密集出台，中央持续发力盘活存量资产、扩大有效投资、释放经济价值，存量资产盘活开始步入快车道，与此同时，相关政策逐步规范化和落地化（见表1-2）。如今，国有存量资产盘活、统筹存量与增量资产已成为各级政府国资优化的重要诉求和重点任务。

表1-2 国家层面有关存量资产盘活的政策

文件名	发布时间	出台部门	重点概要
《中共中央关于建立国务院向全国人大常委会报告国有资产管理情况制度的意见》	2017.12	中共中央	建立国务院向全国人大常委会报告国有资产管理情况制度，这是中华人民共和国成立以来国务院首次向全国人大常委会报告国有资产管理情况，也是国有资产"家底"首次在全国人民面前亮相
《十三届全国人大常委会贯彻落实〈中共中央关于建立国务院向全国人大常委会报告国有资产管理情况制度的意见〉五年规划（2018-2022）》	2019.05	全国人大	提出要完善报表和评价指标体系，一是研究建立全口径国有资产报表体系；二是健全完善政府国有资产管理评价指标体系，稳步有序推进国有资产管理情况报告和审议监督工作，增强工作的规范性和引导性

（续表）

文件名	发布时间	出台部门	重点概要
《引导社会资本参与盘活国有存量资产中央预算内投资示范专项管理办法》（发改投资规〔2021〕252号）	2021.02	国家发改委	对支持范围进行了明确，重点支持盘活存量难度大、对形成投资良性循环示范性强的基础设施项目
《国务院办公厅关于进一步盘活存量资产扩大有效投资的意见》（国办发〔2022〕19号）	2022.05	国务院办公厅	对盘活存量资产的重点方向、盘活方式、支持政策、回收资金的利用，及相关的风险防控举措、组织保障措施等方面进行了明确规定
《关于做好盘活存量资产扩大有效投资有关工作的通知》（发改办投资〔2022〕561号）	2022.06	国家发改委	对具备相关条件的基础设施存量项目，可采取基础设施领域不动产投资信托基金（基础设施REITs）、政府和社会资本合作（PPP）等方式盘活
《关于进一步发挥资产证券化市场功能支持企业盘活存量资产的通知》（上证函〔2022〕1011号）	2022.06	上交所	一是聚焦重点方向，创新拓展资产证券化盘活存量方式；二是突出资产信用，加强完善资产证券化投资者保护机制；三是加大融资服务，优化强化资产证券化市场支持举措
《关于进一步完善政策环境加大力度支持民间投资发展的意见》（发改投资〔2022〕1652号）	2022.10	国家发改委	支持民间投资参与102项重大项目建设，引导民间投资积极参与乡村振兴，鼓励民间投资以多种方式盘活存量资产
《关于盘活行政事业单位国有资产的指导意见》（财资〔2022〕124号）	2022.10	财政部	为各级行政事业单位进一步盘活国有资产提供统一指导，鼓励行政事业单位通过六种方式盘活国有资产

资料来源：公开资料，明源不动产研究院整理。

国办发〔2022〕19号文强调，"经过多年投资建设，我国在基础设施等领域形成了一大批存量资产，为推动经济社会发展提供了重要支撑。有效盘活存量资产，形成存量资产和新增投资的良性循环，对于提升基础设施运营管理水平、拓宽社会投资渠道、合理扩大有效投资以及降低政府债务风险、降低企业负债水平等具有重要意义"。

国办发〔2022〕19号文进一步落实"稳经济"方针，盘活存量资产，扩大有效投资，其意义如下。

- 扩充了国有企业存量资产盘活的重点领域：除基础设施领域外，还涉及存量和改扩建有机结合项目，以及长期闲置但有较大开发利用价值的项目。
- 持续优化完善存量资产盘活方式：推动基础设施领域REITs健康发展，规范有序推进政府和社会资本合作，挖掘闲置低效资产的价值，支持兼并重组等其他盘活方式。

国办发〔2022〕19号文作为资产盘活纲领性文件，进一步厘清了国有资产盘活的重点领域和覆盖范围，国家发改委、财政部、国务院国资委、上交所等相关机构也出台了系列配套文件，为下一步国有企业资产盘活具体工作的开展提供了更专业、更强的实操性指导。

二、金融活水政策持续发力，极大利好资产盘活赛道

在当前的金融环境下，政策的制定和实施会极大影响资产盘活的方向，尤其是针对不动产私募基金、保险资金（简称"险资"）和公募REITs等金融工具的政策，其方向和内容对于资产盘活赛道至关重要，甚至直接影响着资产盘活的效率和成果。政策的制定和实施，能够为市场创造稳定、公平、可持续发展的环境，激励金融机构和企业积极参与资产盘活，从而释放潜在价值，实现循环投资，为资产盘活赛道注入持续动力。

作为不动产未来的重点交易对象，我们建议关注与以下几类金融对象相关的战略方向。

1. 关注对象一：不动产私募基金

2023年2月20日，中国证券监督管理委员会（简称"中国证监会"）发布《证监会启动不动产私募投资基金试点 支持不动产市场平稳健康发展》一文，这标志着不动产私募投资基金试点工作正式启动，这将直接有利于盘活不动产领域的存量资产，同公募REITs共同构建完整的不动产金融闭环，有力促进房地产行业的转型，这有助于我国不动产领域实现"投、融、管、退"的良性循环。不动产私募基金试点体现了放管结合的特点，不仅突出了不动产私募投资的头部效应，还有利于不动产存量盘活（见表1-3）。

表1-3 不动产私募基金"四放三管"

四放	三管
放宽投资范围：将存量商品住宅、市场化租赁住房、商业经营用房等纳入范围，促进不动产市场盘活存量	对管理人资质提出较高要求：要求管理人实缴出资不低于2 000万元，实行差异化监管，体现"头部管理人试点"效应
放宽私募基金股债比限制：通过"小股大债"的方式实现合理节税	对资金募集和投资者资质提出更高标准：基金首轮实缴募集资金规模不低于3 000万元，投资者的首轮实缴出资应不低于1 000万元
放宽私募股权基金扩募机制：提升基金运作灵活度，实现一次备案，多次募集	强调基金合同、关联交易、信息披露等限制：禁止管理人运用不动产基金直接或间接投资于管理人或其控股股东、实际控制人所实际控制的企业或项目（难以被用于满足某些管理人的地产投资项目自融需求）
放宽私募基金杠杆限制：允许为被投资企业提供借款和担保，这有利于引入资本市场各类资金进行不动产投资	

资料来源：公开资料，明源不动产研究院整理。

2. 关注对象二：险资

2023年以来，险资布局不动产的项目数量和规模显著增长，多家保险企业先后披露大额不动产投资公告，主要涉及商业办公不动产、产业园区不动产和自用型养老社区不动产项目，其中多宗交易达百亿元量级。2023年，险资对不动产项目的大举进仓又格外偏向新经济不动产，因为其具备两个典型的特征：

一是政策支持，与实体经济联系更紧密，并且代表了新的经济方向；二是新经济不动产都是具备发行公募 REITs 的资产（比如产业园区）。

截至 2024 年 6 月，建信人寿、友邦人寿、太平洋人寿、平安人寿等多家企业再次披露大额不动产投资情况（见表 1-4），作为对资本风向最敏锐的险资，其对不动产项目的频频加码，首要原因正是不动产投资"长期持续回报"属性较为契合保险企业资金的长期属性，优质的不动产长期投资有助于保险企业增加另类投资标的选择，丰富保险企业投资组合的投资品种，不动产投资加码是保险企业根据市场情况及时调整投资组合的体现，也反映了不动产领域从增量到存量的改变。

表 1-4 2024 年部分保险企业大额不动产投资披露情况

时间	保险企业	投资项目	投资金额（亿元）	出资阶段
2024.06	建信人寿	上海市黄浦区董家渡金融商业中心 T4 幢办公楼	56.50（累计）	实际出资
2024.03	太平洋人寿	上海市黄浦区淮海中路街道 123、124、132 街坊地块	1.70	实际出资
2024.03	太平洋人寿	上海市太平洋新天地商业中心	21.50	协议签署
2024.02	友邦人寿	上海市虹口区北外滩 89 街坊项目	3.20	实际出资
2024.02	太平洋人寿	上海市黄浦区淮海中路街道 123、124、132 街坊地块	1.62	实际出资
2024.01	平安人寿	上海东方万国项目、上海弘源科创项目、北京弘源国际项目、北京弘源新时代项目等四个产业园区项目	61.58（累计）	实际出资
2024.01	平安人寿	北京市丽泽商务区 E-06 地块不动产项目	46.51（累计）	实际出资

资料来源：中国保险行业协会，明源不动产研究院整理。

3. 关注对象三：公募 REITs

截至 2024 年 6 月，已获批上市的公募 REITs 产品有 40 单，累计募集规模超 1 000 亿元。从项目供给端看，资产类型已由传统基建类项目扩展至清洁能源、保障性租赁住房类绿色发展和民生等基础设施补短板重点领域，公募REITs 市场广度和深度被大大拓宽。如图 1-11 所示，公募 REITs 在战略、资产、投资、财务和运营五个维度都发挥着重要作用，已经成为国资国企不动产循环投资的重要工具。

战略维度
公募REITs打通了产业资本与金融的良性循环，为构建"双循环"、政府支持新基建、发展新经济提供了有效支持

资产维度
通过将运营成熟的资产打包上市，实现企业的"轻重资产"分离，REITs作为重资产平台，上市公司作为轻资产平台，打造资本"双平台"理想结构

投资维度
对基础设施运营模式是一种重塑，实现"投资建设—运营管理—REITs融资—快速实现收益和资金回笼—扩大再投资以确保市场份额"的业务闭环

财务维度
①有利于优化企业资产负债结构，资产出表有效降低企业资产负债率；②有利于优化公司长期业绩表现，市场化定价将会带来资产增值收益；③有助于公司长期报表改善，进一步改善资本结构，优化财务报表

运营维度
可加强国资国企对基础设施资产持续运营能力、管理水平的考核与监督，充分发挥国资国企作为资产管理方的专业能力，努力提升运营效率和服务质量

图 1-11 公募 REITs 的核心价值

三、把握新型资源禀赋价值，为资产盘活注入新动能

不同时代对于资源的定义不尽相同，除前文提及的"金、木、水、火、土"外，数据资源、碳资源等新型资源禀赋价值在新时代持续凸显。国资国企应把握时代机遇，持续关注、充分挖掘新型资源价值，加速三资盘活进程。

1. 数据资源：释放资源潜能的力量

2022 年 12 月，《中共中央 国务院关于构建数据基础制度更好发挥数据要素作用的意见》发布，明确提出"探索数据资产入表新模式"，该文件正式成为支持"数据入表"的顶层依据。结合数字经济发展必然趋势，从数据资源入表到数据资产入表，有效盘活数据资产将更多释放数据资产创新红利。与其他资源类似，数据资源的盘活也涵盖三个过程：资源化、资产化、资本化。若以石油开采为参照，数据资源的盘活过程就等同于从石油开采、炼化到运用于企业投融资。油企通过资产证券化手段来实现产业快速扩张，数据资产也类似。在如今的数字经济大背景下，数据资产资本化早已成为政策热点，2022 年 11 月，北京市第十五届人民代表大会常务委员会第四十五次会议通过了《北京市数字经济促进条例》，其中提到"支持开展数据入股、数据信贷、数据信托、数据资产证券化等数字经济业态创新"。

2. 碳资源：发展与盘活的双赢之道

2020 年，我国明确提出"双碳"目标：力争在 2030 年实现"碳达峰"，2060 年实现"碳中和"。在"双碳"战略目标下，绿色、低碳、环保成为热点，降低碳排放成为重点。从碳市场角度看，国企除了常规的碳交易功能，还发挥着碳资产管理的核心职能。依托相应管理工具，碳资产管理逐步成为盘活碳资产的重要途径。

2023 年 11 月，由深圳市生态环境局南山管理局和南山区金融发展服务中心推动，我国首个碳资产证券化项目在深圳市南山区完成签约。深圳担保集团推出碳资产证券化产品，基于碳排放权质押向企业发放贷款，形成的合同债权作为基础资产开展资产证券化，以碳排放权未来预期收益为支撑，将闲置存量碳资产盘活变现，引导企业节能降碳。该项目代表我国首单中小企业碳排放权资产证券化 ABS 项目成功启动，实现了碳资源资产证券化从"0"到"1"的突破。

总的来看，资产盘活政策近年来备受关注，在各级政府的积极推动下逐步落地，为国有资产盘活带来新的契机，加速了经济结构调整和转型升级。与此同时，金融活水政策的持续发力为资产盘活提供了充足的资金支持和创新模式，为资产盘活的实施提供了有力保障。随着人们对资源价值认知的提升、科技进步和产业升级的推动，新型资源的价值不断被发掘和释放，为资产盘活注入了新的动能和活力。

本章小结

高质量发展已成为全面建设社会主义现代化国家的首要任务，这一理念不仅体现了当下经济发展的现实需求，还展示了中国特色社会主义新时代的明确方向。经济增长质量和效益的同步提升是高质量发展的要求。作为内循环的重要组成部分，国有资产的盘活正是为了提高资源效率、实现资产增值。因此，加快国有资产盘活是实现高质量发展的必然要求，也是中国经济转型升级的关键一步。

作为国有资产的主要承接者和城市资源运营的主体，在资产盘活政策的支持和金融政策的利好下，国资国企如何借助全资产框架进行城市资源的潜力识别与价值挖掘，如何通过城市资源的运营优化、效率提升，在实践中做好资源、资产、资金的三资盘活？这是推动国资国企"做强、做优、做大"的首要任务，也是在新质生产力主旋律下实现国企高质量发展的关键。

综上所述，在新质生产力要求下，国有企业应基于"新业态、新模式、新场景"对传统产业进行改造和升级，完成自身动力模式的转向和换挡，实现对资源、资产、资金的优化，并从中总结提炼出新模式，为国有资产保值增值注入新动能。

第二章

立足资源禀赋找到坐标,实现国企"大象转身"

国有企业作为我国经济高质量发展的实践者，始终充当着国家战略性、引领性、支撑性力量，肩负着重要使命和责任。当前正值国有企业深化改革的关键阶段，各地国资国企纷纷开展优化重组、聚焦主业、战略转型等工作。在此背景下，如何进一步提升国有企业核心竞争力，优化资源运营效率？我们走访了全国40余座城市，基于各地国资国企战略方针及实践经验，从资源、资产、资金的角度重新审视国有企业战略，总结出国有企业在高质量发展下的"1+4+2"战略转型蓝图，站在全资源视角，赋能国有企业实现"大象转身"（见图2-1）。

国有企业深化改革提升

深化改革是关键动力，擘画国企高质量发展蓝图

土地资源	住房资源	产业资源	城市配套服务资源
土地资源是基础要素，多途径盘活促进土地高效利用	住房资源是基本保障，把握住房双轨制的未来趋势	产业资源是核心动能，围绕"建链、补链、强链、延链"构筑产业护城河	城市配套服务资源是增长契机，拓展企业多元化收入
多途径盘活土地资源 + 平衡社会与经济效益 + 提升建设管理综合能力	保障性租赁住房 + 配售型保障性住房 + 高品质商品房	产业研判及算账估值 + 招商运营 + 资产管理及资本退出	"以人为本"的城市发展 + 精细完善的配套设施 + 幸福美好的生活服务

金融创新
金融创新是腾飞翅膀，指明国有资本投资运营之道

数字化转型
数字化转型是底层驱动，推动企业构建新的发展动能

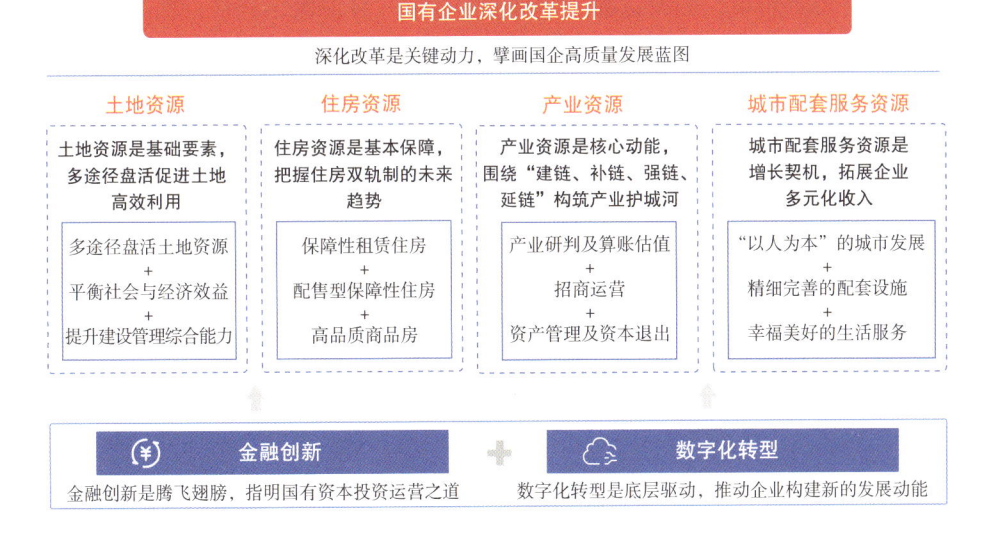

图2-1 国有企业"1+4+2"战略转型蓝图

国有企业应以改革为关键动力，提高管理水平和市场竞争力，更好地服务

于国家战略和人民福祉，推动经济社会全面、协调、可持续发展，向着第二个百年奋斗目标稳健前行。

以土地资源为基础要素，国家和地方政府通过科学规划、合理出让和精益管理土地资源，引导经济结构调整，实现增量土地高效利用、存量土地活化使用。

以住房资源为基本保障，把握住房双轨制的未来发展趋势，针对住房供需关系发生的根本性变化，构建房地产发展新模式。

以产业资源为核心动能，转思维、铸能力，完成"建链、补链、强链、延链"，打造企业现代化产业体系，通过产业驱动地方经济实现新发展。

以城市配套服务资源为增长契机，整合优质社会服务资源，打造综合城市服务能力，满足人民美好生活愿景，推动城市治理不断朝着管理精细化、治理规范化的现代化方向发展。

除此之外，国有企业应以金融创新为翅膀，促进资源整合，释放资本活力，提升资产价值；同时以数字化转型为驱动，发展数字经济，加速科技创新，激活数据要素，赋能产业升级，积极构建新质生产力时代的核心竞争力。

第一节
深化改革是关键动力，擘画国企高质量发展蓝图

随着国有企业持续深化改革、奋力做强主业、优化管理制度、强化治理能力，其核心竞争力得到提升，各个领域均孕育出了具有全球影响力的行业标杆。我们从全球角度开展对标，借鉴海内外具有特色的优秀国有企业，总结发展经验，探寻发展之道，把握高质量发展核心要素，助力构建新的发展格局。

一、把握国企高质量发展及深化改革要素，构筑国企核心竞争优势

高质量发展的目标，不仅仅是关注经济增长的数据表现，更重要的是关

注其增长的质量和效益，以及人民生活水平的提高程度。这便要求国有企业必须深化改革，释放创新潜力，优化经济结构，推动绿色循环，促进经济社会全面、协调、可持续发展。

1. 从"有没有"转向"好不好"，高质量发展推动经济建设变革

高质量发展的内涵是以创新为第一动力，以协调为内生特点，以绿色为普遍形态，以开放为必由之路，以共享为根本目的，推动经济发展质量变革、效率变革、动力变革。

从我国的发展历程来看，目前我国已经进入全面建设社会主义现代化国家、进军第二个百年奋斗目标的新阶段，面临新的挑战、新的机遇，高质量发展是保持经济健康增长的必然要求。从面临的发展压力来看，高质量发展是应对国际变局、打造核心竞争力、实现高水平自立自强的必然选择。从未来的发展路径来看，我国在发展过程中面临的诸多瓶颈是无法绕开的，而高质量发展是遵循经济规律发展的必然要求，能够确保现代化进程持续顺利推进。从重要的民生福祉来看，高质量发展有助于不断提升人民生活品质，满足人民对美好生活的向往，这是适应我国社会主要矛盾变化和全面建设社会主义现代化国家的必然要求。

为推动高质量发展，我们应把构建以国内大循环为主体、国内国际双循环相互促进的新发展格局作为目标，以深化供给侧结构性改革为主线并与扩大内需有机结合，同时，以现代产业体系为支撑，以改革创新、科技突破为根本动力，将经济发展从"有没有"转向"好不好"（见图2-2）。

首先，构建新发展格局的关键在于经济的高效无阻循环，因此深化供给侧结构性改革是高质量发展的主线，也是新质生产力的发力点，可以有效破解产能过剩，大量关键装备、核心技术、高端产品依赖进口等困局，同步扩大内需、激发经济活力，形成需求拉动供给、供给创造需求的动态平衡，并将供给侧结构性改革与扩大内需有机结合，为高质量发展提供源源不断的动力。

新发展格局

目标：以国内大循环为主体、国内国际双循环相互促进

以推动高质量发展为主题

发展不充分、不平衡的情况依旧存在，我国从规模发展转向质量发展

以深化供给侧结构性改革为主线并与扩大内需有机结合	以现代化产业体系为支撑	以改革创新、科技突破为根本动力
破解产能过剩，大量关键装备、核心技术、高端产品依赖进口等困局	促进产业融合发展，推进现代服务业和制造业结合，实现数字经济与实体经济深度融合	创新是引领发展的第一动力

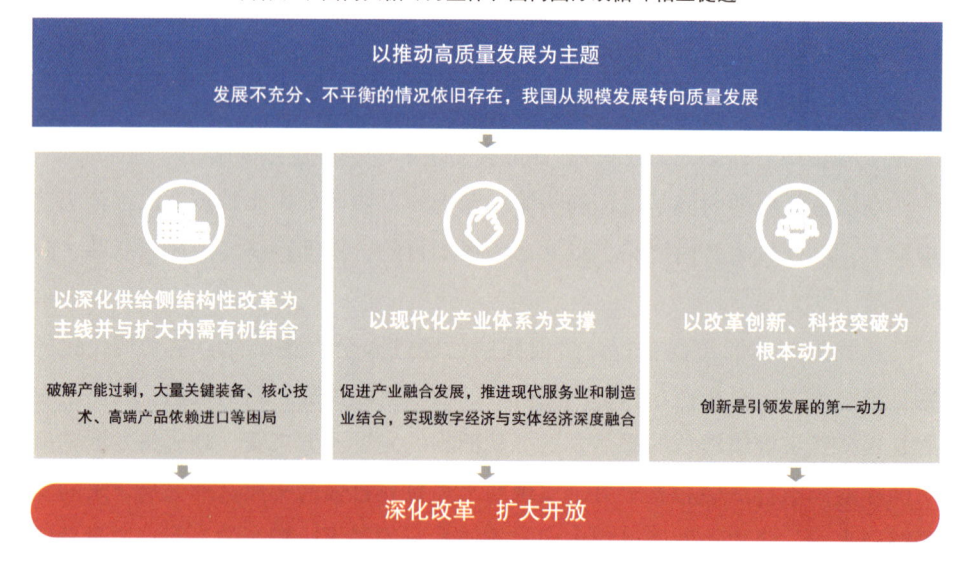

深化改革　扩大开放

图 2-2　新发展格局内涵结构

其次，推动高质量发展要以现代化产业体系为支撑。我国产业体系实现自主可控、安全可靠并具备核心竞争力，是高水平自立自强的关键。因此要注重现代化产业体系的建设，推进现代服务业和制造业结合，实现数字经济与实体经济深度融合，培育有核心竞争力的产业集群。

最后，深刻理解创新是引领发展的第一动力，技术是突破创新的第一要素。提高科技创新水平作为国家发展的重点战略，会对高质量发展产生决定性作用。我们应通过紧抓世界前沿技术、坚持原始创新、扩大开放融合，以及高举科教兴国、科技强国的大旗，让科技与发展高效联动，建立中国特色社会主义发展的科技高地、创新高地、人才高地和战略高地。

2. 定位国资国企改革关键方向，助力构建新发展格局

高质量发展的历史巨轮，需要整个经济社会的共同推动，其中国资国企对高质量发展的作用无疑是巨大的。对于国资委而言，其应合理强化监督与管理

职责，推动有为政府与有效市场结合；对于国有企业而言，其应做强主业、优化机制、创造价值，推动经济质量实现高水平提升。

从国资委的角度看，在高质量发展的背景下，其将承担从监管到服务的重要使命与职责。在管理内容方面，国资委从管投资、管业务、管经营转变为管总量、管效益、管风险；在管理角色方面，从管理企业领导层转变为管理董事会，再由管理董事会转变为直接管理公司；在管理职责方面，从管理企业实务资产运营转变为履行出资人监督管理职责。新征程下国资委的使命理顺了政府、企业、市场之间的关系，加速了政企分离，使国有资本的预期效能主要通过市场而非行政力量来实现，让国有资本具有了"亲市场性"，大幅提升了资源配置效率。

以几个地方国资委为例，深圳市国资委秉持市场驱动理念，聚焦于"服务大局、服务城市、服务产业、服务民生"的功能定位，坚持"管资本"而非"管企业"，通过明确授权清单，淡化行政色彩，赋予了企业更多自主权；长沙市国资委全面履行出资人职责，重点加强国有资产监督和强化党建工作，通过各单位的职责强化，形成了综合监管合力，主要监督国有企业的风险防控和安全管理等内容；重庆万盛国有资产经营管理有限公司则将掌握企业资产信息与提供统一服务相结合，通过建立国资国企大数据平台，实现了核心监管业务的"资产清晰、债务清晰、投资清晰、人员清晰"，提高了经营监管和风险管控的水平。

从国有企业的角度看，其深化改革的方向应是提升核心竞争力，增强核心功能。第一，"核心"意味着国企应将精力投入主责主业，优化国有经济布局，这体现了国企发展的务实主义。第二，国企应充分发挥自身优势，提升专业能力，形成行业壁垒，这便是专业主义。第三，我国作为制造业大国，以实体经济为基础，产业布局涉及从低端到中端再到高端的各个层面，这要求国企将自身管理做好，优化体制机制，强化组织建设，实行精准化管理策略，这便是管理主义。第四，任何具有绝对竞争优势甚至划时代价值的能力，一定来自日积月累，只有赢在投入程度、投入时间上，企业才不会被轻易模仿或被超越，这便是长期主义。第五，国企若想获得新的增长、取得新的突破，就一定离不开科技创新，科技创新是促使企业实现质变的关键内容，这便是创新主义。

国有企业存在的核心意义是为社会经济创造价值，进而服务民生。在企业经营过程中，国企应重点关注提质增效，围绕"一利五率"的要求，提升劳动生产率，提高净资产收益率，增强资源变现能力，这也是企业经营实现良性循环与健康发展的关键。围绕社会主义核心价值观，国有企业在规定的自由空间中敢于冒险、勇于创新，方能在面对强大对手时突出重围。

二、对标世界一流（淡马锡）：从"管资产"到"管资本"的管理密码

淡马锡于 1974 年在新加坡成立，经过 50 年的经营，其资产从 3.5 亿新加坡元增长到近 4 000 亿新加坡元（2024 年 3 月），增幅超过 1 000 倍，其发展速度与质量在世界范围内也是凤毛麟角，创造了"全球国有企业盈利神话"。

我国政府官员很早就对淡马锡模式感兴趣并深入研究、实地调研。早在 1999 年，时任国务院总理的朱镕基在访问新加坡时，对淡马锡产生了很大的兴趣；2004 年，国务院国资委第一任主任李荣融宣布建立央企董事会制度，随后中央设立中粮集团有限公司和中国投资有限责任公司两家国有资本投资公司作为试点，开始发展和推广两类公司（国有资本投资公司和国有资本运营公司）。作为中央和地方各级国企改革效仿的蓝本，淡马锡有哪些值得对标的地方？

1. 以"管资本"为重要方向，创造优异经营业绩

淡马锡在国资国企体制机制方面的创新，使其在总量规模、经营效益、战略决策、投资能力等方面，取得了良好的治理结果和经营业绩。

（1）合理化促进高效化，创新体制机制是淡马锡模式的内在精髓

在公司治理方面，新加坡政府实行监督权和管理权分离，形成"监管但不干预，审核但不承诺，鼓励自主经营但不失去控制"的"三不"原则，这使淡马锡成为政府与市场之间的桥梁，让淡马锡以"管资本"的视角管理企业变得游刃有余。在治理淡联企业方面，淡马锡的定位是"积极活跃的投资者和股东"，与淡联企业保持"一臂之距"的管控距离，鼓励淡联企业通过健全公司

治理来保障自身日常管理和商业决策的质量。

在用人机制方面，淡马锡贯彻"能者居其位"的选人原则，始终坚持"精英管理、实力进取、绩效激励"的用人机制，形成员工国际化、团队市场化、培养系统化、利益长期化的模式。在激励约束机制方面，淡马锡注重培育员工利益共享、损失共担的理念，培养员工"资产所有者"意识，公司提供富有竞争力的基本薪酬、短期激励、长期激励。在投资机制方面，淡马锡具有充分的投资决策自主权、成熟稳定的投资组合、相对明确的投资主题和相对固定的投资布局，投资组合回报率一直保持较高水平。在风险管理机制方面，淡马锡建立了风险管理文化，推动员工与股东风险共担；构建风险管理框架，进行风险分类；变革风险管理流程，采用植入式风险管理；优化投资提案方式，投资提案须由市场团队和行业团队共同提交。由此可见，淡马锡的管理精髓在于其体制机制的合理化、高效化运转。接下来我们将深入探讨哪些具有特色的管理模式帮助淡马锡获得了这样的成绩。

（2）"两权分立＋多元监管"，解决国资监管与国资运营的矛盾

新加坡政府通过"政府—淡马锡—淡联企业"的三层架构，较好地实现了国资所有权和经营权的分离。同时，在实际落地方面，淡马锡通过规范的治理结构和清晰的政府、企业权责划分来保障运作。

一方面，新加坡财政部虽然对淡马锡100%控股，但只负责国资监管，并不参与企业的经营决策，只保留知情权、监督权和储备金的保护权。同理，淡马锡对旗下淡联企业，也只是通过盈利要求、考核财务指标等方式进行管理，不参与经营决策。若企业无法达到设定的标准和要求，淡马锡则通过减持股份等市场化的方式进行处理。

另一方面，淡马锡设置了较为精巧的董事会监管体系。淡马锡董事会的成员较为多元化，一般来自政府、企业高层、社会商界等，形成了内外制衡的人员结构：财政部仅指派一名股东董事来监督公司的重大决策，定期审核淡马锡的财务和运营状况，但该股东董事从未担任董事长或董事会内的专业委员会主席以尽量减少政府的影响；此外，董事会又内设执行委员会、审计委员会、领袖培育与薪酬委员会，它们各司其职、相互制衡（见图2-3）。

淡马锡治理结构：所有权和经营权分离

国资监管
不参与经营决策，只保留知情权、监督权、储备金保护权

财政部 → 100%控股

国资运营
商业公司的所有者责任

淡马锡 → 不参与经营决策，通过盈利要求、考核财务指标等方式进行管理

淡联企业
独立法人自主经营

所有权 / 经营权

> 在传统的两层结构中，新增一个过渡区，通过精巧的董事会设置，把政府的影响留在这一层，而不向下穿透

淡马锡董事会：多元化的监管体系

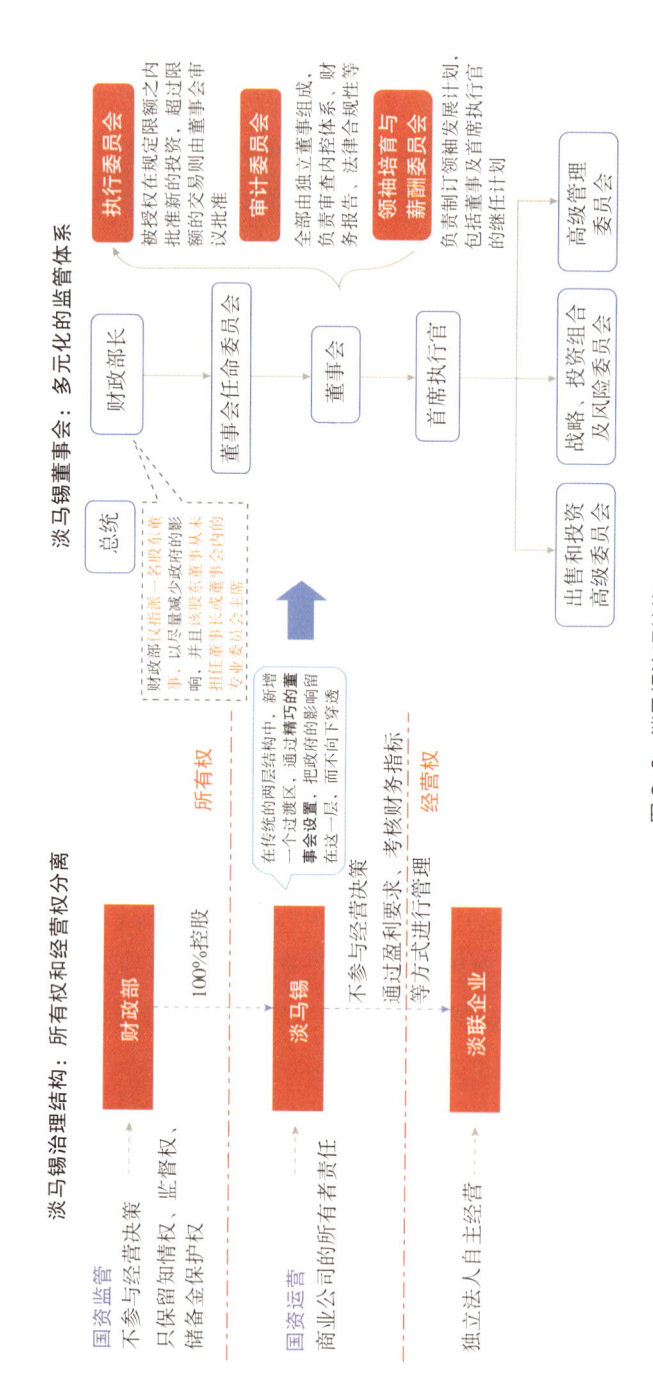

总统 ⇄ **财政部长** → **董事会任命委员会** → **董事会** → **首席执行官**

> 财政部仅派遣一名现职董事，以尽量减少政府的影响，并且限度事长或董事会公协的专抗委员会主席

董事会下设委员会：
- 出售和投资高级委员会
- 战略、投资组合及风险委员会
- 高级管理委员会

执行委员会：被授权在任规定限额之内批准新的投资，超过限额的交易则由董事会审议批准

审计委员会：全部由独立董事组成，负责审查内控体系、财务报告、法律合规性等

领袖培育与薪酬委员会：负责制订领袖发展计划，包括董事及首席执行官的继任计划

图 2-3　淡马锡治理结构

资料来源：淡马锡、明源不动产研究院整理。

056　国企三资盘活

在我国国有经济的发展中，国资监管和国资运营之间如何相互支撑且互不干扰一直是一项难题。一方面，政府需要对国有资本进行监督，避免国家资本权益受到侵害；另一方面，国有资本监督约束过强会导致国资运营低效，企业经营受阻甚至失效。通过对标淡马锡，我们可以借鉴其以"管资本"为主建立的两权分立的管理模式，因地制宜地探索我国授权经营改革，并且可以通过设立两类公司，将国有资本的所有权、管理权、经营权分离，推动政企分离。

同时，这种所有权与经营权分离的管理机制，不只适用于政府和企业之间，在集团和下属产业公司之间同样适用，通过借鉴淡马锡对淡联企业的管理机制，一是打造健全的董事会制度，形成独立和完善的法人治理结构；二是强化国企内部多层级的监督约束机制，实现各层级的相互制衡；三是信息公开透明，接受来自政府、行业、媒体和社会公众的监督管理。最终，将国企集团总部打造为战略引领的"方向盘"、资本赋能的"加油站"、专业职能的"教练员"和监管风险的"红绿灯"，持续提升国企集团总部的管理能力。

（3）全局性的风险管理框架、"两把钥匙"决策体系规避"一言堂"风险

为了降低运营风险，淡马锡将风险管理纳入系统与流程，并建立了一套全局性的风险管理框架（涵盖战略风险、业绩风险和运营风险），以严谨的流程来确保考量合理、风险降低。

其中，较为知名的投资风险管理制度是"两把钥匙"制度：淡马锡的投资风险管理由行业团队和市场团队共同提交提案至投资委员会审核，根据投资规模或风险程度，再上报执行委员会或董事会以做出最终决议，多部门共同参与投资流程从而规避一言堂带来的投资风险。

作为"国有资产运营平台"，淡马锡的每一项投资决策都关系着国家和行业风险，因此其力求通过严谨的估值流程来缓冲投资风险（见图2-4）。

风险管理是国有企业改革中一项重要的课题，国有企业可以借鉴淡马锡经验，推进风险管理机制改革，规范管控流程，调优风控结构，前移风险管理，建立应急预案，最终形成健全的风控体系。

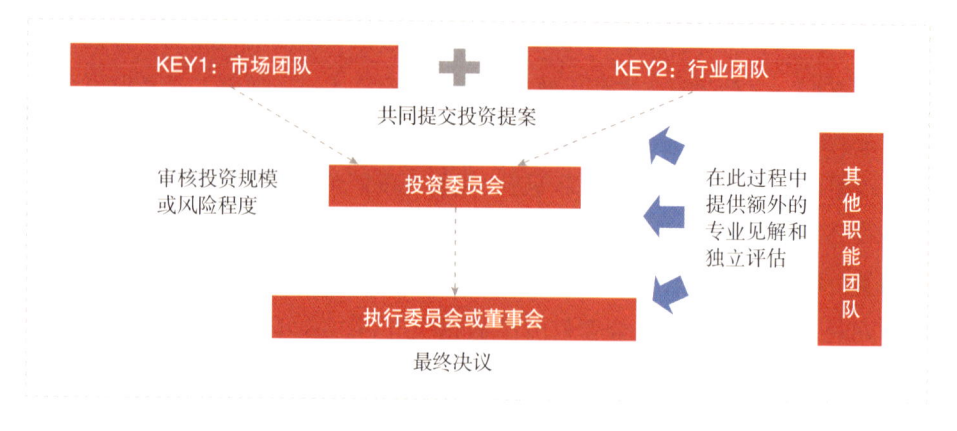

图2-4 淡马锡"两把钥匙"风险管理框架

资料来源：淡马锡，明源不动产研究院整理。

（4）动态储备金保护机制，在一定程度上解决国有资产流失问题

淡马锡问世之时，就肩负着"通过有效的监督和商业性战略投资来培育世界级公司，从而为新加坡的经济发展做出贡献"的使命，从政府手中接过3.5亿新加坡元。但这并不意味着淡马锡可以随意支配政府储备金。《新加坡共和国宪法》明确规定，淡马锡董事会和首席执行官有职责保护公司过去累积的储备金，当总储备金低于过去累积的储备金，以及需要提取过去累积的储备金时，淡马锡都必须寻求总统批准，这便免除了政府对国有资产不受控制的担忧。我们可以将此机制总结为"明制度"。

在监管之下，淡马锡又该如何发挥主观能动性，既保障国有资产的有效发挥又确保国有资产不流失呢？面对这个矛盾，政府为淡马锡划定了一条宽松的标尺，当淡马锡的总储备金高于或等于过去累积的储备金时，这意味着储备金得到了保护，而市值下跌和按公允价值脱售均不形成储备金低于过去累积储备金的情况。简而言之，淡马锡只要确保当期储备金大于等于零，就不会被判定为导致国有资产流失。我们可以将此机制总结为"定标准"。

通过淡马锡的动态储备金保护机制我们可以看到，判定国有资产的流失与否，并非仅参考固定指标，而是要将资产整体价值与市场波动相结合，借助合理范围内较为宽松的标尺，做出综合判断和考量。

2. 创建世界一流企业，打造高质量世界五百强

中国深圳市作为改革开放的前沿阵地，在新时代新征程中走在前列，并且中国深圳市与新加坡的经济体量相当、地缘文化相近，中国深圳市市场经济成熟度、国资监管探索程度全国领先，又具有特区立法权保障，这为国资国企的深化改革提升、创新发展提供了优越的条件。我国深投控作为市属国企改革发展的排头兵，综合实力强、资源优势突出，通过对标淡马锡，推进体制机制创新，激发了企业活力，实现了高水平发展。

（1）坚持五大原则、围绕两大主线、完成三大步骤

深投控在改革创新突破的过程中，首先确立了五大改革原则。

其一，坚持党的领导。新时代党的领导是我国国有企业发展的独特优势，将党的领导与完善公司体制机制结合起来，会对公司治理产生更大效益。

其二，坚持服务城市。国有企业要承担起服务城市经济社会发展的责任，推进社会主义现代化建设。

其三，坚持分权制衡。通过国资国企的所有权、监督权、经营权的合理分配，在实现有效监管的同时激发企业活力。

其四，坚持权责利统一。形成权责利关联的管理闭环，充分调动市场积极性。

其五，坚持因势利导。以价值导向、成果导向进行改革的动态调整，从而实现真实价值提升。

在五大改革原则的前提下，深投控对标淡马锡形成了清晰的两大改革主线：其一，国资管资本监管体制改革，即做好国有资本监督和管理；其二，公司市场化经营机制改革，即将国有企业的市场化运营机制最大限度放大。这也是我们在上文中提到的国企改革的本质内容。沿着两大改革主线，深投控设定了"放活管好""做强做大""建成世界一流企业"的三大改革步骤，努力实现培育一批引领全球行业发展的创新企业，发展一批参与全球资源配置的跨国企业的发展目标（见图2-5）。

| 五大原则 | 坚持党的领导 | 坚持服务城市 | 坚持分权制衡 | 坚持权责利统一 | 坚持因势利导 |

| 两大主线 | 国资管资本监管体制改革 ＋ 公司市场化经营机制改革 |

| 三大步骤 | "放活管好" 至2018年末 → "做强做大" 至2020年末 → "建成世界一流企业" 至2035年 |

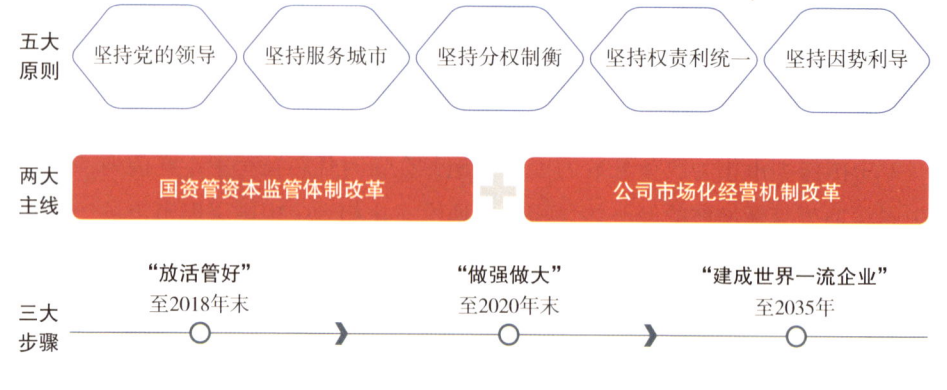

图 2-5　深投控改革规划

资料来源：深投控，明源不动产研究院整理。

（2）创新国资监管体制，实现以"管资本"为主的转变

深投控的国资管资本监管体制改革，体现为三层关系和两个方面。一方面是国资委对投资控股公司的监管体制改革。通过借鉴新加坡政府对淡马锡"放活管好"的成功经验，中国深圳市国资委对深投控进行逐步授权，持续增强其市场主体地位。例如，加大授权深投控的投资、资本运作等工作；强化主体责任，简化甚至取消部分程序；授权总经理对下属企业财务预算等的决策权；推动与国有资本投资公司功能定位相匹配的体制机制。

另一方面是深投控对下属企业的监管体制改革。通过借鉴淡马锡对淡联企业"一臂之距"的监管经验，深投控授予下属企业充分的自主经营权，激发下属企业的积极性和创造性。例如，授予下属企业在投资、产权变动等方面一定的自主决策权限；推进企业产业化整合、专业化整合，以多种方式完成混合所有制改革；将董事会独立于经营管理层，完善企业管理制度；采用股东监督、股东投票、资本运作、投资退出等方式，行使股东权利等，从以"管企业"为主向以"管资本"为主转变（见图 2-6）。

国资委对投资控股公司的监管体制改革

借鉴新加坡政府对淡马锡"放活管好"的成功经验，中国深圳市国资委对深投控进行逐步授权，持续增强其市场主体地位

深投控对下属企业的监管体制改革

借鉴淡马锡对淡联企业"一臂之距"的监管经验，深投控授予下属企业充分的自主经营权，激发下属企业的积极性、创造性

图 2-6　深投控的国资管资本监管体制改革

资料来源：深投控，明源不动产研究院整理。

（3）改革公司运行机制、释放跨越式发展强大动力

深投控在市场化经营机制改革方面设定了六项重点改革内容（见图 2-7）。

01 公司治理机制改革	02 组织及人员机制改革	03 激励约束机制改革
"协调运转、有效制衡"	"互为支撑、强化市场"	"解放思想、激发活力"
04 投资管理机制改革	05 风险管理机制改革	06 全面从严加强党建
"权责对等、分级决策"	"两把钥匙、风险前移"	筑牢"根"和"魂"

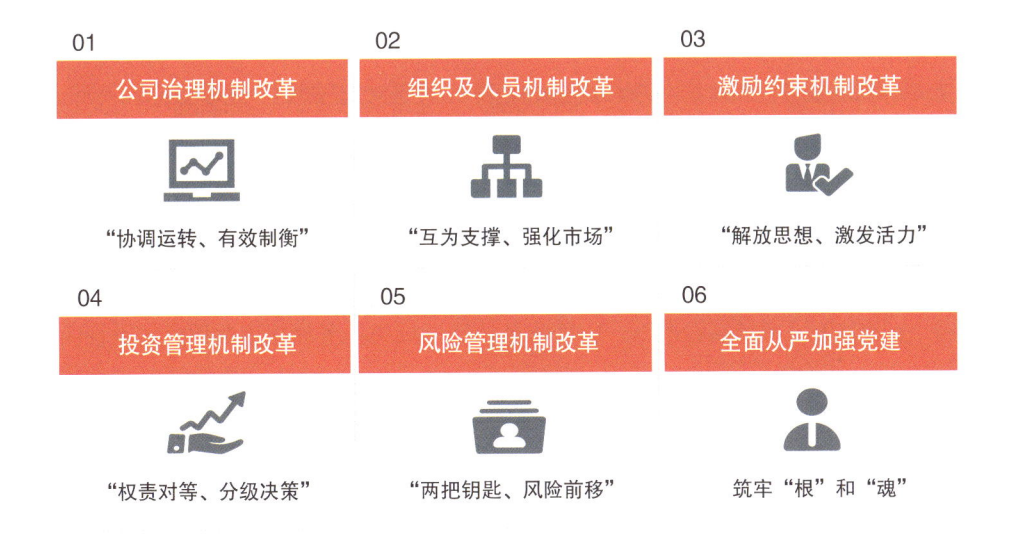

图 2-7　深投控六项市场化经营机制改革内容

资料来源：深投控，明源不动产研究院整理。

其一，推进公司治理机制改革，达到"协调运转、有效制衡"的目的。
其二，推进组织及人员机制改革，达到"互为支撑、强化市场"的目的。
其三，推进激励约束机制改革，达到"解放思想，激发活力"的目的。
其四，推进投资管理机制改革，达到"权责对等，分级决策"的目的。
其五，推进风险管理机制改革，达到"两把钥匙、风险前移"的目的。
其六，推进全面从严加强党建，实现"筑牢'根'和'魂'"。

通过解析淡马锡的成功经验和深投控的对标方式，我们更加全面地了解了全球领先管理经验，这对我国国资国企的改革确有不少借鉴价值。但值得注意的是，淡马锡在政治法律环境、股权投资机制、主权财富基金的定位等方面的特征是较难复制和推广的，我国是具有中国特色的社会主义国家，国有企业在对标淡马锡、运用先进的管理经验时，需要充分结合我国国有经济体量、经济发展阶段、国有企业使命等情况，发挥党建引领企业发展的优势，因地制宜地实施改革措施。

三、对标中国一流（华润集团）：多元化管控的国有资本投资公司

2022年6月，国务院国资委印发《关于国有资本投资公司改革有关事项的通知》，对国有资本投资公司试点企业进行了调整优化，明确华润集团正式转为国有资本投资公司。华润集团创始于1938年，前身是在香港成立的"联和行"，华润集团历经多轮改革、发展甚至再造，成为业务涵盖6大领域，下设实体企业3 077家，在职员工约39万人，2023年总资产突破2.6万亿元的具有全球影响力的世界一流企业。取得如此成绩的背后，离不开华润集团一直以来围绕发展模式、组织架构、公司治理等方面进行的一系列重大改革。

1. "五阶段、四转型、三时期"不断演进，构筑核心竞争优势

自1938年成立至今，华润集团历经了"联和行"、贸易总代理、自营贸易实业化、多元产业集团和国有资本投资公司五个阶段，并在此过程中成功完成四次转型。为了更加清晰地了解华润集团的发展历程，总结成功经验，我们将

其演进史、转型史总结为三大时期。

时期一：以贸易为核心建立竞争优势，完成三种组织形态更迭。华润集团的前身"联和行"诞生之初的形态是一个"小商号"，负责打通香港与内地的贸易通道，履行着战争时期的特殊使命，到 1948 年末，"联合行"改组，更名为华润公司，组织形态变为私人合伙无限公司。从 20 世纪 50 年代开始，全球经济进入高速发展期，华润成为中国各进出口公司在香港的贸易总代理，是连接实施计划经济的内地与推行市场化经济的国际市场的重要纽带。直到改革开放，随着对外贸易体制的全面开放，为了利于公司在开放的市场化环境中生存，华润正式改组为华润集团有限公司，率先在国有企业中建立起现代企业制度，充分融入资本市场，推动公司实现自由贸易实业化发展，这为后续华润集团建成多元化产业集团奠定了基础。

时期二：抢抓内地发展机遇，建立多元化产业集团。2001 年，华润集团为了更好地执行进入内地市场的投资战略，董事会确立了"集团多元化、利润中心专业化"的发展方针，确立了"再造一个华润"的发展目标，仅用 5 年的时间关键业绩就实现了翻倍。随后提出"再造一个新华润"的战略方向，并再次取得了关键性业务突破和规模提升。通过两次"再造"，华润集团构建了当时的大消费、大健康、城市建设运营、能源服务、科技与金融五大业务领域。随着公司规模的不断扩张，监督管理的挑战也逐渐增大，为突破管理困境，华润集团创建了 6s 战略管理体系并不断优化，一直沿用至今，该体系各要素之间互相支撑，循环作用，促进了华润集团战略管理能力的提升。

时期三：深入推进国企改革，转正为国有资本投资公司。"十四五"伊始，华润集团加快从多元化产业集团向以"管资本"为主的国有资本投资公司转型，以"价值重塑、业务重塑、组织重塑、精神重塑"为抓手，提升公司核心竞争力，并于 2022 年 6 月转正为"两类公司"，为新时代新征程注入国企力量。在这一时期，华润集团实施"资本层—资产层—运营层"三层管控架构，优化了治理结构，强化了激励机制，提升了组织创造力（见图 2-8）。

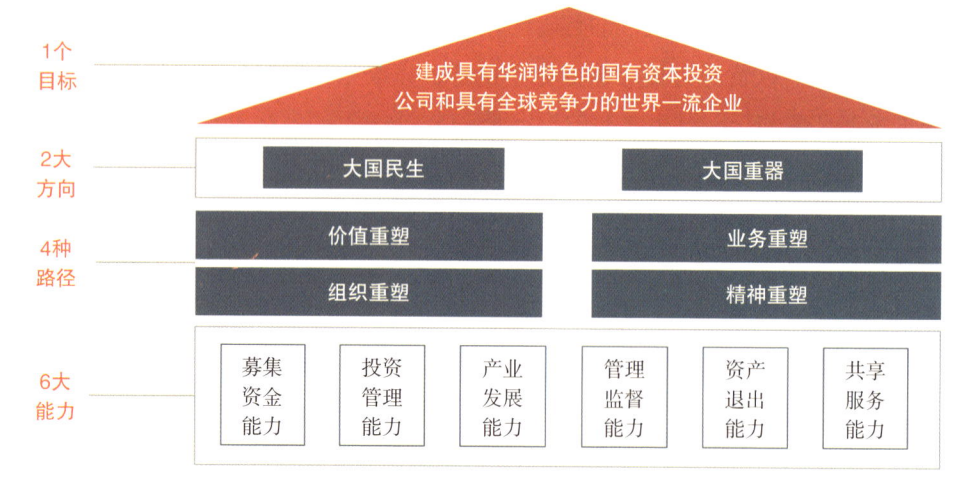

图2-8　华润集团建设国有资本投资公司和世界一流企业的"1246"模式

资料来源：华润集团，明源不动产研究院整理。

2. 完善现代企业制度，以高水平治理推动企业发展

企业高质量发展的关键在于以长远价值为目标，平衡各方责任和利益，构筑互相支撑的发展闭环，而公司的治理体系则是实现企业可持续发展的重要保障和有力支持。华润集团始终遵循法治精神，建立了"结构清晰、内容完整、相互衔接、有效协同"的管理体系，以高水平治理推动企业发展。

（1）决策监督机制：授权合理、职责清晰、相互协同

决策机制是影响企业市场化运营效率、决策是否科学合理的关键，构成企业治理结构的"三会一层"（股东会、董事会、监事会和经理层）与党组织，应该相互支撑，划清职责，避免掣肘。在华润集团的决策机制中，党组织前置研究重大经营事项是否符合党的理念和方针，并充分尊重其他治理主体的独立决策权，不代替董事会、经理层决策；股东会明确对董事会的具体授权内容，行使相应职权；董事会则充分发挥"定战略、作决策、防风险"的作用；经理层严格按照公司章程履行职权，落实董事会决议事项，完成定期汇报。

在监督管理方面，华润集团董事会下设审计与风险委员会，负责企业内部

管控体系建设，每年初制订年度工作计划。同时华润集团通过设立内部审计机构，以及聘请外部审计机构开展年度审计工作，制定了"大监督"体系工作办法，构建起具有华润特色的监督管理体系。

(2) 管理管控机制：战略为本、价值导向、激发潜能

华润集团以战略为中心配置资源，以价值为导向形成管理，通过构建高效的"资本层—资产层—运营层"三层管控架构，实现了合理授权，激发了组织活力，从而支撑集团高质量发展（见表2-1）。

表2-1 华润集团三层管控架构

管控层级	定位	关键职能	价值目标
集团总部	资本层	党的建设、战略规划、资源配置、资本运营、公司治理、风险防控	资本价值
业务单元	资产层	产业发展、投资管理、资产经营	产业价值
生产经营单位	运营层	生产经营、项目管理、市场销售	市场价值

资料来源：华润集团，明源不动产研究院整理。

在人才管理方面，华润集团建立了分层分类的人才管理体系，于1983年便建立了培训中心，以完善人才队伍结构和水平，弘扬企业家精神。在科技创新方面，华润集团建立了科技创新委员会等多个组织，打造内外协同的创新生态，助推战略性新兴产业发展。在品牌文化建设方面，华润集团始终坚持传承红色基因，传播"有华润多美好"的品牌主张，与祖国风雨同路。

(3) 激励评级机制：科学评价、干事创业、创造价值

针对不同的管理角色，华润集团制定了相应的评价规则。对于董事会，华润集团以其功能定位制定评价办法，通过组建联合评价工作小组来确保评价的客观性、合理性，并将评价结果与个人绩效奖金、职务调整直接挂钩，此制度有效促进了董事会规范运行，平衡了董事履职过程中的收益与风险。对于高级管理人员，华润集团以市场薪酬、岗位价值、生产要素、公司效益、个人能力等作为考量要素，结合薪酬与业绩的"双对标"，实现了对高级管理人员的薪

酬管理，同时通过多元化的激励机制，鼓励高级管理人员持续创造价值。

国有企业在我国高质量发展的进程中扮演着关键角色，深化改革、提升治理水平、培育核心竞争力是国有企业的关键任务。淡马锡模式为国企改革提供了有益借鉴，特别是其灵活高效的市场运营和治理机制，这是诸多国企可参考的行动标准。深投控积极推进创新机制，激发企业活力，形成了良好的发展态势。华润集团则通过不断探索实践，不仅完善了组织架构和治理机制，更是培育和强化了核心功能。由此可见，国有企业的改革应着眼于打造具有全球影响力的标杆企业，只有如此，国有企业才能在新时代的发展浪潮中稳健前行，助力国家战略转型目标的达成，同时推动构建人类命运共同体，为世界经济的稳定与繁荣做出更大的贡献。

第二节
土地资源是基础要素，多途径盘活促进土地高效利用

土地是城市开发建设最重要的资源要素，也是各地政府掌握的重要国有资产。土地资源对国家的经济发展、城市化进程、社会稳定和国家安全具有重要战略意义。国家和地方政府通过科学规划、合理出让及高效管理土地资源，引导经济结构调整，推动城市合理布局，实现增量土地高效利用，存量土地活化利用。

土地资源对城市的价值体现在经济效益、社会效益和环境效益三个维度。国有企业通过房地产、商业综合体和工业园区建设，实现土地增值，为国家和地方政府提供土地出让金和税收收入。同时，通过建设公路和桥梁等交通设施、文化体育设施、环境保护设施，国有企业能够显著提升城市功能，为市民提供更好的生活环境和公共服务，从而增强城市的社会效益。此外，在开发过程中，国有企业需要高度重视环境保护，采取节能减排、生态修复等措施，最终实现可持续发展。

国有企业在这一过程中发挥着重要的作用，需要采取科学的规划和精细的

管理，以实现经济效益、社会效益和环境效益的协调发展。

一、挖掘土地资源价值，培育规划投资和建设管理两大能力

国有企业与土地之间的密切关系在地方经济的发展中发挥着至关重要的作用。随着地方经济的蓬勃发展和各地之间竞争的加剧，地方政府常常需要通过借债的方式来进行大规模基础设施建设，以改善地区的生活和商业环境，从而吸引更多的投资和人才。在这个过程中，国有企业在推动城市化进程、补充地方财力，以及推动城市基础设施建设等方面发挥着关键作用。然而，随着时代的变迁和经济形势的演变，这种关系也在不断发生变化。如今，在新时代背景下，国有企业在如何更好地挖掘土地资源的价值方面面临着新的挑战与机遇。

1. 多途径盘活土地资源，增强区域发展动能

土地资源盘活是国有资产保值增值的关键举措之一，有助于充分发挥土地资源的潜力，促进经济发展。从国办发〔2022〕19号文到《自然资源部 国务院国资委关于推进国有企业盘活利用存量土地有关问题的通知》，国家在政策层面持续鼓励国有企业以多种方式盘活和利用存量土地。

在土地资源的管理上，管理对象不仅包括存量土地，还包括新增土地，国企应全面考量二者的科学配置。存量土地重在盘活，增量土地重在规划。国企要深入贯彻习近平总书记关于城市规划的重要论述，如成都公园城市的规划理念，注重对绿地、生态系统和环境的保护，使城市更加宜居、宜业。合理的规划有助于城市发展，促进城市管理现代化、产业转型升级，同时有效提升城市韧性。

在盘活存量土地资源方面，当前的盘活策略主要包括以下四种。

一是处置与整合，包括低效、无效资产的处置和优质资产的整合优化。低效、无效资产主要通过盘点和梳理，依托地方资产管理公司、产权交易所等渠道，通过拍卖、租赁、转让等方式按合理市场价格处置，以增强资产的流动性。整合优化优质资产则是通过打造公司内资产运营管理平台，整合可运营

的土地物业资产，实现集中化、规模化、专业化经营，为主业发展提供现金流支持。

二是土地收储与置换。土地收储是指通过"自主改造＋政府收储"模式，探索部分土地由企业自主开发利用，支持企业主业和优势产业发展，部分土地交由政府收储，企业获得土地补偿金，政府增加土地储备，匹配市场需求，实现双赢局面。土地置换则是指将企业自有低效用地或零散用地置换为面积更小但价值更高的土地，同时根据政府评估定价平衡差价，对腾退的流通业用地、工业用地，在收回原国有建设用地使用权后，在符合规划及本市产业发展要求的前提下，经批准可以协议出让方式为原土地使用权人安排新的产业用地。

三是物业提质增效，包括物业升级改造、挖掘资产新功能，以及打造产业创新应用新载体。物业升级改造是指通过更新软硬件设施、重新定位业态功能等方式，提升项目品质。挖掘资产新功能是指通过整体规划、空间赋能和价值再造等手段，实现再开发利用和产业升级。打造产业创新应用新载体是指通过交通优化、业态调整等方式，打造产业创新应用载体，促进存量资产盘活。

四是开发盘活，具体涉及土地开发利用、企业产业升级和建设产业园区与产业基地。土地开发利用主要包括土地开发销售，具体而言，根据存量土地用地性质，将土地开发为住宅、办公楼宇、产业园区，通过对外销售、租赁等方式，实现经营性收益。此外，这里还涉及一、二级联动开发。企业首先进行一级开发，将现状土地进行拆迁安置，达到二级开发条件。随后，通过土地收储后的"招拍挂"方式进行土地摘牌，完成土地的二级开发。这一模式需要企业跟政府具有很高的默契度，否则，在完成土地一级开发后，企业可能无法通过市场动作摘牌再进行土地的二级开发。另外，还有一、二、三级联动开发模式，将企业存量土地纳入片区开发、城市更新领域、产业园区、特色产业小镇、产业新城等产城融合项目，与其他地块采取一、二、三级联动模式进行开发建设运营。

在企业产业升级方面，国企可优先利用存量土地自主开发建设企业总部、生产研发基地、营销展贸中心、业务科研用房等，以支持企业商务办公和企业主业发展；或者根据企业自身的发展方向，通过产业的升级改造，发展与企业本身相关的科技研发或其他文化创意、现代服务等功能的产业，并以此为契机，推进企业转型升级。

在建设产业园区与产业基地方面，可以利用 M0、M9 产业用地政策，围绕企业主业和特色，打造特色主题园区，突出企业产业优势，实现企业产业链上下游的有机链接，进而打造产业生态圈。同时，可以打造产业孵化基地，结合"工改工""工改商""微改造"等政策，开发建设产业综合体和孵化空间，通过打造完整的产业链条、创业孵化育成体系和运营服务平台，吸引行业上下游龙头企业和创新企业入园发展。

随着中央和地方有关资产盘活和土地盘活政策与支持细则的进一步落地，土地盘活的方向、方式和方法进一步明晰，央国企首先要做的就是深度研究国家和地方有关政策，把提高土地资源利用率放在首要位置，积极探寻新思路、新方向，真正实现国有资产保值、增值。对于难点问题的解决，牢记两个核心要点：首先，对具体权属问题、账证不符问题、规划不符问题、划拨问题等有针对性地进行解决；其次，判断存量土地是否具备规划可行性，是否符合市场需求，经济指标是否达预期，相关政策是否可操作执行，这是至关重要的。

对于土地资源的管理，无论是增量土地还是存量土地，国企都迫切需要提升城市规划能力、项目投资能力、运营管理能力和统筹管理能力（见图 2-9）。对这几种能力的强化，不仅是土地资源高效利用的关键，更是最大化其经济和社会效益的保障，进而促进城乡的协调发展，推动城市向更加绿色、宜居、可持续的方向迈进，助力构建更加繁荣、和谐的社会环境。

2. 平衡社会与经济效益，探寻土地开发投资规划方向

国有企业尤其是城投企业的项目可根据是否具备市场化现金流划分为三大类：公益性、准公益性和经营性。公益性项目涵盖基础设施建设和土地开发整理等领域。在城投企业中，基础设施建设尤为突出，这是其主要业务之一。准

公益性项目包括棚户区改造、保障房建设等公益性住房项目，供水、供电、供热、供气、垃圾处理、污水处理等公用事业项目，以及高速公路、轨道交通等交通建设运营项目。此外，还有经营性项目，如房地产开发等。不同项目类型具有不同的经营回款特征（见表2-2），整体来看公益性越强，盈利能力越弱，越依赖政府补贴实现收支平衡。

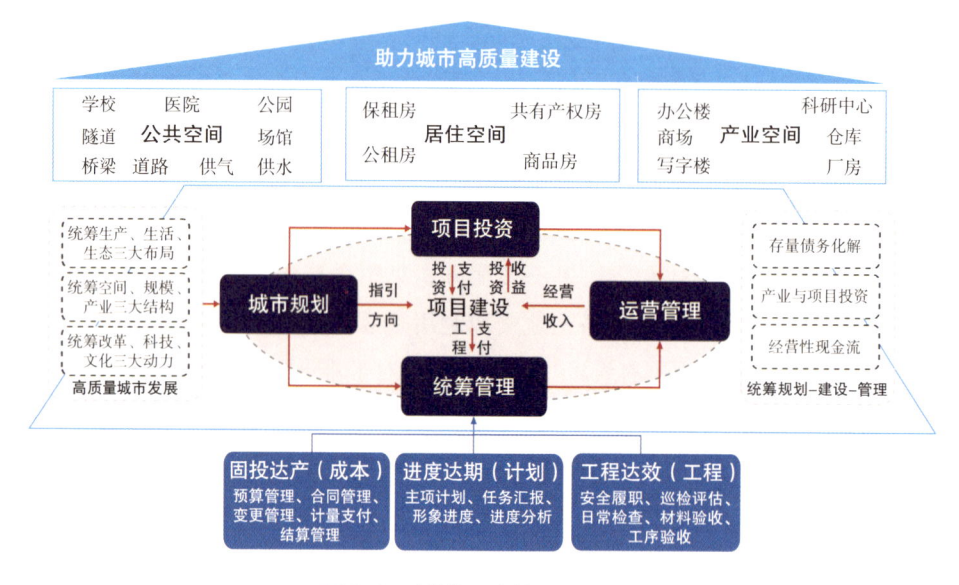

图2-9 土地资源高效利用的逻辑

资料来源：明源不动产研究院整理。

表2-2 城投企业不同项目类型的经营回款特征

业务类型	具体内容	经营回款特征
基础设施建设	市政道路、桥梁、水利设施建设、城区改造、环境治理、综合整治、公共建筑建造、城市绿化量化等	四种模式：①政府按建设成本加成回购，回购时间和金额取决于财政状况和政府支持；②仅收取代建管理费；③由配套土地开发整理后出让收入弥补成本；④自建自营

（续表）

业务类型	具体内容	经营回款特征
土地开发整理	三通一平，五通一平，七通一平	两种模式：①土地开发整理完成后进行招拍挂，出让后由政府部门扣除相关费用后一次性返还出让金，返还时间和比例取决于财政状况和政府支持，依赖当地房地产市场景气度和土地出让计划；②政府按成本加成回购，回购时间和金额取决于财政状况和政府支持
棚户区改造、保障房建设	棚户区改造、安置房、经济适用房、公租房、廉租房等建设	建成后由政府回购或对外销售，价格一般低于市场价
交通建设运营	高速公路、轨道交通、铁路等建设及运营	回款缓慢，但持续稳定，高速公路的通行费收入毛利较高，地铁票务收入通常亏损，需依赖政府补助
公用事业	供水、供电、供热、供气、垃圾处理、污水处理等	回款缓慢，但持续稳定，若是亏损则通常有政府补贴
房地产开发	住宅开发、商业开发	经营性业务回款

资料来源：城投平台评级报告，广发证券发展研究中心。

公益性项目主要采用委托代建模式，常见的回款方式有资本金注入模式、成本加成回购模式、土地出让金返还模式三种：①资本金注入模式是指由地方政府承担建设资金，国有企业获取管理费收入；②成本加成回购模式是指国企自筹全部成本，委托方按成本加成回购管理费；③土地出让金返还模式是指企业参与项目同时匹配土地开发，前期投资平衡，依赖未来土地出让收入。

在准公益性项目中，公用事业的经营回款较为特别。国有企业通过授权经营或特许经营开展业务，这类项目有稳定的现金流，但利润率较低，通常依赖政府补助。

在经营性项目中，企业更加注重市场化运作和经济效益追求。通过市场定位、产品开发、营销策略和优质服务，企业可以赢得市场份额和客户认可，从而实现盈利增长。企业还需要密切关注行业动态和市场变化，及时调整经营策略，以确保项目的长期可持续发展。

国有企业的项目类型在一定程度上受所处城市发展阶段的影响，处于不同发展阶段城市的国有企业，需顺应区域发展阶段重点来规划公司项目组合，适度超前，做城市发展的引领者。在城市发展的过程中，土地资源扮演着至关重要的角色，它不仅是国有企业发展的基础，还是城市发展的核心资源。因此，在探索土地价值挖掘方向时，国有企业应该深入挖掘土地资源的潜力，并结合城市的发展需求，制订相应的投资规划。关于这一点，国有企业在实践中需要特别注意以下四个方面。

第一，深度挖掘土地综合利用潜力。为了充分挖掘土地的综合利用潜力，国有企业应重点关注多功能项目的综合开发，涵盖商业、住宅和公共设施等领域，以实现土地价值的最大化。在这一过程中，国有企业需要坚持公益性项目与经营性项目的"双轮驱动"策略，以确保项目的可持续发展。为了实现这一目标，国有企业应积极与城市规划相关部门及民营企业合作，共同制订并实施综合规划方案。

第二，拓展新兴产业与创新发展模式。产业是发展的根基，因此，土地资源的利用应与产业规划布局紧密结合。在新兴产业加速发展的背景下，国有企业应积极探索新兴产业发展模式，如数字经济、生物科技、智能制造等，通过引进和培育高新技术企业，国有企业可以充分利用土地资源，促进产业发展。同时，建设产业园区、科技创新中心等基础设施也是重要的举措，有助于将土地价值转化为经济增长点。

第三，推动城市更新与老旧区改造。重点推动城市更新项目和老旧区改造项目，提升土地利用效率和城市功能品质，同时增加土地价值，注重吸引社会资本参与，共同推动更新与改造项目的实施。

第四，注重土地资源保护和可持续利用。国有企业应当注重土地资源的保护和可持续利用，避免过度开发导致资源浪费和环境破坏。通过科技手段进行精准规划和管理，以最小的开发成本实现最大的土地利用效益，将有助于平衡经济发展与生态环境保护的关系。此外，采用可再生能源和清洁技术也是实现土地资源可持续利用的重要途径。以上投资规划策略可以帮助国企更好地挖掘土地价值，实现经济效益和社会效益的双赢。

3. 提升建设管理综合能力，保障项目顺利落地

项目作为城市建设的基本单元，其管理水平的高低直接关系到城市发展的质量与成效。对国有企业而言，项目的成功运作更是企业稳健发展的根本保障，只有项目稳健推进，企业才能持续求进。在市场化转型的大背景下，国有企业必须全面提升项目建设管理综合能力，以承担适度超前的基础设施建设任务，并在操盘过程中提升团队的专业能力，如此才能在激烈的市场竞争中逐步成长为城市综合建设、运营、服务的佼佼者。

首先，项目前期的设计能力至关重要，是确保项目顺利进行的关键。项目设计需要考虑城市的发展规划和布局，将项目与城市规划相结合，确保项目的定位与城市整体发展方向一致。因此，设计能力不仅包括对项目的可行性研究、前期方案设计、报批报建等工作，还需融入上位城市规划的内容及项目定位。随着项目的复杂性增加，设计能力的提升对项目成功实施尤为重要。国有企业需要加强对项目前期设计的重视，提升团队的专业水平，确保项目的科学性和可行性，同时与城市规划紧密衔接，实现项目与城市整体发展的协调。

其次，项目建设管理能力是确保项目成功的基础。项目承发包模式可以大致分为工程总承包（EPC）模式、"设计+建造"（DB）模式、平行发包（DBB）模式，三类模式的管理颗粒度逐渐细化。在 EPC 模式下，总承包方负责对工程项目的进度、费用、质量、安全进行管理和控制，虽然对国有企业的管理能力要求不高，但过度依赖总承包方可能增加项目风险，尤其是在《住房和城乡建设部关于落实建设单位工程质量首要责任的通知》和《中华人民共和国安全生产法》的指导下，对甲方的要求也越来越高。而在 DBB 模式下，总承包方对国有企业的管理要求较高，企业需对项目各阶段工作进行合理规划，自主选择各分包方，并统筹各方的协同关系。

项目管理涉及众多且复杂的要素，无论是经营性还是公益性项目，国有企业都必须构建坚实的项目管理能力，全面管理资源、进度、成本、安全、质

量和档案等核心环节。有效地整合这些要素，构建体系化的管理方法论，是确保多项目成功实施的重中之重。因此，国有企业应进一步加强对项目管理的重视，提升管理团队的专业素养，确保项目的科学性、可行性和可持续性，从而更好地支撑企业的长远发展。在提升项目管理能力的道路上，数字化已成为不可或缺的选择。在新质生产力的背景下，科技创新的浪潮推动着各行各业的发展。即便是土地资源的高效利用，也离不开数字化的助力。"明源云"凭借二十余年的行业积淀与深厚经验，以制度标准为核心，打造了一个覆盖项目决策、设计、施工、竣工结算的全流程数字化管理平台（见图2-10）。这一平台实现了业务在线、数据在线、管理在线，极大地提升了集团调度指挥项目的效率，并为企业的经营分析提供了坚实的数据支持，为国企发展注入了强大的数字化动能。

总之，建设管理能力对于国有企业挖掘土地资源的价值至关重要，是实现土地资源可持续开发利用的核心要素，更是推动地方经济繁荣和社会进步不可或缺的重要力量。

二、对标世界一流（新加坡滨海湾）：规划建设引领，打造花园城市之最

新加坡作为一个国际化的城市国家，一直致力于打造具有世界影响力的城市地标。如果说有一个地方最能够代表新加坡的繁华与活力，那非滨海湾莫属。坐落于城市的核心地带，滨海湾可以一览"狮城"的繁华景象，它不仅是现代城市规划和建设的杰作，更是城市空间活力的生动体现。作为一个充满活力和创新的城市地标，滨海湾吸引着来自世界各地的游客和居民，成为新加坡的城市名片，也是新加坡城市发展的重要引擎。

1. 从规划蓝图到国际都市典范的演变之路

新加坡滨海湾的发展历程可以追溯到20世纪90年代末及21世纪初，其经历了数个关键阶段的规划、建设和发展。

图 2-10 项目管理数字化解决方案蓝图示例

1990年末至2000年初：规划与概念阶段。新加坡政府提出了滨海湾概念计划，旨在打造综合性城市中心，随后展开规划和咨询活动，吸引了许多国际设计师和规划师参与。

2000年中期：基础设施建设阶段。政府开始实施滨海湾基础设施建设，包括填海工程和地铁系统的扩展，为未来发展奠定基础。

2000年末至2010年初：标志性建筑和文化设施兴建阶段。滨海湾陆续建成了标志性建筑和文化设施，如金沙酒店、艺术中心和滨海湾花园，丰富了城市景观，吸引了广泛的国际关注和大量游客。

2010年至今：综合性城市空间的完善和发展。滨海湾继续推出多个项目，提升城市空间品质，如景观廊道和智慧城市建设，成为新加坡城市发展的亮点和典范。

城市中心的公共空间是城市最宝贵的资源之一，城市中心地区空间品质的提升，有利于重塑城市形象，进一步激发经济活力，这已成为全球城市建设不可忽视的趋势。在我国，面对城市中心有限的空间资源，平衡生产、生活与生态的关系，成为一个迫切需要解决的问题。滨海湾的成功经验为我们提供了宝贵的参考，展示了如何通过精心规划和设计，促进城市的可持续发展。

2. 三重融合的设计理念，营造都市新地标

在滨海湾的总体规划定位中，作为新加坡首个大型开放与公共空间，其定位早期就明确为"开放、混合，具有24小时不间断活力的地区"。滨海湾的总体规划强调了公共空间的活力，建立了连续的步道和开放空间系统，同时，其绿色的街道、茂盛的公园和高层屋顶花园都成为市中心的重要景观。

（1）交通与公共空间的融合

滨海湾的交通规划是其成功的关键之一。地铁站与城市滨水空间的结合，不仅提升了空间的可达性，也增强了公共空间的活力。滨海湾的地铁网络与地上公共空间形成了一体化系统，连接了新加坡市中心的主要就业和商业地区，也连接了多个主要的公共服务、娱乐与公共空间目的地。

新加坡的公共交通体系采用多种模式，包括承担主要交通负荷的地铁，补

充铁路网络的轻轨,服务于较轻负荷路线的公交车,提供快速服务的高速公交车,以及提供舒适体验的出租车。这一体系的成功运作,使得超过60%的居民选择地铁和其他公共交通工具作为日常出行方式。

除了轨道交通,滨海湾的交通规划还包括有遮蔽的步道、地下通道、建筑物二层连廊,以及水上出租车等,这些都旨在实现不同公共交通模式之间的整合。同时,为了促进绿色出行,滨海湾还扩建了自行车道网络,连接各大地铁站,为居民提供了更多的通勤选择,进一步提升了整个区域的交通可达性和多样性。这些举措共同塑造了一个高效、便捷且环保的交通环境。

对于中国的启发:中国的城市规划在追求现代化的过程中,也应注重交通与公共空间的和谐共存。例如,地铁站的设计应融入周边环境,以提高公共空间的吸引力和使用率。以中国的上海外滩地区为例,地铁站与滨江步行道的结合,不仅便利了居民和游客的出行,还使该区域成为独特的文化景观。在公共空间设计方面,通过连廊将不同空间连接起来,可以形成连续、开放的公共空间系统。以中国的广州珠江新城为例,高架连廊连接地铁站、商业区和公园等功能区,既方便了居民出行,也提升了区域活力。

(2)绿色与可持续发展的融合

滨海湾的设计理念以绿色发展为核心,每个角落都展现了这一理念。滨海湾花园的生态恢复工作和科技应用,支撑了新加坡从"花园城市"向"花园里的城市"的转型。目前,滨海湾花园不仅是一个休闲的好去处,更是一个生态教育和文化展示平台。

花园内栽培有超过150万株来自世界各地的珍稀植物,生物群落的自然栖息地得以重建,同时大量采用环保科技,实现了能源和水资源的循环利用。花园中的18颗"超级树"通过空中步道相连,形成独特景观。滨海湾花园的不同主题区域涵盖了人类社会、自然环境和地球生态等多个方面,配备了互动科技设施,并设置了教育性的植物、环境和气候知识标识,使其成为"新加坡花园教育计划"的重要部分,吸引着各年龄层的游客前来学习和探索。

为了连接自然与城市空间,提升整体的可达性,居住区之间通过滨水步行道和绿色公园小径相互连通,同时建造了连接公园和滨水区的景观天桥。基础设施的持续完善，为步行者提供了更加流畅的体验，体现了对步行友好城市的追求。

对于中国的启发：中国作为一个拥有广阔土地和丰富自然资源的国家，一直致力于推动绿色发展，将生态保护与经济发展相结合，实现城市与自然的和谐共生。苏州，作为中国城市绿色发展的典范之一，正在积极打造"公园城市"，建设"处处皆景、城在园中"的苏州特色"公园城市"，通过构建山水绿道网络，让市民从古城走向"四角山水"，从"四角山水"走向太湖、长江，使市民在公园城市中亲山、近水、赏城。同时，苏州在园林建设上不断创新，将现代科技与传统园林元素相结合，打造了一系列具有创新性的园林场景，以增强园林的美感、互动性和功能性。此外，苏州还提出"园林外移"的规划理念，在城市广场、社区公园、商业街区等地方，融入传统的苏式园林元素，让城市与园林相互交融，形成独特的城市气质。

（3）文化与活力的融合

滨海湾在发展中不仅重视其作为国际商务中心的地位，更注重提升旅游和休闲功能，从单一的商业和金融功能转变为更加注重居民生活质量的多功能区域，打造一个既有高楼大厦又充满活力的区域。这里的发展策略以"3E"——娱乐（entertain）、探索（explore）和交流（exchange）为核心，这些元素被巧妙地融入公共空间的设计。

在商务空间方面，原有的商业区域被改造成集购物、阅读、医疗等生活服务于一体的混合用途区域。此外，公共空间也注入了艺术特色，金沙综合体的商业水街就是一个很好的例子。规划者还着重考虑了建筑物的活动空间，如商店、餐馆和健身中心等，这些通常位于建筑的二层、底层或地下，以增强街道的活力和吸引力。这些举措共同推动了滨海湾成为一个充满活力、便利舒适的居住和休闲目的地。

对中国的启发：随着城市化进程的加速，许多城市在追求经济发展的同时，往往忽略了城市本身的文化内涵和居民的生活需求，尤其是文化的传承和创新。因此，城市规划应注重将城市的文化底蕴与现代设计相结合，打造具有独特魅力的城市景观。同时，应鼓励居民参与城市文化建设，增强城市的凝聚力和归属感。

滨海湾项目的成功离不开多方面的因素,其中包括政府的牵引、城市规划的远见、建筑设计的创新和社会各界的参与,新加坡滨海湾的成功经验也为世界上其他城市的发展提供了宝贵经验。

三、对标中国一流:中央企业发力科技创新,破译开发密码

A 企业是中国最大的基础设施工程建设中央企业之一,也是全球最具影响力的企业之一。在产业布局上,A 企业聚焦各类基础设施资源,紧密结合国家战略需求,抓住新一轮科技革命和产业变革的机遇,不断拓展新的业务领域,提升企业核心竞争力。同时在经营上,A 企业集成了"投、建、营"全产业链一体化,有利于优化资源配置和价值链的全面提升。

A 企业的"推进建设世界一流企业战略目标"的行动指南,具有非常强的指导意义。在企业规划中,A 企业积极响应国家《能源生产和消费革命战略(2016—2030)》,以绿色低碳为导向,构建多元化、智能化、可持续发展的战略布局。在国内,A 企业通过提升清洁能源比重,积极发展智慧能源网络,推动能源互联网建设等方式,加速推动能源结构调整,同时,A 企业致力于环保、节能和绿色建设。它在工程设计和施工中采用先进的环保技术,为可持续发展贡献力量;在国际市场上,作为我国最早"走出去"的中央企业之一,A 企业积极参与"一带一路"建设,助力沿线国家能源基础设施建设,促进全球能源合作与发展。

作为基建领军企业之一,在 A 企业的全产业链中,项目开发建设扮演着至关重要的角色。企业不断致力于创新和优化,在项目管理和施工方面引入了一系列先进技术和管理手段,取得了显著成就。其中,BIM 技术的应用提高了工程质量和效率;大数据与人工智能技术的运用为工程风险评估和成本控制提供了强有力的支持;可再生能源和储能技术的应用为清洁能源项目的建设提供了可靠解决方案。

以 A 企业某项目为例,这是一个集"数字城市、智慧能源、碳中和效应"

于一体的"投、建、营"一体化标杆型示范项目。在项目建设过程中，A 企业采取了一系列的创新措施。

在项目施工上，坚持"BIM 先行、样板引路、穿插施工"原则。这一方法在国际五星级酒店的建设中得以成功应用，从基槽清底到合规开业历时仅 13 个月。首先，通过建立 BIM 建筑信息模型，实现了项目设计和建造过程的沟通、讨论、决策均在可视化的状态下进行，提高协同效率，减少协同误差。其次，严格采用样板引路方式，在不同阶段分别制定施工样板，验收通过后依照样板展开施工，减少返工次数，争取一次成优。最后，采用穿插施工的方式，确保了在保证质量安全的前提下，最大限度地提高工程进度。

在新技术应用上，建设了区块链支付系统。根据 2023 年 9 月 20 日国务院常务会议审议通过的《清理拖欠企业账款专项行动方案》，以新思维、新标准、新要求进行工程团队管理。A 企业利用区域的智慧资源，打通区域内各家银行支付系统，实现从建设单位到承建单位、分包单位，再到农民工的全链条资金支付。实现了资金流向的"链上"全过程透明管理，确保专款专用，保障了农民工兄弟的合法权益。

在绿色低碳上，践行国家"双碳"目标。该项目打造了"碳中和"领域核心专业技术全面系统的实景展示区。依据"被动优先＋主动优化"原则，集中使用多项零碳绿色建筑技术体系，包括超低能耗建筑体系、光储直柔新型电力系统、灵活供冷技术和立体碳汇等，打造从低碳到零碳的绿色建筑样板。

该项目只是众多项目的一个缩影。多年来，A 企业已在国内外完成了大量重大工程项目，在不断追求卓越、推动科技创新的道路上，不断拓展业务领域、提升管理水平，以实现中国梦为己任。

四、对标中国一流（中国雄安集团）：高质量建设打造未来之城的坚实基石

在全球城市化快速推进的大趋势下，城市建设正朝着智慧化、生态化和人文化的方向不断演进，以满足城市现代化治理和可持续发展的需求。中共二十

大报告提出"打造宜居、韧性、智慧城市"的目标，为中国现代化城市的发展道路擘画了清晰的蓝图，也为未来城市的美好样貌勾勒了宏伟愿景。

在这一背景下，我国城市规划和建设面临着前所未有的机遇与挑战。雄安新区建设作为国家战略的重要一环，引起了全球范围内的广泛关注。2017年4月1日，中共中央、国务院印发通知，决定设立河北雄安新区，这是以习近平同志为核心的党中央为深入推进京津冀协同发展所作出的一项重大决策部署，是千年大计、国家大事。

雄安新区是探索人类发展的未来之城，为现代化城市样板提供了中国方案。从谋划选址到规划建设，习近平总书记亲自决策、亲自部署、亲自推动，倾注大量心血。新区成立以来一直秉持"世界眼光、国际标准、中国特色、高点定位"的原则，致力于塑造具有全球影响力的城市典范。

中国雄安集团作为雄安新区建设发展的先锋队和主力军，坚持以服务北京非首都功能疏解为牛鼻子，以雄安质量为生命线，围绕投资、融资、开发、建设、运营"五位一体"的功能定位，高标准、高质量推进雄安新区建设发展。

1. 智能、绿色、创新：雄安新区的亮丽名片

2023年5月10日，习近平总书记在河北雄安新区考察，并主持召开高标准高质量推进雄安新区建设座谈会，他强调："要广泛运用先进科学技术，着力加强科技创新能力建设，加大科技成果转化力度，积极发展新业态、新模式，培育新增长点、形成新动能，把智能、绿色、创新打造成为雄安新区的亮丽名片。"

目前，雄安新区已初现智能、绿色、创新特质。雄安新区秉持"先植绿，后建城"的理念，"千年大计"从"千年秀林"开始，着力打造蓝绿交织、清新明亮的城市生态空间，确保蓝绿空间占比稳定在70%。在"千年秀林"中，每一棵树都拥有自己的"身份证"。通过大数据、区块链、云计算等科技手段，对苗木全生命周期进行管理，实现了精准养护。截至2023年，"千年秀林"工

程已造林 47 万亩[①]，新区绿化面积达 73 万亩，森林覆盖率从 2017 年的 11% 提高到 34%。同时，白洋淀作为华北平原面积最大的淡水湖泊，素有"华北明珠"之称，自 2017 年新区设立以来，白洋淀的水质从劣Ⅴ类大幅提升至Ⅲ类，野生鸟类种类数量也大幅增加，鱼类生物多样性水平也达到了高级别。这一系列成绩的取得，使得白洋淀的"水下森林"初步显现，生态景观更加丰富多彩。

智能和创新在雄安新区的建设中扮演着至关重要的角色。从城市规划到日常生活服务，智慧技术正逐步渗透并改变着雄安新区的面貌。利用人工智能、大数据分析等前沿技术，雄安新区致力于打造智能城市，实现了诸如智能交通管控、智能能源管理等领域的创新应用。例如，通过智能交通系统的引入，雄安新区实现了交通拥堵的有效缓解，提高了交通运输效率。从街头的自动驾驶车辆到片区级的容东城市运营管理中心，再到城市级的新区智慧管理，智能应用的场景不断丰富和扩展，为雄安新区的可持续发展提供了重要支撑。

2. 打造雄安质量，建设精品工程

在河北省委省政府、雄安新区党工委管委会的坚强领导下，中国雄安集团始终坚持高标准、高质量建设底色，统筹调度各类资源，推进建设项目集群化管理，不断提高建设管理水平和片区开发建设能力，在新区开发建设中发挥了关键作用，通过不断完善片区开发建设的体制机制，逐步探索出以"三实三优"精致管理体系为基础、数字化管理手段赋能的高质量片区开发建设新模式，积累了一些国内领先的管理经验。

中国雄安集团自成立以来，始终将高质量建设放在重要位置，进行了一系列摸索，创新提出"三实三优"精致管理理念，"三实"指的是"实用、实际、实效"，其中，"实用"是指设计图纸、施工组织、管理手段、现场布置科学高效；"实际"是指人、机、料、法、环满足前期策划和现场实际要求；"实效"是指以结果导向、目标导向对策划、实施手段进行动态调整、持续优化。"三优"指的是"团队优、措施优、环境优"，其中，"团队优"是指打造具有高度

[①] 1 万亩 =6.666 7 平方千米。

责任心、执行力的建设、勘察设计、监理、施工、班组、运营工匠团队;"措施优"是指通过加强制度建设、文化建设、体系建设,丰富管理手段、创新管理方式;"环境优"是指通过无形的管理可视化塑造集团项目精致细腻、整洁有序的新形象。

《河北雄安新区规划纲要》明确提到,"坚持数字城市与现实城市同步规划、同步建设"。坚持数字城市与现实城市同步规划、同步建设是雄安新区建立数字孪生城市的必然之路。应用大数据、云计算、城市信息模型(CIM)等互联网新技术为片区开发建设提供辅助支撑,创新城市管理模式,对建设智能高效宜居新型城市,实现城市管理网络化、数字化、智能化具有重要意义。

中国雄安集团对承担的数百个不同行业领域建设项目推行BIM从设计到施工再到运营,贯穿工程项目全生命周期的一体化应用管理,探索建立工程数字化实施推广机制,全面提高工程建设资源利用效率,提升工程质量安全和品质。同时,中国雄安集团开发建设了"数字雄安CIM平台",以"1+N"(一个CIM平台,N个业务系统)为总体架构,以三维倾斜摄影模型、BIM等数据为基础,通过数据汇聚展示、分析,致力于在新区规划、建设、运营各阶段为管理者提供决策支撑。利用信息化手段,解决大规模区域建设协同管理过程中的重难点问题。

高质量工程离不开高水平团队和高素质人才,为了提升中国雄安集团建设项目负责人的专业素养和管理水平,打造一支能打硬仗的一流建设管理队伍,奋力实现高质量建设雄安新区的任务目标,中国雄安集团启动了项目经理研修班,通过组织专业培训、观摩学习、课题实战等活动,系统化培养集团甲方代表和项目经理。在这一过程中,他们不仅深层次地学习了先进管理经验和技术措施,还深刻地理解了"雄安质量"和"雄安标准",这为新区建设和集团发展磨炼出一支管理严格、功夫到家的建设生力军。同时,中国雄安集团作为雄安新区建设的主力军,也积极向行业传递其宝贵的建设经验。2024年初,中国雄安集团与明源不动产研究院携手,联合行业协会及专业研究机构,共同成立了未来城市建设人才培训雄安教学基地。基地采用"产、学、研"相结合的教学模式,汇聚各地国有企业相关负责人,学习新区在城市开发建设中的宝贵经验，研读各地国企优秀建设案例，既为推动雄安新区高质量发展这一千年大计添砖加瓦，也为中国未来城市规划建设筑巢奠基。

雄安新区建设是千年大计、国家大事，这是一座创新之城、未来之城，目前正在拔节生长，日新月异。中国式现代化的场景正在加快实现，中国雄安集团将切实发挥雄安新区建设和发展主力军作用，在高质量建设，高水平管理，高质量疏解发展上持续用力，拼搏进取，久久为功。

综上所述，在土地资源价值挖掘方面，存量重盘活，其主要策略包括处置与整合、土地收储与置换、物业提质增效和开发盘活；增量重规划，合理的规划投资能力是项目成功的基石。同时，通过国际、国内这三个案例，可以看出规划投资和建设管理在土地开发中的重要作用。国有企业在挖掘土地资源价值时，可充分借鉴这些经验，以实现土地资源的最大化利用，为地方经济的繁荣和社会的进步做出更大的贡献。

第三节
住房资源是基本保障，把握双轨制的未来住房趋势

住房市场剧变，如何找到未来的新路径？在高质量发展的新形势下，一个显而易见的事实是：企业不能再简单粗暴地沿用过去的思维惯性与发展模式。一方面，各地都在不断探索构建房地产发展新模式，保障性住房建设、城中村改造和"平急两用"公共基础设施建设的"三大工程"建设是构建新模式的重要抓手。另一方面，2024年3月，住房和城乡建设部部长倪虹明确指出，"谁能为群众建设好房子、提供好服务，谁就能有市场、有发展、有未来"，企业需要契合时代要求和行业变化。

目前，诸多国际、国有企业逐步探索行业发展的长效机制，核心内容是把握住房的"双轨制"趋势，实现了住房资源的高质量发展，值得那些想在住房市场有一番作为的企业借鉴。

一、政策加码通路大开，积极布局保障房与高品质商品房赛道

住房"双轨制"就是指市场机制和保障机制。这一趋势的确立，是对过去住房政策的延续和深化。2021年以来，保障性住房的建设持续得到政府的大力支持和投入，《国务院办公厅关于加快发展保障性租赁住房的意见》（国办发〔2021〕22号）和《关于规划建设保障性住房的指导意见》（国发〔2023〕14号）的出台，标志着中央在解决保障住房问题上的决心和力度。在这一政策体系下，一方面，政府通过建设保障性住房，如保障性租赁住房（简称"保租房"）、配售型保障性住房等，为中低收入家庭提供基本的居住保障，确保每个家庭都能拥有稳定安全的居住环境；另一方面，通过支持和规范商品房市场的发展，满足不同收入层次人群的多样化住房需求，推动房地产市场健康有序发展。

1. 住房"双轨制"下，未来将是"市场归市场，保障归保障"的格局

国办发〔2021〕22号文中提到，"需加快完善以公租房、保障性租赁住房和共有产权住房为主体的住房保障体系"，正式推出"保障性租赁住房"这个概念。保租房主要面向"新市民、青年人"，重点保障外部流入新增人口的住房需求。根据规划，"十四五"期间40座重点城市将建设筹集900万套（间）保租房，解决近2 000万新市民、青年人的住房困难问题。

国办发〔2021〕22号文发力点在于保租房，而国发〔2023〕14号文提出的保障性住房的内涵发生了明显变化，公租房、保租房继续保留，产权交易型的共有产权房等将退出历史舞台，调整为配售型保障性住房。保障房体系有了新内涵，即"两租一售"的住房保障体系：保障性住房建设分为配租型和配售型两类，其中配租型包括公租房、保租房；配售型保障性住房按保本微利原则配售。在此趋势下，市场和保障关系将逐渐理顺，"市场+保障"的双轨制将逐渐形成（见图2-11）。

公租房	保租房	配售型保障性住房
底层保障	个人、家庭、人才、产业人口等	封闭交易

图 2-11　当前"两租一售"的住房保障体系

资料来源：公开资料，明源不动产研究院整理。

2. 未来住房市场将由"公租房、保租房＋配售型保障性住房＋高品质商品房"组成

随着国家关于配售型、配租型保障房政策的落地和执行力度的加大，未来对商品住房市场的限制性政策预计将减少，商品住房能够逐渐回归商品属性。

从长远来看，刚性住房需求可由保障房来满足，让工薪阶层得以全力追求更美好的生活。与此同时，企业将致力于满足改善性住房需求，产品逻辑将会调整，不再受限于面积和价格等方面，而是可以全力打造高端改善性产品，以满足不同层次人群的改善性住房需求。

未来，我国住房供应体系将发生显著变化，整个住房市场将形成低端有公租房、保租房，中端有配售型保障性住房，高端有商品房的多层次住房格局。当"住有宜居"时代来临，唯有精耕细作、提升品质，深入洞察消费者的痛点与需要，才能在未来的竞争中占据先机、赢得发展。

二、对标世界一流（新加坡 HDB）：以创造高住房自有率奇迹而成为全球典范

新加坡提出的"居者有其屋"计划，几乎帮助所有居民实现了安居梦。1959 年才实现自治的新加坡，在短短几十年内，不仅解决了自治初期的"房荒"问题，还为公民提供了满足多样需求的阶梯式住房供应体系。同时，新加坡住房市场的繁荣不仅成为经济的重要支柱，也为整个国民经济带来了强劲的增长动力，形成了良性循环。那么，什么是"新加坡住房模式"？它究竟有何特别之处？

1. 从荒芜沼泽到国际大都会，新加坡设立单一权责机构施行住房管理

在英国殖民统治时期，新加坡市政规划不足，住房发展资金和人力资源欠缺，彼时的住房市场像一片荒芜的沼泽。1959 年，新加坡摆脱英国殖民统治，成为自治邦。1960 年，新加坡成立了单一权责机构——HDB（Housing Department Board，建屋发展局），施行住房管理工作，其首要任务是大面积的扩展公共住房计划，从而为大部分国民提供住房。这个机构权力很大，甚至能够立法和征地。

在设立 HDB 的同时，新加坡政府也在大刀阔斧地征收土地。1966 年新加坡政府颁布的《土地征用法》规定，政府出于公共利益需要可以强制征地。这个法律的颁布直接使得政府可以只动用少量的资金就获得大量的土地。从 20 世纪 60 年代开始到 2000 年初，政府拥有的土地占比从 40% 多上升到将近 90%。在这样的前提下，政府可以开始推动非营利性的组屋计划。

在 HDB 成立后的 60 多年时间里，新加坡政府累计建造组屋超过 100 万套，每年按照新增人口比例向市场投放接近成本价的组屋，为大约 80% 的国民提供了廉价的住房。之后覆盖面越来越广，至今已经覆盖除富人以外的所有社会成员，有了非常显著的成绩。

2. 九成的住房自有率，源于 HDB 强大的住房管理制度

HDB 的住房管理制度主要覆盖供给端和需求端，全方位、多角度的保障公民住有所居、居有所安（见图 2-12）。

（1）供给端：确保价格可负担、降低住房的开发成本

从供给端出发，严格控制组屋的价格一定要低。调查显示，居民在没有其他消费的假设下，新加坡人只需要 4.6 年的家庭收入就可以购入一套房子。以 2019 年的数据看，一个供一家三、四口人居住的 90 平方米简洁干净的四居室，价格折合人民币 150 万元左右。这些数字背后是新加坡 HDB 从保持公共住房价格合理性及供需两端着手，为确保无论社会经济情况如何，国民都能拥有自己的房子，严格保持组屋价格合理性所做出的努力。

供给端：
确保价格可负担是关键 01

供给端：
降低住房的开发成本 02

需求端：
确保组屋可负担的金融措施 03

需求端：
满足多样化的住房需求 04

需求端：
以强有力的政策平衡需求 05

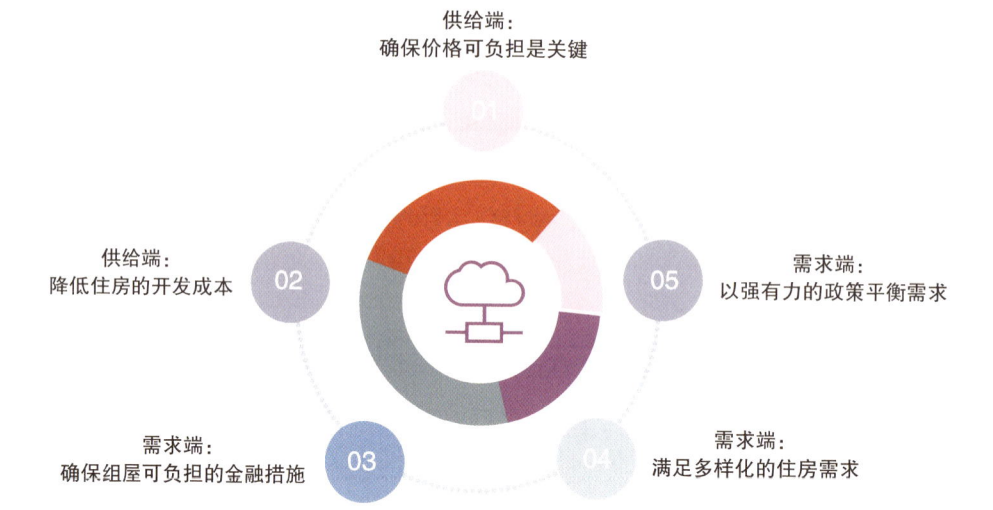

图 2-12　新加坡 HDB 五大住房管理制度

资料来源：公开资料，明源不动产研究院整理。

为保证如此低的价格，政府要从各方面来严控住房的开发成本，这也是HDB 的强项。任何住房项目的成本中很大一部分是征用土地的费用。基于此，新加坡 HDB 控制开发成本的策略主要有三项。第一项策略是颁布了《土地征用法》，为政府提供了一个能为保障城市发展而迅速征用私人土地的机制，从而促使当局能迅速地建设公共住房。除土地外，建筑施工成本占开发成本的比例也很大。第二项策略是通过有效管理降低建设费用，包括通过竞标来杜绝贪腐，使用政府运营的生产商生产的建筑材料。HDB 也开辟了不同渠道并形成一定储备，以确保合理的建筑材料价格。第三项策略是通过创新和制定标准来节约成本。HDB 控制建筑施工成本的另一个方法是不断地创新，利用市场上最新的方法和技术。其中一个例子便是利用装配式建筑，即在工地之外的工厂里建造建筑的组成模块，建造出来的模块的标准与常规建造设施相同，但所需建造时间却只有一半。

（2）需求端：以强有力的政策平衡需求并确保组屋可负担

新加坡 HDB 除了从供给端发力提供低价住房，还从需求端调控，保证住房的公平分配，并严惩弄虚作假、投机人员。HDB设立强有力的政策和公平、经济高效的市场机制，以满足公民的住房需求。

组屋的售价相对于市场上的房子有明显的折扣，这就会出现组屋供不应求的现象。因此必须设立一定条件将需求分流，如设置排队、摇号等分配方式来保证分配机制公开透明。除了摇号，HDB也对购房者的申请资格设置了条件，如公民身份、收入上限和不得拥有私人产业等。对于一些收入过低无法购买组屋的群体，推出租赁组屋计划，最低价折合人民币100余元便可租到一居室的组屋。

为确保组屋价格可负担，HDB主要通过公积金、优惠利率贷款和发放补助三种方式帮助公民拥有组屋。1968年，新加坡政府修订了《中央公积金法》，公民可以用部分公积金购买房屋。另外，HDB为有需要的人群提供了不同程度的优惠住房贷款。过去几十年来，HDB推出了各种不同的住房津贴和计划，并不断加强力度，以保障各个群体，如单身人士、家庭、年长者、低收入群体等，都能购买到组屋。

3. 建设和管理：住宅建设、产业发展、社区翻新与巩固

HDB在供给端与需求端保障公民拥有或租赁组屋的同时，也采用了先进的建设和管理组屋的方式。

面对当地建筑行业的疲软和大型企业数量的限制，HDB采取了多项措施以提高建设效率。HDB对私企采取"先让这些企业进来，再提升它们的技能"的务实方法与之合作。以此为起点，陆续实施了一些计划，以提高这些企业的能力和效率，比如为他们提供培训课程。政府也推出了鼓励承包商提高生产力的"优异之星"计划，让HDB与一批有经验、可靠和值得信赖的承包商建立互信、长远的合作关系。

此外，HDB还执行严格的建筑质量评估体系，涵盖了结构、建筑设计、机械与工程的标准要求，并会定时更新以确保建筑质量和安全。为了确保建筑材料的充足和质量，政府在乌敏岛与万礼设立了国有材料采石场和生产工厂，并设立了实验室对材料进行检查。

同时，在保证建筑材料充足、建筑安全的基础上，HDB 还尝试了新的建筑技术，如预制和装配式技术，以提高建造效率和质量。1955 年，新加坡政府设立了装配科技中心，以推动装配式科技的发展与使用，助力 HDB 的自我提升。20 世纪 80 年代以来，HDB 开始引入韩国、澳大利亚、日本和法国的承包商来探索预制和装配式技术，以提升新组屋的质量和建造效率。

在组屋后续管理方面，HDB 推出了不同规模的翻新工程，使得组屋在其居住的生命周期内保持最佳状态，推出了社区翻新的三类计划，并在不断地更新计划。

综上所述，新加坡政府通过构建以组屋为核心的住房体系实现"居者有其屋"目标，被视为公共住房管理的典范，其许多机制值得我国在完善保障性住房体系方面借鉴。例如，完善封闭式管理，限制保障房套利交易；通过低息储蓄加低息贷款的模式支持新市民购买住房，作为公积金制度的有效补充；构建多层次的住房保障市场，满足不同收入群体的住房需求。

三、对标中国一流（深圳市保障房实践）：房地产新模式下，全国先进的保障房管理经验

"来了，就是深圳人"。深圳市这座充满活力与创新的大湾区核心城市，以其海纳百川的胸怀吸引了无数来者。自建市以来，深圳市便成为全国最大的移民城市，2011—2021 年人口激增 700 万人。然而，深圳市土地资源极度短缺，居住问题十分紧张。为保障房地产市场的平稳健康发展，按照"按需定建"的原则，深圳市于 2023 年 2 月进一步提高了"十四五"规划中的保障性住房相关任务目标，由原目标的 54 万套（间）调整为不少于 74 万套（间）。

1. 多元战略并举保障筹集效率与居住品质

作为首批中央财政支持住房租赁市场发展试点城市之一，深圳市近年来密集出台多个政策文件，在"租赁供应、市场监管、权益保障、金融税收"等方面保障租赁住房的建设，缓解住房租赁市场结构性供给不足问题，让广大市民

的居住需求得到满足。

例如，在土地供应转为存量模式的趋势下，深圳市主动转变思路，由原有以新供应用地建设为主，转变为建设筹集并重，创新性提出保障性住房"跟着产业园区走、跟着大型机构走、跟着轨道交通走、跟着盘活资源走"的发展战略，全力开展"六类十五种"渠道建设筹集工作。除了新增建设用地，还设置了盘活存量用地、配建、公共设施综合开发、盘活存量用房、城际合作，蹚出一条存量土地资源高水平复合开发的新路（见图2-13）。

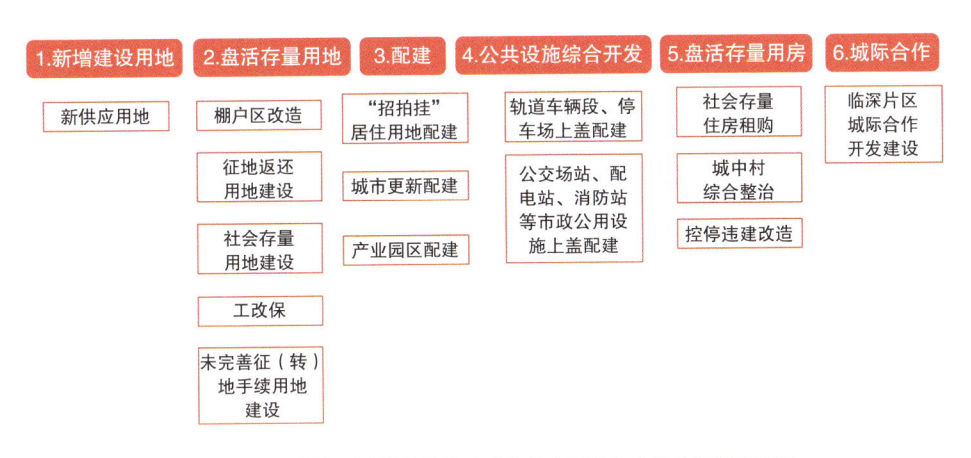

1.新增建设用地	2.盘活存量用地	3.配建	4.公共设施综合开发	5.盘活存量用房	6.城际合作
新供应用地	棚户区改造	"招拍挂"居住用地配建	轨道车辆段、停车场上盖配建	社会存量住房租购	临深片区城际合作开发建设
	征地返还用地建设	城市更新配建	公交场站、配电站、消防站等市政公用设施上盖配建	城中村综合整治	
	社会存量用地建设	产业园区配建		控停违建改造	
	工改保				
	未完善征（转）地手续用地建设				

图2-13 深圳市形成保障性住房"六类十五种"公共住房筹集体系

资料来源：公开资料；明源不动产研究院整理。

2. 三大主要发力筹集渠道为安居插上"腾飞翅膀"

除了"六类十五种"建设筹集方式，深圳市顺应形势、因地制宜，在存量土地使用上先行先试，新增了三大目前主要的存量筹集渠道。

（1）与国有企事业单位合作开展国有存量用地建设保障房项目

深圳市通过充分利用企事业单位自有用地，成功探索出三种创新的合作开发模式，让保障房建设更接"地气"。三种模式分别为"收地+出让（单主体）""收地+出让（双主体）""调整用地性质+合作开发"。

收地+出让（单主体）模式：空港花园安居项目是深圳市宝安区政府通

过回购深圳市机场集团自有土地，并调整其用途为住宅用地后，以协议出让方式交由宝安区安居集团开发建设的保障性租赁住房项目。项目竣工后，产权将移交给安居集团。该项目坐落于宝安区福永街道金荔路与金兴路交会处，占地 40 361 平方米，预计将提供 2 338 套保障性住房，包括 456 套三居室户型、1 076 套两居室户型和 806 套一居室户型。根据分配原则，项目中的 50% 房源将定向配租给机场集团符合条件的员工，其余 50% 房源则优先分配给机场产业链上下游企业的员工。

收地＋出让（双主体）模式：深圳市安居集团携手交通运输局、供电局、巴士集团、水务集团、南方科技大学、深圳大学、深圳职业技术大学等众多单位，共同盘活了国有存量土地及低效用地资源。在这一过程中，用地所在区政府负责收储土地，并依规将其性质转变为"市政公共设施用地＋居住用地"，随后以协议方式出让给合作双方。深圳市安居集团承担统一建设任务，项目完工后，企事业单位将回购市政公共设施的产权并进行运营管理。同时，保障性租赁住房的产权将登记在深圳市安居集团名下，并由其负责后续的运营管理工作。

调整用地性质＋合作开发模式：关于承福苑项目，深圳市供电局向规划主管部门提出申请，将项目用地性质调整为增加居住用地。在完成用地手续、签订土地出让合同后，深圳市供电局与深圳市安居集团合作，共同开展保障性租赁住房的建设。在此项目中，深圳市供电局担任开发建设主体的角色，负责资金投入及工程建设。项目竣工后，将提供 382 套保障性租赁住房。深圳市安居集团则回购这些住房的产权，并承担后续的运营管理工作。

（2）城中村保障性住房规模化、品质化提升

行业逐步从开发阶段过渡到存量优化阶段，城中村改造被认定为保障性住房的一个重要提供方式。2023 年 12 月召开的中央经济工作会议提出，加快推进保障性住房建设、"平急两用"公共基础设施建设、城中村改造等"三大工程"。

为进一步落实国家稳步推进城中村改造的决策部署，深圳市在 2023 年 2 月高效启动城中村改造工作，成立深圳市安居微棠住房租赁投资控股有限公司

（现已更名为深圳市安居乐寓住房租赁投资控股有限公司），全面推进城中村保障性住房规模化、品质化改造提升工作。具体做法是把城中村的自然房源从房东手中打包统租，之后进行装修升级、完善生活配套，再统一对外出租，坚持"增供低价、保本微利"原则，以"微利可持续、全链条服务"为经营理念，重点为新市民、青年人提供高品质的保障性租赁住房。安居乐寓以"微改造"模式推进城中村实现升级，2023年全年已收储城中村住宅建筑1 122栋，可筹集房源约5.4万套（间）。

（3）"工业上楼"配建保障性住房

为了缓解产业用地短缺的压力，2022年深圳市正式启动"工业上楼"计划，通过举办厂房空间签约仪式，政府提出在接下来的五年内，每年至少建设2 000万平方米的高品质、低成本、个性化厂房空间，旨在构建集生产、生活、生态于一体的"三生融合"制造业园区，全力推进"20+8"产业集群的顺利落地。此外，为确保园区企业员工的居住需求得到满足，项目还将配套建设宿舍型保障性租赁住房，专门面向园区内员工。预计未来每年将至少有100万平方米的宿舍型保障性租赁住房投入使用。

南山智造红花岭基地作为全国首个"工业上楼"示范项目，将汇聚生物医药、智能制造、工业互联网和大数据等尖端制造业企业。一期项目将提供约3 000间配套宿舍，优先考虑园区内员工的租赁需求，预计建成后能为6 000~7 500人提供稳定的居住保障。

通过"深挖存量，广寻增量"，2023年深圳市共建设筹集保障性住房18.9万套（间），供应分配10.3万套（间）。不论是配租型保障房还是配售型保障房，深圳市都积极探索筹集渠道，走出了具有深圳特色的务实方式，"跑起来、争一流"，让"新市民、青年人"住有宜居、安心工作、舒心生活。

四、对标中国一流（绿城中国）：以高品质产品力为钥匙穿越周期的行业样本

提到"高品质"，人们脑海中第一个跳出来的便是"绿城"两个字。"绿城

房子品质好",早就是行业内一个不争的共识。建"好房子"是行业的未来趋势,优良的产品品质是绿城跨越市场周期的法宝。然而,品质之路知易行难,是一项典型的"牵一发而动全身"的系统性工程。

1. "一号领导"亲自背书,建立广泛的品质化共识

在领导推动方面,绿城堪称行业典范。绿城董事会主席张亚东提出,产品品质是"一号工程",客户满意度是"一号标准",绿城高度关注战略制定与实施,以开阔的宏观视野,亲自厘定为达成行业"TOP10中的品质标杆"这一战略目标所必需的变革举措和具体目标。

除此之外,绿城推动建立荣誉奖项,如"感动绿城年度人物"等,将其授予积极践行绿城价值理念的优秀员工;指导建立关键品质指标,在员工绩效考核和晋升等方面发挥重要作用。为了让一线员工、管理人员深刻理解品质,愿意按照品质的管控要求进行作业和管理,企业需要打造"如基因一样"的企业文化,从而充分激发员工自豪感、责任心,并使之转化为提升品质的行动和实践。

在绿城,不管是一线工程师还是项目经理,当谈及质量缺陷治理时,他们都能如数家珍;谈及项目管控经验时,更能侃侃而谈。从他们的眼神与语气中展露出来的那份对于品质的笃定与坚持,是一种自然而然的流露,是历经长期品质文化的浸染而形成的下意识反应。

文化体系建设同样是文化建设的重要一环。绿城通过深度调研、认真梳理和优化升级,推出了"理念体系塔"和"行为体系塔"的"双塔"文化体系,不仅进一步明确以品质为核心的价值、战略等核心理念,更进一步解码为行为标准体系,细化为具体的行为导向、行为内涵和行为原则,以更方便的落地与实践。

2. 以客户需求为导向,紧紧围绕客户打造好产品

绿城历来坚持"产品主义",这也是其引以为傲的关键点。关于绿城产品,大家可能对绿城的"四化"——标准化、产业化、科技化、环保化略有耳闻,但对具体的产品研发过程想必知之甚少。

（1）紧贴客户需求，持续推进创新研发

如何想客户之所想，把每一分钱都花在刀刃上？答案是加强客户研究，以客户需求为导向。在绿城，以客户为中心的产品创新不是一句空话，而是有着方法论和严格的制度流程。例如，通过对已有产品目标客户的调研，结合城市、客群特性分析，进一步挖掘和明确各区域、城市群客户对产品的价值诉求，形成城市客户画像，助力前端产品定位，作为属地风格标准及客户选配增值服务的研发依据（见图2-14）。

图2-14　绿城以客户需求为导向进行产品创新

资料来源：公开资料，明源不动产研究院整理。

在创新技术方面，绿城在研发端积极创新，在落地端分级论证，通过严谨的流程逐步实施各项科技成果。针对现状与市场发展前景，将各类研发成果分类、分级，通过可大面积推广应用、成本论证分级应用、试点论证应用、技术储备后续推广四个等级逐步实施。

（2）推行"大设计"理念，持续完善产品标准化体系

为了保证产品品质的统一性，绿城不断完善和优化产品标准化体系。远超同行的产品标准化体系，为绿城产品落地提供源源不断的养分和资源。通过多年努力，绿城形成了包含8大产品系列、22个产品品类、22种产品风格的产品谱系，不同产品谱系均形成了颇具深度的标准化成果，成为绿城产品力的重要依托。

绿城通过链接聚集客研、投资、设计、成本、工程、物业等全环节的共同智慧，形成全周期的"大设计"。它在归家动线、单元门厅、社交厨房、园区

景观等客户敏感点上着重发力，进一步增强产品品质。同时，绿城通过标准化工艺、工法持续优化、营造细节，从屋面到室内、从地下到屋顶、从"面子"到"里子"，涉及营造节点逾100项，形成了一套全面性、精细化的工艺、工法体系。绿城还在区域层面建立起契合市场的地域性创新体系，搭建属地标准化产品实操手册体系（见表2-3）。

表2-3 绿城标准化产品实操手册体系

维度	主要内容	具体细节
标杆创新	"生息"社区	从人与自然的关系出发，社区大堂融合四季花厅，在室内即可无限接近自然。通过地库大环线、全明布局的设计，加载智慧车系统，立面挑檐处屋面设置轻质太阳能光伏面板，节能环保的同时顺应自然
	升级之宅	每一户都可以享有40平方米到150平方米不等的院落和花园，还能通过移动幕墙实现户内外空间切换，为业主创造四季可变的花园。①大胆地释放封闭的楼梯间，形成了绿意盎然的邻里交往场所，并大幅度提高得房率；②通过营造微地形、局部打开地库，实现地库与自然联通
	转角芯生	承接2021年"社区中央车站"创新产品，绿城在开放社区、未来社区的宏观政策背景下，继续聚焦社区共享与服务升级，将园区服务体系外延到整个街区
	垂直客厅	绿城在高层住宅建造中垂直分区，将内部花园与城市风景尽收眼底；通过标识性的塔冠，打造文化之塔，塑造城市地标。生活在核心地段，也能实现私密社区生活与繁华都市生活之间的一键切换
专项创新	智在之家	用智慧驱动健康，建立绿城隐者、隐智的"9+X"场景体系
	颜值创新	聚焦宋风宅院、江南民居的风格，从13部经典著作中寻根溯源，提炼出几百种精美的建筑细节
	适老化创新	提供更多的互动可能性，如在楼宇周边预留开放式的社交场地；散步道中设置更多的社交"小驿站"等
	户型创新	如意宅、高能效创新户型、90后创新户型、三胎家庭创新户型
	绿色智慧创新	绿色智慧样板间及社区打样、高标准绿建三星和超低能耗实践、未来社区智慧智能的探索

（续表）

维度	主要内容	具体细节
属地创新	川渝属地	以属地化的角色定位做更适合当地市场的人居产品，通过"林盘"合院研发符合属地人群轻松随性的生活方式
	SKY系列	通过营造超尺度的公区和独立的私区，形成多层级的起居空间，从高度上形成体验跃迁，为目标客群提供体面的展示型居家空间，营造居家社交生活的全新范式

资料来源：公开资料，明源不动产研究院整理。

3. 推行"美好心交付"体系，落地完美品质交付闭环

交付是对品质的大考。为实现品质交付，绿城打造了"美好心交付"体系，制定了一套严格的交付前查验标准，具体如下：

交付启动会及全程跟进：交付前6个月组织交付启动会，并成立交付领导小组，每周召开交付工作例会，对品质提升措施进行分析、梳理，控制可能遇到的问题，用严苛标准衡量每个细节，确保工程品质落地，实现业主满意收房。

一房五验：在房屋施工监测中，严格遵守"一房五验"的标准，以客户视角进行产品品质检查，层层把关。

强化过程的品鉴：绿城在交付前会开设业主工地开放日，让业主提前参与，进行过程营造。

交付前评估查验：从业主的实际生活与感受出发，对交付品质展开全维度评估，涵盖毛坯交付公共部分、景观、营销服务、物业等多个方面，发现问题，限时整改，并制定专属措施预防问题，对每个影响生活质量的风险点严格把控。

自建4S维修队：除了项目交付维修小组，绿城还自建房屋4S维修队，如果项目的维修不及时，可以及时进行维修补位。

通过推行"美好心交付"体系，落地完美品质交付闭环。2022年，绿城总交付197个项目，服务超过14万户家庭，向市场交出一份满意的答卷。

综上所述，绿城坚持"TOP10中的品质标杆"的战略目标，持续夯实"最懂客户、最懂产品"的战略支点，始终将产品力视为立身之本，将提升经营管理能力作为公司核心竞争力，为商品房发展筑牢了品质基础。

提高住房资源的利用效率，推动国有资产盘活，在交易和流动中发挥资产的优化配置功能，是国有企业的必修课。通过对这三个典型案例的分析，我们可以预见在"双轨制"趋势的背景下，"保障性住房与高品质商品房相结合"的三个发展样本。在国有资本盘活住宅资源的过程中，相关企业应当吸取这些案例中的宝贵经验，致力于提升项目筹集与建设的能力，以及增强综合性运营管理水平，从而有效地优化住房资源的配置与利用，为推动地方经济的持续繁荣与社会的全面进步贡献更大的力量。

第四节
产业资源是核心动能，围绕"建链、补链、强链、延链"构筑产业护城河

伴随宏观环境与政策导向的巨大变化，城市的财政逻辑已然发生深刻的变化，从过去的土地财政转向产业财政，也就是说，更多依靠底层的产业驱动带来新的增量，产生新的人才流、资金流，提高就业、带来税收。面向未来，实体产业无疑是经济强国的重要支柱，对国民经济发挥重要支撑作用。土地和房产是重要的空间载体，相较而言，产业则是核心的内容载体，对国有资产盘活至关重要，只有"空间＋内容"，才能形成有机的良性循环。总之，产业一定是接下来国企的核心发力方向，也是国企"三资"盘活的重中之重，如何构建自身的产业动能、盘活存量资产，成为摆在国资国企面前的重要课题。

一、转思维、铸能力，助推国企构建现代化产业体系

放眼国际，科技创新、产业升级已成为国际竞争和大国博弈的焦点，立足国内，建设现代化产业体系是增强国内大循环内生动力、构建发展新格局的必然要求。那么，发展产业靠谁来落地？答案是靠各地的国资国企，可以说，产业对于所有的国资国企来说是战略主业的必选项，没有之一。国资国企须牢牢

把握"高质量发展"这一首要任务，深化改革、加快国有经济布局优化和结构调整，促进现代化产业体系建设。同时需要强调的是，入局产业赛道并非易事，这背后离不开企业自身核心能力的转型。

1. 优化国有资本布局导向下，国企产业布局正当时

近年来，各地支持产业发展的利好政策不断出台。以广东省核心城市为例，2022年广州市《政府工作报告》提出"坚持产业第一、制造业立市"，大力发展制造业，以创新为重点，推动"制造"走向"智造"；2022年6月深圳市提出打造"20+8"产业集群（20个战略性新兴产业集群和8个未来产业），2024年3月再次升级为2.0版本，加快发展新质生产力，进一步发展壮大战略性新兴产业集群和培育发展未来产业。除了政策端的支持，真金白银的投入支持对产业发展也至关重要，如今，从中央到省、市、区都给出了相应的财政配套，落实产业资金支持，比如2022年国家发改委下达产业转型升级示范区和重点园区建设中央预算内投资4亿元，这无疑为国资国企推进产业布局提供了强有力的资金支持。

展翼产业大时代，已经呈现群雄逐鹿的热闹图景，在政策利好的加持之下，传统产业园区、地产央国企、产业巨头、金融巨头、央国企或城投平台等都在争相入局（见图2-15），比如中关村、珠江实业、华润集团等，都是其中的佼佼者。各类企业布局的产业类型也多种多样，如康养产业、智能制造、交通物流、科技园区等，对于国资国企而言，选好相应的产业赛道至关重要，一定要在纷繁复杂的细分赛道里找到属于自身的"窄门"赛道。此外，做产业要尊重产业门槛，遵循产业规律，对产业有敬畏心，因为产业有它天然的集聚性，有它的特点、历史和基因，不是随意可以复刻的。

2. 构建现代化产业体系，需构建五大核心能力

国资国企进军产业，除了充分尊重产业门槛，还需要转变企业思维和能力。在思维层面，做产业园区和做传统的增量开发业务思路完全不同，过去开发业务用的是"产销"逻辑，一次性生产和销售，赚的是快钱，未来做产业园

区，需要长期持有，所以用的是"运营"逻辑，要能够跟客户产生更多的黏性，创造更多的服务场景，有持续的运营现金流。在能力层面，国资国企需构建起匹配现代化产业体系的五项全新能力。

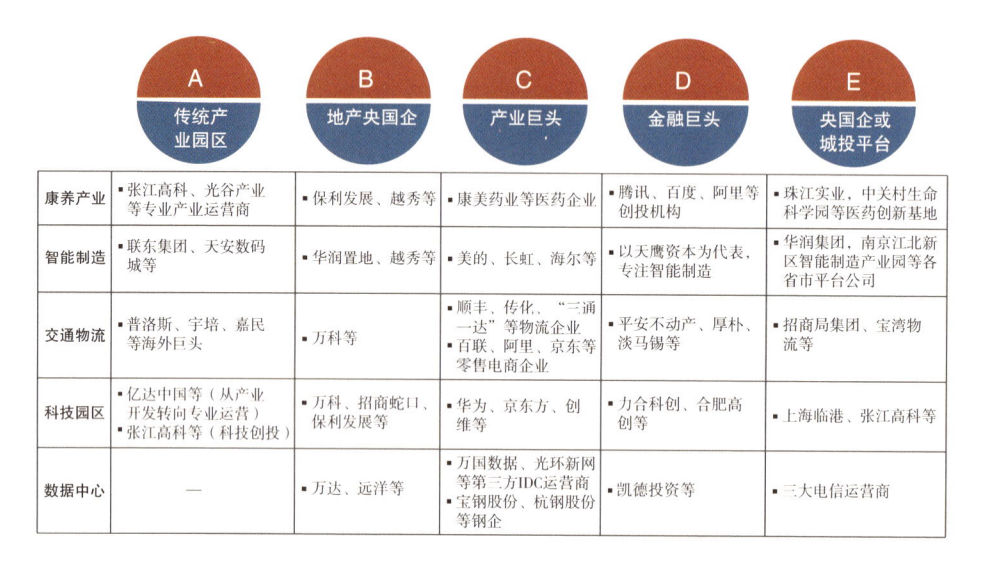

	A 传统产业园区	B 地产央国企	C 产业巨头	D 金融巨头	E 央国企或城投平台
康养产业	• 张江高科、光谷产业等专业产业运营商	• 保利发展、越秀等	• 康美药业等医药企业	• 腾讯、百度、阿里等创投机构	• 珠江实业、中关村生命科学园等医药创新基地
智能制造	• 联东集团、天安数码城等	• 华润置地、越秀等	• 美的、长虹、海尔等	• 以天鹰资本为代表，专注智能制造	• 华润集团、南京江北新区智能制造产业园等各省市平台公司
交通物流	• 普洛斯、宇培、嘉民等海外巨头	• 万科等	• 顺丰、传化、"三通一达"等物流企业 • 百联、阿里、京东等零售电商企业	• 平安不动产、厚朴、淡马锡等	• 招商局集团、宝湾物流等
科技园区	• 亿达中国等（从产业开发转向专业运营） • 张江高科等（科技创投）	• 万科、招商蛇口、保利发展等	• 华为、京东方、创维等	• 力合科创、合肥高创等	• 上海临港、张江高科等
数据中心	—	• 万达、远洋等	• 万国数据、光环新网等第三方IDC运营商 • 宝钢股份、杭钢股份等钢企	• 凯德投资等	• 三大电信运营商

图 2-15　各类企业争相入局产业赛道

资料来源：公开资料，明源不动产研究院整理。

一是产业研判能力。随着科技的不断进步和市场的快速变化，产业发展日新月异，国资国企在进军产业领域时一定要先进行研判和招商。一方面，产业有其发展规律，不同能级的城市、不同比较优势的区域，产业定位都会有所不同，应结合省、市的产业政策导向，基于当地的产业资源禀赋，对产业链上下游进行深度剖析，掌握产业链中的关键环节和核心资源，寻找到好的产业落地和产业集聚培育的方向。另一方面，做产业园区，一定不是先建好园区再招商，而要在前期研判阶段就明确产业定位并进行前置招商。

二是算账估值能力。企业在布局时一定要明确做产业园区到底赚什么钱，做到既算"小账"又算"大账"。一方面，租金收入要能够覆盖运营成本和贷款利息，并活用金融工具来平衡长短期现金流，比如园区在运营初期往往存在资金缺口，这时候就可以适当地跟政府争取一些可售型物业，用来平衡短期现金流。另一方面，从产业园区的营收来源看，过往的产业地产主要是赚前端开发、土地增值的钱，抑或至多是赚园区租赁的钱，但是未来，产业更多的是赚其他方面的钱。例如，通过提供园区增值服务、产业配套服务实现盈利；还可通过投资入园企业，赚取企业上市之后的增值溢价；最重要的是，园区经过专业运营之后，园区资产是可以增值溢价的，也就是赚取园区未来增值溢价的钱，这才是产业园区最大的收益来源。所以，国有企业一定要充分重视园区资产的增值溢价，算产业园区的大账。

三是招商运营能力。随着市场竞争的加剧和消费者需求的多样化，招商运营的难度和复杂性也在不断增加。构建招商运营能力，是企业在存量市场中获取新增长点、推动产业升级和转型的关键。首先，要明确做产业园区用的一定是专业逻辑，产业招商和生态运营是两个核心关键点，招商一定不是点对点的单个招商，而是围绕着整个产业集群去打造生态链，优化营商环境和产业上下游配套，推动产业补链、强链、延链。其次，建立完善的招商体系和流程，明确招商目标和策略，制定具有吸引力的优惠政策和服务措施，提高招商的针对性和实效性。最后，加强与地方政府、行业协会等机构的合作与沟通，共同推动招商引资工作的开展，通过搭建合作平台、共享资源信息等方式，拓宽招商渠道和范围，提高招商的成功率和效益。

四是资产管理能力。产业园区的盘活和增值溢价，本质上是国有资产的保值增值，企业布局产业所需的底层能力就是资产管理能力。对国资国企而言，产业园区作为长期持有的资产，其核心价值就是实现资产的保持增值，再在产业运营过程中提升运营现金流，并实现资产的增值溢价，此外，在资本市场上运用更多的金融创新手段，实现循环投资。从现状看，国有企业的园区资产管理，从前端的盘点、经营到运营盘活，通过资本的手段实现投融资闭环和资本的循环投资，还有很长一段路要走。

五是资本退出能力。资本退出是企业在存量市场中实现资本循环和增值的重要环节，为了实现有效的资本退出，企业需要建立完善的资本退出机制和渠道，确保在合适的时间和方式下实现资本的退出，积极探索多元化的退出方式，如股权转让、IPO 上市、资产证券化等。同时，加强对市场变化与风险趋势的分析和研判，以及退出时机和节奏的把握，确保资本退出的顺利进行和最大化收益。此外，还可以通过加强与金融机构的合作，探索更加灵活多样的资本退出方式，获取更多的融资支持和退出渠道。

二、对标世界一流（澳大利亚嘉民）：创新合作与资本助力，成就全球工业地产巨头

嘉民集团（Goodman Group，简称"嘉民"）是一家总部位于澳大利亚的全球性工业地产集团，亦是全球最大的已上市工业地产专业基金管理公司之一，投资领域主要包括商务办公园区、工业园区、仓储和配送中心。嘉民官网显示，截至 2023 年 12 月 31 日，其在全球 14 个国家持有、开发与管理工业地产和商业物业，为大约 1 700 家客户提供仓储及增值服务，嘉民总管理资产价值达 538 亿美元（约合人民币 3 894 亿元），管理物业项目 436 个，出租率高达 98.4%，嘉民大中华区的总管理资产价值为 130 亿美元，占嘉民全球资产近四分之一。在全球积极拓展业务的过程中，嘉民沉淀了独特的制胜法宝，锻造了诸多核心优势。

1. 创新型驱动：加速创新合作，深入绿色赛道

创新一直是嘉民的核心价值观，进入中国市场 20 多年来，嘉民不仅提供工业空间载体，还通过各种创新合作举措，不断挖掘具有成长潜力的企业，助力中国创新型经济高质量发展。

近年来，嘉民围绕创新型经济加速布局，不断提升平台创新力和资源整合力，与众多新兴技术领域客户在科技创新方面展开深度合作。2021 年 12 月，嘉民与极智嘉达成战略合作，携手打造世界领先的智能化仓储，极智嘉的技术创新覆盖"货到人"系统、垂直式仓储系统、机器人分拣和自动叉车等多个领域，为仓储客户提供可伸缩、高度灵活的"机器人即服务"（RaaS）。2024 年 1 月 18 日，嘉民宣布在中国正式推出首个技术创新平台——石墨计划，通过该

计划在工业仓储自动化、机器人、新能源、建筑科技、智慧物业和新材料等领域，与客户开展更多基于先进技术的合作，深度赋能产业创新。

不难看到，嘉民的科技创新合作背后，都有绿色低碳的身影，无论是开发新能源重卡快速充电基础设施，还是建设零碳园区，都是嘉民深入绿色赛道的力证。嘉民在2021年就实现了全球业务碳中和，旗下开发项目基本都引入了节能设计、光伏发电等绿色技术。在中国，嘉民也一如既往地贯彻实施可持续发展战略，积极响应中国的"双碳"战略目标，推广使用新技术，减少对自然环境的碳排放，以实现更大范围的可持续发展，截至目前，嘉民大中华区已有8个项目获得了LEED认证（绿色建筑认证）。

事实上，嘉民不仅在智慧化仓储物流和绿色低碳领域颇有建树，它还是数字经济的重要基础设施提供商。嘉民于2006年在中国香港开发了第一个数据中心，并在过去几年中为其超大规模的客户和主机代管客户在全球交付了600兆瓦的数据中心和供电站点。如今，嘉民的全球数据中心产品遍布12座主要国际城市，包括众多全新的数据中心和技术枢纽。

2. 资本化运作：以轻资产模式，实现规模化扩张

仓储物流开发运营商一般以管理规模为导向，依靠区域扩张和提升项目密度形成网络化布局，为客户提供一站式仓储物流服务。因此，多数仓储物流开发运营商会通过不动产基金、REITs及其他资产证券化工具等组合手段，加快资金周转，提高管理规模的扩张速度。嘉民主要以不动产基金模式运作，REITs可以是其退出环节的组成部分之一，依靠"非REITs的上市仓储物流开发运营商+基金管理人"这种轻资产模式，嘉民近年来实现了管理面积的快速扩张。

在业务模式上，嘉民主要采取"开发+持有+管理"的业务模式，开展仓储物业开发、仓储物业持有、基金管理三项主要业务，以实现多元化的收益来源。仓储物业开发是其他两项业务的基础；基金管理业务具有"融资者"与"主要利润赚取者"双重角色，是最核心的业务之一，肩负着让整个业务模式高效率、可持续地运转的使命（见表2-4）。

表2-4 嘉民"开发+持有+管理"业务模式

三大业务板块	业务概述	业务模式	收入来源
开发	核心业务，开发定制化或标准仓库，扮演"产品生产者"角色	开发+销售	销售收入
持有	传统业务，租赁嘉民收购的物流设施或自行开发的高标准物流设施，承担"收入补充者"角色	收购物业租赁 自有物业租赁	租金收入
管理	核心业务，管理嘉民旗下物流地产基金，赚取基金管理费，通过投资退出赚取资产增值收益	基金管理人（GP）	投资回报 基金管理费

资料来源：公开资料，明源不动产研究院整理。

嘉民能够在中国实现轻资产规模化扩张的秘诀，关键在于其围绕基金运作构建的可持续融资模式。在大中华区，嘉民早已布局于基金领域，包括成立于2006年的嘉民香港物流基金（GHKLP），以及成立于2009年的嘉民中国物流基金（GCLP），前者是中国香港最大的工业基金，后者在全中国范围内投资优质物流资产（见表2-5）。嘉民通过成立私募基金，在引入资本时相当于加了一次资本杠杆，提前兑付开发收益和利润，大大减轻了企业资金压力，又可以将这些资金投入新的开发项目，加速了资产和现金的循环。不难看到，通过围绕基金运作赚取资产增值的收益，是嘉民业务扩张的制胜关键之一。

表2-5 嘉民在中国市场的两大基金

基金名称	成立日期	投资规模	投资标的	杠杆率
嘉民中国物流基金（GCLP）	2009年9月	股本50亿美元	投资于中国一、二线城市优质物流资产	11.6%
嘉民香港物流基金（GHKLP）	2006年4月	管理资产40亿美元	投资于香港的工业地产，集中于物流和仓储物业	16.5%

资料来源：公开资料，明源不动产研究院整理。

3. 定制化仓储：本土化创新，填补市场空白

高端定制仓库一直是嘉民极为擅长的领域，作为一家澳大利亚企业，嘉民进入中国前的境外业务，绝大部分都是以"定制物流仓"为主，走的是纯粹的定制化路线，也就是"有客户就定制，没有客户就不开发"，主要是因为海外商业环境、客户及其诉求都比较稳定，方便提前按需定制。

进入中国后，基于客户需求及"土储"获取方式等方面的差异，嘉民对在中国的拓展策略进行了本土化改造，更加注重开发高端品质和适用性高的"标准仓库"，并采取"先买地再与客户谈定制意向"的模式，达成协议则定制，否则就开发标准仓库。由于无须拘泥于"有需求再按需定制"，嘉民在中国的拓展速度大大加快。

事实上，在 2005 年进入中国市场时，嘉民就敏锐地捕捉到中国物流仓储市场的供求失衡，以及这种失衡背后对于高端仓储的巨大需求。中国传统的物流仓储大部分建于 20 世纪 90 年代之前，主要以旧式仓库等老旧设施为主，建设标准和安保管理均无法满足现代化存储装配需求，高端仓储设施缺口巨大。嘉民依托自身优势抓住了这一市场空白，并通过上述模式将高端定制仓与适用性高的标准仓做到了完美结合。

综合嘉民的实践经验来看，有两大突出亮点可供国内企业和园区借鉴。其一，国内企业做物流等产业园区，常见的最大挑战就是前端缺乏开发资金的支持，后端缺乏退出渠道，对此，可借鉴嘉民围绕基金运作的可持续融资模式，更好地利用国际、国内的资本平台去做融资创新。其二，在园区建设上，现在国内很多园区都是建完之后再去找客户，很容易面临定位不精准、招商困难的问题，对此，可充分借鉴嘉民的定制仓与标准仓相结合的模式，先做好精准的产业定位和目标客群定位，锚定该产业的头部企业，提前做大客户招商，再有针对性地去做定制化的产业空间，比如实现 80% 的定制化开发，剩余 20% 根据其他入园企业的需求适当微调，就可以大幅节约开发成本，还能打造更适配入园企业需求的产品。

三、对标中国一流（广州工控）：战略引领、资本加持，"工业航母"乘风破浪

放眼整个产业园区行业，其正处于时代分化、逻辑重构的变革点上，基于地产分割销售逻辑的旧模式已经难以为继，围绕产业深度运营的商业逻辑还在持续探索，如何重塑产业布局？如何打磨出坚实、牢固的产业护城河？广州工业投资控股集团有限公司（简称"广州工控"）的实践为行业提供了一份标杆样本。

近年来，广州工控积极响应广州市"产业第一、制造业立市"的战略部署，立足"先进制造业龙头企业"的定位，以创新驱动为核心，以成为具有全球竞争力的世界领先企业为目标，在广州"二次创业"再出发之际创新奋进，坚守国企自觉和使命担当，加速工业产业转型升级，助力广州市建设以实体经济为支撑的现代化产业体系。2023 年 8 月，广州工控成功跻身世界 500 强。

1. 战略引领："产业链、资本链、创新链"深度融合

作为广州市属国有资本投资公司，广州工控围绕"加快实现高水平科技自立自强""提升产业链供应链现代化水平"等最新国家重大战略，以新一轮国企改革深化提升为契机，在"管资本"的导向下，持续优化发展战略。基于对近年来改革发展实践的梳理，广州工控通过市场化、专业化整合，进一步明晰主业，推动新赛道与旧赛道"两道并进"，明确聚焦"先进制造、产业金融、产业园区"三大业务板块，积极推动"产业链、资本链和创新链"三链深度融合。

作为由广钢、万宝、万力等老牌国企联合重组设立的集团，广州工控承袭产业基因，发挥制造业禀赋优势，持续深化产业科技赋能，培育发展新质生产力。一方面，强化产业引领，对标省市重点产业方向，全力打造产业链主企业，在汽车产业、高端装备产业等方面推进"补链、强链"，推动产业集群成链发展。另一方面，强化创新引领，加大研发投入，强化科技成果转化，提升产业科技创新策源力；致力于打造一批高水平的科技创新平台，打好制造业转

型升级攻坚战、战略性新兴产业突击战；同时，围绕新兴产业和未来产业，前瞻布局，强化开放式生态合作，建设和完善科技创新体系，将产业核心技术牢牢掌握在自己手上。

此外，在新的战略体系下，产业金融服务地位更加突出，广州工控充分发挥国有资本的产业引领性，为先进制造提供融资、保理、租赁等金融服务，以资本推动产业与创新资源导入，发挥源泉活水的作用。总的来看，广州工控紧紧围绕产业链、资本链、创新链"三位一体"，走出了一条具有工控特色的高质量发展之路和新型工业化之路。

2. 资产赋能："开发＋协同＋资本"驱动产业集聚，打通资本价值链

产业园区是广州工控集聚创新资源、整合产业链条、强化产业培育的重要载体和平台。广州工控通过产业载体开发、产业资源导入，以及资源配置整合和价值再造，推动园区产业和主业协同，促进产业成链、成群集聚。同时，以大型产业基金为抓手，打通园区的资本价值链，具体可分为三步。

其一，"一张图"谋划，开发产业载体、盘活存量土地资源。广州工控在发展过程中保留了大量土地资源，为集团产业园区开发、产业升级扩容提供了很好的空间载体。但同时，大量存量土地存在着"多、碎、散"等问题，难以支撑规模化开发利用。针对这类问题，广州工控借助数字化的力量，搭建土地资源"一张图"信息系统，高效梳理土地资源，编制存量土地统筹开发利用方案，明确具体地块开发模式及时序，助力园区高效开发。

其二，"一条线"整合，协同产业资源，促进产业集聚。依托集团的自有产业和上下游产业资源，明确园区的产业定位并非难事，难的是如何串珠成链，如何与主业协同，提升高端产业资源的集聚力。针对这一挑战，广州工控锁定"先进制造"主业，梳理了上下游产业链条和协同产业板块，通过大平台、大项目建设，重点打造新能源汽车零部件、高端装备制造、航材制造、轨道交通制造等专业化产业园区。目前，广州工控已打造了岭南V谷、南沙大岗等多个标杆项目。

其三，"基金+"赋能，借助资本的力量，加速园区良性循环。近年来，广

州工控不断完善产业金融服务体系，通过专项发展基金、基础设施领域不动产投资信托基金等多种模式，打通国企产业融资路径。目前，已建立了覆盖天使、VC/PE（风险投资私募股权）、并购等企业发展全生命周期的产业基金群，基金管理规模达 300 亿元。例如，2024 年 4 月广州工控牵头成立两大百亿投资基金，分别与广东省粤科金融集团及广州产业投资控股集团联合设立，推动广州市先进制造业全产业链优势加速构建。再比如，广州工控与武汉东湖高新集团组建了"工控高新前沿科技产业投资基金"（见图 2-16），专注于前沿科技、战略性新兴产业和高成长性企业，覆盖产业园区的主要产业集群。

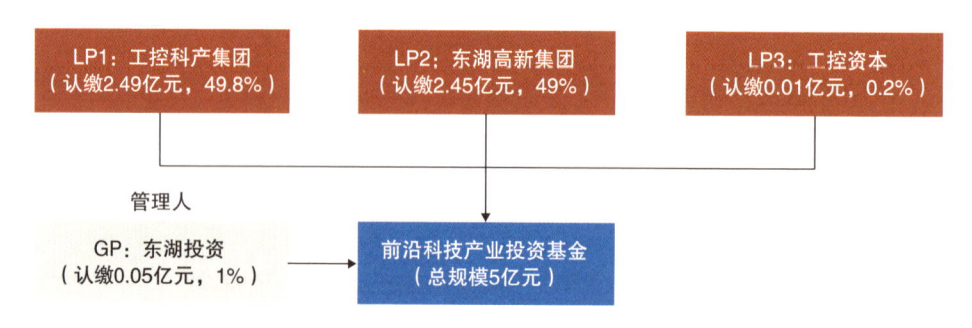

图 2-16 工控高新前沿科技产业投资基金架构

资料来源：广州工控集团，明源不动产研究院整理。

此外，广州工控还积极谋划资产证券化项目，通过高品质的综合运营获得稳定收益后，通过发行 CMBS（商业抵押担保证券）与 REITs 等实现运营上市和资产退出。概括而言，产业园区的开发周期长、投资量大，广州工控通过专业化基金运作，在产业园区项目"投、融、建"的前期阶段，撬动社会资本；在项目运营阶段，打通资本市场的退出通道，提升投资回报率，从而为园区发展插上资本的翅膀。

3. 生态构建：汇聚创新生态资源，实现多方共赢

产业园区肩负着集聚创新资源、培育新兴产业、助力城市化建设等重要使

命，而产业生态价值和资源赋能价值已然成为优秀园区品牌的核心竞争力，在这方面，广州工控也进行了诸多有益实践。

其一，搭建异地孵化器，推动科技成果转化。企业孵化器是培育中小企业、壮大产业生态的重要手段。广州工控按照"聚焦主营业务、服务区域产业、投早投小投新"的投资理念，以"强化产业园区生态建设与推进战略性新兴产业培育孵化"为方向，遴选孵化企业与项目，孵投联动、以投促产。广州工控借鉴其他城市成功经验，建立异地孵化器，通过市场吸引、要素支持等方式，将产业链内的外地企业导入广州本地。例如，广州工控与湖北联投共建"广州工控—武汉创新创业孵化中心"，采用"政府主导＋企业化管理＋市场化运作"方式，双方联合，共同建设集专业孵化、资源对接、招才引智、科技招商于一体的科技孵化平台，搭建两地互融互通的桥梁，以促进科技企业培育，助力初创企业快速成长。

其二，锻长补短结联盟，丰富集团先进制造业生态体系。"一花独放不是春，百花齐放春满园"，一个深厚的产业生态土壤并不能完全依靠央国企一家之力，而是需要政、产、学、研等多方力量共建。广州工控积极谋划，构建产业资源整合平台，推动与相关优势企业的合作，实现优势互补、锻长补短。例如，广州工控和中国电子商会共同成立专精特新广州服务中心，专门面向"专精特新"中小企业提供孵化服务；再比如，广州工控与东湖高新组建合资公司，通过产业规划、产业投资、智慧园区、产业运营四大平台，实现资产方、品牌方、运营方的三方共赢。

总体而言，广州工控充分发挥资产运营与资本运作融合发展作用，整合现有资源，不断充实运营资产规模，将资源转化为经营性资产，储备培育符合公募 REITs 要求的优质资产，实现"资源资产化"；促使资源向集团先进制造业主业战略聚焦，将资产提升为可持续增值的资本，提速"资产资本化"；通过资产运营和资本运作实现收益，加速"资本证券化"，赋能集团产业园区高质量发展，为国企"三资"盘活树立了绝佳范本。

第五节
城市配套服务资源是增长契机，拓展企业多元化收入

城市配套服务是城镇化发展的必然趋势。自 2014 年"新型城镇化"首次写入《政府工作报告》以来，中央以新发展理念为指导方向，不断强化对城市治理的要求。从加强城市管理宜业宜居到以人为核心的新型城镇化，城市治理不断朝着管理精细化、治理规范化和现代化方向发展。

2017 年全国两会上，习近平总书记提出"城市管理应该像绣花一样精细"，为城市管理指明了方向。随后，多地政府相继出台"城市精细化管理"相关文件，在此进程中，城市配套服务应运而生，近年来不少企业先后以不同形式涌入城市配套服务这条新赛道。

城市配套服务的兴起，是政府的需求，也是时代背景下相关企业的必然选择。

一、紧跟城市发展要求，构筑以人为本的综合服务蓝图

城市发展初期，各类设施相对落后，城市发展以城市建设为核心，以卫生环境改善、城市交通发展、市政设施整修、居民住宅修建为核心；城市发展中后期，基础设施相对完善，城市发展开始向配套服务升级，这是时代之需，也是规律所指。2023 年末，我国城市化率达到 66.16%，城市发展进入新的阶段，与城市发展密切关联的房地产行业也迈入新发展时代。从"纳瑟姆曲线"在房地产行业的运用来看（见图 2-17），随着城市化率的不断提升，对应的产品形态也需要进行适配：城市化快速增长时期，住宅商品满足人民居住刚需；城市化到一定程度后，持有型写字楼开始越来越多；当城市化率超过 75%，大量相关服务业开始涌现。

图 2-17 纳瑟姆曲线

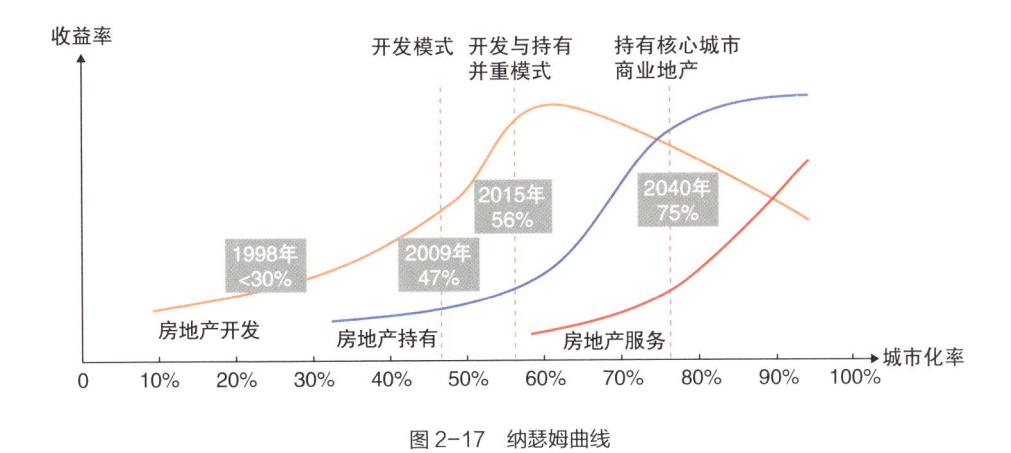

资料来源：公开资料，明源不动产研究院整理。

城市化的推进，也带来了房地产行业的变革。以城市建设为主的增量时代已经不再，取而代之的是以城市运营为主的存量时代。然而，从"建城"到"营城"的逻辑变化，又同步推动着城市服务革新。在城市建设逻辑下，城市配套服务以城市资源（如基础设施）供给为核心，解决"有没有"的问题；在城市运营逻辑下，城市配套服务将散落各地的城市资源"串珠成线"、联动运营，解决"好不好"的问题。如何紧跟城市发展要求，构筑以人为本的综合服务蓝图，是国资国企的新使命。

一方面，以人为本，实现"住有所居"满足人民群众美好生活的基本要求。正如习近平总书记所讲，"人民对美好生活的向往，就是我们的奋斗目标"，城市发展需要更新，人民生活品质需要提升。从居民最关注的居住问题来看，"住有所居"是人民群众美好生活的基本要求。

首先要满足基本的"住"。第七次全国人口普查数据显示，我国居民家庭人均住房建筑面积较 2010 年有了明显增长，并且供水、供电、供气等基础设施也得到了充分保障，居民基本住房需求得到满足。其次要思考优质的"居"。居民的居住需求不再局限于住宅本身，也包括对居住社区、居住城市的功能性需求，"好房子、好小区、好社区、好城区"的"四好"建设目标便是对"居"

字内涵的深化理解。

另一方面，因势而为，国资国企纷纷通过战略转型向服务商迈进。2023 年 7 月 24 日召开的中央政治局会议提出，"适应我国房地产市场供求关系发生重大变化的新形势，适时调整优化房地产政策"。我国城市发展由大规模增量建设转为存量提质改造和增量结构调整并重，进入城市更新的重要时期。城市化快速发展浪潮下，国内大多数城市空间开发已经相对饱和，行业已经告别了以商品房销售为主的快速"开发时代"，进入以稳健现金流和利润为导向的深度调整期，基于此，企业纷纷开启了战略转型之路。

时代驱使、形势助推，结合城市发展规律和居民对美好生活的向往，房地产开发商这一角色正在被逐步淡化，对其形成替代的正是服务商角色。这是基于不同城市发展阶段和社会需求而衍生出的新发展方向。从"房屋建造销售商"转型为"城市综合服务商"，表面上看是业务范围在空间上的扩大，内里上看则是从"创造者"到"服务者"的定位转变。

相较于房地产开发商，根据企业的自身定位和战略选择，城市综合服务商又可分为城市建设服务商、城市运营服务商和美好生活服务商等。但归根结底，都是围绕城市的总体目标和发展规划，充分运用市场化的机制和手段，通过发挥企业产业优势和资源优势，结合城市发展的特殊机遇，在满足城市居民需求的同时，使自己成为城市发展中的有机组成部分。

房地产发展到现在，原来围绕土地资源、政府资源的时代正在逐渐逝去；以后就是围绕人的价值做服务，从房地产综合开发商转向城市配套服务，从卖房子转向卖服务，是不动产企业转型发展的重要战略选择。本节我们将结合国内外标杆服务企业案例，探索它们的转型升级之路。

二、对标世界一流（凯德集团）：破旧立新的资管服务革新者

作为亚洲知名大型多元化房地产集团，新加坡凯德集团覆盖住宅、办公楼、购物中心、旅宿、产业园区、工业和物流地产、数据中心等多种业态。作为典型的轻量玩家，凯德集团在历次转型经历中，磨炼出一套独特的"投运一

体化"凯德模式。

1. 第一次转型:"开发商"叠加"基金经理",开启轻资产转型之路

受制于高负债、低回报的经营困境,凯德集团在2000年成立初期便提出轻资产转型方案,并于2002年发行了新加坡第一只房地产信托基金,即凯德商用信托(CMT),正式开启面向资管业务的转型之路。2002—2010年,凯德集团加快了旗下轻资产的收购步伐,并同步推进信托业务的发展;2013年,凯德集团确定了"大力发展综合体"的战略,并以中国为第二核心市场,通过加强"腾笼换鸟"操作,加快对中国核心城市、核心城区优质物业的投资;2019年,凯德集团收购星桥腾飞,正式将产业园区、工业及物流地产等业态纳入版图,建立了多元化的房地产生态体系。

得益于REITs所募集的资金,凯德集团在新加坡及海外其他国家进行大规模收购。截至2019年,凯德集团旗下的零售、服务公寓、商业、产业园区等轻资产占比已经超过90%,从以住宅地产开发为重到以各项轻资产业态为主,原有的"开发商"定位再加上对轻资产管理的"基金经理"角色,凯德集团的轻资产转型之路持续进行中。

2. 第二次转型:全面转型轻资产,成为具备开发能力的资管方

2020年,受新冠疫情影响,全球经济增速下行,房地产行业不可避免地受到冲击,凯德集团也出现了历史上首次亏损。为顺应时代背景和集团发展战略,凯德集团于2021年退市,对旗下业务进行重组,以凯德投资(重新上市)和凯德地产(私有化)两种形式重新回归。

凯德地产以新加坡、中国和越南为核心市场,其成熟的不动产开发横跨多元资产类别,在多个核心市场有较高知名度。

凯德投资于2021年在新加坡证券交易所上市,截至2023年末,其资产管理规模约为1 340亿新加坡元,基金资产管理规模近1 000亿新加坡元,旗下多元化不动产资产类别更是遍布多个重点市场(见图2–18)。

		办公楼	购物中心	旅宿	产业园区	工业和物流地产	数据中心
凯德投资的3个核心市场	新加坡	✓	✓	✓	✓	✓	✓
	中国	✓	✓	✓	✓	✓	✓
	印度				✓	✓	✓
凯德投资的3个重要市场	澳大利亚、日本、韩国	✓		✓	✓	✓	✓
凯德投资的其他主要市场	欧洲、美国	✓		✓	✓	✓	✓

图 2-18 凯德投资资产管理布局

资料来源：凯德集团，明源不动产研究院整理。

这是凯德集团的第二次转型，也是正式全面聚焦轻资产的里程碑。而凯德地产与凯德投资基于"一个凯德"生态系统（见图 2-19），实现双翼驱动，共同助力集团发展。

图 2-19 "一个凯德"生态系统

资料来源：凯德集团，明源不动产研究院整理。

3. 资管升级：投运一体支撑全周期投资，打通行业资管链条

作为房地产多元化的佼佼者，凯德集团凭借国际化视野和领先的专业能

力，不断发力存量时代商业综合体，以"一个凯德"生态系统为基础，有效搭建了"轻资产扩张+基金化运作"的投运一体化模式。

首先是轻资产扩张。凯德集团的轻资产扩张可以用"减脂、增肌"来形容。减脂，即剥离原本的房地产开发业务，将其进行私有化运作；增肌，即在持续更新旗下轻资产业态版图的同时，依赖以往积累的经验，锻造更加精益的基金运作能力。

其次是基金化运作。凯德集团的基金分为私募基金和REITs两大类，能根据项目业态进行适配。其中，私募基金包括房地产私募股权基金、另类资产私募股权基金和旅宿基金等；REITs则包括凯德腾飞房产投资信托、凯德雅诗阁信托、凯德中国信托、凯德印度信托、凯德商业中合信托、凯德马来西亚信托在内的六只信托产品。

凯德集团通过双基金模式打通开发投资、孵化培育、扩大收益、价值释放的"投、融、管、退"资本运作闭环，解决项目不同成长周期所面临的资金问题。对于高风险、高收益的项目，如开发期的商业物业和培育期的商业物业，凯德集团主要用房地产私募股权基金进行投资；对于现金流稳定的、成熟期的商业物业，凯德集团主要用REITs进行投资。REITs通常对私募基金培育的项目具有优先购买权，所以凯德集团形成了"私募基金培育，再打包出售给REITs"的双基金配对运作模式（见图2-20）。从流程上讲，凯德集团投资旗下私募基金对标的物业进行收购，并进行改造培育，待培育成熟后注入上市公司资金实现公开市场退出。

凯德集团商业项目的背后大多都有基金的影子，并形成了一个资本募集、资本支撑、项目运营、创造收益回馈投资者、投资者持续注资的良性循环。凯德集团旗下各基金分工明确，分别参与项目的前、中期，并最终通过出售资产或注入REITs的方式实现退出。这不仅有利于商业项目的快速孵化，还有利于凯德集团快速回流资金并重新投入新一轮的开发布局。这样的运营特点，也促使凯德集团做商业地产不在于开发物业，而在于运营物业，以挖掘更多利润空间，最终实现存量爆改增值。

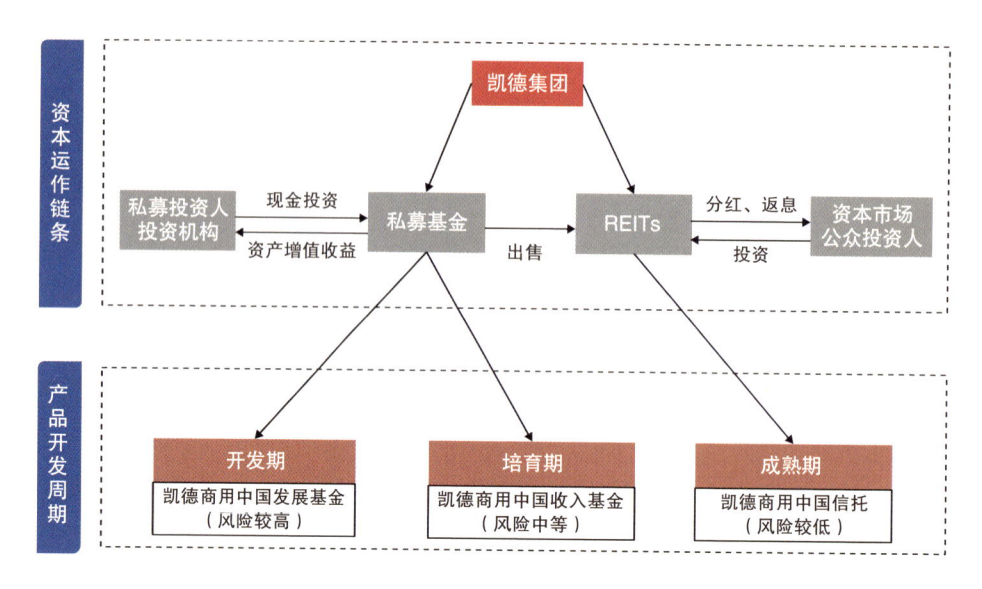

图 2-20 凯德集团双基金模式与产品开发流程

资料来源：公开资料，明源不动产研究院整理。

基于"一个凯德"生态系统，完整的"投运一体化"运作链条是凯德集团区别于其他商业地产企业的主要优势，对内，能够实现对全周期项目的资金支持；对外，商业综合体的发展契合了以人为核心的新型城镇化进程，推进了地区产业发展，同步提升了区域价值。

三、对标中国一流（招商蛇口）：强本培新的开发运营服务商

招商蛇口作为领先的城市和园区综合开发运营服务商，以"产融创新，低碳先锋，经营稳健"为特色，为城市发展与产业升级提供综合性的解决方案，致力于成为"美好生活承载者"。作为集团内唯一的资产整合平台及重要的业务协同平台，其战略定位是"中国领先的城市和园区综合开发运营服务商"，并以此发力，围绕开发业务、资产运营、城市服务三类业务，着力构建租购并举、轻重结合的业务结构，聚焦培育公司的第二成长曲线。（以下内容均来自企

业官网和上市公司年报）

1. 与生俱来的开发运营标签：与时俱进的模式

城市综合运营是招商蛇口与生俱来的标签。1979年我国第一个对外开放的工业区破土动工，招商蛇口参与了其中的每一步，在整个过程中积累了丰富经验，无论是城市开发还是后期运营，这都为其后续发展奠定了坚实的基础。

经过40多年的开发、建设、运营，不断迭代的蛇口模式，也代表着招商蛇口开发运营的不断精进。总结蛇口模式的发展，可以分为4个时期。

蛇口模式1.0（前港）：指邮轮产业建设及运营。港口（包括码头、空港、陆港）的核心是通过兴建港口交通等基础设施，吸引人流聚集，从而促进物流和产业发展，为兴区、引产打下基础。

蛇口模式2.0（中区）：指园区建设和运营。在国家产业结构升级的背景下，立足广东省"三旧"改造政策，产业园区内中低端简单加工制造业开始向中高端产业转移，招商蛇口基本完成了质量效率型的转变。

蛇口模式3.0（后城）：指社区建设及运营。园区整体经济实力的不断加强，"后城"将更多承接港口与园区高净值人群的生活和服务配套。

蛇口模式4.0（联动发展与异地复制）：指港口先行，园区跟进、配套开发，从而实现成片区域联动发展，逐步形成异地复制的"前港—中区—后城"模式。

2019年，招商蛇口提出"综合发展模式"理念，并将其列为企业面向未来40年的可持续发展模式，该模式以港口交通枢纽和人流聚集枢纽为切入口，以临港的产业园区为核心和主要载体，配套城市新区开发，通过前港带动中区，中区带动后城，实现片区的整体联动发展。

2. 进击运营时代，招商蛇口开启多元化发展

2021年是招商蛇口"十四五"战略开局之年，招商蛇口坚持综合发展，提出了"三个转变"，进击运营时代。

由以开发为主向开发与经营并重转变。开发业务仍然是招商蛇口的基本盘

业务，并且招商蛇口继续坚持聚焦都市圈，深耕一、二线城市的布局策略。与此同时，招商蛇口坚持做好经营类业务，主要是推进持有业务"双百"战略，提升持有业务收入及其利润贡献。

由以重资产为主向轻重结合转变。在重资产经营提升的基础上，招商蛇口聚力发展轻资产运营服务，以产融结合和管理输出为主要方向，打造轻资产品牌；加快发展物业管理业务，做强、做优、做大招商积余；发挥REITs上市平台作用，通过从"输血"到"造血"实现内生式增长，逐步实现公司商业模式的转变。

由同质化竞争向差异化发展转变。招商蛇口充分借助新产业、新技术助力经营管理提效与产品服务创新，培育特色、形成品牌，提升能力、形成文化，打造各业务产品标杆，提供优质的产品与服务，从而实现公司发展手段的提升。

同时，围绕"综合运营"，招商蛇口已形成既能实现多元化、覆盖客户全生命周期，又能穿越发展周期的五大类业务（见图2-21）。

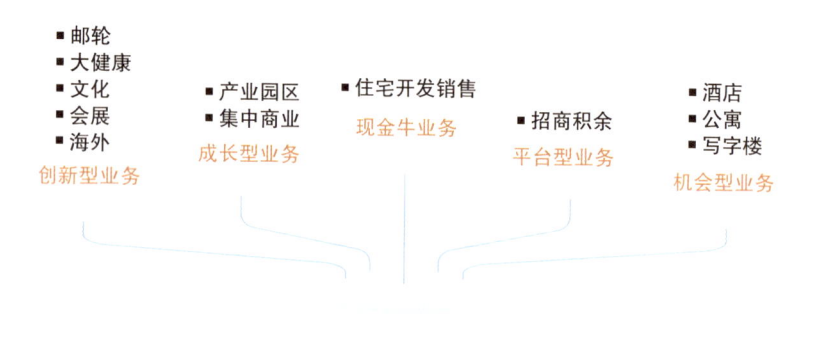

创新型业务	成长型业务	现金牛业务	平台型业务	机会型业务
■邮轮 ■大健康 ■文化 ■会展 ■海外	■产业园区 ■集中商业	■住宅开发销售	■招商积余	■酒店 ■公寓 ■写字楼

图2-21 招商蛇口业务模型

资料来源：公开资料，明源不动产研究院整理。

在五大类业务的基础上，招商蛇口进一步强化产业园区、集中商业、邮轮、招商积余四大核心 IP（见图 2-22），形成结构优化的业态组合。

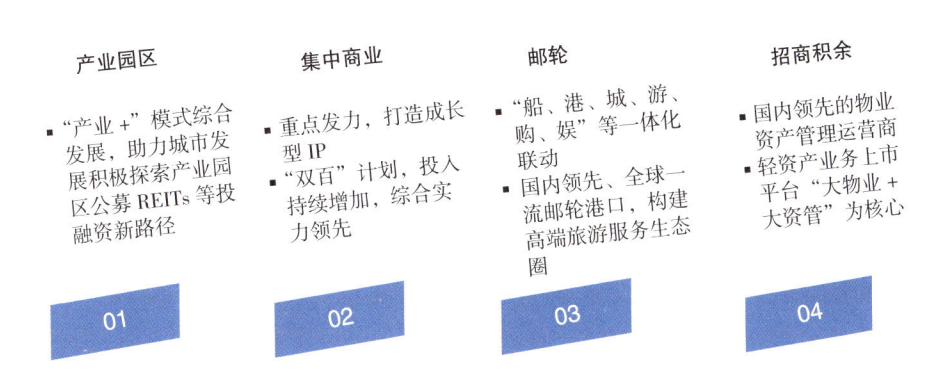

产业园区	集中商业	邮轮	招商积余
■ "产业+"模式综合发展，助力城市发展积极探索产业园区公募 REITs 等投融资新路径	■ 重点发力，打造成长型 IP ■ "双百"计划，投入持续增加，综合实力领先	■ "船、港、城、游、购、娱"等一体化联动 ■ 国内领先、全球一流邮轮港口，构建高端旅游服务生态圈	■ 国内领先的物业资产管理运营商 ■ 轻资产业务上市平台"大物业+大资管"为核心
01	02	03	04

图 2-22　招商蛇口四大核心 IP

资料来源：招商蛇口，明源不动产研究院整理。

此外，2020 年招商蛇口便明确了持有型业务的发展之路，提出"双百"计划，即在未来 5 年，坐拥百个大型集中商业、实现百亿持有营收；并针对不同类型的不动产满足不同运营需求。

招商蛇口不断进化商业运营能力，为不动产开发赋能，通过二者相互作用，驱动"综合开发"中城市功能、生产、生活三大"齿轮"的转动。以厦门海上世界项目为例，作为厦门首个总建筑面积超百万平方米的滨海综合体，其投资额超过 170 亿元，业态涵盖办公、商业、文化娱乐设施、酒店、邮轮母港航站楼等，足以彰显招商蛇口对大型综合体的打造能力。

综上所述，招商蛇口"综合运营"模式的"面儿"是广为人知的"前港—中区—后城"，"里子"是产城融合、职住平衡，各要素相融相生的城市区域生态圈。作为城市综合运营的典型代表，随着城市资源的重新整合，招商蛇口不断追求"人居—生活—城市"的链接，旨在提供全方位的服务。

四、对标中国一流（保利物业）：与"城"俱进的全域服务新样板

城市配套服务作为近年来兴起的一条新赛道，物业企业有着对其进行承接的资源禀赋优势。

作为"国家力量"的保利物业，一方面，以"大物业生态平台首席运营商"为愿景，站在社会进步"软基建"的高度，不断培育和发展自身核心服务能力，致力于发展全业态管理，其服务范围涵盖了从社区居住物业到城市标志性写字楼、政府公建、城镇景区、特色产业等的多种物业类型；另一方面，作为城市服务赛道的先行者，搭乘城市发展快速列车，由镇及市，积极整合全社会优质服务资源，打造了在公共服务、商办服务、社区服务乃至城市全域服务领域的系统优势。

1. 战略定调：物业服务走向更广义的城市服务

2019 年，保利物业的大物业战略正式拉开帷幕。"物业服务已经从狭义的社区服务走向更广义的城市配套服务，当行业的边界随着服务范畴的拓宽而不断衍生，这意味着一个新的时代已经来临，这就是'大物业时代'"。保利物业顺应时代发展趋势，在行业变革中持续成长。在大物业战略引导下，保利物业在物业赛道持续深耕，在空间上持续突破。

对于住宅服务板块，保利物业"向深"发力，立足解决现阶段物业服务"好不好"的问题。无论是 2022 年提出"装配式"的物业服务，还是 2023 年根据第一性原理，解构分析"服务本质"，打造的客户体验感知评价体系，保利物业回归以人为本的服务目标，在住宅服务领域持续探索，不断提升服务品质，坚持以客户为核心，持续提升住宅社区服务力。

生于住宅，但不限于住宅，保利物业加强对公共及其他物业（城市配套服务）业态的持续探索和迭代升级，全面推进物业服务的全业态覆盖、全域覆盖。

2. 寻找方向：从城镇到城市，持续探索公共服务新模式

2017年以来，随着城市精细化管理相关政策文件相继出台并不断推进，物业服务企业纷纷进军城市服务；2018年，珠海横琴新区在全国率先提出打造"物业城市"新模式；2021年，广州市政府印发《关于开展镇街全域服务治理试点工作方案》，让第三方服务企业承担"城市大管家"角色……近些年一系列公共服务利好政策频出，城市配套服务市场升级成为蓝海市场。

自2016年进驻西塘古镇开始，保利物业便开启了对公共服务领域的探索。经过多年的不断尝试和摸索，保利物业的公共服务管理基本形成了以下特征：

- "三位一体"方式：政府为主导，保利物业为主体，服务对象积极参与。
- 多业态覆盖：包含城镇、景区、交通场站、校园、产业园区、医院、特色小镇、文化场馆、公益设施和其他政府公建等。
- 服务特色："星火模式"的党建引领，定人、定岗、定责的网格化管理，以及新型智慧管理模式。

保利物业的公共服务板块发展正是其与"城"俱进的真实写照。早期以点带面，从单一项目向区域综合管理延伸；中期利用西塘、天凝等项目的实际管理经验，总结服务内容，提出了"5M、7M、XM"模式，并形成了全域管理模式，以构建和完善服务产品及服务体系，优化管理模式；逐渐由以"镇域"为核心发展到一、二线城市全域化服务。

2018年12月，保利物业推出"镇兴中国"服务品牌，从乡镇、乡村等非城市路径出发，以城镇服务为核心载体，涵盖城镇景区、高校及教研物业、轨道及交通物业、医院、政府办公楼、城市公共设施等多种细分业态，提供多项公建通用基础服务及行业细分专业服务。同时，保利物业发布了公共服务产品体系——5G产品服务包（见图2-23）、四大样板工程、三大支撑；针对城镇智慧化管理和产业运营，打造了"智慧化民生配套"和"定制化产业赋能"，从而为城镇管理和产能提升赋能。

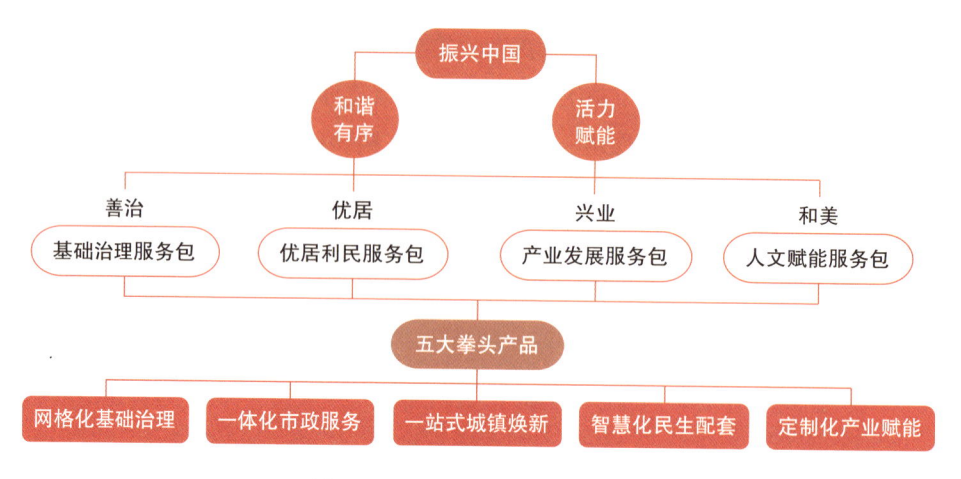

图 2-23　保利物业 5G 产品服务包

资料来源：保利物业，明源不动产研究院整理。

2022 年，保利物业将城市配套服务范围首次从县镇延伸至城市，并使广州海珠区城市全域服务新模式落地。2023 年，在第四届镇长论坛上，保利物业提出"全域飞轮"新模式，从擦亮城市名片着手，联动区域项目拓展，加速推进全域化布局，并推出全方位一体化解决方案，即"一芯四法九场景"（见图 2-24）。

图 2-24　保利物业"一芯四法九场景"

资料来源：保利物业，明源不动产研究院整理。

122　国企三资盘活

3. 模式落地：以全域服务模式打造广州"海珠样板"

保利物业在广州海珠区内持续深化叠加效应，目前单区域在管项目超40个，覆盖住宅、商业、城镇景区、行政机关、产业园区等多元业态，全面升级了品牌与规模效益。

在布局上，保利物业以海珠区全域化服务为立足点，以广州塔景区为中心形成纵横全覆盖布局。在横向上，实现住宅、写字楼、景点公园等全业态齐聚；在纵向上，对商务区、轨道交通、老旧小区、会展区等进行细化，实现全场景管理。与此同时，针对广州超大城市的服务场景升级，保利物业深化"党建引领＋精细网格＋智慧赋能"体系建设，不断提升基层治理专业化、精细化、智慧化水平，创新探索市域社会治理现代化新路径，迭代升级形成具有保利特色的"国家超大城市全域服务模式"。

回归以人为本、以客户为中心，一定是行业进化的必然路径，也是物业企业的本分和发展的必然选择。同样，人们对城市的认知是从城市之心开始的，全域化服务的发力点也应该从城市核心着手。城镇化是发展大势，在城镇化进程中与时俱进、与"城"俱进，正是保利物业交出的答卷。

综上所述，对于城市配套服务资源的"串珠成线"，不仅满足了以人为本的美好生活向往，同时给尚处转型期的企业指明了战略方向。以凯德集团、招商蛇口和保利物业为例，它们通过有效整合和运用城市配套服务资源，不仅成功实现了自身资产的最大化价值，还借助资产管理的灵活性和多样化，为企业可持续发展提供了有力支撑。

城市化进程不断推进、行业变革持续不断，面对新时代、新需求，企业唯有不断进行动态战略革新，才能在瞬息万变的环境下保持常青。

第六节

金融创新是腾飞翅膀，明晰国有资本投资运营之道

体制机制改革是国有资本的活水之源。自改革开放以来，我国的国有资产

管理体制经历了多次演进：最初主要是直接管理企业的模式；然后逐渐演变为同时管理人、事、资产的综合模式；再到如今的以"管资本"为主的模式。在这个过程中，我国进行了有关国有资本投资、运营公司授权经营的改革，这一过程也是央国企对如何有效利用国有资本即金融资源的探索之路。

一、以金融投资优化资本布局，构建现代化产业体系

随着中国经济步入新时代，国有资本运营进入重要窗口期。在经济新常态下，国有资本投资、运营面临着转型升级的挑战和机遇，深化国有企业改革、提高国有资本配置效率是当前工作的重中之重。

1. 时代背景下，成立"两类公司"扩围势在必行

2022年，我国国有企业资产总额达到339.5万亿元。这些国有资产主要分布在大型的央企和大型的地方国有企业之中。同时，这些大型国有企业在我国国民经济中的地位举足轻重，对于推动经济增长、促进产业繁荣、促进发展和创新起着至关重要的作用。

在国有资本投资公司、国有资本运营公司这"两类公司"试点启动之前，国有企业尤其是中央企业，在捕捉市场新机遇、行业新动态方面显得过于谨慎，错失了一系列投资热点，如互联网和新能源汽车等投资风口，在战略眼光和运作效率上与国际和国内领先的投资机构相比存在明显差距。多年来形成的行业属性和传统的投资决策模式，导致大量国有资产难以流入新兴产业领域。所以在国有企业、国有资产、国有经济发展到现阶段的历史背景下，共同决定了我们要组建投资公司和运营公司。

国有资本投资公司和国有资本运营公司的概念于2013年11月的中共十八届三中全会被首次提出。"两类公司"主要在五个方面有所不同（见表2-6）。

表2-6 国有资本投资公司和国有资本运营公司的不同之处

	国有资本投资公司	国有资本运营公司
组建方式	新设或改组成立	
	投资、融资和项目建设	划拨现有国有企业股权
功能定位	肩负产业使命，服务国家战略	推动国有资本合理流动
	投资实业，获得股权	不投资实业
	通过资产经营和管理实现目标	通过资本运营实现目标
	履行出资人监管职责	既可以在资本市场融资，又可以通过股权交易实现资金周转循环
发展目标	国有资本保值增值	
	发挥投资引导和结构调整作用	盘活国有资产存量
	推动产业集聚和转型升级	提升国有资本运营效率，并向关键领域和产业集中
	优化国有资本布局，提升其控制力和影响力	引导和带动社会资本参与
产业布局	可在主业范围之外选择1~2个新领域进行产业培育	没有主业限制，投资方向与领域比较灵活
管控模型	战略管控	财务管控
	财务管控	—

资料来源：公开资料，明源不动产研究院整理。

2. 向"管资本"转变，国有资本运营公司之路日渐明晰

自2014年起，共有21家央企分三批参与"两类公司"试点。通过试点，"两类公司"以"管资本"的方式，把过去由政府行政部门对企业及国有资产经营活动的直接管理，变为国有资产管理机构通过专业平台对国有资产实行间接管理，"国资委—国有资本投资、运营公司—国有企业"的三层管理架构也日渐清晰。

试点铺开后，"两类公司"通过直接参与国有企业内部重组、股权多元化、上市培育等改革实施工作，对持有的上市公司股权加强市值管理，发挥加快资

产证券化、加强国资流动增值的"助推器"作用，并适时推动国资基金的投资运营，优化国有经济布局，提高国有资本配置和运营效率。另外，"两类公司"的战略性投资和资源整合，有助于加速新兴产业的成长壮大，提升国家产业竞争力。同时，在传统产业转型升级的过程中，推动传统产业的技术改造和创新升级，有利于实现经济高质量发展。

国有资本运营公司的主要目标是提升国有资本运营效率和增加国有资本回报。这类公司主要通过财务性持股，采用股权运作、基金投资、培育孵化、价值管理、有序进退等方式来盘活国有资产存量，并引导和推动社会资本的共同发展。中国诚通作为第二批国有资本运营公司，中原豫资作为地方典型的国有资本运营公司，为后续往"两类公司"方向发展的央国企树立了标杆。

二、对标中国一流（中国诚通）：以资本运营服务国家战略实现"三级跳"

在众多中央企业中，有一家肩负着特殊使命的企业，专司国有资本运营。这家企业就是中国诚通，它运用市场化手段，承担着"急难险重"任务，服务国有经济布局和结构调整。作为国企改革的先行者和探索者，2016—2021年，中国诚通取得了令人瞩目的成绩：企业资产总额增长了5.6倍，净资产增长了6.3倍，净利润更是增长了8.4倍。其运营公司的功能得到了充分发挥，资本运营规模和效益大幅提升，服务国家战略的能力显著增强。

1. 追溯30余年发展轨迹，从"运输队长"到资本巨头

中国诚通也是一家见证、参与、推动中国经济转型的央企。成立之初，它是一家传统的物资流通企业。如今，它成长为资本巨头。中国诚通的发展历程跨越了三十余载，实现了从传统物资流通企业转型为国有资产经营公司，最终演变成国有资本运营公司的"三级跳"（见图2-25）。

传统物资流通企业	国有资产经营公司	国有资本运营公司
■ 2000年实现盈利，成功进入中央企业队伍。随后，中国诚通又进行了3次大规模的内部整合，成功"自救"并探索出了"处僵治困"的方法路径	■ 2005年，中国诚通成为首家国有资产经营公司试点企业，把"处僵治困"作为主责主业，先后重组整合6户中央企业，彰显了其价值	■ 2016年，中国诚通被确定为国有资本运营公司试点企业，构建"基金投资、股权管理、资产经营、金融服务"四大平台

图 2-25 中国诚通发展历程

资料来源：公开资料，明源不动产研究院整理。

1992年，为实现建立全国性物资集团的目标，处于改革前沿的中国物资储运总公司与其他18家物资部直属企业共同创立了中国诚通。2005年，中国诚通成为196家中央企业中首个国有资产经营公司试点企业，肩负起了探索中央企业非主业及不良资产处置的使命。

2016年，中国诚通成为国有资本运营公司试点企业。国有资产经营公司要实现国有资产的保值增值，而新时代的国有资本运营公司则以资本运营为主，通过国有资本运营，重塑科学合理的行业结构与企业运营架构，提高资源配置效率。

面对艰巨的改革试点任务，中国诚通迎难而上，无论是建设规范的董事会，还是正在进行的国有资本运营公司建设试点，都基本实现了改革初衷。除了承担改革试点任务，中国诚通还多次临危受命，帮助接收了不少经营性国有资产、主业剥离资产、困难企业，实现国有企业清理退出或重组再生，成为优质的国有资产重组和资本运作平台。

2. 以融促产，成为国资发展的"操盘手""掌舵人"

以融促产，服务实体经济，是中国诚通最大的特色。国有资本运营公司作为一种新兴事物，既没有内部可供借鉴的模式，又没有外部的范例可供学习。基于对中央文件的深入研读并与国务院国资委保持紧密的互动，中国诚通多次组织并举办大型研讨会，形成了一系列诸如《国有资本运营公司及投资公司试点研究》《对组建国有资本投资运营公司的思考》的理论成果。这些成果得到国务院及相关部委领导的高度重视，并经过修改被纳入相关方案。

中国诚通当时对国有资本运营公司的理解是"为国家战略目标服务的市场化专业化平台",其主要目标在于提升运营效率和增加国有资本回报。另外,其核心功能包括但不限于:根据授权对所投资的企业履行出资人职责,推动国有资本布局结构调整;以财务性持股为主,以提高流动性和运营效率,实现资本的保值增值;积极发展混合所有制经济;推进对经营性资产的统一监管;解决历史遗留问题;等等。这样的理解得到了国务院国资委的认可。2017年,国务院国资委领导一行到访中国诚通进行调研时,明确表示国有资本运营公司与国务院国资委是相辅相成、相互支持的关系。他们要求中国诚通做好国务院国资委的巧手和推手,建设好基金平台、股权平台、资管平台、金融平台。

中国诚通作为国有资本运营公司试点企业的选定者,开启了国有资本运营的新征程。它建立了包括"基金投资、股权管理、资产经营、金融服务"在内的四大平台(见图2-26)。在这些平台的支持下,中国诚通努力成为国有资本市场化运作的"巧手"和中央企业改革发展的"推手",积极服务于国家战略和供给侧结构性改革,并取得了显著的成效。

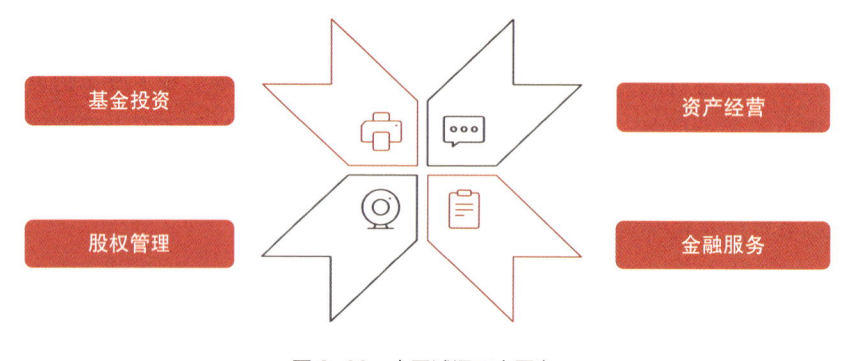

图2-26 中国诚通四大平台

资料来源:公开资料,明源不动产研究院整理。

在基金投资方面,中国诚通承担了两项国家级基金的主导、组建和运营管理任务,分别是"中国国有企业结构调整基金"和"中国国有企业混合所有制改革基金"。此外,中国诚通与中国工商银行合作设立了一只债转股基金,用于开展市场化债转股业务。这三只基金均向兄弟央企、地方国企和重要的头部民营企业进行了投资。例如，截至 2021 年 7 月，国调基金已签约 1 240 亿元，已完成交割 1 022 亿元，涉及 121 个项目。这些项目对央企的转型升级、结构调整、战略性新兴产业布局和国企改革发挥了推动作用，也取得了可观的投资回报。

此外，中国诚通积极布局战略性新兴产业，如芯片、5G、智能制造、高端医疗和医药等领域，不仅与央企和国企合作，还与市场领先企业展开合作，投资智能制造企业，例如海尔和工业富联，高端领域的中芯国际和大疆创新，以及服务升级领域的美团、京东物流和京东健康等。当一些重要的央企面临重大风险或困境时，基金还可以通过合规的投资手段提供支持，帮助其渡过难关，最终实现无风险退出。

在股权管理方面，中国诚通遵循国务院国资委的部署，积极参与一级央企股权多元化改革，有效管理持有的股份，同时对划入的央企上市公司股权进行有效的运营，以实现资产的保值增值。

在资产经营方面，2005—2015 年，中国诚通着重解决困难职工的安置、债务的处置、企业的关闭和转型等问题。然而，随着新时代的到来，资产经营的特点也发生了转变，不再是大规模解决职工安置问题，而是更多地关注盘活存量低效或无效资产。例如，2019 年由中国诚通牵头成立的国海海工资产管理公司，拥有众多世界领先的石油钻井平台，但随着油价下跌，这些平台暂时失去了价值。通过成立资产管理公司，这些优质资产得以有效盘活，实现了时间与空间的转换。当需求再次增加时，这些优质资产也将再次发挥作用。

在金融服务方面，中国诚通根据国资国企改革的需求和运营公司的能力，致力于为央企提供有效的金融服务，以支持央企产业集团发展实体经济。

2022 年初，基于之前的探索基础，中国诚通进一步明确了集团业务板块的定位——"4+1"，即四个资本运营平台，再加一个战略性新兴产业培育孵化平台。目前，中国诚通拥有的战略性新兴产业包括中国纸业、力神电池、诚通人力等企业。

综上所述，中国诚通在机构设置、制度建设等方面全面推进，为持续提升资本管控能力奠定了坚实基础。在持续的实践探索中，中国诚通总结出一套具有鲜明国有资本运营公司特色的理论框架，为央国企提供了众多可借鉴、可复制、可推广的经验范式，为"两类公司"从理论探索到政策要求、再到实践落地做出了显著贡献。

三、对标中国一流（中原豫资）：深耕"新车医数"，打造中部特色国有资本运营公司

中原豫资董事长秦建斌表示："科技变量要转化为产业增量，离不开金融资本的引导作用。"近年来，中原豫资抢抓政策机遇、紧跟市场趋势，坚持产业链思维和产业环节定位的核心导向，在服务河南省科技创新和产业发展的过程中积累了丰富的资本运作策略和强大的资本招商能力，开创了一条具有"豫资特色"的国有资本运营公司之路，为其他国企提供了宝贵的经验借鉴。

1. 产权为本，资本为源，聚焦国有资本运作

平台公司是区域国资运营的操作主体，承担着本地区国有资本配置、产业优化升级和重大开发建设等任务。作为手握大量优质存量资产（截至 2023 年末资产规模达 3 478.87 亿元）的国有资本运营公司，中原豫资始终坚持国有资产保值增值和布局优化结构调整的主线。

多元化金融工具箱突出金融"活"，确保区域高质量发展后劲不衰。作为中原豫资的核心子公司，中豫资本积极运用保理租赁、供应链金融、产权交易等手段，化解债务违约风险；中豫担保通过融资性担保、金融类担保和履约类担保等服务手段，为企业提供投融资服务；中豫信增给债权上保险、信用加砝码，提高 AA 及以上等级信用主体的发债能力，有效填补中原地区信用增进工具的空白。同时，中原豫资不断开拓金融业务范围，在银行、保险、财务公司等金融领域积极探索，通过深化金融创新来打造综合性金融服务机构，大力践行金融服务实体经济的使命任务；依托省、市、县三级产权关系和资本纽带，中原豫资通过三级平台联动与资本协同，集成"政策＋通道"和"资产＋工具"

的双轮驱动，提升资产市场化效率，形成存量资产和新增投资的良性循环。除此之外，中原豫资秉承互利共赢、开放合作的理念，不断深化与各大金融机构的战略合作关系，持续扩大金融"朋友圈"，逐步构建"全覆盖"的融资格局。

立体化基金矩阵突出资本"强"，确保发展新质生产力动力不竭。聚焦产业链群打造和集聚化发展，中原豫资打造了全方位、立体化的"基金矩阵"，不断壮大基金规模、提升管理能力、优化运作水平，充分发挥基金引领撬动作用。中原豫资累计参与设立、管理母子基金 60 余只，合计规模超 1 300 亿元，先后入选清科研究中心"2023 年中国股权投资市场机构有限合伙人 50 强"、母基金研究中心"2023 省级政府引导基金最佳风控 TOP30"等多项榜单；投资项目超 300 个，总规模 276.48 亿元；已投项目中 60% 以上为高新技术企业，涉及信息技术、先进计算、新能源及生物医药等大部分战略性新兴产业，助力中原豫资产业投资"模式更活、布局更全、生态更优"。

2. 深耕"新车医数"四大赛道，助力河南省建设现代化产业体系

作为省级国有资本运营公司，中原豫资按照河南省委省政府的要求，确定了以科技创新和产业投资为主体、以金融服务和基金矩阵为两翼的"一体两翼"总体战略，明确了省级国有资本运营主平台、科技创新的助推器、战略性新兴产业投资的先行军及金融服务工具箱四个定位，围绕全省"7+28"产业链群，重点突出新材料、新能源及网联汽车、生物医药、数字化转型等"新车医数"四个方向，以资本引导助力延链、补链、强链，通过资源整合、资本导入、引入战投，多措并举，做大、做强河南省新材料投资集团、河南省汽车产业投资集团、豫健生物医药集团三个省级产业平台；按照"平台＋基金＋研究院＋产业联盟"的思路，联合朴宏资本、复健资本等产业资本方，围绕"新车医数"联合设立专项基金，发挥新材料产业联盟、新能源汽车产业联盟、现代医药产业联盟桥梁和纽带作用，形成协同发展的强大合力。

除了不断修炼内功，中原豫资也十分注重产业"朋友圈"的搭建。目前，中原豫资已与中国科学院、清华大学、复旦大学等科研院所、高校开展深度合作，构建了"科技成果转化项目承接＋技术论证＋基金投资＋孵化赋能"的合

作机制，以赋能型科技服务提供科技转化孵化支撑；其探索"需求牵引、示范应用"的资本招商模式，创建了一个由中国国新、IDG 资本等知名机构组成的产业投资"朋友圈"，建立连接"北上广成"重点地区的窗口单位，通过引进和培育并重的资本吸引措施，突破产业发展的资源瓶颈。

在高效的运作模式下，多个领域成效渐显。以河南省汽车产业投资集团为例，短短一年时间，成功设立新能源汽车产业基金，推动造车新势力盒子汽车落地郑州；加入河南省新能源汽车产业链推进专班，配合河南省发展和改革委员会研究制定河南省新能源汽车产业链行动方案；还对标学习张江、深圳、苏州、合肥，携手上汽集团建设上汽资产河南总部基地产业园，率先迈出了河南省汽车产业资源整合和格局重构的有力步伐，有力促进了河南省新能源及智能网联汽车产业的提质升级和转型发展。

3. 数字赋能，疏通国有资本投资血脉

随着信息技术的迭代发展，数字经济作为国民经济新引擎的作用越发得以凸显，成为新产业、新业态的代表。在此过程中，各行各业的数字化转型都进入了深水区，从数字化迈入了智能化的新航道。在推动转型发展和服务产业投资的过程中，中原豫资十分重视数字化手段的整合运用。对中原豫资而言，数字化转型是前沿赛道，更是动力引擎。目前，中原豫资围绕业务、财务、管理、监管四个中心打造数据平台，加速传统业务数字化转型，利用软件再定义行业，横向打通产业壁垒，旨在实现全周期的投资闭环管理、全过程的风险管控、全方位的资产收益提升。

（1）全周期的投资闭环、保证投资目标兑现

中原豫资更加关注资产回报率和资产估值，所以其数字化转型的第一个目标是实现全生命周期下对投资的全闭环管理，基于项目全周期，打通投前、投后环节，通过数字化手段实现对某一个项目全方位、全层次、全要素的投资分析，保证投资目标能够兑现。

为达到上述目标、积极应对挑战、主动实现转型升级，中原豫资携手明源云共同打造了一体化资产运营管理平台，合力建设数字化中原豫资。以资产管

理大屏的主屏为例，屏幕分两个维度展示：一是按投资进度分析、投资情况总览、资产总额分析、项目位置分布来展示总览数；二是按园区功能性质分类划分展示，分为保障住房类、商业物业类、产业园区类、生态小镇类、振兴乡村类、豫天新能源共计六大类，通过全产业链覆盖的管理提升公司在产业投资及运营方面的整体竞争力。

（2）全过程的风险管控，有效控制风险发生

中原豫资对风险管理的要求是"防火式管理"，所以其数字化转型的第二个目标是构建完整的风险评估机制，通过数字化手段实现事前、事中及事后的全过程风险预警，并针对每个风险制定相应的防控策略，从而提升中原豫资抵御风险的能力。

（3）全方位的资产收益提升，实现资产保值增值

对于中原豫资来说，不管是成本管控，还是经营管理，核心都是为了提升资产收益，所以其数字化转型的第三个目标是通过数字化赋能资源的盘清、资产的盘活、资本的增值、资金的退出，实现"四资"的良性循环，从而全面提升资产的收益率，实现国有资产的保值增值。

面向未来，中原豫资将始终围绕河南省委省政府数字化转型战略，以金融工具促进数字产业化和产业数字化，坚定不移地开展数据要素市场化探索工作。未来，中原豫资将深耕智慧城市、智慧医疗和盘活存量资产等领域，利用数字化运营方式吸引产业、留住产业、串联产业、赋能产业，支持河南省数字经济发展。

总之，中原豫资深耕四大产业赛道，"产业+资本"两手抓，聚焦国有资本运营，投资战略性新兴产业，推动经济结构调整和转型升级，建立了现代化产业体系。

金融创新作为国有资产的"腾飞翅膀"，可以帮助政府更有效地配置国有资本资源，通过投资运营的方式实现资本的增值和效益最大化。总的来说，"两类公司"作为国有资本最重要的实施主体，通过股权运作、基金投资、培育孵化、价值管理、有序进退等方式，发挥着金融资本配置作用，利用市场化赋能，盘活国有资产存量，引导和带动社会资本共同发展，实现国有资本合理流

动和保值增值，在推动国有资本专业化和市场化方面具有重要意义，对促进经济发展和提升国家竞争力具有积极作用。通过对前面案例的分析，国有企业在利用金融资源的过程中，应借鉴相关经验，提升资产配置和运营管理水平，以实现对金融资源的最大化利用，为促进国有经济的发展和健康运行做出更大的贡献。

第七节
数字化转型是底层驱动，推动企业构建新的发展动能

近年来，全球数字经济发展提速，逐渐成为影响世界竞争格局的关键力量，党的十八大以来，在中央对数字经济高瞻远瞩的部署下，国家出台了系列相关政策，将发展数字经济上升为国家战略，并已取得明显成效。在数字经济发展和经济结构转型的驱动下，数字化转型成为推动国资国企高质量发展的重要动力，在此过程中，被激活潜能的数据要素成为转型的关键条件，众多国有企业开始探索稳健可靠的数据实践，积极拥抱数据驱动型业务，努力在激烈的市场竞争中占据领先地位。

一、大力发展数字经济，推动数实深度融合

《中国数字经济发展研究报告（2023年）》显示，2022年，我国数字经济规模达到50.2万亿元，数字经济占GDP的比重达到了41.5%，产业数字化规模为41万亿元，数字产业规模达到9.2万亿元。在时代变革的背景下，通过发展数字经济，深化数字经济和实体经济的融合，对于提升产业竞争力、推进中国式现代化建设具有重要意义。

为了更好地发展数字经济，我们首先要准确地理解其内涵，数字经济是指通过数字技术与实体经济深度融合，重构经济发展与治理模式的新型经济形态，并由产业数字化、数字产业化这两大部分组成。产业数字化是指应用数字

技术和数据资源为传统产业带来产能提高和效率提升，实现传统产业的数字化改造。而数字产业化则依赖于数字技术创新，在重构的全球竞争格局中引发新变革、创造新机遇，同时为产业数字化提供技术、产品、服务、基础设施和解决方案等。

可见，产业数字化和数字产业化之间的关系应该是耦合、协调发展的。产业数字化为数字产业化提供了广阔应用市场，促进其升级迭代。而数字产业化通过现代信息技术、数据资源等为产业数字化赋能、赋智、提质、提效。

在了解了数字经济内涵的基础上，我们则需要进一步考虑如何具体推进数字经济建设。2023年2月，中共中央、国务院印发的《数字中国建设整体布局规划》（以下简称《规划》）给出了答案。与以往数字经济建设相关政策侧重于方向指引不同，《规划》系统地提出了布局框架，详细地铺排了关键举措，其指导价值不言而喻。我们将《规划》分成四个部分来看，其特点可以概括为理念高瞻、目标清晰、策略精准、保障全面。

首先是理念高瞻。数字中国的根本形态是整体的、系统的、协同的，如果用一个词来总结，那么应该是"融合化"，可以理解为数字经济和实体经济的"融合化"，是技术、产业、安全、治理等方面的"融合化"。

其次是目标清晰。在数字中国的形态被设定之后，《规划》中进一步提出了两个关键节点。第一，到2025年，围绕数字基础设施、数据资源规模、政务数字化、数字文化等方面，形成数字经济发展格局；第二，到2035年，数字化发展水平进入世界前列，数字中国建设取得重大成就。

再次是策略精准。在数字中国建设中，以"2522"来排兵布阵。其一是"两大基础"，强调了夯实数字基础设施和数据资源体系；其二是"五位一体"，表明了要推动经济、政治、文化、社会、生态文明建设与数字技术"五位一体"深度融合；其三是"两大能力"，突出了强化数字技术创新体系和数字安全屏障建设；其四是"两个环境"，剖析了优化数字化发展国内、国际两个环境的特征。

最后是保障全面。《规划》中提到的相关保障措施，目标明确、强调落实，通过加强组织领导、健全体制机制、保障资金投入、强化人才支撑、营造良好氛围这五大举措来为《规划》的执行保驾护航。

以《规划》为代表，我们看到了中央对数字中国建设的系统部署，上有高瞻远瞩的建设理念，中有清晰明确的发展目标和精准有效的策略布置，下有全面系统的保障支持，这为数字中国建设指明了方向，也开辟了道路。

二、深化数字化转型，培育国资国企新动能

数字经济建设体现在具体的内容和场景中，可以总结为四大方向：政务一张网，产业一条链，云上一座城，美好生活一幅图。

第一，构建政务一张网。例如，浙江省围绕政府治理体系现代化，持续深化"互联网+政务服务"，创新服务模式。以数字化转型为抓手，浙江省重塑了政府治理的体制机制与组织流程，构建起"网上一站办、大厅就近办、办事更便捷"的"一网通办"的浙江模式，形成了"数据多跑路、群众少跑腿"的良好局面。

第二，构建产业一条链。例如，处于长江经济带交汇区域的江苏省，是全国产业链的重要枢纽，其借助数字化转型强化产业发展支撑水平，推动产业链"强链、补链、延链"。在"强链"方面，江苏省聚焦16个先进制造业集群和50条产业链，不断巩固其综合竞争优势；在"补链"方面，江苏省通过打通堵点、接通断点，打造一批具有核心竞争力的专精企业；在"延链"方面，江苏省通过优化产业链结构，推动重点产业链向上下游延伸，形成新的增长动能。

第三，构建云上一座城。随着城市化进程加快，传统城市管理方式已不符合现代城市发展需求。住房和城乡建设部等多部门联合推进城市信息模型、建筑信息模型等技术的应用，将数字技术与城市规划、建设、管理相结合，诸多数字技术成为构建智慧城市的新引擎，加速实现城市物理空间的全面数字化。

第四，构建美好生活一幅图。数字技术的发展与应用为我们的生活带来了更多的美好与便利，例如，车路协同技术可以实现对交通情况的实时监测，帮助我们规避交通拥堵和危险路段；智能管网技术为我们带来了更加稳定、高效、安全的供水和排水服务；智能家居系统帮助我们实现家居设备的智能化管

理和自动化控制；等等。

在大力推动数字经济建设的背景下，数字化转型成为事关国资国企长远、全局发展的重大战略，是构建国资国企未来战略新优势的关键之举。以上数字经济建设的四大方向对应着国资国企数字化转型要实现的数字政务、数字产业、数字城市、数字社会等具体内容，可见，国资国企在数字经济建设过程中大有可为。

具体来看，如何推动国资国企的数字化转型？我们将多年的管理经验沉淀在一幅国资国企数字化业务蓝图上（见图 2-27），供大家参考。该蓝图体现了三大优势：一是"云上一座城"，结合 BIM、GIS（地理信息系统）等技术，可视化呈现片区开发及运营规划，实现智慧管理与经营；二是"产运双循环"，基于国资国企"投、融、建、管、营"发展模式，拉通不动产投资建设与产业投资运营，实现双循环的在线化管理；三是"信创国产化"，通过全面国产化，确保数据安全、经营安全。

数字化转型的科学实施将为国资国企带来诸多价值，培育新质生产力。例如，加速国资国企市场化转型，助力产业优化升级；推动纵向贯通的高效能产业链构建，提升企业规划建设管理能力；驱动行业变革，提升国有资产整合管理能力；夯实风控体系，增强国有资产监督管理能力。

三、打造数据管理闭环，创造数据资产价值

在数字经济建设的过程中，通过真实世界在虚拟世界的不断映射，可以形成数字孪生并产生大量数据，我国也逐渐加强了对这些数据的治理与应用。2019 年，中共十九届四中全会首次将"数据"增列为一种生产要素，并在后续出台的政策与举措中不断确立数据要素的市场地位，构建数据基础制度体系，推动数据资产入表，逐渐形成数据资源发展生态。

例如，2022 年 12 月发布的《中共中央 国务院关于构建数据基础制度更好发挥数据要素作用的意见》对数据制度体系进行了一次系统性的布局，针对数据的产权制度、流通交易、收益分配、安全治理等方面，全方位地进行了数据

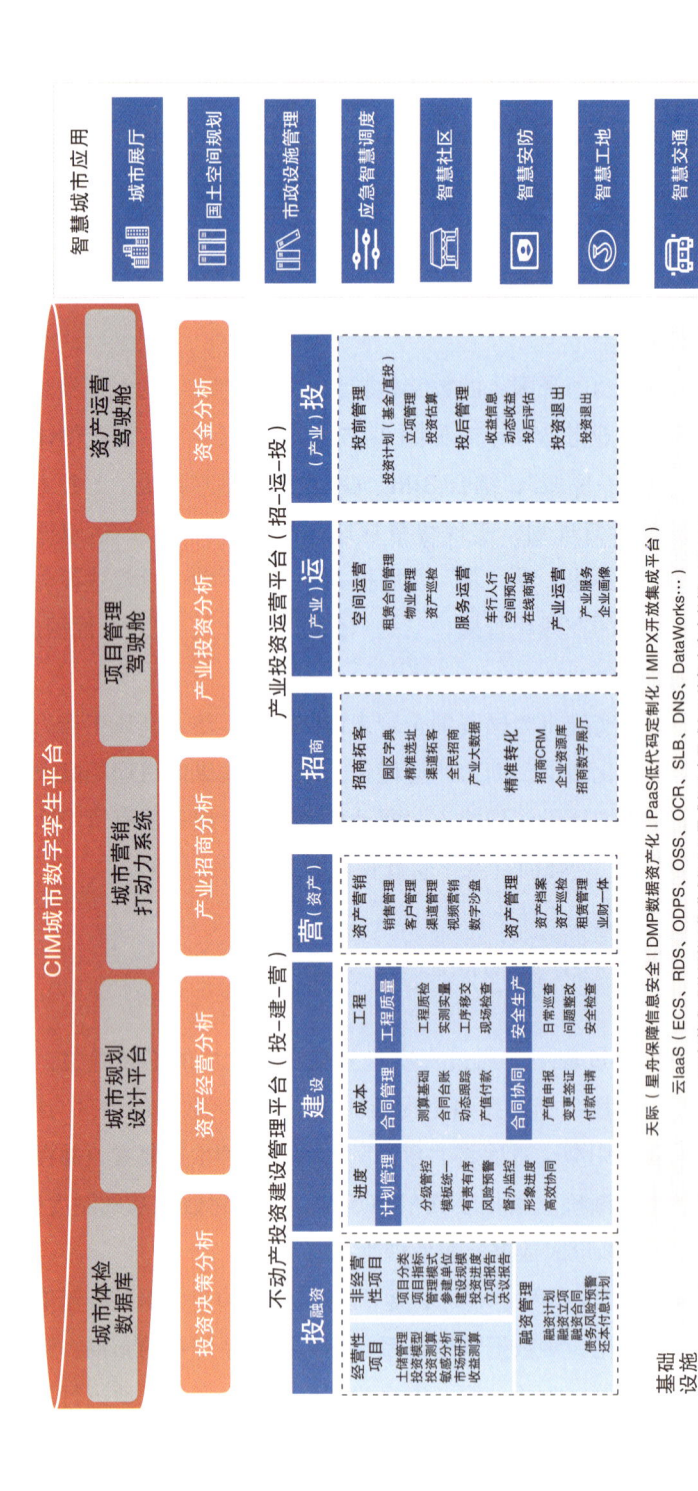

图 2-27　国资国企数字化业务蓝图

资料来源：明源不动产研究院制图。

治理的决策部署。为了进一步推动数据资源的应用，规范企业数据资源相关会计处理，强化相关会计信息披露，2023年8月财政部印发了《企业数据资源相关会计处理暂行规定》，按照会计上的经济利益实现方式，根据企业使用、对客服务、日常持有、计划出售等不同业务模式，明确了相关会计处理适用的准则。

企业通过对数据资源的治理，将为其自身创造巨大的价值：一方面是将数据转化为数据资产后，企业可获得资产收益；另一方面是以数据的多元化应用，为企业发展注入新的动能而产生的业务收益。

在资产收益方面，企业通常要经历六个数据资产挖掘阶段，以持续实现数据的价值化。

第一阶段是原始数据的积累与保存。该阶段需要将不同来源的数据进行收集和整合，储存在数据库或数据池中，数据积累保存的关键是建立高效的数据采集和存储系统，确保数据的完整性、可靠性、可持续性和可访问性。

第二阶段是通过数据应用服务，实现数据产品化。在这个阶段，数据被加工成为可用于解决特定问题或满足特定需求的产品及服务，并通过数据分析、数据可视化、学习模型等技术的应用，提取数据中的价值信息并转化为实际可行的解决方案。

第三阶段是实现数据资产评估入表、纳统，实现数据资产化。通过对数据资产进行评估和管理，将其纳入统计体系，以实现数据资产的价值最大化。这涉及建立数据资产管理平台、开展数据资产评估和审计等工作，以确保数据资产的合规性和有效性。

第四阶段是通过数据交易，实现数据商品化。该阶段意味着已经将数据赋予了可交易的价值，形成了数据交易市场，于是建立透明、安全、可信赖的数据交易机制就变得尤为重要，这可以促进数据的自由流动和合理交换。

第五阶段是完成数据资产债券融资，实现数据金融化。其核心是将数据资产作为债券进行融资以获取资金，支持企业发展，促进该阶段形成的关键在于数据资产评估和风险管理机制的建立，以确保投资者的利益和数据资产的安全性。

第六阶段是完成数据股权投资，实现数据证券化。该阶段意味着将数据资产作为股权进行投资以实现数据资产的流动和价值增值，促进该阶段形成的关键在于建立有效的数据交易市场，吸引更多投资者参与，从而推动数据资产的价值实现和创新发展。

综上所述，通过六个阶段的数据资产挖掘，企业可以实现将数据从资源到资产的转变，进而将数据资产价值最大化地发挥出来。

在业务收益方面，数据资源可以为企业带来的作用和利益是长期性的，数据的沉淀不仅可以形成企业资源集中的平台，还会为企业经营带来实质性价值。其中，最直接的就是业务提效，通过数字赋能和数据驱动，为一线工作提供更便利的生产工具，提升生产效率；再者是经营分析，企业管理人员通过对核心指标的数据分析，判断业务运行情况，为科学决策提供依据；最后进一步通过内部数据与外部数据的串联，企业可建立起产业链上下游的数据应用体系，以数据推动产业生态的发展。

我国已全面开展数字经济建设工作，促进数字经济与实体经济深度融合，推动智慧城市建设。国有企业作为国民经济的顶梁柱，更要紧抓数字化转型的重要机遇，明确发展目标，将数字化转型视为企业长远发展的必修课，为高质量发展注入根本动力。

本章小结

在新时代、新征程中，国有企业继续承担着极为重要的使命，为了扛起时代的重任，国有企业需要具备更多综合的能力和优势，具体来看有七方面的内容。其一，通过深化改革，调整体制机制，创新思维方式和管理理念，提高管理水平和市场竞争力，更好地服务国家战略。其二，通过管理土地资源，引导经济结构调整，促进土地资源的高效利用，推动产业升级和可持续发展。其三，抓住住房"双轨制"的未来发展趋势，灵活应对住房供需关系的变化，积极探索住房资源合理的配置与利用方式，为人民创造安居乐业的环境。其四，转变发展思维，构建现代化的产业体系，实现经济的可持续增长，为全社会创造更多的就业机会和财富。其五，全面运用城市配套服务资源，推动城市治理的现代化和精细化，拓展国有企业多元化收入，为城市的可持续发展做出贡献。其六，充分进行金融创新，释放资本活力，实现资源整合和资产价值最大化。其七，推动数字化转型，激活数据要素潜能，为企业的可持续发展提供有力支撑。综上所述，国有企业应不断提升自身核心能力，积极应对各类挑战，为中国经济的长期繁荣甚至全球治理体系的改革做出更大贡献。

第三章

搭建系统化资产管理体系,打造三资盘活顶层设计

国有企业作为我国经济的顶梁柱，推动国有企业的资源、资产、资金"三资"盘活，是发挥社会主义市场经济体制优势的重要体现，是深化国资国企改革，做强、做优、做大国有资本和国有企业，建设现代新国企的必由之路。

党的十九大以来，各地国企的专业整合、重组在持续进行。重组后的企业，首先是资产规模、员工规模、下属单位"量"的激增。长期以来，国企对于手中不动产资源、资产和资金的管理多陷入"重实物管理，轻价值管理"的误区，这是造成资产低利用率、低效益的重要原因之一。在资产评估方面，国有资产也多以成本价体现在财务报表中，亟待进行价值重估，国企"三资"正面临实现质的突破的难题。因此，国资国企能否具备优秀的资产管理能力，能否体系化打造优质资产，能否获得资本市场的认可，就显得尤为重要。

然而，资产管理是一项体系化工程，我们需要洞察央国企资产盘活面临的问题。只有从科学的顶层设计到战略升级、思维重塑、组织支撑等维度层层递进，才能构建全面的资产管理体系。

第一节
国有资产现状："家底"相对殷实，构筑国家经济发展基础

国有资产作为我国经济的重要基石，其支撑作用体现在多个方面，对于推动经济发展、维护社会稳定具有不可替代的作用。

首先，国有资产在引领产业发展方面发挥着关键作用。通过优化国有资产的布局和结构，国家能够引导资金流向关键领域和核心产业，推动产业升级和转型。同时，国有企业通过技术创新和产业升级，能够带动整个产业链的发展，提升我国在全球产业链中的地位。

其次，国有资产在维护国家经济安全方面发挥着重要作用。在关系国家安全、国民经济命脉的重要行业和关键领域，国有资产占据主导地位，能够抵御外部经济风险和挑战，保障国家经济的平稳运行，特别是在面对国际经济环境的不确定性时，国有资产的稳定作用更加凸显。

最后，国有资产在提供公共服务和保障民生方面也发挥着重要作用。国有企业在供水、供电、供热、公共交通等公共服务领域承担着重要职责，为人民群众提供了便捷、高效的服务。同时，国有企业还积极参与公益、教育、医疗等民生工程，为改善人民生活水平做出了积极贡献。国有企业作为我国经济的重要力量，为社会提供了大量的就业机会，缓解了就业压力。同时，国有企业的稳定发展也为社会稳定提供了有力保障。

一、四类国有资产构成国有资产体系，资产规模、结构、效益稳步提升

我国的国有资产主要包括四大类，分别是企业国有资产（不含金融企业）、金融企业国有资产、行政事业性国有资产和国有自然资源资产（见表3-1）。

企业国有资产（不含金融企业）主要是指全国范围内的各类国有企业的资产，这些资产包括企业的设备、生产线、房产、知识产权等所有有价值的资源。它们为国家的经济建设和社会发展提供了重要的物质基础。

金融企业国有资产是指国家在金融领域所拥有的资产，例如国有银行、保险公司、证券公司等金融机构的股权和资产。这些资产对于维护国家金融稳定、促进经济发展起到了至关重要的作用。

行政事业性国有资产是指国家机关、事业单位和社会团体占有、使用的，依法确认为国家所有，能以货币计量的各种经济资源的总称。这些资产包括政府的办公设施、公共基础设施、文化教育资源等，对于保障政府运转、提供公共服务具有重要意义。

国有自然资源资产是指国家拥有的土地、矿藏、水流、森林、山岭、草原、荒地、滩涂等自然资源。这些资源是国家的宝贵财富，对于维护国家经济安全、实现可持续发展具有不可替代的作用。

表 3-1 四类国有资产相关内容

类型	定义	主管部门	管理内容	出处及法规
企业国有资产（不含金融企业）	全国范围内的各类国有企业的资产，这些资产包括企业的设备、生产线、房产、知识产权等所有有价值的资源。它们为国家经济建设和社会发展提供了重要的物质基础	国有资产监督管理机构是代表国务院履行出资人职责、负责监督管理企业国有资产的直属特设机构。省、自治区、直辖市人民政府国有资产监督管理机构，地级市（含设区的市）、自治州级人民政府国有资产监督管理机构是代表本级政府出资人职责，负责监督管理企业国有资产的直属特设机构	国有资产监督管理机构依照国有资产有关规定，负责企业国有资产的产权界定、产权登记、资产评估监管、清产核资、资产统计、综合评价等基础管理工作	《中华人民共和国企业国有资产法》（自2009年5月1日起施行）、《企业国有资产监督管理暂行条例》（2019年3月2日第二次修订）
金融企业国有资产	国家在金融领域所拥有的资产，例如国有银行、保险公司，证券公司等金融机构的股权和投资。这些资产对于维护国家金融稳定、促进经济发展起到了至关重要的作用	金融企业的国有资产管理职能由财政部承担。按照统一政策、分级管理的原则，县级以上人民政府财政部门对本级金融企业国有资产进行监督管理	主要是地方金融类企业国有资产的清产核资，金融企业国有资本权属界定和企业国有资本登记、统计、分析、国有资产评估，国有产权变动及国有股权管理等事项	《金融企业国有资产评估监督管理暂行办法》（财政部令第47号，自2008年1月1日起施行）、《金融企业国有资产转让管理办法》（财政部令第54号，自2009年5月1日起施行）

第三章 搭建系统化资产管理体系，打造三资盘活顶层设计

(续表)

类型	定义	主管部门	管理内容	出处及法规
行政事业性国有资产	国家机关、事业单位和社会团体占有、使用的，依法确认为国家所有，能以货币计量的各种经济资源的总称。这些资产包括行政事业单位的办公设施、公共基础设施、文化教育资源等，对于保障政府运转、提供公共服务具有重要意义	责任管理部门主要是财政部门、行政单位、事业单位，各级财政部门及事业行政单位国有资产管理职能部门，对行政事业单位的国有资产实施综合管理，行政事业单位负责对本单位占有、使用的国有资产实施具体管理，事业主管部门负责对本部门所属事业单位的国有资产实施监督管理	行政事业单位国有资产管理的内容包括：资产配置、资产使用、资产处置、资产评估、资产权界定、产权纠纷调处、产权登记、资产清查、资产统计报告和监督检查等公共基础设施等行政事业性国有资产的管理维护和定期性国有资产日常管理维护和定期要是日常管理维护和定期统计报告	《行政单位国有资产管理暂行办法》（财政部令第35号，自2006年7月1日起施行，2017年修订）、《事业单位国有资产管理暂行办法》（财政部令第36号，自2006年7月1日起施行，2019年修订）
国有自然资源资产	国家拥有的土地、矿藏、森林、山岭、草原、水流、滩涂等自然资源。这些资源是国家经济安全、对于维护国家经济安全、实现可持续发展具有不可替代的作用	主管部门主要是自然资源部、各省、市、县自然资源、国土自然资源，国土、林业、地质、海洋等主管部门对本级、本部门所属自然资源实施管理	主管部门履行全民所有土地、矿藏、森林、草原、湿地、水流等自然资源资产所有者职责和所有国土空间用途管制职责，负责自然资源调查监测评价，统一确权登记、使用，开发、规划、修复等工作	《中华人民共和国宪法》（1982年颁布，2018年等五次修订）、自然资源部相关政策等

资料来源：公开资料，明源不动产研究院整理。

148　国企三资盘活

《国务院关于 2022 年度国有资产管理情况的综合报告》显示，2022 年，全国国有企业资产总额为 339.5 万亿元，金融企业资产总额为 400.9 万亿元，行政事业性国有资产总额为 59.8 万亿元。国有资产的积累，得益于我国经济长期稳定的发展。

此外，我国还有大量的国有土地、耕地、林地、草地、湿地、海域、水资源等自然资源，与上述三类国有资产共同构成了我国政府的重要物质基础。

近年来，我国国有资产规模持续扩大，结构不断优化，经营效益稳步提升。具体表现在以下几个方面。

资产规模稳步增长。在规模方面，国有资产持续保持增长态势。通过深化国有企业改革，优化国有资源配置，国有资产总额不断攀升，为国家的经济建设提供了强大的物质基础。这种增长不仅体现在历史总量的增加上，接下来也将在结构和质量上有所体现，国有资产未来会更多地投向关键领域和核心产业，为我国经济的转型升级提供有力支撑。

结构调整取得积极进展。在结构方面，国有资产得到逐步优化。过去，国有资产主要集中在传统行业，如钢铁、煤炭行业等。然而，随着经济的发展和技术的进步，这些行业逐渐面临产能过剩、效率低下等问题。为此，国家加大了对新兴产业的投资力度，推动国有资产向高新技术产业、绿色产业等领域转移。这种结构性的调整，不仅提高了国有资产的使用效率，也促进了我国经济的可持续发展。

社会效益显著提升，经济效益尚有较大提升空间。一方面，国有企业在保障国家经济安全、提供公共服务、促进就业等方面发挥了重要作用，许多国有企业已经成为行业的领军企业，为社会的和谐稳定做出了积极贡献。另一方面，国有企业正积极地开展技术创新、管理创新，旨在提高生产效率和产品质量；通过引入市场竞争机制、加强内部管理等方式，让国有企业的市场竞争力不断增强。

综上所述，我国国有资产的发展呈现出稳步向好的态势，对经济的支撑作用日益凸显。然而，我们也应清醒地认识到国有资产发展面临的挑战和问题。只有不断深化改革、加强监管、推进创新，才能充分发挥国有资产在经济发展中的重要作用，推动我国经济实现高质量发展。

二、国企资产管理逐步走向规范化、专业化、精益化、重价值管理

实际上，我国国有资产管理体制改革的进程，伴随了计划经济体制向社会主义市场经济体制转轨的全过程，主要经历了三个阶段（见图3-1）。

1. 初步建立与探索阶段（改革开放初期至20世纪90年代）

1949年新中国成立以后，我国主要实行计划经济制度，国有资产的所有权、占有权、支配权甚至使用权都集中在整个社会的统一管理者——国家的手中，这种高度集中的管理方式是当时国有资产管理最鲜明的特征。在国有资产管理方面形成了"国家所有、分级管理"的体制。从产权性质上，国有资产属于全体人民；从管理责任上，国有资产由中央和地方政府分级管理；从归口管理上，财政部门负责统筹调配财政资金，机关事务管理部门负责制定相关规章制度和监督检查，其他部门结合实际情况制定各自系统内的国有资产管理办法。

1978年改革开放初期，我国的国有企业资产管理开始起步，这一时期的特点主要表现为对国有资产管理的初步探索，大致可以分为三个步骤。

第一步：实行放权让利。自1979年起，国务院推行了一系列"扩权"与"让利"的政策，旨在赋予国有企业更广泛的经营自主权。1983年和1984年，我国更是迈出了"利改税"的两大步，部分企业的利润以税收形式回归国家财政，这为国企发展注入了新活力。

第二步：所有权与经营权及政企职责初步分离。自1984年起，我国以中共十二届三中全会通过的《中共中央关于经济体制改革的决定》为指引，明确了企业所有权与经营权适度分离、政企职责分开的原则，由此，承包经营责任制、租赁经营责任制、资产经营责任制等多种经济模式应运而生，以"两权分离"和"政企分开"为特征的多种经营方式，为国企发展提供了更为灵活多样的路径。

1978年改革开放初期

国有企业资产管理的初步探索

- 第一步：实行放权让利
- 第二步：所有权与经营权及政企职责初步分离
- 第三步：迈入产权制度改革阶段

1988年至1990年

国家国有资产管理局成立初期，主要聚焦于机构建设、人员配备、专职从事国有资产管理，但尚未明确划分国家在社会管理者与国有资本所有者两种角色中的不同定位

1991年至1995年

初步形成"两个系统""三个层次""四个体系"的国有资产管理体系

1996年至2002年

进一步明确构建符合社会主义市场经济体制要求的、权责明确的国有资产管理、监督和营运体系的目标。国有资产管理体系的建立与现代企业制度的实施成为重点，标志着国有企业资产管理政企分开的所有者与经营者产权阶段

2002年

中共十六大召开，提出了我国国有资产管理体制改革方向，即充分发挥中央和地方两个积极性，中央和地方政府分别代表国家对国有资产行使出资人职责，并且同时享有所有权权益，建立权利、义务和责任三者相统一，管资产和管人、管事相结合的新型国有资产管理体制

2003年4月

国务院国资委正式成立，其代表国家对国有资产行使出资人职责，对国有资产进行监管，国务院国资委的成立使国有资产管理更加专业化、规范化，为资产的保值增值提供了有力保障

2017年12月

国务院向全国人大常委会报告国有资产管理情况制度正式确立，这是新中国成立以来国务院首次向全国人大常委会报告国有资产管理情况，也是国有资产"家底"首次在全国人民面前亮相

2019年5月

《十三届全国人大常委会贯彻落实〈中共中央关于建立国务院向全国人大常委会报告国有资产管理情况制度的意见〉五年规划（2018—2022）》发布，提出要完善报表和评价指标体系

2022年

从2022年开始，相关政策体系逐步深化完善。自《国务院办公厅关于进一步盘活存量资产扩大有效投资的意见》（国办发〔2022〕19号）出台以来，相关部委多项重要政策也陆续出台，存量资产盘活逐步进入深水区

初步建立与探索阶段（改革开放初期至20世纪90年代）

规范化与法制化阶段（20世纪90年代至21世纪初）

转型升级与高质量发展阶段（21世纪初至今）

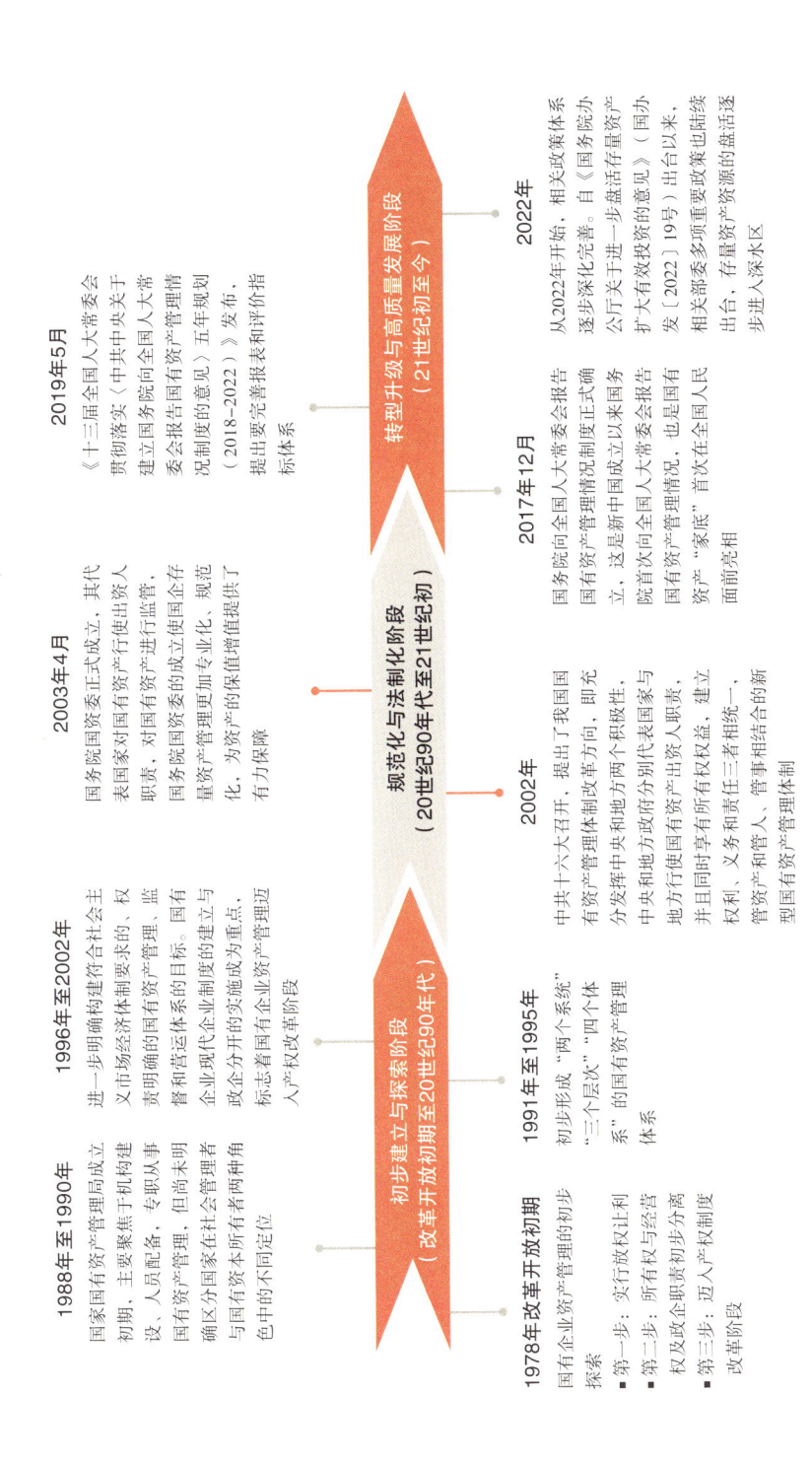

图 3-1 我国国有资产管理体制改革的进程

资料来源：公开资料，明源不动产研究院整理。

第三步：迈入产权制度改革阶段。20世纪80年代，随着股份公司、企业集团等新型企业形式的涌现，企业间的转让、拍卖、收购、合并、兼并等活动日益增多。为了更有效地管理国有资本的所有权，1988年我国政府实行机构改革，国务院设立国家国有资产管理局，行使国家赋予的对国有资产所有者的代表权、监督管理权、国家投资和收益权、资产处置权，开启了国有资产管理的新篇章。

国家国有资产管理局成立初期（1988年至1990年），主要聚焦于机构建设、人员配备，专职从事国有资产管理，但尚未明确区分国家在社会管理者与国有资本所有者两种角色中的不同定位。

随后的1991年至1995年，我国初步形成"两个系统""三个层次""四个体系"的国有资产管理体系。这一体系涵盖了国有资产行政管理监督和资本经营管理两个系统；形成了从各级政府下设专职的国有资产管理部门，国有资产管理部门下设中介性国有产权经营机构和国有资本投入的企业的三个层次；建立了包括国有资产基础管理、经营效益评价、产权转让市场和立法监督在内的四个体系。

1996年至2002年，我国以政府机构改革和职能转变为契机，进一步明确了构建符合社会主义市场经济体制要求的、权责明确的国有资产管理、监督和营运体系的目标。这一时期，国有企业现代企业制度的建立与政企分开的实施成为重点，标志着国有企业资产管理迈入产权改革阶段。1998年，国家再次实行大规模机构改革，国家国有资产管理局被撤销，划入财政部并由其进行管理，主要职能为承担经营性国有资产管理，中央国家机关国有资产管理由国务院机关事务管理局负责，资源性国有资产管理由原国土资源部负责，国有企业管理职责得到重新划分。

2. 规范化与法治化阶段（20世纪90年代至21世纪初）

随着市场经济体制的不断完善，国有企业资产管理进入了规范化与法制化的新阶段。这一阶段的特点主要表现为资产管理制度的建立健全和法制化管理的加强。

2002年，中共十六大召开，提出了我国国有资产管理体制改革方向，即充分发挥中央和地方两个积极性，中央和地方政府分别代表国家与地方行使国有资产出资人职责，并且同时享有所有权权益，建立权利、义务和责任三者相统一，管资产和管人、管事相结合的新型国有资产管理体制。2003年4月，国务院国资委正式成立，标志着我国国有资产管理体制的重大变革，其代表国家对国有资产行使出资人职责，对国有资产进行监管，国务院国资委的成立使国企存量资产管理更加专业化、规范化，为资产的保值增值提供了有力保障。此后，全国各省相继成立了国有资产管理机构，通过逐级授权方式明确各级政府对国有资产的管理范围及所辖国有资产的管理权和处置权，这标志着我国国有资产管理体制进入了又一个新的发展阶段。

在这一阶段，国家出台了一系列政策措施，以推动国企资产管理的全面改革。例如，鼓励国企引入战略投资者，实现产权多元化；推动国企上市融资，扩大资本规模；加强同国际先进企业的合作与交流，引进先进的管理理念和技术手段等。这些举措为国企资产管理注入了新的活力。

3. 转型升级与高质量发展阶段（21世纪初至今）

自党的十八大以来，针对国有资产管理体制中政企不分、监督机制不完善的问题，党中央提出了建立健全国有资产法律制度的战略目标任务，要求以管资本为核心，加强国有资产监管力度，深化国有资本授权经营体制改革，同时推动国有资产监管机构职能转变。2017年12月，国务院向全国人大常委会报告国有资产管理情况制度正式确立，进一步增强了国有资产管理的公开透明度和公信力。这是新中国成立以来国务院首次向全国人大常委会报告国有资产管理情况，也是国有资产"家底"首次在全国人民面前亮相。

首先是明确报告方式，采取综合报告和专项报告相结合的方式。综合报告全面反映各类国有资产基本情况，专项报告分别反映企业国有资产（不含金融企业）、金融企业国有资产、行政事业性国有资产、国有自然资源资产等国有资产管理情况。各类国有资产报告要汇总反映全国整体情况。其次是突出报告重点，根据各类国有资产性质和管理目标，确定各类国有资产管理情况报告重点。

企业国有资产（不含金融企业）、金融企业国有资产报告的重点是：总体资产负债，国有资本投向、布局和风险控制，国有企业改革，国有资产监管，国有资产处置和收益分配，境外投资形成的资产，企业高级管理人员薪酬等情况。

行政事业性国有资产报告的重点是：资产负债总量，相关管理制度建立和实施，资产配置、使用、处置和效益，推进管理体制机制改革等情况。

国有自然资源资产报告的重点是：自然资源总量，优化国土空间开发格局、改善生态环境质量、推进生态文明建设等相关重大制度建设，自然资源保护与利用等情况。

除此之外，国务院对报告质量也做了明确要求，要采取有力措施，科学、准确、及时掌握境内外国有资产基本情况，切实摸清家底；要建立健全全国各类国有资产管理报告制度，依法明确和规范报告范围、分类、标准；要按照国家统一的会计制度规范国有资产会计处理，制定和完善相关统计制度；并且组织开展国有资产清查核实和评估确认，统一方法、统一要求，建立全口径国有资产数据库；建立全口径国有资产信息共享平台，实现相关部门单位互联互通，全面完整反映各类国有资产配置、使用、处置和效益等基本情况。

此后，《十三届全国人大常委会贯彻落实〈中共中央关于建立国务院向全国人大常委会报告国有资产管理情况制度的意见〉五年规划（2018—2022）》对外公布，旨在稳步有序推进国有资产管理情况报告和审议监督工作，增强工作的规范性和引导性，其中提出要完善报表和评价指标体系，一是研究建立全口径国有资产报表体系，二是健全完善政府国有资产管理评价指标体系。五年来，国有资产报告制度体系在贯彻落实过程中不断健全，推动了"阳光国资""阳光央企"的打造，增加了国有资产管理公开透明度，提升了国有资产管理公信力。

国有资产报告制度把企业国有资产摆到台面上，对于深化国企改革既是一种压力，也是一种动力。对国有资产进行全面清查，不仅可以让"沉睡资产"有账可查，为盘活"沉睡资产"奠定基础，还可以为国企改革提供数据支撑，这对进一步深化国企改革有积极促进作用。通过对国有资产数据账本公开、透明和具体化，确保其可追溯、可核实，既促进了国企不断提高管理和经营水平，实现国有资产保值增值，又为防止国有资产流失增加了一道保障防线。

总之，国有企业资产管理的发展历程是一个不断探索、创新和完善的过程，也是一个长期而复杂的过程，需要政府、企业和社会各界的共同努力。从初步建立与探索阶段到规范化与法治化阶段，再到转型升级与高质量发展阶段，每个阶段都有其具体的特点、问题和改革措施。

第二节
问题盘点：国有企业资产管理存在诸多共性问题

现阶段国有企业资产管理在探索的过程中面临很多新的机遇。随着全球化和信息化的深入发展，国有企业需要更加灵活、高效地管理资产，以适应不断变化的市场环境。例如，随着市场竞争的加剧和技术创新的快速发展，企业需要不断提高资产管理的创新能力和应变能力，同时还需要加强对新兴领域和新型资产的管理与研究，以适应不断变化的市场需求。

未来的国有企业资产管理将更加注重资本运营和价值创造，通过优化资产配置、提高资产使用效率、加强风险管理等方式，实现国有资产的保值增值。同时，国有企业资产管理将更加注重与国际接轨，借鉴国际先进经验，推动国有企业资产管理向国际化、专业化、精细化方向发展。然而，现阶段国有企业资产管理还面临着一些挑战和问题。目前，从全国来看，有几个常见的问题。

一、问题一：历史包袱、产权瑕疵和权属不清

现阶段大多数央国企对其持有的存量土地和存量资产都给予充分重视，切实可行地对存量资产进行盘活利用，许多央国企成立时间较长，发展中经历了复杂的转型与改制过程，其间遗留下来的资产的利用情况复杂多样，形成原因各不相同，资产形态、权属关系等均发生很多变化，导致问题更加凸显。例

如，资产确权问题，部分资产存在权属不清的问题；又如资产所有权分散，存在权利受限的情况；再如有些资产存在担保和质押的问题；等等。这些历史遗留问题亟待解决。

1. 历史遗留原因导致的数据、证照、边界和权属问题是首要问题

低效、无效资产底数和权属不清、有争议的情况，具体表现包括历史遗留原因导致的资产信息数据不完备、证照不齐全、界限不清楚、资产权属有争议等，以及对资产摸底盘查不充分导致的底数不清晰。大多数央国企的不动产取得时间较久，证件不齐全，以及由于政策或企业改制导致的土地和地上房产权属剥离、权属复杂问题，并且国家对土地及房屋的会计政策也进行过数次调整，再加上以前土地及房屋分别归属不同的部门进行管理，不同用地类型的实施主体和开发方式也有所不同，企业在实际生产经营过程中会产生企业房地分离、账证不符、账实不符等问题。这里的实施主体包括政府、市场、原土地所有权人、原农村集体经济组织等多元化主体，开发方式包括批而未供用地的调整核销、闲置土地的临时使用、低效用地的收购储备等。另外，由于缺乏对低效存量资产的统一认定标准，以及对这些资产用地的明确界定，同时未能将产值、税收、能耗、用地布局、公共基础设施配套水平等关键评价指标纳入评价体系之中，低效存量资产无法被有效盘活与高效利用。

2. 因土地使用权性质和土地利用要求不同导致的属性问题是"硬骨头"

央国企存量土地使用权性质多样，对土地利用要求不一样。我国实行土地用途管制制度，要求企业必须严格按照土地利用总体规划确定的用途使用土地。央国企目前持有的存量土地的来源有出让、划拨、授权经营、国有租赁、作价入股等，不同土地使用权性质对土地利用的要求也不同。例如，划拨地受国家规定的相关限制，不能直接用于经营性开发，在项目立项、报规、报建等手续上相对较难办理；土地出让方式上，以不同方式取得的土地的变更方式不同，如以划拨方式取得的建设用地使用权转让，土地用途符合《划拨用地目录》的，无须补缴土地出让价款，直接按转移登记办理，不符合《划拨用地目

录》的,在符合规划的前提下,由受让方依法依规补缴土地出让价款。另外,若将划拨用地变更性质后进行盘活,企业需要缴纳大量土地出让金,会面临巨大的资金负担,增加盘活成本。

3. 规划用途影响盘活模式选择,高质量布局引领是重中之重

除了历史遗留问题和属性问题,当前面临的问题还有低效存量资产的有效利用不足,以及土地在用途规划和布局优化方面缺乏明确有力引领的问题。规划相关问题主要体现在两个方面:一方面,目前央国企拟盘活的存量用地现状用途与土地利用总体规划或建设用地的控制性规划不符,而其中规划用途的调整会限制企业盘活模式的选择,规划指标的调整会限制企业自行改扩建的利用;另一方面,关于低效存量土地的盘活与规划引导,存在显著的不足,主要体现在缺乏对国土空间布局优化的明确引领和有效指导,部分城市的工业用地控制线划定以布局较为分散的存量工业用地为主,难以承担重大项目落地,难以通过改造达到产业集聚发展和公共基础设施提升的目的。例如,规划空间上缺少对整体产业的布局,单就产业而论产业,这导致产业空间改造后难以适应国家对产业高质量发展的要求。因此,如何更有效地与政府规划相结合,及时了解政府的调整方向与动向,切实保证企业自身的利益成为存量资产盘活规划工作中的重点。

二、问题二:管理体系和效果不及预期,盘活机制待完善

国企的存量资产分布在各个子公司和不同部门,各有各的台账,相对比较分散,资产质量也参差不齐,并且过去国企更重视生产经营,没有对资产进行体系化研究和统一规划,包括由于内部体制缺位所导致的失控、失管,资产流失,以及一些非法侵占、划拨缺失的问题,等等。资产管理工作的建设并非一朝一夕之事,而是一项复杂的系统性工程。企业需要从顶层设计出发,进行认知升级、组织重塑、精益管理、数字赋能等一系列管理创新及改造,最终才能构建全新的资产管理体系。

1. 管理体系不健全

过往二十余年增量开发业务高速增长，存量市场正处于发展阶段。存量业务与增量开发业务的逻辑迥然不同，当前不少国企的资产管理业务正处于初步布局阶段，组织初建，制度、流程和考核机制尚不健全，从而导致业务开展效率低，以及各级单位不够重视。具体体现为以下四点。

一是组织机制不健全。现阶段，大多数开设资产管理业务的国企没有独立的资产管理部门，或者资产管理部门刚刚成立，企业没有统一的管理标准和考核要求，属于典型的"轻总部、重项目"模式，下面各自为战现象比较严重，管理没有抓手，尤其是新整合重组的平台公司，旗下的二、三级公司众多，有的多达上百家，各单位的管理水平、市场化水平均有差异，在资产管理业务领域，没有统一的管理标准和考核标准，规范化的管理难度较大。

二是业务体系设计不健全，流程制度不完善。不少国企按照"有什么管什么"和"上级单位要什么管什么"来设计业务体系，出现种种业务脱节问题，比如普遍存在国有资产产权登记与核算脱节的现象，部分国有企业国有资产购入和出租过于频繁，导致国有资产的记入与记出存在疏漏和误差，进而出现资产产权不明、总资产数目不清的情况。

三是绩效考核牵引力不足导致各单位重视度低。国企资产管理业务的绩效考核制度的制定与执行缺乏合理性和多样性。国企的业务规模较大，一种绩效考核制度难以满足企业的考核需求，而且现在正在使用的绩效考核制度在制定过程中，未能有效联系企业的实际情况，制度在落实上存在一定阻碍。

四是激励和容错机制的执行未发挥正向作用。很多国企存在"多做多错，少做少错，不做不错"的不良风气，如果企业缺乏科学的激励和容错机制，员工会产生"少做少错"的心态，从而避免承担责任和风险。所以，建立良好的激励机制和容错机制十分必要，也就是要思考如何做到"人"的盘活。

2. 管理效果不达标

企业对于制度流程的落地管控存在管理缺失问题，从而导致日常运营管理过程中"跑冒滴漏"现象多，出现经营收益不达标、经营风险不可控的问题，甚至造成国有资产严重流失。

一是监管主体不明确。资产管理出现多重主体，有些国有企业、政府下属的园区管理办、物业公司等，各方因职责不明，存在出现隐患无人问，出现问题相互推诿，资产无人管的情况。不少国有企业的房屋出租管理事项由政府转交下属园区管理办自主经营，政府部门往往因为不是资产产权方，而忽视过程中的资产管理监督，有的园区管理办长期将闲置的办公大楼或工厂免费借给其他单位或个人使用。

二是管理要求不落地。由于管理意识薄弱、相关人员素质有限、管理技术落后等，国企的资产管理效能普遍不高。例如，国有资产出租时，承租方风险管控未按要求执行，出现了信誉风险极高的承租方，其既不按时缴纳租金又不愿意退租，从而导致国有企业资产长期无法取得租金收益。又如，承租人的租赁期限和租金定价不符合规定，为了出租，通过一些违规操作，签订了超长期合同，部分长期合同租金明显偏低或一直为固定租金，从而导致较大的国有资产流失隐患；招租流程未按要求执行，未通过公开招租就签订合约的情况非常多，常以招租难等理由走特殊审批绕开招租制度要求，引发出租价格非最高竞价等合规性风险。

三是管理缺少先进的工具抓手。国有资产盘活过程涉及很多过往产权和经营权的变化，以及很多财务关系的变化，盘活过程中能够对所有存量资产进行全面系统地记录和管理，能够做到数据留痕、全过程风控等十分重要。国有企业对于国有资产中的经营性资产的管理不规范，监管过程主要以人工为主，监管工具主要是传统的电子文档或纸笔手工工具，这会造成风险识别不及时，往往产生严重经济损失或法律纠纷后才触达监管单位，进而造成国有资产流失甚至不可挽回的局面，因此数字化管理就显得十分必要。

3. 盘活机制不完善

国有资产盘活过程复杂、手续较多，涉及财政、税务、自然资源、住建、国资等多个部门，所以政府、局委办和企业应围绕城市资源做好政企联动机制，围绕"盘什么、怎么盘、谁来盘"的问题，打一套组合拳，建立工作专班，多部门协调联动。例如，天津市委、市政府在国有企业存量资产盘活工作中就组建了工作专班、建立了协同推进机制，对"谁来盘"做到"责任到位"；成立市级政策专班，国资、规划、住建、财政等12个政府部门协调联动，建立盘活存量的市区两级工作机制，合力突破盘活重难点问题；实施盘活资产"一把手工程"，与企业领导班子年度考核直接挂钩，制定国资监管企业领导人员容错纠错机制，鼓励创新性、创造性的市场化盘活举措。另外，进一步从立法层面加强企业国有资产产权登记管理，健全国有资产基础管理制度，防止国有资产流失，做到"有法可依"。

三、问题三：缺乏专业能力或资源，资产效益不达标

相较于增量开发业务而言，资产管理需要极强的运营管理能力。国企在资产盘活过程中会遇到的问题包括：闲置土地和资产处置力度不足导致利用率不高的问题；土地评估价值低于市场价值造成国企利益受损的问题；REITs、ABS、PPP等模式应用过程中遇到的挑战较多；目前盘活的手段单一，资产以出租、出售为主，未积极的运营创收、创效，没有形成合力；等等。

不少国企的资产管理方法较粗放，精细化程度不足，从而导致"盘清"工作仍有不足，"盘活"工作难以开展，"运营"资产效益低下。针对不动产类的资产盘活，国有企业普遍存在不清楚哪些资产需要"盘活"，不清楚盘活资产的方法，精细化"运营"能力不足等问题。

首先，不清楚哪些资产需要"盘活"。长期零收益的存量资产是需要盘活的。目前发现有经营收益的资产，租金水平比周边市场普遍偏低，但是又未出现资不抵债的情况，那么这类资产是否需要纳入盘活范畴，大部分国企是不清楚的。另外，对于资产基本信息的盘点，所有国企都能做得到，但不仅仅是做档案信息的整合就能满足资产管理业务的开展要求。国企能否实时掌握资产的权属关系、资产的经营收益、资产的市场估值，直接影响了国企资产配置、资产优化业务的开展。国办发〔2022〕19号文明确提出，为进一步盘活存量资产、扩大有效投资，应建立工作台账强化组织保障，实行台账式管理，动态管

理，梳理掌握项目进展情况，及时解决存在的问题。

其次，不清楚盘活资产的方法。目前，国企处置资产的方式还是以售卖变现、打包整租方式为主，这导致不少优质资产低价贱卖，造成国有资产流失。同样，国办发〔2022〕19号文指出，要优化完善存量资产盘活方式。

最后，精细化"运营"能力不足。国企的持有型不动产项目运营整体收益偏低，运营模式单一，缺少市场化手段。目前，很多国有资产以整体出租或整体委托经营方式居多，客源多靠政府资源导入。无政府扶持的项目，因自主招商和运营能力差，以及缺少外部渠道和资源，出租率很低。国办发〔2022〕19号文鼓励通过引入战略投资方和专业运营管理机构等，提升存量资产项目的运营管理能力。

国企在构建资产管理体系和具体做资产盘活时，面临上述问题应如何进行突破呢？在走访及服务众多业内标杆企业之后，结合企业转型的心得体会，再参考全球成熟市场的经验，我们建议国企在推进资产管理战略时，可以结合自身情况，从战略升级（战略定位和业务模式）、思维重塑（资本思维和算账逻辑）、组织保障（组织权责和能力提升）等方面重点发力，铸就全面的资产管理体系。

第三节
战略升级：以"管资本"为核心的可持续增长逻辑闭环

前文已经论述过全球和全国的经济发展结构变化，现阶段我国不动产市场逐渐从增量扩张转向存量优化，存量时代到来已成为普遍共识。目前，不动产存量市场呈现出一种复杂而多元的状况，不动产市场的逻辑也在发生深刻的变化，过去那种以开发为主导的模式，已经难以满足市场的多元化需求，轻重分离的资产管理模式逐渐成为市场发展的新趋势。另外，企业原来的做法是在各种机会之间反复横跳，在快进快出的过程中找到主业，再慢慢构建护城河，但现在存量时代下的企业必须一开始就具备长期持有型逻辑，通过顶层设计全面打造可持续增长的逻辑闭环。当下，如何顺应市场环境变化，构建资产管理能力，找到发展路径，为资产保值、增值负责，是央国企首先需要思考的问题。

一、全球视角：不动产市场从开发模式步入轻重分离资管模式

从国际视角看，目前全球成熟不动产市场的发展路径均在朝着 REITs 的方向发展，可以说不动产市场的发展与 REITs 之间存在着密切关系。从增量到存量，从开发到管理，资产管理成熟的标志之一是 REITs 市场和制度的成熟，未来全球的不动产行业最终格局将以 REITs 等基金为主体蓬勃发展。REITs 作为一种金融工具，为不动产市场提供了重要的资金来源和融资渠道，也为资产盘活提供了重要的退出路径，对中国经济的发展至关重要，而不动产市场的繁荣也进一步推动了 REITs 的发展。国企应学习全球经验，把握机遇，找到未来发展空间。

REITs 20 世纪 60 年代诞生于美国，目前全球共有超过 30 个国家和地区发行过 REITs 产品，其中包括澳大利亚、日本、新加坡、中国香港和中国内地，基础资产标的从商业物业逐步扩展到基础设施、交通、数据中心、仓储物流、能源、零售、医疗等领域。截至 2023 年末，根据 EPRA 的统计口径，全球 REITs 市场规模已超过 1.69 万亿美元，数量超 900 只。在过去的十年中，亚洲市场显著崛起，成为全球 REITs 增长的主要驱动力。

在众多成熟市场中，美国、日本和新加坡起步较早，REITs 规模较大，而且 REITs 涉及的基础资产的种类也呈现多样化发展，资产涉及房地产、数据中心、基础设施、仓储物流等多个细分行业，被认为是成熟市场的典型代表。下面分别对美国、日本、新加坡、中国香港和中国内地 REITs 市场的发展情况进行分析和总结（见图 3-2）。

1.美国市场：投资多元化发展，REITs 市值稳居全球第一

美国是 REITs 的诞生地，经历了 60 年的发展，已成为全球最大、最为成熟的 REITs 市场，REITs 在美国的发展不仅丰富了资本市场结构，也为投资者

01

美国市场：投资多元化发展，REITs 市值稳居全球第一

- REITs 市值：近 1.21 万亿美元（权益型 140 只）
- 特点：资产类别具有多样性；市场构成丰富，有专业化资产管理公司和投资银行参与
- REITs 代表：AMT、西蒙、EQR

02

日本市场：REITs 规模亚洲领先

- REITs 市值：1 094.3 亿美元（58 只）
- 特点：市场集中度较高；轻重分离、专业化分工程度高
- REITs 代表：NBF（Nippon）、JRE、KINDEX

03

新加坡市场：国际化投资天堂

- REITs 市值：758 亿美元（40 只）
- 特点：主要包括商业不动产 REITs 和基础设施 REITs 两大类；资产地域国际化程度高；税收中性
- REITs 代表：凯德、丰树、吉宝

04

中国香港市场：税收优势突出，新购入内地资产更多元化

- REITs 市值：210.1 亿美元（11 只）
- 特点：写字楼和零售物业 REITs 占比较高；投资灵活性强；税收优惠力度较高
- REITs 代表：领展、越秀

05

中国内地市场：常态化和"加速跑"阶段，底层资产更丰富

- REITs 市值：115.9 亿美元（29 只）
- 特点：市场不断提质扩容；制度和政策体系持续完善；常态化发行
- REITs 代表：蛇口产园 REIT、张江产业园 REIT、越秀高速 REIT、华润商业 REIT、深圳安居 REIT

注：数据截至 2023 年 12 月 31 日。

图 3-2 美国、日本、新加坡、中国香港、中国内地 REITs 市场对比

资料来源：公开数据，明源不动产研究院整理。

提供了多元化的投资渠道。美国 REITs 市场的发展经验对世界各国和各地区皆具有重要借鉴意义。

美国 REITs 市场有几个比较突出的特点。

首先从全球市场占有率看，截至 2023 年末，根据 EPRA 的统计口径，美国作为全球最大的 REITs 市场，总市值近 1.21 万亿美元。这一庞大的市值规模不仅反映了 REITs 在美国资本市场中的重要地位，也凸显了投资者对 REITs 作为一种稳定收益来源的认可。

其次从底层资产类型看，特点之一是资产类别的多样性。美国 REITs 投资多元化具备法律效应，目前美国权益型 REITs 包括住宅类、自助仓储类、零售类、医疗保健类、林业类、基础设施类等 12 类细分类型，其中，零售类和住宅类 REITs 数量最多（见图 3-3）。底层资产的多元化进一步分散了美国 REITs 市场的风险，使 REITs 能够在不同经济环境下表现出相对稳定的收益特性。

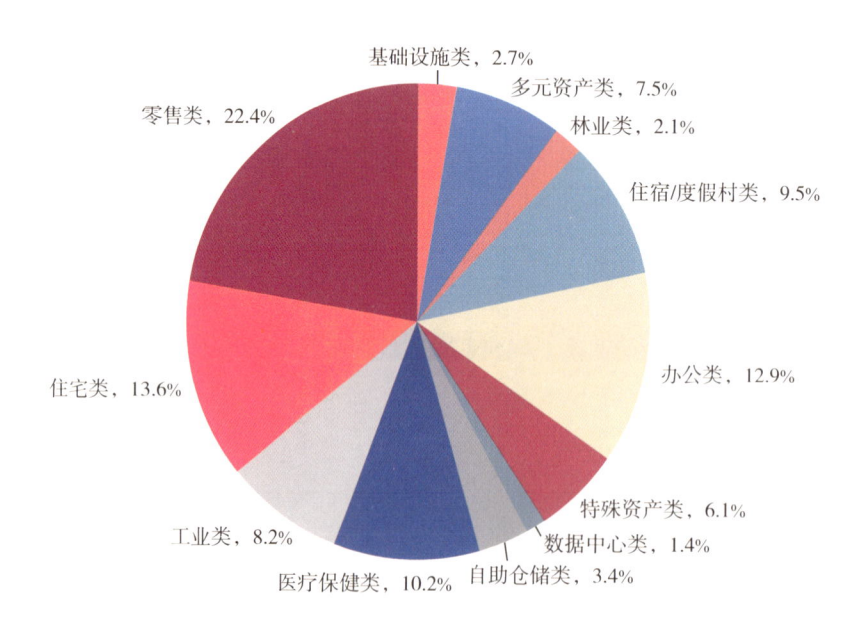

图 3-3 美国权益型 REITs 结构

资料来源：公开资料，明源不动产研究院整理。

最后从市场参与者看，美国 REITs 市场参与者的构成丰富多样。大型房地产开发商和运营商通过 REITs 平台将自身的房地产项目转化为流动性更强的金融产品，实现了资产的证券化。同时，专业的资产管理公司和投资银行积极参与 REITs 市场，为投资者提供专业的投资管理和咨询服务。这种多样化的玩家构成不仅推动了市场的竞争和发展，也为投资者提供了更多的选择和机会。

值得一提的是，美国 REITs 市场的发展还受益于其完善的法律法规体系。美国政府通过制定一系列法规，对 REITs 的设立、运营、信息披露等方面进行了规范，从而保障了投资者的权益，也促进了市场的健康发展。从杠杆率看，美国 REITs 的杠杆率相对适中。由于美国对 REITs 杠杆率并没有明确的监管限制，因此美国 REITs 的杠杆率水平并不低，但经过 60 多年的发展，美国 REITs 市场已经相当成熟。

在美国 REITs 的发展过程中，出现了许多赫赫有名的机构，例如西蒙地产集团（Simon Property Group）、AvalonBay Communities（AVB）、Equity Residential（EQR）等企业都在美国 REITs 市场占有一席之地，它们的发展经验值得我们参考。

2. 日本市场：REITs 规模亚洲领先

相比于美国 REITs 市场，亚洲 REITs 市场起步较晚，并且以契约型 REITs 为主，以日本为例，一直到 2001 年，日本首只 REIT 才正式发行上市，新加坡的首只 REIT 在新加坡证券交易所主板上市还要再晚一年。

戴德梁行的数据显示，截至 2023 年 12 月 31 日，亚洲市场共有 225 只活跃的 REITs 产品，比 2022 年末增加了 5 只；总市值为 2 521 亿美元，同比下降 7%。投资规模上，虽然亚洲已经有 10 个国家和地区发行了 REITs 产品，但亚洲 REITs 市场集中度较高，主要集中在日本、新加坡及中国香港，这三个国家和地区的 REITs 总市值占全亚洲的比例近九成。

日本公募 REITs 的规模常年位居亚洲第一，在全球仅次于美国。戴德梁行 2023 年发布的《亚洲房地产投资信托基金（REITs）研究报告》显示，截至 2023 年 12 月 31 日，日本共有 58 只 REITs，总市值达 1 094.3 亿美元，占亚洲各大交易所上市 REITs 总市值的 43.4%（见表 3-2）。

表 3-2　2023 年 12 月 31 日亚洲各大交易所 REITs 总市值及占比

国家/地区	数量（只）	总市值（亿美元）	占比
日本	58	1094.3	43.4%
新加坡	40	758.0	30.1%
中国香港	11	210.1	8.3%
中国内地	29	115.9	4.6%
印度	4	97.2	3.9%
泰国	28	59.1	2.3%
马来西亚	18	63.1	2.5%
韩国	23	57.5	2.3%
菲律宾	8	42.3	1.7%

资料来源：戴德梁行，明源不动产研究院整理。

日本 REITs 市场主要包含公募 J-REITs 和私募 REITs 市场，J-REITs 均为公司制和外部管理模式。日本 REITs 市场的发展，可以说是随着日本经济的转型和升级而逐步壮大的。在消费增长、电商和供应链现代化的推动下，日本 J-REITs 得以快速发展，特别是近年来，随着全球经济一体化的加快和日本对外开放程度的深化，J-REITs 市场吸引了越来越多的国际投资者，进一步推动了市场的繁荣。

资产类型方面，J-REITs 基础资产类型随着市场不断的扩容而不断丰富。办公类为 J-REITs 第一大底层资产类别，占比约为 40%。前四大 J-REITs（三井、安博、野村、三菱）的市值目前均高于 50 亿美元，最大的住宅类 J-REITs，其市值为 34 亿美元。

3. 新加坡市场：国际化投资天堂

新加坡作为亚洲最早引入 REITs 的国家之一，其 REITs 的发展已逐步趋于成熟，并且我国与新加坡在 REITs 制度、人文环境等方面存在一定的相似之处，其 REITs 的发展经验也对我国 REITs 市场有着重要启发。

新加坡存量市场参与者有相当一部分都关注公募REITs。新加坡证券交易所的最新数据显示，截至2023年末，新加坡拥有40只REITs，总市值达758亿美元。作为亚洲第二大REITs市场，新加坡的REITs规模仅次于日本。然而，不同于日本的是，新加坡的REITs更加国际化，其资产遍布亚洲及其他地区，这让新加坡成为亚洲重要的国际化REITs市场。

新加坡REITs市场具有如下特点。

首先从资产类型看，新加坡REITs市场主要包括商业不动产REITs和基础设施REITs两大类产品，其底层资产呈多元化趋势。新加坡REITs底层资产涵盖工业、酒店、零售、办公楼、医疗保健、特殊资产和多元资产这七大类别，呈多元化趋势。其中，截至2022年末，多元资产REITs的规模占比达39%，数量占比达23%；工业REITs在新加坡也较为流行，规模占比达30%，数量占比达20%，仅次于多元资产REITs（见图3-4）。

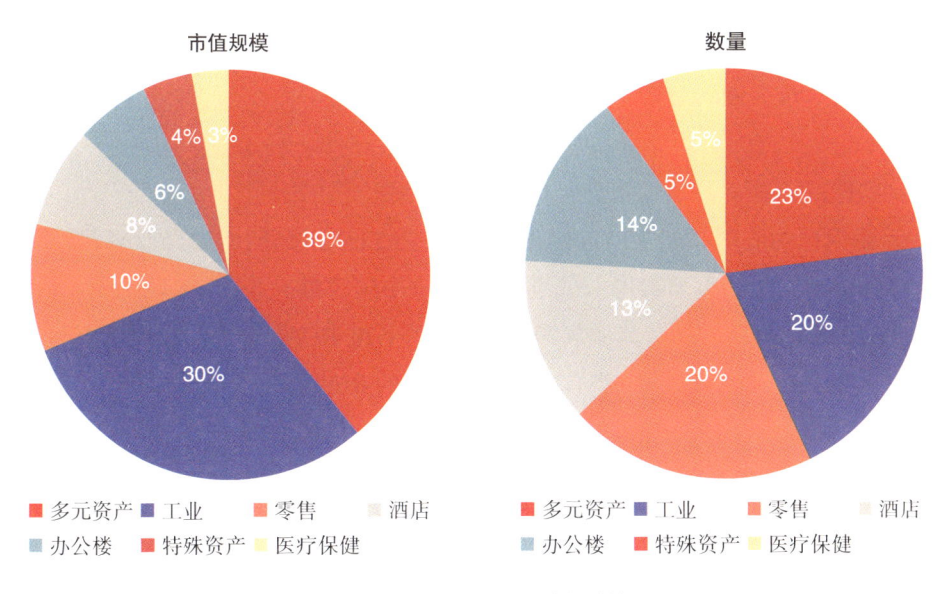

图3-4 新加坡REITs市场结构

注：数据截至2022年12月31日。
资料来源：公开资料，明源不动产研究院整理。

其次从资产地域看，新加坡 REITs 的国际化程度高，底层资产地域分布广泛。新加坡房地产投资信托协会的数据显示，截至 2022 年末，新加坡 REITs 中，已有超过九成持有海外资产，相较于 10 年前仅有 65% 的比例，增长趋势显著。值得注意的是，在所有这些 REIT 中，有 17 只完全专注于新加坡以外的资产，占据了其 REITs 市场约 43% 的份额，投资领域涵盖工业、酒店、零售等多个不动产子行业，进一步凸显了新加坡 REITs 国际化布局的深化。

具体来看，新加坡 REITs 的底层资产地域分布中，澳大利亚、中国、日本和美国等国家占据了较大比例，亚洲是这些资产分布最为集中的地区。

最后，新加坡 REITs 市场的另一个显著特点是其税收中性。在新加坡，REITs 的分红收益对投资者来说通常是免税的，这使得 REITs 成为一种相对具有吸引力的投资工具。此外，新加坡 REITs 的波动性相对较低，股息率较高，这也为投资者提供了稳定的收益来源。这种稳定的收益和相对较低的风险，使得新加坡 REITs 市场吸引了大量的机构投资者和个人投资者。总的来说，新加坡 REITs 市场以其跨境投资、多元化资产类型、税收中性、低波动性和高股息率等特点，成为亚洲乃至全球 REITs 市场的重要一员。

4. 中国香港市场：税收优势突出，新购入内地资产更多元化

香港作为我国推行 REITs 的排头兵，其 REITs 市场的实践经验也是内地 REITs 市场发展的重要参考。截至 2023 年末中国香港共上市 11 只 REITs，市值为 210.1 亿美元。相对其他成熟市场，中国香港 REITs 市场的发展历史并不长。其中，领展作为中国香港首只、亚洲最大的 REITs 产品，2005 年正式在香港交易所挂牌上市，市值约占中国香港 REITs 总市值的 68%。

中国香港 REITs 市场自起步以来，便以其独特的优势吸引了众多投资者的目光。一方面，中国香港作为国际金融中心，其资本市场成熟且监管完善，为 REITs 提供了良好的发展环境。另一方面，中国香港的房地产市场活跃，物业类型丰富，为 REITs 提供了多样化的投资选择。随着市场的不断发展和完善，中国香港 REITs 市场规模逐渐扩大，成为亚洲乃至全球 REITs 市场的重要组成部分。2024 年 4 月，中国证券监督管理委员会（简称"证监会"）宣布将中国

香港 REITs 纳入沪深港通投资标的，进一步丰富沪深港通交易品种，这为中国内地和中国香港市场均带来了更多投资资金来源，同时赋能盘活存量和实体经济发展。

中国香港 REITs 市场具有如下特点。

首先从法律制度看，近 20 年的立法改革属于"前紧后松"的节奏，在投资区域、投资范围、杠杆率限制等方面渐进式地放宽要求，逐步"灵活化"，如借贷比率上限从 45% 提高至 50%。

其次从组织架构看，中国香港目前仅允许 REITs 以契约型（信托）方式成立，并通过特殊目的载体（SPV，一般不超过两层）间接持有不动产或少数权益不动产，REITs 管理人和受托保管人相互独立，同时采用外部管理模式，REITs 管理人与不动产管理人签订协议，委托其进行不动产管理。从各项制度上看，中国香港 REITs 在投资范围、资产结构、杠杆率等方面均向发达经济体靠拢（甚至更严格）。

再次从税收政策看，中国香港对 REITs 的税收优惠力度较高，从购置处置阶段到持有运营阶段均有税收优惠，并且在投资者分红阶段，REITs 投资者的分红和资本利得均免税。而美国在这三个阶段都需要缴税，并且税率高于中国香港。与美国相比，中国香港的税收优势较大。

最后从底层资产类型看，中国香港 REITs 市场涵盖了多种物业类型，主要分布在零售、办公楼、多元资产、酒店等商业不动产领域，其中，写字楼 REITs 占据了重要地位。中国香港作为亚洲的商业中心之一，拥有大量高品质写字楼物业，这些物业通常具有稳定的租金收入和较低的空置率，为 REITs 提供了稳定的现金流。此外，零售物业 REITs 也是中国香港 REITs 市场的重要组成部分。中国香港作为购物天堂，拥有众多知名的购物中心和商场，为零售物业 REITs 提供了丰富的投资机会。此外，酒店、工业和物流等领域的物业类型也在中国香港 REITs 市场中占据一定份额，为投资者提供了多元化的投资选择。

虽然中国香港 REITs 允许投资海外资产，但吸引的海外资产并不多，目前中国香港 REITs 投资的资产仍主要集中于中国内地和中国香港。

5. 中国内地市场：常态化和"加速跑"阶段，底层资产更丰富

REITs 最初是以房地产为基础资产发展而来的，房地产也是国外 REITs 市场的主要资产类型。而在中国内地，在"房住不炒"和"减少隐性债务"的大方针下，基础设施领域成为 REITs 发展的最佳载体。基础设施领域存量资产超过 100 万亿元，是 REITs 发展的一片蓝海。

对比海外 REITs 的发展，中国内地公募 REITs 首批项目上市 2 年，市值就已经近千亿元，发展速度并不慢。自 2020 年 4 月中国内地公募 REITs 试点正式启航以来，REITs 产品可以说是备受市场关注。截至 2024 年 7 月，中国内地已上市公募 REITs 产品达 41 只，总发行规模已超千亿元，并且覆盖基础资产类型丰富，涵盖产业园区、高速公路、仓储物流、生态环保、能源类、保障房、消费类等。可以说，从无到有，从零到千亿元，中国内地 REITs 市场的广度和深度都在被大大拓展，也由试点迈向常态化发行的新阶段（见表 3-3）。

表 3-3 截至 2024 年 7 月中国内地已上市发行 41 只公募 REITs 产品

资产属性	项目名称	原始权益人	企业性质	募集资金（亿元）
产业园区	博时蛇口产园 REIT	招商蛇口	国企	20.79
	华安张江产业园 REIT	上海光全投资中心、光控安石	私募基金	14.95
	东吴苏园产业 REIT	苏州工业园区	国企	34.92
	建信中关村 REIT	中关村软件园	国企	28.80
	国泰君安临港创新产业园 REIT	上海临港集团	国企	8.24
	华夏合肥高新 REIT	合肥高新	国企	15.33
	国泰君安东久新经济 REIT	东久工业	民企	15.18
	华夏和达高科 REIT	杭州和达高科技发展集团、万海投资	国企	14.04
	中金湖北科投光谷 REIT	湖北省科技投资集团	国企	15.75

（续表）

资产属性	项目名称	原始权益人	企业性质	募集资金（亿元）
高速公路	浙商沪杭甬 REIT	杭州交通投资集团	国企	43.60
	平安广州广河 REIT	广州交通投资集团	国企	91.14
	华夏越秀高速 REIT	越秀（中国）交通基建	国企	21.30
	华夏中国交建 REIT	中交投资	央企	93.99
	国金中国铁建 REIT	中国铁建	央企	47.93
	中金安徽交控 REIT	安徽交控	国企	108.80
	华泰江苏交控 REIT	江苏交控	国企	30.54
	中金山东高速 REIT	山东高速集团	国企	29.85
	易方达深高速 REIT	深圳高速公路集团	国企	20.48
	工银河北高速 REIT	河北高速公路集团	国企	56.98
仓储物流	中金普洛斯 REIT	普洛斯	外企	58.35
	红土创新盐田港 REIT	深圳市盐田港股份有限公司	国企	18.40
	嘉实京东仓储基础设施 REIT	京东	民企	17.57
	华夏深国际 REIT	深国际物流发展有限公司	国企	14.94
生态环保	中航首钢绿能 REIT	首钢环境	国企	13.38
	富国首创水务 REIT	首创环保	国企	18.50
能源类	鹏华深圳能源 REIT	深圳能源集团	国企	35.38
	中信建投国家电投新能源 REIT	国家电投江苏公司	央企	78.40
	中航京能光伏 REIT	京能国际能源发展（北京）、联合光伏（常州）	央企	29.35
	嘉实中国电建清洁能源 REIT	中电建水电开发集团	央企子公司	10.70
	华夏特变电工新能源 REIT	特变电工新疆新能源股份有限公司	民企	11.71
	中信建投明阳智能新能源 REIT	北京洁源新能投资有限公司、内蒙古明阳新能源开发有限责任公司	民企	12.82

（续表）

资产属性	项目名称	原始权益人	企业性质	募集资金（亿元）
保障房	红土创新深圳安居 REIT	深圳市人才安居集团	国企	12.42
	中金厦门安居 REIT	厦门安居集团	国企	13.00
	华夏北京保障房 REIT	北京保障房中心	国企	12.55
	华夏基金华润有巢 REIT	有巢住房租赁（深圳）有限公司	央企子公司	12.09
	国泰君安城投宽庭保租房 REIT	上海城投房屋租赁有限公司	国企	30.50
消费类	华夏华润商业 REIT	华润商业资产控股有限公司	央企子公司	69.02
	华夏金茂商业 REIT	上海兴秀茂商业管理有限公司	民企	10.68
	嘉实物美消费 REIT	物美商业集团	民企	9.53
	中金印力消费 REIT	印力商用置业有限公司	民企	32.60
	华安百联消费 REIT	百联集团	国企	23.32

资料来源：万得，明源不动产研究院整理。

中国内地 REITs 市场有如下趋势值得关注。

（1）"首发＋扩募"双轮驱动格局已形成，多层次 REITs 市场将助力更多优质资产盘活

2023 年 6 月，首批 4 只公募 REITs 扩募项目顺利上市，分别是博时蛇口产园 REIT、红土创新盐田港 REIT、华安张江产业园 REIT 和中金普洛斯 REIT，募资规模合计超过 50 亿元，这标志着扩募机制正式落地。从海外经验来看，扩募是 REITs 产品的核心特征，通过扩募实现规模增长是海外成熟 REITs 市场的标准动作。扩募的重要价值其实有三点：为后续优质资产的购入提供可参考的路径，推动多层次 REITs 市场的建立；申报流程简化，加快促进基础设施项目投资—运营良性循环；让平台属性价值凸显，向"资产上市平台"模式进阶发展，进一步实现上市主体的价值增长。

（2）消费类基础设施公募 REITs 落地，提振消费，构建我国不动产金融新循环

2023 年 3 月，中国证监会发布《关于进一步推进基础设施领域不动产投资信托基金（REITs）常态化发行相关工作的通知》，明确将消费类基础设施纳入 REITs 发行范围，提出要优先支持百货商场、购物中心、农贸市场等城乡商业网点项目，保障基本民生的社区商业项目发行基础设施 REITs。首批 4 只消费类公募 REITs 已全部成功上市，分别是华夏华润商业 REIT、中金印力消费 REIT、华夏金茂商业 REIT 和嘉实物美消费 REIT，华安百联消费 REIT 也已于第二批上市发行，此外，首单奥莱消费类 REIT——华夏首创奥莱 REIT 也正式启动发售，消费类基础设施 REITs 发展进程大幅加快。

中国内地消费类基础设施存量资产充足，商业不动产规模巨大。不管是现有存量还是未来增量，中国内地的商业不动产规模都有一定的发展潜力，消费类基础设施公募 REITs 的发展可有效解决其退出困难问题，有望给商业不动产带来"第二春"。另外，消费类基础设施公募 REITs 对于拉动内需、扩大消费、服务实体经济具有重要意义，有助于进一步促进中国内地经济的高质量发展。同时，未来也将有更多尚未覆盖的资产类型纳入公募 REITs，有望进一步延伸至办公楼、酒店等领域并形成示范效应。

展望未来，公募 REITs 作为盘活存量资产的重要工具，发展前景可期。随着多项政策的发布，中国内地公募 REITs 发展框架在顶层制度建设、税收政策支持、扩募落地等方面不断完善。随着各类市场主体和增量资金的入场，以及底层资产种类和数量的不断增加，REITs 市场一定会在不断加速中持续壮大和创新发展。

二、国内对标：资产管理日渐成为第二发展曲线

央国企战略升级其实是一个复杂而长期的过程，需要从多方面入手，其中战略定位和顶层设计是最核心的要素。国企战略规划的首要任务是"定位"，对于国企来说，最重要的是先明确"我属于哪一类"，再确认"我应该做什

么",最后明白"我应该怎么做",即"一企一策"。国有企业应从自身功能定位出发,加强顶层设计,制订科学的战略规划,梳理自身业务,划定业务范围,根据自身业务组合与竞争优势将战略"再定位"。

近年来,大型企业纷纷将目光投向了资产管理领域,将其作为推动企业持续发展的新动力,资产管理日渐成为央国企的第二发展曲线。长期以来,央国企以主营业务为根基,不断壮大自身实力,为社会经济稳定贡献了巨大力量。然而,面对日益激烈的市场竞争和不断变化的宏观经济环境,单纯依赖传统业务模式已难以满足企业的长远发展需求。因此,央国企开始积极探索新的增长点。

当前,很多央国企在资产管理战略转型和改革创新上已经取得了一些显著成果。资产管理也已经成为央国企战略升级的重要方向之一。资产管理不仅仅是简单的资金运作和资产配置,更是一种战略性的资源管理方式。央国企通过加强资产管理,不仅能提高资金使用效率,降低运营成本,实现资产的保值增值,还能优化产业结构,推动转型升级和持续发展。同时,资产管理还有助于企业拓展新的业务领域,培育新的增长点,为企业的长远发展奠定坚实基础(见图3-5)。

招商蛇口	华润置地	越秀商管	长沙城发
央企资产管理战略抢跑者	央企轻资产专业参与者	中国公募REITs开创者	"城市资源运营商"转型
最早成立集团资产管理中心,抢跑内地公募REITs赛道,开启资产管理转型新纪元	"3+1"一体化战略轻资产转型+长期主义助力成为行业佼佼者	构建"开-运-金"全链条模式	"以终为始",让资产有数、投资有道、运营有术、增值有望

图3-5 央国企战略升级标杆案例

资料来源:各企业官网,明源不动产研究院整理。

1. 招商蛇口：央企资产管理战略抢跑者

招商蛇口是"百年央企"招商局集团旗下城市和园区综合开发运营板块的旗舰企业，在行业不断变化的大背景下，招商蛇口积极探索全新的发展模式，发展存量持有业务成为其重要的方向，率先且坚定地将持有型资产管理提到了战略层面。

招商蛇口 2019 年就在香港成功发行其首单 REITs，内地公募 REITs 试点启航后，2021 年 6 月，博时蛇口产园 REIT 作为首批成功发行产业园区公募 REITs 的项目备受关注，并且其在 2023 年 6 月又成功成为首批扩募公募 REITs 项目，可以说招商蛇口在存量资产的组合优化、金融化退出路径上已经走在行业前列，成熟的资产管理能力是其走通这一路径最强有力的武器。

其实，招商蛇口从 2019 年起便实行了一系列资产管理改革举措，收购中航善达注入招商物业，更名为招商积余，对招商蛇口的零售业态和写字楼等资产开展专业化的资产管理。到了 2020 年，公司成立了资产管理中心，设立"招商商管"商业运营管理团队，并整合成立"招商伊敦"品牌化的酒店公寓管理平台，以专业化、垂直化为原则重塑组织管理体系。公司全面盘点集中商业、写字楼、酒店、公寓四大业态的持有型物业，设置不同持有及管理策略。可以说，2020 年是招商蛇口的资管元年。

（1）轻重结合打开想象空间，资产运营业务已成招商蛇口增速最快的板块

房地产行业进入下半场，唯规模论的想法已经过时。招商蛇口的发展逻辑也在发生变化。2021 年，面对行业大变局，招商蛇口率先提出实施"三个转变"：从以开发为主向开发与经营并重转变，从以重资产为主向轻重结合转变，从同质化竞争向差异化发展转变。2022 年，招商蛇口进一步将原三大主业调整为三类业务，即开发业务、资产运营、城市服务，聚焦培育第二成长曲线。

在 2023 年招商蛇口的年度业绩发布会上，党委书记、董事长蒋铁峰表示："资产运营的核心是提升盈利能力。从以前做住宅赚快钱、赚大钱变成赚慢钱、赚小钱、赚可持续的钱。"所以，招商蛇口会推进多元业务协同发展，寻求新的增长曲线。

2023 年，招商蛇口全口径资产运营收入为 66.91 亿元，实现税息折旧及摊

销前利润（EBITDA）33亿元。与开发业务相比，资产运营、城市服务的收入占比分别只有3.39%、8.64%，但相比2022年涨幅分别达40.58%、14.37%，处于发展上升期。招商蛇口资产运营业务主营范围包括集中商业、产业园区、写字楼、公寓酒店等持有物业运营与资产管理；城市服务板块涵盖物业管理、邮轮、会展、代建等业务。招商蛇口对这两大业务的定位分别是：资产运营是推动公司发展模式从以开发为主向开发与经营并重转变的重要转型业务板块；城市服务则是推动公司从以重资产为主向轻重结合转变的重要转型业务板块。

（2）以"以退定投，专业前介"的投资逻辑，强化持有型资产的运营管理能力

招商蛇口资产管理战略的核心方向是轻重资产结合，即在保持一定重资产规模的基础上，加大轻资产运营的力度，这一战略转变旨在降低企业的资金压力，提高运营效率，并为企业带来更多的增长动力。做大做强集中商业除了要有厚实的"家底"，管理能力和运营经验也是必要条件。招商蛇口在加速布局资产运营业务的同时，也在不断加强资产运营管理能力与轻资产输出能力，注重构建"投、融、建、管、退"的资管闭环。

首先，招商蛇口通过深入研究市场趋势和行业发展，精准定位自身的核心资产。其依托轻资产管理平台，对业务进行梳理、重组、整合，统一持有型物业的品牌和产品线，招商蛇口会对全部资产进行梳理和评估，分类管理，判断其核心价值，并考虑不同处置方式，进一步优化资产配置，提高资产使用效率。

该公司对全国几百项资产进行了梳理和分类（见表3-4）；对于增量项目，在投资前就会给项目贴上标签，进行分类。例如，为了进一步提升核心资产的价值，招商蛇口加大了对这些资产的投入，通过升级改造、提升服务品质等方式，提高其资产质量和盈利能力。非核心资产通过出售、优化土地储备等方式，回笼资金，降低资金成本。此外，招商蛇口还注重资产组合的多元化，通过投资不同类型的物业、地域和业态，降低单一资产的风险，提高整体资产的稳健性。

表 3-4　招商蛇口持有型物业分类

一级分类	二级分类	备注
核心持有类	—	打造标杆，长期持有
非核心销售类	产融持有类	REITs 出表持续经营
	择机退出，提升资金效率	—
销售类	—	底商、其他

资料来源：招商蛇口，明源不动产研究院整理。

其次，轻资产运营是招商蛇口资产管理战略的重要组成部分，招商蛇口在轻资产运营方面进行了积极探索和创新。一方面，在轻资产运营模式的优化上，招商蛇口注重提高运营效率和服务质量，通过与合作伙伴建立紧密的合作关系，共同开发、运营项目，实现资源共享和优势互补。同时，招商蛇口加强了对轻资产运营项目的监控和管理，确保项目的顺利推进和盈利目标的实现。另一方面，在打造轻资产运营品牌上，招商蛇口致力于打造具有影响力的轻资产运营品牌，通过提供专业的运营管理和服务，提升项目的品质和盈利能力，这使其赢得了客户和市场的认可。同时，招商蛇口加强了品牌宣传和推广，以提升品牌的知名度和美誉度，为企业创造更多的价值。

强化轻资产运营的好处在于能以较少的投入撬动更大经营规模，并且提高经营回报率。通过轻重分离，一方面可以快速实现资金回笼，推动运营轻资产的扩张，另一方面能够提高资本使用的效率。更重要的是，通过资产和现金的加速循环，在推动内生规模扩张的同时，能够兑现物业资产的最大价值。

最后，在运营管理能力提升上，招商蛇口也构建了其完整的体系逻辑。第一，先强化以终为始的投资逻辑，以退定投，专业前介，在开发或购买土地使用权阶段就考虑长期自持经营开始介入。目前，招商蛇口针对自持的商办用地有专门的投资测算模板，确保购买土地使用权、产品定位等方向正确。第二，根据市场情况灵活调整经营策略，主动对产业生态、客户结构、服务方式进行调整，强化精益管理，进一步提升招商的运营水平。第三，在实际运营指标管理上更加精细，通过 REITs 指标倒逼运营精细化，比如更高的租金、坪效、

EBITDA 等，进一步优化财务表现。第四，通过数字化转型对内部管理赋能，以及进一步提升对客户、商户的服务水平。招商蛇口的精细化管理有一系列指标，这一整套指标体系不只是指导和约束购买土地使用权，还贯穿资产管理整个生命周期的考核。招商蛇口的两率动态监控分析很好体现了其资本视角的风控体系。招商蛇口将基于项目全周期，拉通投前、投后环节，实现全流程两率动态监控，促进可研目标兑现。

（3）打通"投、融、建、管、退"价值闭环，通过境内外两个上市 REITs 平台打造新引擎

值得注意的是，在"投、融、建、管、退"全链条中，招商蛇口在"退"这一环节遥遥领先，同时拥有境内外两个上市 REITs 平台，分别承担产业园、购物中心和办公楼等资产的退出工作。招商蛇口的蛇口产园 REIT 在 2021 年 6 月作为全国首批基础设施公募 REITs 中唯一的央企项目在深交所发行上市，体现招商蛇口"敢为天下先"的蛇口精神先声夺人。2022 年 9 月，蛇口产园 REIT 又申请扩募，并于 2023 年 6 月首批扩募成功上市。REITs 是一种有效的资产证券化工具，可以帮助企业盘活存量资产、回笼资金。招商蛇口积极运用 REITs 平台，将产业园区等优质资产进行证券化操作，实现资产的流动性和增值目标。同时，招商蛇口通过 REITs 平台引入外部投资者，这拓宽了融资渠道，降低了融资成本。

产业园区的建设与发展是招商蛇口投资物业版图中不容忽视的一环，是"招商所能"的重要价值体现，也是招商蛇口助力高质量综合发展的重要板块。招商蛇口认为产业园区的建设需要与国家区域战略相匹配，通过科技引领，产业数字化进程加快。目前，在全国初步形成大型产业新城、特色产业园区和产业创新孵化空间三类不同规模的业务布局。招商蛇口"一园一策"的精细化运作模式，进一步提升了园区经营水平。对于央企来说，不动产资产管理的"投、融、管、退"中最难的是"退"。2021 年 6 月，以万融大厦、万海大厦两处产业园区物业作为底层资产的蛇口产园 REIT 成功上市，开辟了产业园区"投、融、建、管、退"全生命周期发展模式与投融资机制，为新兴、创新产业的发展提供了有力支撑，促进了产业园区项目持续健康平稳运营，增强了公

司的可持续经营能力。早在 2019 年，招商蛇口就发行了一只 REIT（招商局商业房托基金），这是 2013 年以来在中国香港上市的首只 REIT。蛇口产园 REIT 上市后，招商蛇口形成了蛇口产园 REIT 协同联动招商局商业房托基金，覆盖产园、商业等多业态退出通道的双平台，境内外联动打通存量资产盘活路径，有效助力持有型物业规模化发展（见图 3-6）。

具备在香港成功发行REITs的经验

融合前期境外发行REITs经验，对项目资产质量、架构搭建、治理设计能更好把握要点，使项目整体准备更充分，设计更合理

第一个对外开放工业区

蛇口产园REIT底层资产万融大厦和万海大厦所处的蛇口网谷产业园隶属于蛇口工业区，是我国第一个对外开放的工业区，是真正意义上的第一个产业园区，具有特殊历史和示范意义

资产储备雄厚、质量好

万融大厦和万海大厦的租金稳步增长，出租率稳定在90%左右，其中，知名企业长期入驻，一定程度上保障了资产收入稳定性；较强的产业集聚效应和完备的园区配套服务保证稳定出租率

产业园区运营能力行业领先

招商蛇口拥有领先的园区运营服务经验，以"运营机构"角度深度参与，为蛇口网谷提供完善的运营服务体系，有效保障境内REITs后续高质量发展运作

产业升级集聚效果突出

蛇口网谷产业园属于发改委确定的战略性新兴产业集群，集聚科技、文化、电子商务及物联网等企业，是中国特色社会主义先行示范区、粤港澳大湾区及前海蛇口自贸区"三区叠加"核心地带

图 3-6　蛇口产园 REIT 成功发行优势

资料来源：招商蛇口产业园区公募 REITs 招募说明书，明源不动产研究院整理。

在优化园区资产流动性方面，产业园区公募 REITs 退出通道的开放，显著增强了优质园区资产的流动性，有效释放了园区的资产价值，吸引了更多社会资本参与园区的建设，进而解决了园区运营中的难点问题。在推动园区专业化运营层面，REITs 为产业运营提供了实现价值最大化的新路径。通过实施"轻重分离"的园区资产管理策略，REITs 进一步促进园区运营主体由以"开发建

设"为主转向以"运营管理"为核心，有助于构建可持续发展的园区生态，并推动园区开发全生命周期的有效管理。这一转变不仅有助于提升中国产业园区资产管理的能力，更能激发专业园区资产管理运营团队的内在潜力。

此外，借助公募 REITs 实现整体退出，不仅能够提升园区的运营水平，还能促进片区内产业的集聚和生态体系的搭建。在当前经济转型升级的关键时期，产业园区作为各类产业发展的重要物理空间载体，是推动区域经济发展和产业升级的核心引擎，也是经济增长的战略性基础设施。引入 REITs 模式可以进一步激发园区的运营活力，为园区创新发展注入新的动力。

国有企业尤其是大型央企，首先要做的是紧跟国家政策导向，将自身能力与其紧密结合，对于国有资产运营者来说，保值增值是天然的责任和使命，企业的经营管理能力可以帮助其在逆周期下焕发新的价值。招商蛇口紧跟国家战略，勇担使命，长远布局，逐步锻炼运营创新能力，采用综合发展模式，其做出的种种努力充分体现了其"国家所需，招商所能"的决心，也起到了引领作用。

2. 华润置地：央企轻资产专业参与者

华润置地是华润集团旗下负责城市建设运营的业务单元，于 1994 年改组成立，1996 年在香港联合交易所上市，2010 年被纳入香港恒生指数成分股，2022 年被国务院国资委确立为国有企业公司治理示范企业，其致力于成为行业领先的城市投资开发运营商。

遥想 1996 年华润置地在港上市，它的到来似乎带着某种特殊使命和历史的深刻印记：以中国内地房地产企业的傲然姿态，作为"第一个吃螃蟹的人"登陆资本市场，开辟了中国内地房地产企业在香港上市的先河。要想有长久的业绩增长，必须在战略上厘清主线，在漫长的发展过程中既要扛得住挑战，也要耐得住寂寞。从华润置地的发展路径和战略研判来看，其主线明确，一步一个脚印走得很扎实。

（1）战略布局：经营策略稳健，"3+1"一体化的业务组合模式形成发展合力

作为央企巨舰，华润置地的转型之路开始得比较早。在城市布局上，华润

置地最早始于北京，从华北地区逐步扩张，2002年开始进入上海、成都，继而布局全国；在业务布局上，从最早的"住宅发展商"到重组地产业务，将华润集团旗下商业资产注入华润置地成为"综合型地产商"。

2021年至今，华润置地以"重塑华润置地，实现高质量发展"为战略目标，以"城市投资开发运营商"的战略定位为指引，构建"开发销售型业务+经营性不动产业务+轻资产管理业务"三位一体的主营业务与生态圈要素型业务有机联动的"3+1"一体化业务组合模式，打造城市投资开发运营生态圈，业务涵盖住宅、公寓、购物中心、写字楼、酒店、商业运营、物业管理、城市代建、城市运营、长租公寓、城市更新、产业地产、康养等领域（见图3-7）。

开发销售型业务：包括销售经营的住宅、写字楼、公寓、可售公建等，这是该公司业绩的主要贡献者，为经营性不动产业务提供现金流支撑。

经营性不动产业务：包括持有购物中心、写字楼、酒店等，这为华润置地带来了长期稳定的现金流收益，帮助其开发销售型业务、平衡风险、获取资源、提升轻资产服务能力，是华润置地业绩持续增长的稳定器。该公司已然成为内资商业运营引领者，以"万象系"购物中心为代表的投资物业是其重点发展的业务板块，同时是公司差异化价值体现之所在。

轻资产管理业务：2020年，华润置地分拆商业运营与物业管理业务，成立华润万象生活，并在香港联合交易所上市。万象生活作为华润置地旗下商业运营管理及物业管理业务的平台，是华润置地业绩贡献的强劲增长极，协同开发销售型业务获取资源，实现资产的保值增值。

生态圈要素型业务：包括代建代运营、城市更新、长租、酒店、产业、康养等，将联合三大主营业务，共同构建城市投资开发运营的综合能力，既能有力支持主营业务的业绩增长，又能自主盈利，自主发展贡献长期稳定现金流，同时成为华润置地品牌影响力的突出贡献者。同时，在行业融资趋紧的市场环境中，持有型资产自身的融资能力（经营性物业贷、CMBS、类REITs等）为企业在下行周期中提升了重要的对抗风险能力。

图 3-7 华润置地"3+1"一体化业务组合模式

资料来源：华润置地官网，明源不动产研究院整理。

（2）由重变轻，轻资产转型助力华润置地成为行业佼佼者

2020年12月，华润置地拆分旗下物业管理及商业运营平台，成立华润万象生活并在香港交易所成功上市，正式启动轻资产的规模性扩张。上市之后，万象生活的商业模式与增长逻辑也得到了资本市场的认可，2022年以来，其一直是港股大物业板块市值最高的企业，展现出良好的成长性和长期投资价值。除此之外，在行业不断变化的当下，华润置地的整体战略与方向无疑为诸多不动产企业提供了典型范例和参考。

华润万象生活有两大业务板块，分别为住宅物业管理服务、商业运营及物业管理服务（包含购物中心、写字楼），简称"商管+物管"。在物业上市潮中，华润万象生活的表现依旧可圈可点，究其原因，离不开其"商管+物管"的双翼模式。自上市以来，华润万象生活的盈利水平不断提升，三年净利润年均复合增长率达87%。截至2023年末，华润万象生活总收入同比增长22.9%，达147.67亿元。收入结构上，华润万象生活的物管业务是其营收主力，而商管业务是其利润贡献主力，截至2023年末，在营购物中心有101个，重奢购物中心有13个，规模稳居行业第一。

在全新的"3+1"战略中，华润万象生活作为"轻资产管理业务"的典型代表，可谓赚足了眼球。2021年上市一周年，华润万象生活发布全新品牌战略，确定商管业务聚焦"万象城""万象汇""万象天地"三大核心产品线，为母公司华润置地及第三方业主提供商业管理服务，并对外宣布了"在2025年要实现在营购物中心150个，外拓50个"的新目标。发布会后，华润万象生活加速"轻重并举"发展模式。公司坚定且长期看好国内消费市场的增长潜力，近两年年均购物中心开业超10个，并且其不断夯实资产运营实力，充裕储备推进商业长足发展。

当下，国内轻资产市场竞争格局尚不明朗，头部企业强大的品牌背书，可在市场上获得更多选择优势。所以，华润万象生活除了从"内部管理"苦下功夫，也在积极探索"外部生意"，除了母公司项目，积极外拓优质商业，不断利用品牌效应实现轻资产扩规模。在地段选址上，有央企资源禀赋优势加持，华润万象生活所获取项目多数集中在核心高能级城市、核心地段。截至2023年末，

华润万象生活已拓展 55 个轻资产商业项目，其中多为位于核心地段的高质量项目。

华润万象生活作为轻资产管理服务平台，也在年报中表示，它的商管业务将在强化商业产品力，构建全赛道经营能力等方面继续筑牢行业护城河；物管业务将全面提升服务质量稳定性，并通过重点打造标杆项目，持续构建城市空间管理与服务组织能力和核心竞争力；同时，加强科技赋能与空间运营，构建跨场景、一体化的大会员体系，实现高效触达客户、交叉营销、相互引流，构建"高质量规模发展＋高品质和高效率运营"的支撑体系，赋能业务发展。

（3）坚持长期主义，优质资产获市场青睐，资本力量助力加速奔跑

华润置地除了三大战略性业务，其生态圈要素型业务的目标是协同主业资源获取，致力于培育发展长期主义的新增长极。2022 年以来，公司主动调整生态圈要素型业务进退策略，坚持对不同赛道业务明确取舍，实施差异化管理，重点发展代建代运营、产业和长租等领域，持续提升经营质量、品牌影响力。2023 年上半年，该公司生态圈要素型业务合计实现营业额 26.2 亿元，其中，建筑、代建代运营、长租业务分别实现营业额 14.0 亿元、6.1 亿元、1.7 亿元。

华润置地的代建通过与政府、合作方的共建，实现高质量代建，为城市公共服务和市政基础设施、设备规划建设贡献新质生产力，形成"6+2"代建赛道全面发展的格局。华润置地的代建能力依托三个方面：一是其住宅开发的高品质精细化能力赋能；二是万象城开发建设运营一体化能力赋能；三是深耕场馆代建代运营积累的场馆规划建设保障运营一体化的能力。华润置地城市更新的核心竞争力在于其丰富的城市更新的实操经验、全能且专业的实战团队、因地制宜的创新运营能力，以及品牌比较高的附加值。而华润置地的产业则细分为两大平台，即润城新产业和华城新产业，一个聚焦轻资产运营，做好产业园区的招商运营，一个聚焦重资产投资，做好产业载体的投资开发，轻重并举，共同推动产业转型升级。

除此之外，华润置地在有巢品牌创立早期就聚焦核心城市、核心区位、核心资产，探索长期可持续的盈利模式和创新型融资平台，以获取符合公募 REITs 发行标准的标的资产，打造"投、融、建、管、退"闭环理念。2022 年，

该公司以有巢泗泾项目和有巢东部经开区项目为底层资产，成功发行有巢REIT（发行规模达12.1亿元）。华润有巢REIT为首单市场化机构运营的保障性租赁住房公募REIT，丰富了该公司以股权为基础的融资方式，降低了对传统债务融资方式的依赖；同时，作为基金份额持有人，华润置地通过分派方式获取稳定回报；此外，基础设施REIT也为公司未来扩展提供了独立的集资平台，增强了探索新融资及集资渠道以发展其业务的可能性。华润有巢为房企转型提供了方向，对行业起到了示范性作用，其在2024年5月30日，正式启动扩募计划，对其实现从"培育孵化租赁住房资产"到"运营成熟装入有巢REIT"，再到"REIT滚动投资，做大资管规模"具有重要意义。华润置地在不断调整和优化中更加认清方向，坚定投入。

3. 越秀商管：中国公募REITs开创者

在REITs赛道摸爬滚打长达18年的越秀REIT愈加成为业内关注的焦点，其在抗风险、稳现金流、提升资产价值等方面的实践，堪称中国式REITs样本。

作为全球首只投资于中国内地物业的香港上市REIT，2023年是越秀房产基金上市的第18年。精耕18年，越秀房产基金实现了强劲的跨越式增长，其发展模式已是国内REITs的最佳样板，总资产规模较上市时翻了9.5倍，2022年持有资产总值已攀升至438.66亿元，并入选7项恒生指数，获标普、穆迪、惠誉三家基金的"投资级"信用评级，这充分验证了其资本市场认可度。

越秀商管现已成为中国香港及新加坡上市房产基金中持有中国资产组合规模最大的REIT，为国内企业勾勒出一个可以模仿的中国式资产管理样本。越秀商管董事长、执行董事及行政总裁林德良曾说："资本能够解决重资产的问题，但运营才是根本出路，坚守资产价值最大化的初心至关重要。"目前，越秀房产"开—运—金"这一独特商业模式日趋成熟，与越秀商管双平台互动进入稳定模式（见图3-8）。其优质的资产培育、专业化的管理与金融新动能相结合，形成了良性发展循环的越秀模式。

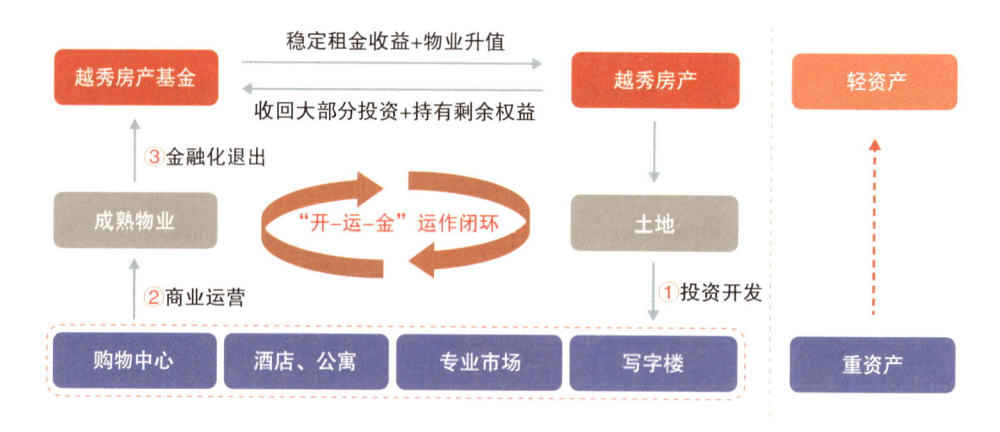

图 3-8 越秀房产"开—运—金"模式

资料来源：越秀商管，明源不动产研究院整理。

（1）聚焦资产管理本质，打造"投资开发＋商业运营＋金融化退出"商业闭环

越秀商管作为全球首只投资内地物业的上市 REIT，是香港最活跃的基金之一，其通过资本解决重资产问题的逻辑，以及从开发、运营到金融化做到每个环节价值最大化的思路值得深度学习。不管是"投、融、建、管、退"，还是"开—运—金"，都在通过不同的路径，进行资产最大化。究其本质，就是如何做资产管理，以及如何将资产管理最优化。

作为全球领先的资产管理公司，越秀商管有其多年来一直践行的"三位一体"资产管理模式。林德良强调，REIT 管理的本质是资产管理，要想持续提升资产管理水平，企业需要在经营、资本和财务三个方面提升，每个方面都不能懈怠。越秀商管在实践中摸索出一条"以商业运营为根本，以金融化为出路"的发展道路，实现资产管理与基金管理一体化、商业经营与物业管理一体化、资本提升与资产提升一体化。

越秀商管的核心竞争力除了"三位一体"管理模式，还有利息分派的稳定性。越秀房产基金自 2005 年上市以来，除了搭建了新的资本运作平台，还一直保持低负债水平，一直保持 100% 全额分派水平，高于同行平均水平。越秀商管所管理物业的净租金收益率每年在 4% 左右，而最终能够达到 6% 甚至以上

的股息率，低融资成本功不可没。较好的抗风险能力和市场认可度，让其有息融资成本仅在 3%~4%，相当于用杠杆去做融资，而与之带来的回报给到股东，形成了良性循环。

（2）以资产价值最大化为目标，四维度衡量资产管理核心能力

真正的资产管理，目标是资产价值最大化。林德良认为，资产价值最大化至少有四个指标来衡量：物业估值最大化、ROE 最大化、物业净收入（NPI）最大化、市值最大化，这是一套系统性工程。所以，资产管理其实是基于两个逻辑：左手边资产运营最大化，右手边资本运作最大化，做好分子、分母管理，实现资产价值最大化。

物业估值最大化：开发环节提前参与，运营环节主动管理。资产管理要做到资产增值最大化，比如写字楼出租，需要和租客谈租金、递增率及租期，实际上是租赁管理，而站在资产管理的角度，要求是不一样的。越秀商管作为资产管理运营商，怎样做到估值最大化？第一点要明确的是，物业估值分为两部分，一个是合同期内的，这是根据租金水平、递增率来拟定合同期内的估值；一个是合同期外的，也就是未来市场给到的估值。从收益资本化法公式看，分子是市场租金，分母是折现系数（见图 3-9）。

$$估值 = \frac{第一年租金}{第一年折现系数} + \frac{第二年租金}{第二年折现系数} + \cdots + \frac{第N年租金}{第N年折现系数} + \frac{现行市场租金}{第N+1年折现系数} + \cdots + \frac{现行市场租金}{土地使用年限末年折现系数}$$

合同期内的估值　　合同期外的估值

开发阶段（合同期外）
- ✓ 报批报建
- ✓ 楼栋分摊面积
- ✓ 股权架构

运营阶段（合同期内）
- ✓ 租期主动管理
- ✓ 递延资产管理
- ✓ 财务规划管理
- ✓ 续租率

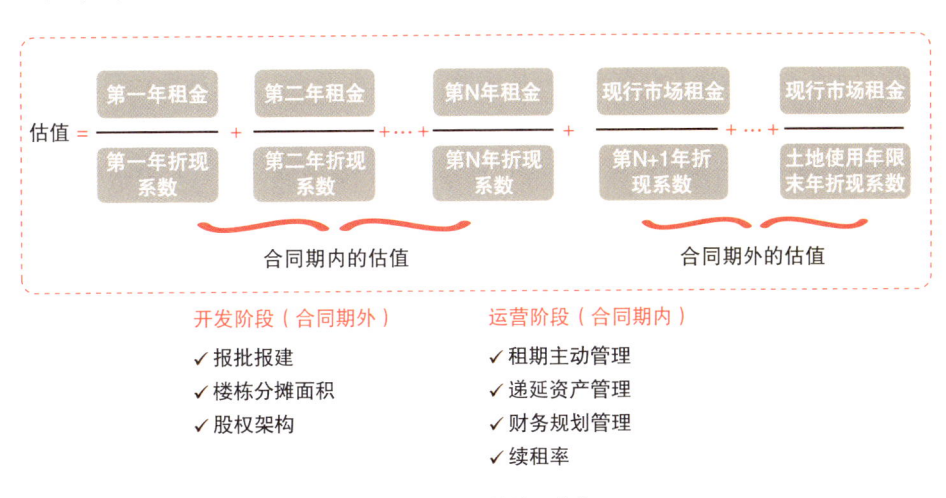

图 3-9　物业估值最大化

资料来源：越秀商管，明源不动产研究院整理。

其实，估值最大化不仅仅是看公式，从开发阶段就要提前规划。下面举几个越秀商管实践中的例子。

在办理报批报建手续时，是统一申请一个整体许可证，还是按照分层、分单元申请多个许可证，哪种做法在价值评估上更有利？如果提前规划，按照分层、分单元去报批报建，那么散售和分层抵押的价值均可获得。在楼栋分摊面积方面，比如一栋楼的业态有写字楼、商业、酒店、公寓，如何在开发阶段提前策划让面积分摊更小，坪效更大，这些都是为后续估值最大化做出的努力。还有股权架构，这一点是容易被忽略的，在股权架构的搭建上，懂资产管理逻辑的人会在财务处理、利润确认和记账模式上提前做好规划。

除了在开发阶段进行提前规划，企业还要在运营阶段主动管理，即做好公式的分子、分母管理。具体来看，首先是租期主动管理。在疫情期间租约签长期的好，还是签短期的好？一般思维是签长期的好，但从资产管理思维出发，疫情期间很难有高租金，短租期在疫情期间可能是更好的选择。其次是递延资产管理。在资产管理逻辑内，企业设置怎样的租金递增机制，财务上用哪种方法入账才能让租金尽量平稳，降低提前退租可能造成的损失。再次是财务规划管理。在业务与财务联动上，有很多方式可以提升收益水平。最后是续租率管理。续租率本质上是现金流稳定性的体现。越秀商管内部要求续租率至少在70%以上，这个指标非常重要。总体来看，林德良表示，真正的资产管理要围绕管理红利，落实到每天运营的事情上。

ROE 最大化：经营性净利润和估值净利润二者兼顾，进一步释放管理红利。除了物业估值最大化，ROE 的最大化也十分重要，ROE 反映了股东投入的资本所产生的收益水平。具体到指标上，林德良提出，ROE 这个指标是国资委重点要求指标，也是集团经营重点关注的指标。从板块整体上对 ROE 的构成进行分解，重点需要关注的其实就是净利润和净资产两部分（见图 3-10）。

在组成上，净利润除了包括每个项目要产生的经营性利润，更重要的是包括物业估值增长产生的利润。例如，上市公司报表中呈现的利润可能只是资产升值的利润，不一定是核心利润，也就是真正现金流利润，这个核心利润才是可以分给股东的。那么，具体如何从净利润的公式（经营收入 - 直接经营成本-非直接经营成本）中找到资产管理的发力方向，树立自身的竞争优势，是企业需要重点思考的。越秀商管站在资本的视角，提到资本市场最看重可变的东西的稳定性，在资本市场越稳定，意味着给到的估值会越高。越秀商管在细节处深挖，进一步释放管理红利。

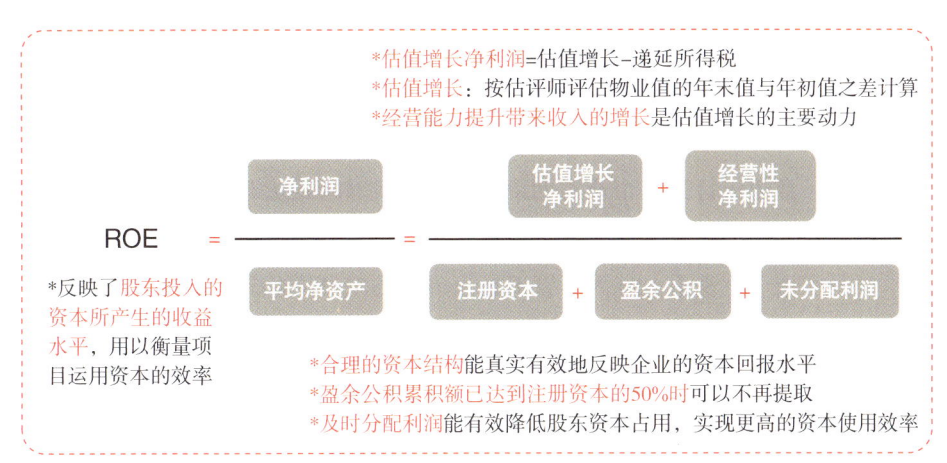

$$ROE = \frac{净利润}{平均净资产} = \frac{估值增长净利润 + 经营性净利润}{注册资本 + 盈余公积 + 未分配利润}$$

*反映了股东投入的资本所产生的收益水平，用以衡量项目运用资本的效率

*估值增长净利润=估值增长-递延所得税
*估值增长：按估评师评估物业值的年末值与年初值之差计算
*经营能力提升带来收入的增长是估值增长的主要动力

*合理的资本结构能真实有效地反映企业的资本回报水平
*盈余公积累积额已达到注册资本的50%时可以不再提取
*及时分配利润能有效降低股东资本占用，实现更高的资本使用效率

✓ 净利润：净利润除了包括每个项目产生的经营性利润，更重要的是包括物业估值增长产生的利润。
✓ 净资产：等于注册资本加上盈余公积和未分配利润，越秀商管提到要及时分配利润，这可以有效降低股东的资本占用情况，提高资本的使用效率，并且在轻资产运营方面，将注册资本控制在合理水平。

图 3-10　ROE 最大化

资料来源：越秀商管，明源不动产研究院整理。

举例来说，越秀商管在直接成本里把租赁费率固定化，即在租期内维持不变的租赁费率，也就是成本费率固定化。直接经营成本稳定，意味着 NPI 的稳定。在这种细节运营管理之下，越秀房产基金的 NPI 比率可以达到 83%，也就是 100 元中有 83 元是物业收入净额。从净资产公式上看，等于注册资本加上盈余公积和未分配利润，越秀商管提到要及时分配利润，这可以有效降低股东的资本占用情况，提高资本的使用效率，并且在轻资产运营方面，要将注册资本控制在合理水平。

NPI 最大化：分业态打造第二曲线，用数字化手段赋能业务。林德良指出，资产价值最大化看的是估值能不能最大化。分子是每天产生的净现金流，分母是综合融资成本，最后得出估值。资本能够解决重资产的问题，但除了财务成本，运营才是最关键的。越秀商管在过去的实践中沉淀出了一套涵盖资产管理、价值投资和风险管控的系统性打法，用长期主义筑起经营护城河，搭建平台、共造生态，实施积极稳健的租务策略，并敏锐地捕捉资本市场较低成本的融资机会，从而实现增收、降成本，在运营层面不断提升资产价值。

随着新冠疫情防控趋稳，写字楼、零售商业、酒店、公寓等业态缓慢复苏，越秀商管针对不同的业态采取了不同的应对措施，进一步优化各业态收入占比结构，致力于打造每个业态的第二曲线，将 NPI 最大化，目前越秀商管物业成熟期的 NPI 回报率平均是 4.2%。

对写字楼业态来说，越秀商管不是简单地做 ToB 端物理空间收租，而是在思考怎么获取 ToC 端的收入，通过数字化运营手段去挖掘第二曲线。越秀商管于 2020 年 6 月上线"悦享会"平台，积极响应"内循环"的经济部署，通过"6 大管家 +2 大平台"服务体系，实现"人—货—场"全新闭环，从 ToB 端的企业会员体系升级为"区块链营销平台"，赋能企业经营，减少中间渠道费用，以助力租户精准拓客、降低成本。例如，广州国际金融中心每天约有 9 600 人上班，上班族可以通过"悦享会"平台订咖啡、外卖、酒店，企业只收 3% 的平台费，而在其他平台这一比例可能为 20%，这也是社群运营的一种模式。2020 年上半年，越秀商管展现出极强的抗风险和跨越经济周期的能力。

对零售商业来说主要是三个方面，越秀商管通过三个 1/3 原则，寻求提升租金和坪效的方式，即 1/3 是餐饮，1/3 是零售，另外 1/3 做一些体验式的业态。另外，越秀商管为零售业态定制"智慧零售十大运营体系"，分成三大类，通过大数据管理、租金管理、会员管理，以收益最大化为目标，提升商业物业价值，深度开发客户资源，实现高效的资产管理。例如在大数据管理上，捕捉数据，精确推送给目标消费者设定的消费模式；在租金管理上，实施红黄牌与黑白名单的管理机制，并针对抽成租户制定专门的管理策略。为了确保这些措施的有效执行，与店长的会议沟通也至关重要，越秀商管会定期开会深入探讨租金管理策略的优化路径，以及提升店铺运营效能的具体措施等。

对酒店业态来说，越秀商管倡导从酒店管理回归做收益管理，主动做分子、分母管理。因为酒店管理公司对酒店经营的绩效管理比较少，所以业主就要主动管理起来。一方面是提高效率，另一方面是节约成本。在提高效率上，一般酒店会在每层设置一间布草房，清洁运输距离决定了效率，而如果在对角增加一间布草房，就可以很大程度提升效率；包括前台安排房间也有相应的讲究，可考虑将住两晚和住一晚的客人分别安排，这也是提高效率、压缩成本的环节之一。在节约成本上，林德良提到，四季酒店以前单房运营成本是530元，现在可以降到378元，但整体质量并没有下降，是怎么做到的？例如，酒店肥皂的使用频率是很低的，四季酒店的肥皂还是用欧舒丹，但是把它变成空心的，并且要求员工把用过的肥皂磨成粉在厨房用，通过主动管理，从细节着手，落到实处，一步一步降低成本，逐步做到价值最大化。

市值最大化：股东管理和流动性管理，全过程提升资产价值最大化。越秀商管在资产价值最大化中提到一个资本市场关注的点——市值最大化。资本认可是很重要的，如何将市值最大化也有一个完整体系。其实就是在合法合规的前提下，通过主动管理尽可能地最大化公司市值。林德良提到，在市值最大化上，企业可以从股东管理、流动性管理、信息披露管理等多方面全过程管理市值。例如，股东的结构和股东要求的回报率可能会影响估值，回报率低一些，相应的估值会高一些，所以是投资长期还是短期都需要严格的管理。流动性管理就更加重要了，这是已经发行基础设施公募REITs的企业十分关注的问题。越秀商管在分配股票时会把一定金额分配给对冲基金和私募PB业务等，以更好地进行流动性管理。

这几个方面做好，将很大程度帮助入选指数，提升基金评级，从而获取更多的投资者关注和购买。越秀房产基金发展至今，规模达到430多亿元，资产增长超9.5倍，该公司就是通过不断地做资本优化，引进不同股东，做流动性溢价，以提升全过程的资产价值最大化。

作为领航者，越秀商管首开先河，凭借与越秀地产"双平台互动""开—运—金"轻资产运营模式，走出一条独特的利用商业物业融资和退出的模板，并与中国香港REITs市场共同成长，打造商业运营、物业管理、资本运营的

"三位一体"商业模式，从资本的视角给中国内地的资产管理逻辑带来前瞻性启发。

4. 长沙城发："城市资源运营商"转型

自2019年开始，长沙市国资委连续四年推动市属国有企业开展"三资"盘活工作，在现有"三资"盘活平台上"借势发力"。2022年长沙市实现盘活"三资"收入248.26亿元，其中长沙城发聚力片区开发主战场，通过片区导入产业带动税收贡献持续增长，成为长沙市国资委向省内和全国推介的盘活"三资"的创新案例之一。

作为目前长沙市最大、湖南省第二大的非金融类国企，长沙城发于2019年由长沙城投和先导控股联合重组而来，总资产超2 500亿元，目前开发重大片区9个，不断强调深耕片区，产城融合，以城市功能提升为核心，并且深入贯彻"国有资源资产化、国有资产资本化、国有资本证券化"的"三资"盘活理念。

（1）聚焦主业，优化业务布局，走好"三高四新"的融合转型之路

长沙城发立足"三高四新"战略，围绕"融合创新、转型发展"的主题，聚焦城市资源和产业运营两个核心，以打造"值得信赖的城市综合运营服务商"为愿景，努力实现"让城市生活更美好"的发展使命，实施"搭平台、强链条、筑场景"三个策略，构建城市开发、城市建设、城市运营和产融投资"一核三极"发展格局，专注于城市产业有机融合和长期价值的创造，由城市端向产业端延伸，由建设端向经营端延伸，形成专业运营服务、产业生态构建的核心竞争优势，通过高质量运营推动城市长期可持续发展。

①城市功能和产业资源协同发展，加强业务间体系协同。长沙城发以"城市开发"为"一核"，以"城市建设、城市运营、产融投资"为"三极"，搭建"开发—建设—运营—投资"的一体化发展链条（见图3-11）。长沙城发在推动城市和产业资源整合运营的发展过程中，坚持聚焦主业，充分优化业务发展格局，加强业务体系协同，致力于打造城发特色产业，实现城市和产业的循环互补发展。

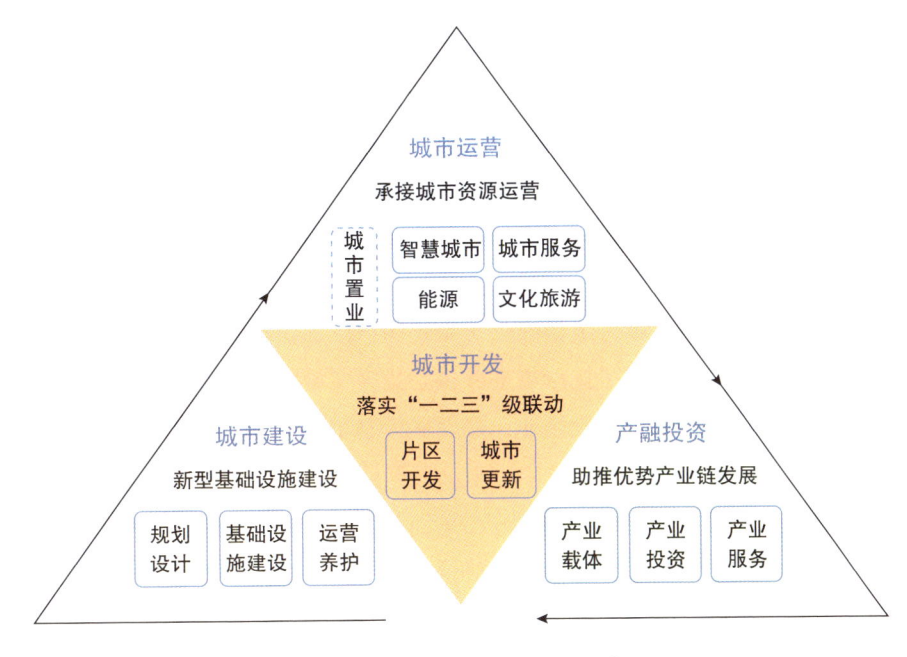

图 3-11 长沙城发的"一核三极"

资料来源：长沙城发。

长沙城发的业务布局可以总结为四大关键词：城市开发、产业创新、片区生态和资产运营。各个业务板块都在朝着这四大方面发力，遵循"从旧基建到新基建、从建设端到运营端、从城市端到产业端"三个延伸的原则，提高资产运营效率。

第一，城市开发以产业为核，以民生为基，以市场为先。城市开发板块作为长沙城发的"一核"，主要包括片区开发和城市更新，城市更新的核心其实是城市空间的功能结构优化，城市产业运营功能植入和提升，城市民生功能改善。长沙城发未来的城市更新，将进一步探索政府引导、市场运作、多元参与、共同治理的"留改拆补"城市有机更新模式，聚焦传统居民类历史地段保护微更新，着力解决居住类地段改造中遇到的土地、资金等瓶颈问题；积极盘活存量土地资源，加大土地开发、出让力度，完善土地出让市场运行机制，实现以地生财、以城兴城、产城融合；突出城市经营高效化，推进市场化运作，展融资渠道，实现资产产品化、产品产业化、产业资本化，以推动城市发展，同一资产也尽可能用多元化手段进行资本化，包括股权投资、期权投资、资本化投资、上市公司等方式。

第二，"策划引领"和"串珠成线"打造核心竞争力的文旅产业。长沙城发的文旅产业，可以说是该公司未来发展的中坚力量。其助力长沙打造"国际旅游中心城市、国际文化创意中心"，按照分类归集、全面整合原则，梳理、归集集团旗下优质文旅资产，组建成立文旅集团，以加快长沙城发转型升级。组建后，城发文旅集团承担了长沙市部分核心景区文旅资源的开发运营，定位是打造省内一流、全国知名文旅企业，其发展策略十分清晰：以"策划引领"为核心，深挖文化资源，利用长沙"山水洲城"资源优势，聚焦景区景点开发运营、旅游交通、水上旅游、旅游演艺、文创策划、酒店餐饮、旅游商业、媒体广告等主责主业，按照"文旅+"和"+文旅"产业深度融合的创新理念，通过专业化的运营，包括跨界运营、联动运营、产品运营等，打造"文旅+资产+服务"的融合发展平台。

长沙的文旅资源相对分散，被誉为散落的珍珠，城发文旅集团按照"聚焦核心、沿江先行、串珠成线、以线拓面"的思路，着力打造富有底蕴内涵和长沙特色的文旅产品体系，并通过丰富文旅业态、升级消费场景、创新产品供给，实现跨界融合和创新，激活文旅消费新引擎。例如，"一江两岸"灯光秀璀璨湘江两岸，绘就城市最美画卷，成为长沙夜生活独特的风景线和网红长沙的"新名片"，极大促进了长沙"夜经济"的发展，进一步提升了长沙的城市品质，展示了长沙的城市活力；杜甫江阁项目成为长沙标志性网红打卡点，获评"大湾区游客最喜欢的湖南20景区"、首批湖南文旅消费"新生代·新场景"和长沙2023年十佳文旅消费新场景；太平街完美演绎烟火气与历史感，丰富多彩的文化消费场景火爆长沙，获评湖南省历史文化街区、首批国家级旅游休闲街区；《恰同学少年》青春剧场通过多种新媒体手段，打造"文化+科技"新场景，获评首批湖南文旅沉浸式体验新空间，成为长沙文旅新名片。

第三，从片区和生态综合价值出发，紧抱主业赋能集团的产业协同。长沙城发十分注重片区价值和整体生态价值。例如，能源公司在长沙城发就发挥了三大核心作用，一是收入主要贡献单位，年营收达 70 亿元；二是为城发转型发展提供高潜力和成长性转型动力，其三大板块包括交通能源、区域能源、能源科技，核心都是作为一流城市综合能源服务商为片区开发赋能；三是在长沙城发打造"值得信赖的城市综合运营服务商"过程中，为市民提供节能降碳、性价比高的能源和降耗服务。例如，马栏山区域能源站供能片区 70 万平方米，年减排二氧化碳 1.5 万吨；凯德壹中心节能项目服务 11 万平方米现代商业，实现建筑系统节电 23%。又如，再生水公司主要以水生态构建与修复、水环境治理、污水处理运营等为主营业务，更多的是衡量综合价值，比如能给土地、产业带来什么效益，期望进一步提升城市品质。洋湖再生水项目是集团"一核三极"联动业务的典型，负责片区污水处理、中水回用等业务，基于系统化、生态化、全域化的考虑，设计产能合计 22 万吨/天，年收入约 1.2 亿元，利润贡献大，产权清晰、收益稳定。

第四，轻资产运营主动向增值服务、产业链延伸，生态能力 3.0 升级。2024 年 5 月 17 日，长沙城发旗下的泓盈城市运营服务集团股份有限公司（简称"泓盈集团"）在香港联合交易所主板挂牌上市。泓盈集团成功上市是落实长沙国企改革三年行动的典型代表，填补了长沙国资香港上市企业空白，成为首家 IPO 上市的长沙市属国资子公司、湖南省首家 IPO 上市城市运营服务企业，也是长沙市委、市政府部署"企业上市攻坚行动"以来首发上市的企业。

作为城市运营服务的探索者与参与者，泓盈集团成立于 2015 年 9 月，前身为长沙城市物业发展有限公司。初创时，公司以物业服务为基石，主要负责洋湖国家湿地公园、湘江时代写字楼等项目物业管理，同时全力对外开拓市场，获得全国物业一级、园林绿化二级资质，进一步提升市场准入能力。2019 年以来，先后并入夜景亮化及市政环卫业务，迈出多元化经营的关键一步。

泓盈集团始终坚持以客户为中心、以品质为生命线、以创新为发展力，持续优化业务布局，积极推进转型升级，重点聚焦公共物业、城市物业及住宅物业等多元"城市空间"，在满足人民日益增长的美好生活需要的道路上不断深耕。截至 2023 年末，泓盈集团在管物业项目 68 个，服务面积达 1 110 万平方米，积累深厚经验，并形成完整服务标准，凭借综合实力，在中指研究院发布的

"2024中国物业服务百强企业"中排名第47位，先后获评"中国智慧城市服务领先企业""中国城市服务优秀物业品牌企业"等。

②四大平台、五大核心能力，支撑"三高四新"战略。在有了以"城市综合运营服务商"为愿景的精准定位和清晰的业务布局、产业方向后，按照国企要勇担自主创新"排头兵"、重大工程"顶梁柱"、社会责任"主心骨"、走出国门"探路者"的要求，长沙城发更加聚焦主责主业，强化核心业务。而其之所以能够充分发挥整合有效资源、扩大资产规模、发挥协同效应，是因为注重对三个方面的打造（见图3-12）。

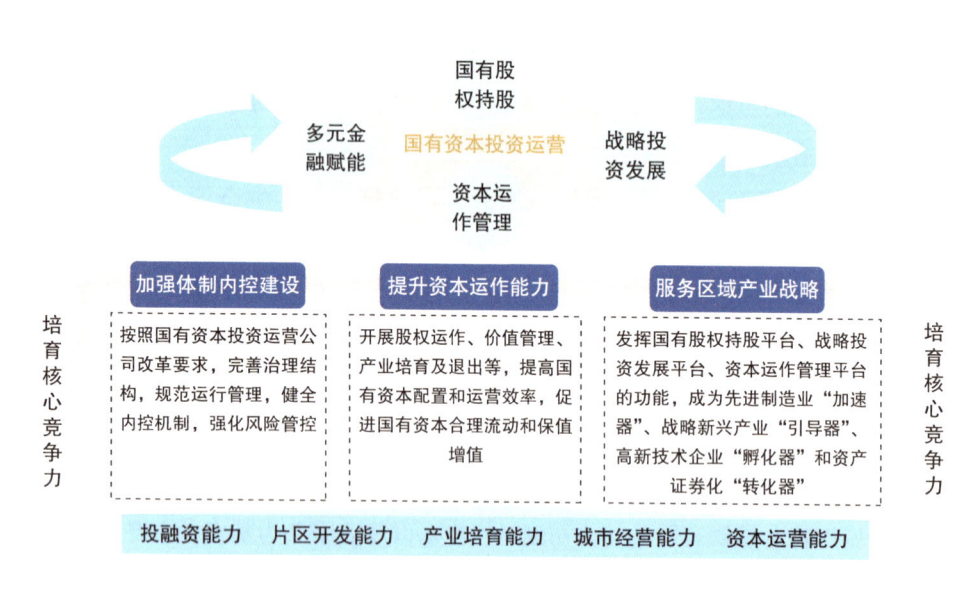

图3-12 长沙城发的四大平台、五大核心能力

资料来源：长沙城发。

一是加强体制内控建设，包括完善治理结构，规范运行管理，健全内控机制，强化风险管控，等等。二是提升资本运作能力，包括开展股权运作、价值管理、产业培育及退出等，提高国有资本配置和运营效率，促进国有资本合理流动和保值增值。三是以服务区域产业战略为核心，发挥国有股权持股平台、

战略投资发展平台、资本运作管理平台的功能，成为先进制造业"加速器"、战略性新兴产业"引导器"、高新技术企业"孵化器"和资产证券化"转化器"。总结起来，需要培育五大核心竞争力，包括投融资能力、片区开发能力、产业培育能力、城市经营能力和资本运营能力。

（2）以终为始构建投资闭环，"资产盘清指引+租决文件"实现精细化运营

长沙城发不断强化资产管理意识，在管理理念、组织定位、管理模式和运行体制、数字化建设等方面都逐步形成了自身的特色和差异化，有了一定核心竞争力，并且特别强调"金融"意识，致力于加快推动"资源资产化、资产资本化、资本证券化"。其中，存量资产盘活所需资金量大、回收资金周期长，资产在制定盘活策略前，资产的盘点、盘清和分等定级，以及对项目进行精细化的指标运营管理非常重要。长沙城发做了两件事：一是开展经营性资产、资源清查盘点；二是对租赁决策文件进行编制和有效执行。

①资产盘清的两个核心要求是"颗粒归仓"和"数据完整"。为了摸清集团资产现状、提高资产使用效率，资产管理部对经营性资产进行了清查盘点，要求"应盘尽盘、颗粒归仓"。在资产数量和种类多的情况下，长沙城发借助资产信息化建设，统一进行资产档案，将所有经营性资产在线化，构建资产地图，从而一览无余地看到各类资产的情况，真正实现资产家底有数。借助资产管理平台，长沙城发根据资产类别，统一资产建模标准，建立了资产电子身份证，包含"静态"档案、"特定标签"和资产"动态"经营档案信息，做到了账实相符和数据完整。

②"租决文件"是助力形成资产闭环，实现资产收益的关键。长沙城发对其所有的经营性资产建成投用前必须编制租赁决策文件，这是形成资管闭环，承接投资收益预期、市场实际情况及后续资产经营考核的重要手段，相当于根据资产证券化的要求编制了一本操作手册，指导和规范子公司招商运营过程中的行为，确保其按照资产证券化的条件要求盘活资产。

这一方式的核心包括三个部分：第一部分是关于项目的整体定位、商业业态定位、客群定位和业态比例等制定标准，承接投资决策时的收益预期，并严格管控过程中可能出现的资产回报偏差，从而保证从投资开始后各阶段存量资

产的投资回报变化可控。第二部分是商务条件，主要包括租金底价、租金递增率、租金优惠政策、租赁期限等，根据投资回报目标定好规则，并将这份文件作为规范下属子公司招商运营过程的一份指导手册，使其在日常运营中始终围绕着收益目标进行各种决策，避免投资收益偏差大。第三部分是其他重点管控的招商和运营事项，根据市场周期、空间特点来布局租户的进出周期，让资产在整个周期里保持合理的出租率，保证收益的连续性，保证资产的日常运营符合最终资产证券化退出的要求。

总的来说，企业通过租赁决策文件对招商底价进行控制，往前承接投资决策时的收益预期，横向兼顾市场实际情况，往后指导招商运营过程中的管理与考核，最终能确保收益目标实现。

星光不负赶路人，长沙城发相信观大势才能定方位，定方位才能明方向，明方向才能成大事。长沙城发的聚焦主业，以城市和产业为核的"一核三极"发展战略，以及其"三资"盘活的实践经验，可以说是国有资产存量盘活模式构建的一个典型代表，相信其能为全国国资国企盘活存量资产、打造资产管理能力提供参考。

三、路径总结：国企资产管理从资产盘清到资本优化持续进阶

总体来看，我们可以将国有资产管理战略进化路径分为四个标志性阶段。

1. 第一阶段：盘清资产

盘清资产、摸清家底是国有资产管理战略进化的起点和基础，是为后续经营决策和战略规划提供有力支撑的关键步骤。在这一阶段，国有企业需要从多个维度全面梳理自身的资产状况，要做到国有资产种类清晰、数量准确，信息得到有效披露，这样才能确保国有资产安全。这个阶段企业更多的是满足国资监管诉求，进行数据统计上报，不向下下达经营要求和进行过程管理。

通过盘清资产，国有企业可以清晰地了解自身的资产规模和结构，为后续的资产管理工作奠定坚实的基础，同时，这也为企业提供了宝贵的资产数据支

持，有助于企业更加精准地制定经营策略。

2. 第二阶段：盘清经营

盘清经营是在资产清查的基础上，深入了解国有企业的经营状况和管理水平。在摸清家底、夯实责任的基础上，进一步要求提高国有资产的使用效率，国有资产的使用最终是要实现企业价值最大化。在这一阶段，国有企业需要全面审视自身的经营业务、管理流程及人员配置等，以发现潜在问题和优化空间。这个阶段企业不仅要满足国资监管诉求，进行数据统计上报，还要满足盘活诉求，虽不具备向下的过程管理能力，但对过程经营数据掌握要求高。

通过盘清经营这一阶段的工作，国有企业可以更加深入地了解自身的经营状况和存在的问题。这不仅有助于企业制定有针对性的改进措施，提升运营效率和管理水平，还能为企业的长远发展提供有力保障。

3. 第三阶段：运营盘活

运营盘活是在盘清资产和经营的基础上，通过优化运营模式和提升管理效率，实现国有资产的保值增值和企业的持续发展。这个阶段其实要求企业具有专业的运营盘活能力，所以有几个典型特征：企业会成立下属专业的资产运营公司或资产管理部门，聚焦资产盘活诉求，从上至下对经营进行要求下达和过程管理，以实现专业化的运作；对于有特性的资产，按业务类型划分，单独成立公司或部门，甚至总包一家独立公司管理，比如上海百联、南京安居等；再进一步，企业的下属专业资产运营公司也会开始尝试向外拓展轻资产业务。

通过运营盘活，国有企业可以充分发挥自身资产和资源的优势，实现更高效、更可持续的发展。同时，这也为企业创造了更多的发展机会和市场空间，有助于提升企业的市场化竞争力和行业地位。

4. 第四阶段：资本优化

在"管资本"的背景下，以盘活低效、无效存量资产为切入点，提高国有资产的运营能力和价值管理能力，推动国有资本布局优化是核心要义，最终都是以提高国有企业核心能力和做强、做优、做大国有资本为目标。资本优化是国有资产管理战略进化的高级阶段，主要是通过优化资本结构、提升资本运营效率、实现资本增值等方式，推动国有企业的转型升级和高质量发展。在这一阶段，国有企业往往会完成资产重组，成立下属专业资产运营公司，聚焦资本化诉求，从上至下对经营进行要求下达和过程管理与业务赋能，集团资产管理部会具备资源对接与资本运作职能，并且需要运用更加成熟和专业的资本运营手段，以实现资本价值的最大化。能够做到这个金字塔顶端的企业，目前比较少，像前文提到的招商蛇口、华润置地和越秀商管，这些成功发行过公募REITs的企业值得关注和对标。

综上所述，国有资产管理战略进化的四个标志性阶段是一个循序渐进、不断深入的过程。每个阶段都有其独特的任务和目标，国有企业需要根据自身实际情况和发展需求，制定切实可行的管理策略和措施，推动国有资产的保值增值和企业的持续发展。

第四节
思维重塑：用增量思维看存量资产，用资本思维看资产价值

资产管理的核心是以提升资产价值为目的，对资产从投资到退出全生命周期各个阶段的主动介入管理，实际上也是将财务语言翻译成运营语言，上接资本，下接运营，是资本与运营之间的桥梁和纽带。在新时代和存量资产管理行业发展背景下，国企手中的资产想要做到盘活和保值增值，其需要先重塑思维认知，再以新思维下的价值目标做牵引、经营目标做驱动，构建新资产管理业务体系，做到"知行合一"，以此来支撑资产增值的目标达成。

资产盘活是对存量的重新认知，要用创新的思维来思考，不仅要把资产通过合适的方式转变为资金，也要"流动变现"，更重要的是要让存量资产实现最有效的利用，创造新的价值。这也要求企业从存量资产的全生命周期角度来思考，学会既算"大账"又算"小账"，避免自持做成无底洞（见图3-13）。

资产管理思维重塑的两个前提

前提一：价值观重塑
纠正认知偏差，以增量思维看待存量资产
"资本视角"

前提二：资本平衡
"以退为进"，以资本思维看待资产价值
"长期思维"

认知升级

图 3-13　做资产管理的两个思维认知升级

一、价值观重塑：纠正认知偏差，以增量思维看待存量资产

企业对于存量资产管理业务存在认知偏差，一是未以投资视角理解资产价值，二是未以长期思维做资产盘活。目前，大多数企业对持有型资产的价值潜力认定不足，经营过程中对资产的增值目标设定也不够高，从而导致手中的资产价值潜力不能全部发挥出来。

1. 未以投资视角理解资产价值

对资产价值的理解，不少国企停留在资产的"财务账面价值"上，缺少资本投资视角，手中资产市值不高。财务账面价值是按照投资时的购入成本或建设成本价格来计算，在后续需要资产出售变现时，再以"市场法"进行资产市场价格评估。这种价值理解其实只考虑了资产的物业原始价值，未考虑运营过程中的收益价值，更没有考虑与之相对应的资产增值溢价。

资本投资机构对资产价值的理解，不只是"物业价值"，还有"运营价值"。资本投资机构衡量一个不动产项目的价值，采用的是"收益法"评估逻辑，实际投资评判过程中也会结合"市场法"进行周边项目比较，充分考虑市场因素。收益法是通过一个资产项目预计这能给投资方带来多少正向的现金流，再按照一定的资本化率反向推算该资产到底有多少价值。资本投资机构在进行持有型项目投资研判时，更关注的是投后项目能带来多少现金流价值，以及投资风险有多高。

2. 未以长期思维做资产盘活

在过往的增量开发时代，业务模式多以投资建设为主，惯性思维是"开发销售快周转"，即"拿地—建设—销售"为一体的"产销模式"，在增量黄金时代，这给企业带来了可观的利润。而伴随着行业下行，存量市场风口与行业周期因素转变，企业不管主动还是被动，都得面对持有型资产的开发运营问题，如果还是以"产销模式"的惯性思维来思考项目的运作，往往会出现资金错配、收益错配等诸多问题，面临后期逐步乏力、运营收益骤减、运营收入抵不住银行利息的"无底洞"困局。

过去增量时代下的"产销模式"和存量时代下的"资管模式"是两种完全不同的商业逻辑（见图3-14）。"产销模式"下的项目自有资金量小，高杠杆，必须走"销售快周转"模式，以短线投资快速获利，相当于通过卖产品，产出后销售，获得收益，实现资金快速回流的方式，形成规模扩张和滚动开发。而"资管模式"下，项目只能赚慢钱，是长线投资的"放水养鱼"逻辑，赚的是精细化运营的钱，往往自有资金量大，低杠杆，长线投资，慢周转，收益来源是复合多维度的，比如租金、增值服务，所以能不能做到主动管理，对于资产价值的评估和业务体系设计，都需要有配套的调整。

"资管模式"下的项目，突发性暴雷风险较小，但是从长期看，慢性的、隐性的风险还是存在的，比如前期项目定位规划没做好，周边竞合关系及未来走势没有研究透，对产品设计和动线设计先入为主或主观臆断，未考虑未来拟入驻客户的实际需求，以及运营过程中主力客户撤离的应对策略不足等，均会带来持有型项目"后劲不足"的问题。

因此，在这种思维和认知偏差下，必然存在业务设计问题和业务能力不足的情况，"基因"不对，资产的价值潜力无法全部发挥，资产增值必然存在阻碍。但我们发现，当前很多企业还是用旧的思维去做资产管理，尤其是之前以开发为主的企业。

"产销模式" VS "资管模式"

产销模式（增量·住宅）		资管模式（存量·产业）
自有资金量小，高杠杆	主战场	自有资金量大，低杠杆
短线投资，快周转	商业模式	长线投资，慢周转
单一销售收益	目标客户	复合型收益
卖产品	运营模式	做内容
产销模式	盈利模式	资管模式

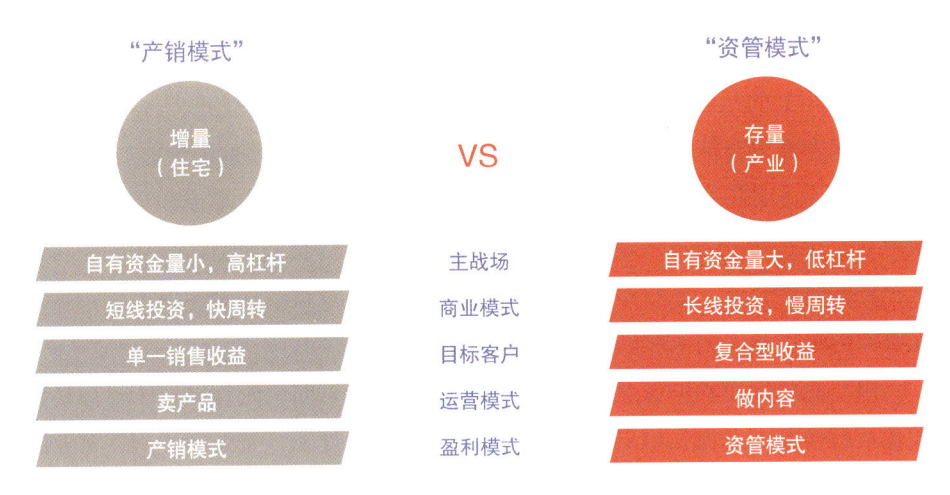

图 3-14 "产销模式"和"资管模式"逻辑迥异

如果要切换到资产管理的视角，总结来看有四点变化企业需要注意（见图3-15）。

"资产运营收益" VS "资本退出增值"

资产运营收益		资本退出增值
盈利模式=运营收入	01 盈利模式	盈利模式=运营收入+资产增值收入
全价值链未形成闭环：资产获取—开发/改造—运营	02 业务链条	全价值链闭环：投—融—建—管—退
关注资产运营，以最大化运营净收入为管理重点	03 管理重点	获得营业收入的同时关注资产增值，以实现资产价值最大化为管理重点，挖掘资产的金融属性
重点关注运营指标：租金收缴率、租金增长率、出租率、预算完成率等	04 核心指标	一套可评价资产价值的指标：NOI或EBITDA、NOI/EBITDA Yield、资产估值、IRR

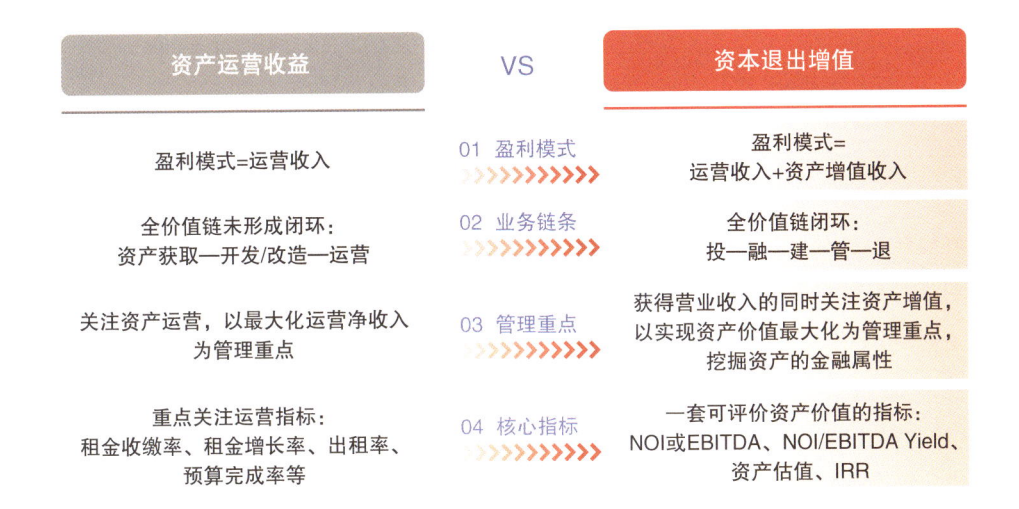

图 3-15 "资产运营收益"和"资本退出增值"思维差异

第一是盈利模式的变化。过往企业在资产经营的过程中，更多关注资产运营的收益，盈利来源就是运营收入，但真正做资产管理，盈利来源不应该仅仅是与租金相关的运营收入，更多的应该是资产本身增值获得的收入，也就是通过产业运营和自身能力提升带来的资产增值或资本退出的估值溢价等。

第二是业务链条的变化。过往的思维中全价值链是没有形成闭环的，项目获取后直接进行开发或改造，之后是直接出售或运营获取收益，现在的逻辑是从投资端到融资端、建设端，再到资产管理端，以及最后的资本退出端，是站在资产的全生命周期来形成全价值链闭环的思路。

第三是管理重点的变化。过往关注点在资产运营时，管理动作的目标是最大化运营净收入，而在以资本退出为目标的资产管理上，企业除了获得营业收入，还要关注资产增值，以实现资产价值最大化为管理重点，进一步挖掘资产的金融属性。

第四是核心指标的变化。过往的逻辑更多关注运营指标，比如租金收缴率、租金增长率、出租率、预算完成率等，现在需要匹配的是一套可评价资产价值的指标，比如净运营收入（NOI）或 EBITDA、NOI / EBITDA Yield、资产估值、内部收益率（IRR）这些资产价值评价指标。

二、资本平衡："以退为进"，以资本思维看待资产价值

在纠正了认知偏差，以及明确了做存量资产的思维逻辑后，国有企业还需要转换视角，用资本的眼光进行业务的布局和资产的价值提升。正如上文提到，存量资产的收益无非来自运营收入和资产增值收入。运营收入的提升是指要修炼内功，通过一系列管理手段提升资产运营能力，带来长期、稳定的收益，另外，也要向外借力实现资本增值退出，在不同退出阶段获取溢价，打通"投、融、管、退"闭环。事实上，在存量资产的全生命周期中，最大的收益来自退出这一环节所兑现的部分。

因此，国有企业在投资环节就必须洞察资本对资产的评价标准，这是将来资产能否在资本市场顺利实现退出的关键。因此，"以退为进"的资本前介思维就十分重要，企业要能够以资本的视角看待所处区域的市场情况，结合自身的

战略方向，从存量市场中找到合适的赛道进行发力。对于未来有资产证券化、公募REITs退出相关考虑的企业，在做好日常资产价值管理的同时，还要增加"资本视角"，以资本市场估值的视角看待资产价值，进行资产的价值管理。

国外资本投资机构如淡马锡、黑石集团、喜达屋资本集团、橡树资本等，在进行商业资产项目的投资时，通常会关注两个层面的"价值"——有形价值和无形价值。有形价值是显性的收益，如租赁收益、运营收益、销售收益等；无形价值是隐性的收益，如品牌形象价值、企业资源价值、客户资源价值等。而大部分国企在衡量一个资产项目的"价值"时，基本上是以财务的有形账面价值（成本法）进行评定，该价值逐年折损，与资本投资视角下的收益法、市场比较法是完全不同的估值逻辑。

资本投资机构评估判断一个持有型商业的资产价值时，最重要的指标是资产回报率，资产回报率等于净运营收入与总投资额之比，商业地产中无论是成本管控、招商运营，还是资产管理，都是围绕资产回报率的分子和分母展开的。分母很好理解，是包含地价、建筑安装工程费用及除这两者之外的其他各项成本在内的总投资额；分子则有众多指标，一般与资本市场接轨的指标为净租金收益，即我们常看到的NOI、NPI和EBITDA，所以我们常说的购物中心回报率可以通俗地理解为净租金回报率，也就是财务分析报告中常见的经营收益率（NOI Yield）、NPI Yield、EBITDA Yield。

资产评估机构在测算资产回报率时，会根据国家标准《房地产估价规范》（GB/T 50291-2015）采取市场比较法和收益法进行资产估值，市场比较法需结合相似案例比选后进行估值计算，即从近期发生交易的同类房产中按一定的条件筛选出类似可比案例，与估价对象相互比较，进行修正、估值。收益法测算规则和公式较为复杂，具体操作中要根据不同商业业态和类型灵活调整。商业类资产的价值体现在其获取收益能力的大小上，因此收益法是商业地产中最常用的估价方法之一。

此外，资本投资机构也会关注拟投资项目的无形价值，或者说附加价值。无形价值是隐性收益，如品牌形象价值、企业资源价值、客户资源价值等。同区位条件下的两个项目，在资产估值相近的情况下，原运营方的行业排名、品牌形象、市场口碑等因素会影响投资者的选择。就像我们生活中购买一件商品，如果可以货比三家，那么我们不仅会关注商品本身的质量、品质、功能特性，还会将产品生产方和经销商的品牌背书、其他客户评价作为重要参考因素，最终决定是否购买。另外，拟投资项目原本积累的客户资源、供应链资源的质量，也会成为投资者关注的一个影响因素。

其实，"以终为始"对资产管理业务而言，终极目标是通过自身的管理能力持续提升项目收益，使得资产进一步增值，以实现资产溢价及资本获利的目标。因此，首先要理解资产估值的逻辑，这一点对专业的资管机构来说不是什么难事，可是对国内大多数之前没有太多考虑存量资产盘活的国有企业来说，却存在着不小的障碍。

三、算法对比：以三种估值方法理解持有型资产估值逻辑

当下很多国企和平台公司对资产的价值还没有清晰的认识，只知道资产每年的经营收入是多少，不知道资产到底值多少钱，每年财务报表上的资产价值都是粗略地按照固定资产折旧算一个数。只有在资产交易时，才会聘请外部机构对资产进行评估，而评估的方法往往也采用成本法与市场比较法，未充分结合资产的实际情况进行准确的估值，这导致企业在资产交易时处于被动位置。

采用正确的估值方法评估真实价值是资产盘清的最终体现。如何得知真实的资产价值，我们要先了解资产评估方法有哪些，这些评估方法该怎么用。市场比较法、成本法、收益法是市场上公认的三大不动产估值方法，在我国价值评估理论和实践中逐步得到普遍认可和采用，三种评估方法有不同的适用场景，结合资产实际情况，我们需要选择最合适的评估方法，才能准确得出资产的真实价值，被市场和资本所接受。三种估值方法有不同的适用范围及优劣势，在实际应用中，企业要匹配资产状况选择合适的估值方法（见表3-5）。

表3-5 三种估值方法的适用范围及优劣势

估值方法	适用范围	优势	劣势
市场比较法	■ 交易性较强的资产 ■ 周围存在较多同类型资产交易的资产	■ 直接以市场上的实际交易价格为依据，评估结果直观易懂，易于被市场接受 ■ 能够及时反映不动产市场的供求关系和价格水平，评估结果较为准确 ■ 具有较强的时效性	■ 要求所选的比较对象与待评估不动产在各方面具有高度相似性 ■ 需要大量的交易数据作为支撑，评估结果可能产生较大误差 ■ 高度依赖于市场可比案例的可用性，依赖评估人员的专业知识和经验，存在一定的主观性
成本法	■ 交易性较差的资产 ■ 不发达地区的资产	■ 主要依据历史成本和实际状况进行评估，相对客观，尤其适用于新建或近期重建的不动产 ■ 可以提供关于不动产重置成本和贬值额等详细信息，有助于全面了解不动产的价值构成	■ 需大量的历史成本数据和相关参数，数据可能难以获取或不够准确 ■ 主要基于历史成本进行评估，可能无法充分反映市场供求关系和未来收益等市场因素，无法准确反映不动产的市场价值 ■ 在估算贬值额和成新率时，需要依赖评估人员的经验和判断，存在一定的主观性
收益法	■ 有收益或潜在收益的资产 ■ 能真实和较准确地反映资产资本化价值，更符合资本市场投资逻辑	■ 基于不动产的未来收益能力进行评估，更真实地反映不动产的市场价值，尤其适用于对收益性不动产的评估 ■ 通过折现的方式将未来的收益转化为现值，充分考虑了资金的时间价值	■ 涉及对未来收益的预测，受评估人员主观判断的影响，可能导致评估结果存在偏差 ■ 资本化率的确定需考虑多种因素，其确定过程较为复杂且具有一定的主观性 ■ 主要适用于具有稳定收益的不动产，对于收益不稳定或无法预测的不动产，收益法的应用受到一定限制

资料来源：公开资料，明源不动产研究院整理

1. 市场比较法：相似资产近期交易数据是估值重要参照

市场比较法是不动产资产评估中最为直观和常用的一种方法。该方法依赖市场上相似不动产的近期交易数据来确定评估对象的价值，主要将待估不动产与近期有交易数据且特征相近的不动产进行比较，再结合对两者之间的差异修正待估资产的估值，它要求市场上有足够多的可比交易案例。实际上就是用标的资产来跟其他相似的资产进行比较，以相似资产的成交价格作为对标，并对价格进行调整得出标的资产的估值，而参照调整因素通常包括地理位置、建筑年代、建筑质量、面积、年限、装修状况等。

市场比较法的优势是直接以市场上的实际交易价格为依据，评估结果直观易懂，易于被市场接受，并且能够及时反映不动产市场的供求关系和价格水平，在市场活跃、交易案例充足的情况下，评估结果较为准确，具有较强的时效性。但其缺点是要求所选的比较对象与待评估不动产在各方面具有高度相似性，这在某些情况下可能难以实现，并且其需要大量的交易数据作为支撑，但在某些地区或市场不活跃的情况下，数据的获取可能较为困难，当市场出现剧烈波动时，评估结果可能产生较大误差。其高度依赖于市场可比案例的可用性，如果市场上缺乏足够的可比案例，则评估结果的准确性可能受到影响。此外，对可比案例的调整需要依赖评估人员的专业知识和经验，存在一定的主观性。

市场比较法往往针对交易性较强且周围存在较多同类型资产交易的资产，如商品住宅、写字楼、商场、标准工业厂房等，适用市场比较法，能更加客观地反映资产目前的市场价值，易于被各方接受。

2. 成本法：以资产构成要素和成本作为估值的基本标准

成本法是基于不动产的建造成本来确定其价值的方法，主要基于当前时点及市场环境等条件下重建或重置评估对象所需的成本来估算不动产的价值。它主要关注不动产的构成要素及其成本，而不是不动产的市场交易情况。成本法的估值逻辑是先估算待评估不动产的重置成本，即在当前市场条件下重新建造一个与待评估不动产相同或相似的不动产所需的成本。然后根据不动产的折旧情况，从重置成本中扣除折旧额，得到不动产的评估价值。成本法更适用于没有参考项目的资产评估，通常用于具有唯一性或独特性的资产，例如会议中心、博物馆等。

成本法的优势在于主要依据历史成本和实际状况进行评估，是一种相对客观的不动产价值评估方法，尤其适用于新建或近期重建的不动产，并且可以提供关于不动产重置成本和贬值额等详细信息，有助于企业全面了解不动产的价值构成。但其缺点是需要大量的历史成本数据和相关参数，这些数据可能难以获取或不够准确，并且主要基于历史成本进行评估，可能无法充分反映市场供求关系和未来收益等市场因素，无法准确反映不动产的市场价值。此外，在估算贬值额和成新率时，成本法需要依赖评估人员的经验和判断，存在一定的主观性。

成本法往往针对交易性较差且不发达地区的资产，如公益性资产、工业厂房等。成本法能比较充分地考虑资产的折旧，利于单项资产和特定用途的资产评估。

3. 收益法：将资产未来预期收益视为估值的关键依据

收益法是基于不动产未来预期收益的现值来确定其价值的方法，适用于具有稳定收益的不动产。收益法首先预测待评估不动产未来的净收益（租金收入减去运营成本），然后选择适当的折现率将这些未来收益折现到评估时点，从而得到不动产的评估价值。通俗的解释就是，收益法通过对项目的预期收益进行折现来确定资产估值，也可以说，购买当前的资产实际上是购买了这个资产未来产生的收益，这个资产以后能赚多少钱就是这个资产的价值。

收益法常用的两种方法主要包括现金流折现（DCF）法和直接资本化法，前者是对NOI的现金流量折现，后者是通过预期NOI除以合适的资本化率（cap rate，净运营收入/市场价格）来计算，以此两种方式得出待估对象的价值。收益法的估值逻辑是基于未来收益与当前价值的对应关系。不动产的价值不仅取决于其当前的使用状态，更取决于其未来能够产生的经济收益。估值时，首先预测不动产在未来一定年限内的净收益流，这些净收益是不动产在未来经营活动中能够产生的现金流入扣除必要的运营成本后的余额。接着，选择适当的折现率（资本化率或报酬率），该折现率反映了投资者对不动产投资所要求的必要回报率，它通常与不动产的类型、风险水平和市场条件等因素有关。最后，将未来各期的净收益按照折现率进行折现，并累加到估价时点，得到不动产的评估价值。

收益法作为资产评估中重要的方法之一，也是目前国内对公募 REITs 底层资产进行估值的主要方法，具有其独特的优势和劣势。其主要优势有两点：一是基于不动产的未来收益能力进行评估，能够更真实地反映不动产的市场价值，尤其适用于对收益性不动产的评估；二是通过折现的方式将未来的收益转化为现值，充分考虑了资金的时间价值。其劣势主要有三点：一是涉及对未来收益的预测，往往受评估人员主观判断的影响，可能导致评估结果存在偏差；二是资本化率的确定需要考虑多种因素，如市场条件、不动产类型、风险水平等，其确定过程较为复杂且具有一定的主观性；三是主要适用于具有稳定收益的不动产，对于收益不稳定或无法预测的不动产，如新建项目或特殊用途的不动产，收益法的应用受到一定限制。

收益法更适用有收益或潜在收益的资产，如商场、酒店、写字楼等，它能真实和较准确地反映资产资本化价值，更符合资本市场投资逻辑。

针对经营性资产，用收益法思考，用市场比较法、成本法做事。三种不同的估值方法背后其实代表着不同的资管逻辑，市场比较法是基于行情考虑，是市场逻辑；成本法是基于投入成本考虑，是保本逻辑；收益法是基于未来收益考虑，是投资逻辑。作为国有资产的持有者和管理者，国企肩负着国有资产保值增值的重任，在资产运作过程中既要立足当下，确保资产不流失，又要放眼未来，保障资产持续增值。因此，国企要用收益法思考，找到提升资产当前及未来收益的路径，放大资产价值，同时要用市场比较法、成本法做事，稳定资产当前价值收益，确保资产不贬值。

四、估值逻辑：从收益法的算法中看影响估值的关键

自 2021 年 6 月首批基础设施公募 REITs 上市以来，中国的 REITs 市场经历了快速发展，市场规模显著增长，底层资产日益多样化，涵盖产业园区、高速公路、租赁住房等多种类型。政策体系也逐渐完善，包括税务、融资规则等方面的调整，这为市场提供了更明确的运作框架。在中国，公募 REITs 的价值评估主要采用的是收益法，这是监管明确规定且作为基础设施项目评估的主要估价方法。收益法能够准确地反映基础设施资产的价值，因为这些资产通常具有稳定的收入和分红比例。在实际操作中，企业会聘请第三方评估机构对 REITs 所持有的底层资产使用收益法进行估值，以得到资产的公允价值。收益法中常用的是现金流折现法和直接资本化法。

1. 现金流折现法在评估产权类和经营权类资产中的差异

现金流折现（DCF）法，简单的理解就是将未来预期的现金流收入按照一定的折现率折现到当前来评估资产的价值。在基础设施公募 REITs 的背景下，资产可以分为产权类资产和经营权类资产，它们的估值方法略有不同。产权类资产主要包括产业园区、仓储物流、保障性租赁住房等，其收入主要来自租金或运营外包服务；而经营权类资产则主要包括高速公路项目、生态环保项目、能源类项目等，其收入主要来自相关项目的收费。

对于产权类资产，计算方式为：预测未来第 1 至第 i+1 年的运营净收益，假设 REITs 在第 i 年年末处置该资产，则资产的退出价值为第 i+1 年的运营净收益除以终端资本化率（terminal cap rate），然后将资产退出价值与前 i 年的运营净收益折现，求和得到底层资产的估值。

$$V=\sum_{i=1}^{n}\frac{A_i}{(1+r)^i}+\frac{资产退出价值}{(1+r)^i} \qquad (3-1)$$

$$资产退出价值=\frac{第\ i+1\ 年的运营净收益}{终端资本化率}$$

式（3-1）中，V代表估值对象的价值，i代表年限，A代表运营净收益，r代表折现率。

举例说明，假设某REITs持有一个产业园区资产，预测未来5年的年度运营净收益分别为100万元、120万元、130万元、140万元、150万元，第6年的运营净收益为160万元，处置该资产的终端资本化率为8%，那么第5年年末的资产退出价值为160万元/0.08=2 000万元。将第1至第5年的运营净收益及退出价值按照适当的折现率折现，然后求和即可得到该产业园区资产的估值，假设折现率为10%，则

第1年运营净收益折现值：100万元/(1+0.10) = 90.91万元

第2年运营净收益折现值：120万元/(1+0.10)² = 99.17万元

第3年运营净收益折现值：130万元/(1+0.10)³ = 97.67万元

第4年运营净收益折现值：140万元/(1+0.10)⁴ = 95.62万元

第5年运营净收益折现值：150万元/(1+0.10)⁵ = 93.14万元

第5年年末资产退出折现：2 000万元/(1+0.10)⁵ = 1 241.84万元

得到产业园区资产的估值：90.91万元+99.17万元+97.67万元+95.62万元+93.14万元+1 241.84万元 = 1 718.28万元

对于经营权类资产，计算方式为：预测未来经营权剩余期限内全周期的运营净收益（或税前现金流），并将其折现，然后加总得到经营权类资产的估值。

$$V = \sum_{i=1}^{n} \frac{A_i}{(1+r)^i} \qquad (3-2)$$

式（3-2）中，V代表估值对象的价值，i代表年限，A代表运营净收益，r代表折现率。

举例说明，假设某REITs持有一个高速公路项目资产，预测未来5年的运营净收益为每年2 000万元。将这些现金流按照适当的折现率折现，然后加总即可得到该高速公路项目的估值，假设折现率为10%，则

第1年运营净收益折现值：2 000万元/(1+0.10) = 1 818.18万元

第2年运营净收益折现值：2 000万元/(1+0.10)² = 1 652.89万元

第 3 年运营净收益折现值：2 000 万元 /（1 + 0.10）³ = 1 502.63 万元

第 4 年运营净收益折现值：2 000 万元 /（1 + 0.10）⁴ = 1 366.03 万元

第 5 年运营净收益折现值：2 000 万元 /（1 + 0.10）⁵ = 1 241.84 万元

将这些折现现金流相加，得到高速公路项目的估值：1 818.18 万元 + 1 652.89 万元 + 1 502.63 万元 + 1 366.03 万元 + 1 241.84 万元 = 7 581.57 万元

2. 直接资本化法中，资本化率是影响估值的关键参数

直接资本化法的计算较为简单，即价值（V）= 净运营收入（NOI）除以资本化率（cap rate）。

$$V = \frac{\text{NOI}}{\text{cap rate}} \quad\quad (3-3)$$

式（3-3）中，V 代表估值对象的价值。

举例说明，假设某商业中心的净运营收入为 1 000 万元，而投资者对于这种类型的资产投资要求的资本化率为 6%，根据直接资本化法公式，可以得到：

资产价值 =1 000 万元 / 0.06 = 16 666.67 万元

因此，根据直接资本化法，该商业资产的价值为 16 666.67 万元。

但是，这种方法对资本化率的依赖程度高。资本化率是直接资本化法中最关键的参数之一，它基于市场长期动态演变形成的经验值，受到多种因素的影响，包括：①市场条件，不同地区、不同类型的房地产市场的资本化率可能有所不同；②物业类型，不同类型的物业如办公楼、零售店、多户住宅等可能有不同的资本化率；③物业状态，物业的年龄、状况和租赁情况等因素都可能影响资本化率；④经济环境，经济增长、利率水平、通货膨胀率等因素也会对资本化率产生影响。

虽然影响资本化率的因素较多，但整体呈现出一定的变化趋势。戴德梁行 2020 年发布的数据显示，在物流资产方面，一线城市的预期资本化率通常在 5.2% 到 6.3% 之间，其他区域的物流资产预期资本化率略高于一线城市，超出幅度在 0.4% 左右；在产业园方面，一线城市的预期资本化率通常在 4.5% 到

5.7%之间，二线城市的产业园资本化率明显高于一线城市，超出幅度在1.0%左右；在商业零售方面，一线城市的资本化率通常在4.0%到5.7%之间，而二线城市的资本化率稍高，超出幅度在1.2%左右；在甲级写字楼方面，由于市场接受度较好和收益预期较高，其资本化率较低，通常在4.0%到5.0%之间。在此之中，北京和上海核心区的甲级写字楼资本化率最低且较为接近，北京核心区甲级写字楼的资本化率范围为3.9%~4.9%，而上海核心区甲级写字楼的资本化率范围为3.8%~4.7%。值得注意的是，同一城市中非核心区与核心区也存在差异。这些数据仅供参考，实际情况可能会受地区、市场需求和具体项目等多方面因素的影响而有所不同。

在资产估值过程中，无论是采用现金流折现法还是直接资本化法，运营收入都是至关重要的考量因素。通过对这两种方法的计算公式进行解析，我们可以发现折现率、资本化率等指标受外部因素的影响较大。然而，从企业的角度看，要提升资产的估值，核心策略是增加资产运营收入和资产收益。通过提升运营效率、优化租金收入结构、提升物业的市场竞争力等手段，企业可以有效地提高资产的运营收入水平。同时，通过降低运营成本、提高利润率、扩大收益来源等措施，企业能够增加资产收益，从而提升资产的估值。因此，企业在管理资产时应该注重资产运营收入和资产收益的提升，这是实现资产增值的关键路径之一。

随着公募REITs的实施，不动产行业正迎来资产证券化的新机遇。在这个变革背景下，企业需要重新审视资产管理，转变思维方式，更加注重资本化和效益最大化。运营收入是资产增值的关键驱动力，其通过资本放大效应，可以将每一百元的提升转化为数十倍的资产估值增长。因此，对资产估值逻辑的深刻理解对于企业制定有效的资产管理策略至关重要。企业需要从长远的资本增值角度出发，精心制订和执行运营计划，以提升不动产的长期收益潜力，并有效控制成本和风险。

五、指标体系：三维视角下的核心指标管理策略

在国有企业资产管理领域，结合公募 REITs 的发展需求，对核心指标的选择和管理显得尤为重要。传统上，我们习惯于从单一视角来评估资产的价值，例如财务绩效视角或运营效率视角。然而，随着资产管理的复杂性增加和投资者需求趋于多样化，从运营、股东和资本三维视角综合考虑变得至关重要。企业通过三维视角可以更全面的审视核心指标，并更好地理解资产的价值。

运营视角关注的是资产的运营效率和盈利能力，其核心指标包括 NOI、NOI Yield 和 NOI Margin（营业利润率）。这些指标适用于评估资产的经营状况和盈利潜力，对于管理者来说具有重要意义。

股东视角注重的是投资回报率和股东权益的增值，其核心指标包括 ROE 和 IRR。这些指标适用于评估投资项目的回报率和风险，对于投资者来说具有决定性意义。

资本视角考量的是资产价值和资本结构，其核心指标包括 EBITDA 和 NPI。这些指标适用于评估资产的经营绩效和资产质量，对于资产管理者和投资者来说具有重要意义。

综合考虑这三个视角，企业可以更全面地了解和管理资产，满足不同利益相关者的需求，实现资产价值最大化的目标。同时，结合公募 REITs 的需求，这还可以为资产证券化和市场化提供更有力的支持和指导。因此，在资产管理实践中，综合考虑运营、股东和资本三个视角的核心指标管理是至关重要的。

1. 运营视角下，从 NOI 看资产经营活动的盈利能力

在资产管理越来越被重视的今天，大家对于 NOI、NOI Yield、NOI Margin 这些指标已不再陌生。然而，许多人却往往只是被动地接受指标，没有真正理解指标背后的含义。

NOI 指的是不动产的净运营收入，作为税前指标，NOI 在物业的利润表和现金流量表中呈现，不包括贷款本金和利息、资本支出、折旧费用和摊销费用等。其计算公式为 NOI = 总收入 − 运营成本，总收入包括租金收入、停车场的

停车费、物业服务费等，而运营成本包括人员成本、管理费用、水电费、维修费用等。举例说明，假设某园区的年总收入为 100 万元，总运营成本为 30 万元，则该园区的 NOI 为 70 万元。

NOI 直接反映了资产经营活动的盈利能力，是资产产生的净现金流入。通过计算 NOI，管理者可以了解资产的经营状况和盈利能力，并据此制定经营策略和决策，以提升资产的盈利能力和价值。此外，NOI 是直接资本化法中的重要参数之一，资产的价值可以通过将 NOI 除以 cap rate 来确定。因此，NOI 直接影响了资产的估值，对投资者来说也具有决定性的意义。

NOI Yield 和 NOI Margin 都是评估不动产经营效益的关键指标，通常会一起讨论。NOI Yield 用于衡量资产的投资回报率，其计算公式为 NOI Yield = NOI / 投资成本。NOI Margin 则用于衡量项目的利润结构，其计算公式为 NOI Margin = NOI / 总营业收入（见图 3-16）。

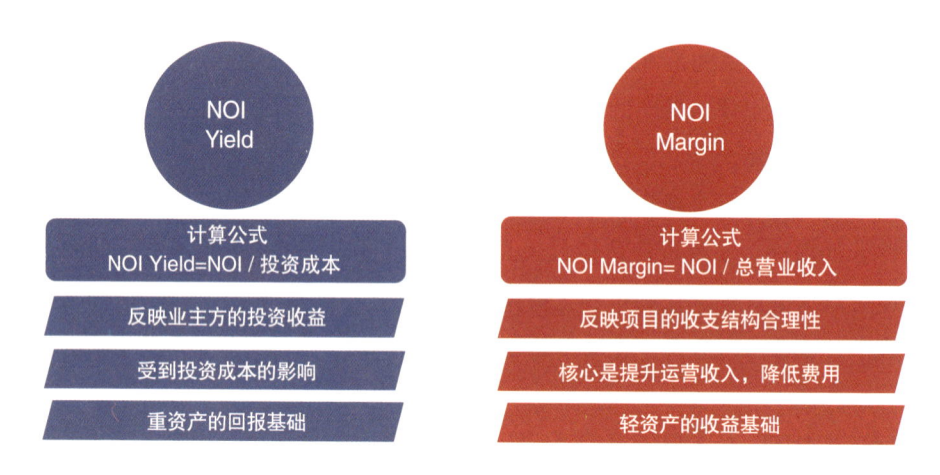

图 3-16 NOI Yield 和 NOI Margin 的计算公式及核心差异

有些公司将 NOI Yield 作为运营团队的考核指标，但也有从事运营工作的人士认为，NOI Yield 受资产的投资成本影响较大，而这部分并非运营团队可以控制的，因此 NOI Margin 更适合作为运营团队的考核指标，NOI Margin 高意味着项目的经营效率较高，表明运营团队在成本控制、收入优化和租赁管理方面取得了良好的成绩。然而，即便 NOI Margin 很高，只要 NOI Yield 未达到预期，则运营团队还是没有满足业主提出的投资回报要求。当然，NOI Margin 与 NOI Yield 之间存在一定的关联。NOI Margin 高，表示项目的营业状况良好，有望自行盈利，这有助于实现更可观的投资回报。因此，综合考虑这两个指标对于全面评估资产的经营状况和潜在投资回报至关重要。

NOI Yield 作为资产经营收益率，反映了投资经营性不动产的现金流补偿水平。这一补偿如果能超越被占用的资本的机会成本，那资产就能实现保值甚至增值，因此也被称为"资产保值、增值的度量衡"。这一点可以通过对两组公式的简单对比而得出。已知 NOI Yield = NOI / 投资成本，而根据直接资本化法的估值公式，资本化率（cap rate）= 净运营收入（NOI）/ 资产价值（V）。两组公式相除后，当 NOI Yield 大于 cap rate 时，代表资产价值跑赢了投资成本。此外，还要考虑融资成本的问题，如果项目的融资利率很高，比如 12%，即便 NOI Yield 超过了 cap rate，达到 7%，但也可能不足以覆盖贷款利息和本金。因此，NOI Yield 目标值的确定，需要考虑 cap rate 和融资成本。另外，NOI Yield 与运营时间密切相关，单独谈论收益率是没有意义的。一个项目经过 3 年运营达到 7% 的收益率，与经过 8 年才达到相同水平，对业主的意义并无明显区别。在不动产投资中，时间是至关重要的因素。

提升 NOI、NOI Yield 和 NOI Margin，企业需要着重提升三个方面。第一，运营效率优化。企业可通过精细化管理和流程优化，降低运营成本，提高 NOI 水平，从而增强资产盈利能力。第二，租赁管理优化。企业可通过租金管理、租户结构优化等手段，提高租金收入，增加总收入，从而提高 NOI 水平。第三，成本控制与收入优化。企业应密切关注人员成本、管理费用、维修费用等，以降低运营成本。这样，运营效率优化和租赁管理优化可以直接影响 NOI 水平，而成本控制与收入优化则更多地关注 NOI Margin 的提升。同时，这些措施的综合效果可以带动 NOI Yield 的增长，进而实现资产价值的最大化。

2. 股东视角下，ROE 和 IRR 是投资回报率的重要体现

2023 年 1 月，国务院国资委召开的中央企业负责人会议提出，央企考核指标从"两利四率"调整为"一利五率"。这一调整的影响逐渐向地方国企渗透，特别是一些市场化程度较高的地区。比如 2023 年 5 月，山东省国资委发文提到，在"一利五率"指标体系基础上，将省属企业的目标进一步确定为"两高一稳五提升"，逐渐向"一利五率"靠拢。相较于"两利四率"，"一利五率"最重要的变化是，ROE 取代了净利润，这一变化强调了企业自身的资本获取收益能力，突显了资产创造价值的重要性。

目前，国务院国资委正在推动从"管资产"向"管资本"的转变，这一转变体现了对国有资本管理方式的深化和优化。在"管资本"的过程中，国务院国资委重点关注资本布局、资本运作、资本收益和资本安全等几个方面。其中，资本收益直接反映了国有资本的投资回报。国务院国资委将通过提升国有资本的收益率来确保国有资产的保值和增值，ROE 和 IRR 是衡量这一过程的两个核心指标。

在国企管理中，ROE 和 IRR 作为股东视角下的核心指标，具有重要意义。ROE 直接反映了企业对股东权益的回报情况，用于衡量公司利用自有资金赚取利润的能力。在国企改革和市场竞争不断加剧的背景下，提升 ROE 是国企管理者的首要任务之一，这有助于增强企业的盈利能力和市场竞争力。另外，IRR 作为评估投资项目回报率的指标，用于衡量项目的财务价值，能够帮助管理者选择和管理投资项目，确保投资决策的科学性和合理性。

ROE 的计算公式为 ROE = 净利润 / 平均净资产 × 100%。但是，单纯地看 ROE 并不足以全面评估企业的状况，关注 ROE 不能仅仅看表面数字，更要从本质出发，因此行业一般采用杜邦分析法来深入解析 ROE。杜邦分析法的核心是利用 ROE 来综合评价企业的财务状况和经营效果。杜邦分析法将 ROE 拆分为三个指标，即销售净利率、资产周转率和权益乘数。杜邦分析法的计算公式如下：

$$ROE = 销售净利率 \times 资产周转率 \times 权益乘数 \quad (3-4)$$

$$= \frac{净利润}{销售额} \times \frac{销售额}{总资产} \times \frac{总资产}{净资产}$$

销售净利率代表销售产品所获收入中有多少是净利润，它反映了利润与经营收入的对比关系，可以衡量企业的盈利能力。资产周转率代表每份资产可带来多少销售收入，它反映了经营收入与资产的对比关系，可以衡量企业的营运能力。权益乘数代表总资产与净资产的对比关系，进而反映了企业的资本结构、偿债能力和财务风险，可以衡量企业的杠杆能力。综合考虑这三个指标可以更全面地了解企业的运营状况和财务健康状况，有助于股东深入比较、分析企业经营状况。

IRR 是使净现值（NPV）等于零的折现率，由于公式的性质，IRR 无法通过分析计算，通常需要使用试错法或计算软件进行计算。在项目评估中，企业通常将 IRR 与折现率进行比较。如果一个项目的 IRR 大于当前的折现率，这意味着该项目的预期回报率高于投资成本。在这种情况下，项目的 NPV 将为正，表示该项目具有经济价值，投资者应该接受这个项目。相反，如果一个项目的 IRR 小于当前的折现率，那么项目的预期回报率低于投资的成本。在这种情况下，项目的 NPV 将为负，表示该项目不能覆盖投资成本，投资者应该放弃这个项目。

IRR 是投资收益的衡量指标，反映了投资项目的盈利水平。IRR 可以用于评估投资项目的经济价值和可行性，通过计算不同投资项目的 IRR，企业和投资者可以进行比较，选择最具吸引力和收益更为可观的项目进行投资。IRR 可以帮助企业确定投资项目的预期收益率，从而评估项目的吸引力和潜在风险。IRR 作为一种资本预算和投资决策的评估指标，虽然有其优势，但也存在一些局限性，IRR 仅能够考虑现金流量的时间价值，无法考虑信用风险、市场风险、道德风险等对投资项目的影响。所以，企业要想做出更加科学、全面、准确的投资决策，还需要结合其他指标一同判断。

ROE 和 IRR 作为股东视角下的核心指标，企业可以通过优化资产配置、降低成本、提高收入、优化资本结构、提高投资回报率、降低风险和加强项目管理等方式，提升 ROE 和 IRR 水平，实现更高的投资回报率和盈利能力。

3. 资本视角下，EBITDA 和 NPI 是评估资产价值的关键基准

EBITDA 和 NPI 是资本视角下的核心指标，用于评估企业的盈利水平和资

产价值。EBITDA 反映企业的经营业绩，而 NPI 则表示不考虑税收和财务费用的物业净收入。这两个指标可以帮助企业了解其经营活动的盈利能力和物业资产的运营状况，从而制定相应的经营策略和资产管理方案。

EBITDA 的计算公式为 EBITDA = 净利润 + 利息 + 所得税 + 折旧费用 + 摊销费用。

EBITDA 也是一块完整的"大蛋糕"，尚未对债权人、政府和股东进行分配。与直接计算现金流相比，EBITDA 更为直观、方便，因此在预测企业未来财务表现和进行企业估值时，能够更有效地节约时间。EBITDA 常用于评估企业的盈利能力和财务状况，它能够消除资本结构和折旧、摊销对企业盈利能力的影响，为投资者提供更准确的经营状况评估指标，尤其对重资产项目而言，EBITDA 更为重要，因为它真实反映了业主或投资人可供分配的自由现金流。因此，投资者倾向于使用 EBITDA 来构建相应的金融和资本结构，更好地了解企业的财务健康状况。

企业可以通过多种方式来提升 EBITDA。例如，可以通过扩大市场规模、加强市场竞争力来增加营业收入；通过降低生产成本、优化管理流程来降低营业成本；通过调整资本结构、优化债务结构来减少财务成本。这些方法可以帮助企业提升 EBITDA 水平，增强盈利能力，实现持续发展。企业通过深入理解 EBITDA 的逻辑，并采用"以终为始"的方式，反向设计管理指标，可以引导企业自身在经营过程中不断提升盈利能力。图 3-17 是某企业以股东投资回报最大化为目标对管理指标进行的梳理。

NPI 则是在 EBITDA 基础上，考虑设备采购和资本性改造产生的折旧费用与摊销费用。NPI 通常用于评估项目投资的盈利能力，反映了项目的经营状况和收入水平，是评估投资物业收益的重要指标。改造支出作为企业内部资产管理的一部分，对其管控至关重要。举例来说，假设企业有两个相似的商业物业项目，它们经历了类似的改造过程，但其中一个项目由于改造工程质量较差，导致效果不佳，需要再次投入大量资金进行重新改造，而另一个项目的改造效果良好，无需额外投入。通过比较两个项目的 NPI，企业可以更好地了解管理水平的差异，并对项目的改造和维护策略进行调整，以提高整体的盈利能力和资产价值。因此，NPI 特别适合在同一企业体系下，对不同项目之间的管理水平进行比较。企业可以通过提高租金收入、降低管理和运营成本、优化租户结构等方式来提升 NPI 水平。

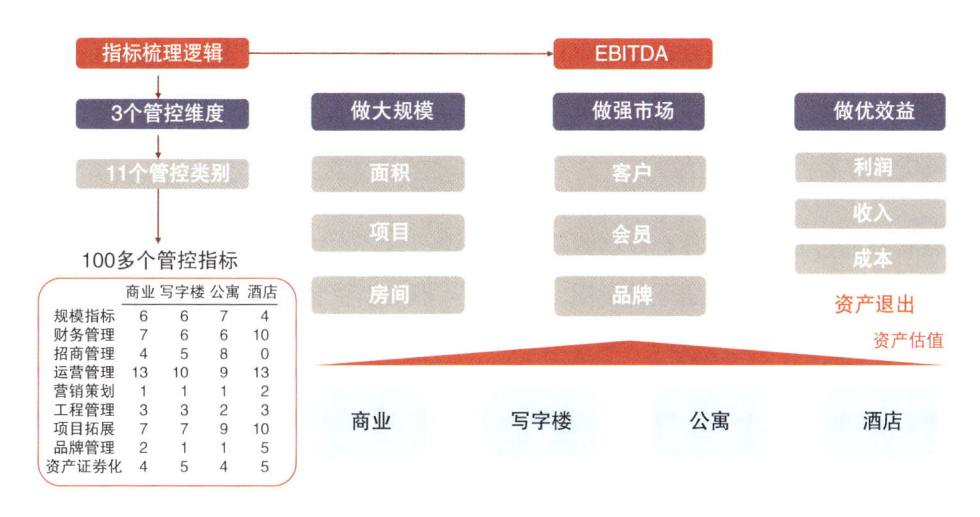

图 3-17　某企业以股东投资回报最大化为目标梳理管理指标

资料来源：明源不动产研究院整理。

4. 构建三维指标管理体系，实现资产价值最大化

三维视角下的核心指标具有内在的联系且相互影响，综合考虑这些指标可以帮助国有企业更全面地了解和管理资产，实现资产价值最大化。

首先，运营视角和股东视角之间的密切联系。ROE 的提升可以直接影响投资回报率和股东权益的增长。例如，企业通过优化资产管理和运营流程，提高 NOI，可以增加投资项目的 ROE 和 IRR，从而实现股东价值的增值。因此，在资产管理实践中，国有企业需要重视运营效率的提升，以促进股东权益的增长。

其次，股东视角和资本视角之间的密切联系。ROE 的提升可以直接影响资产价值和资本结构。例如，企业通过增加投资项目的 ROE，可以提高

EBITDA，从而增加资产的 NPI。因此，在资产管理实践中，国有企业需要注重 ROE 的提升，以促进资产的价值增长和资本结构的优化。

最后，资本视角和运营视角之间的内在联系。资本结构的优化可以直接影响资产的运营效率和盈利能力。例如，企业通过优化资本结构，降低资产的财务成本，可以增加资产的 NOI 和 NPI，从而提高资产的运营效率和盈利能力。因此，在资产管理实践中，国有企业需要综合考虑资本结构的优化和运营效率的提升，以实现资产价值的最大化。

综上所述，以资本视角重建商业模式，遵循"以终为始"的逻辑是企业经营管理的重要方法。在企业经营管理过程中，以资本视角重建商业模式并不只是简单地关注三维视角下的指标，而是要从根本上重新审视企业的经营策略和财务结构。从期望的最终结果开始思考，然后逐步推导出实现这一目标所需的步骤和策略。

在投资阶段，企业需要评估市场需求、潜在收益、市场趋势、竞争格局等因素，选择具有潜力和可持续发展的区位与项目进行投资开发，以确保投资的可行性和可观的回报率。市场需求是直接影响未来租金收入和物业价值的关键因素，进而对 NOI 产生显著影响。同时，分析潜在收益可以预测项目回报，对 IRR 和 ROE 水平的提升具有重要作用。此外，对市场趋势和竞争格局的敏锐洞察有助于降低投资风险，确保投资回报的稳健与可持续性，进而影响 IRR 和 ROE 的表现。在建设阶段，企业必须控制好项目的开发节奏和成本，合理安排进度，严格控制预算，提高投资回报率。成本控制直接影响项目总成本和盈利能力，影响 ROE 和 EBITDA。有效的管理能确保项目高质量完成，提升物业的市场价值和 NOI 水平。在运营阶段，企业则需要通过优化项目的运营模式和管理流程来提高收入并降低成本，从而直接影响 NOI 和 ROE 水平。

总之，投资、建设、运营阶段的管理措施将直接影响 NOI、ROE、IRR、EBITDA 等核心指标的表现。企业需要在这三个阶段持续努力，以确保投资回报的最大化。以资本视角审视各阶段，企业可以更好地理解其盈利能力和财务健康状况，从而制定更具效益的经营策略和资本布局。这种方法不仅有助于优化资本结构和财务管理，还可以为企业的可持续发展打下坚实的基础。

第五节

组织支撑：以"决策上移，运营下沉"为要义，保障战略落地

企业在明确资产管理战略方向后，需要进一步细化业务逻辑，并注重组织的匹配与支撑。对企业负责资产管理的相关部门的价值定位与组织重塑是企业发展的重要环节之一。要想构建有效的组织结构，需结合企业的不同发展阶段，把控资产全生命周期的对应价值，通过厘清相关部门的核心工作与岗位职责，明确工作边界与协同范围，并以此进行人才选拔、能力培养和绩效考核，从组织维度保障企业资产管理战略的高质量落地。

一、组织定位：结合企业发展不同阶段，清晰定位组织价值

从资产管理的视角看，企业组织及职能定位应呈现三种形态（见图3-18）。

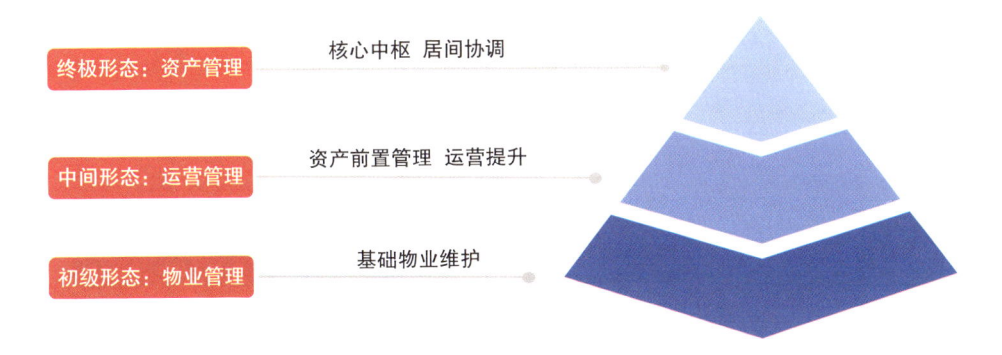

- 终极形态：资产管理 —— 核心中枢 居间协调
- 中间形态：运营管理 —— 资产前置管理 运营提升
- 初级形态：物业管理 —— 基础物业维护

图3-18 资产管理视角下企业组织及职能定位的三种形态

其一，以物业管理为核心的初级形态，该形态下组织的核心管理内容是基础物业维护，包含装修、保安保洁、设施设备运行等，更贴近物业的使用属性。

其二，以运营管理为核心的中间形态，该形态下组织的主要职责为资产前置管理，这意味着管理不仅要出现在资产运营阶段，还要渗透到项目开发阶段，通过项目前期论证、定位把控等，实现后期的运营提升。

其三，以资产管理为核心的终极形态，该形态下组织的主要职责为资产协调和资本运营，其中，资产管理部门处于核心中枢地位，发挥着重要的居间协调职能。

企业的不同组织形态，体现了它们的发展阶段、发展重心的差异。初级形态的管理重心在于对"物"的管理，中间形态的管理重心在于对"人"的管理，终极形态的管理重心则在于对"钱"的管理，而三种形态中也包含着企业做资产管理所经历的四个不同阶段，下面我们分别来看。

初级形态的资产管理组织，主要职责是资产的统计，企业没有将专业业务部门化，而是由办公室或经营管理部门等行使资产管理相关职能，具体的资产管理工作也是简单地做好物业收租等对"物"的管理，以确保国有资产不流失为底线，而对经营效益没有过多要求，这时候企业的资产管理只处于第一个阶段，即物业管理混沌化阶段，资产管理相关组织也只是充当统计员的角色，通常会形成"实物管理型组织"的组织形态（见图3-19）。

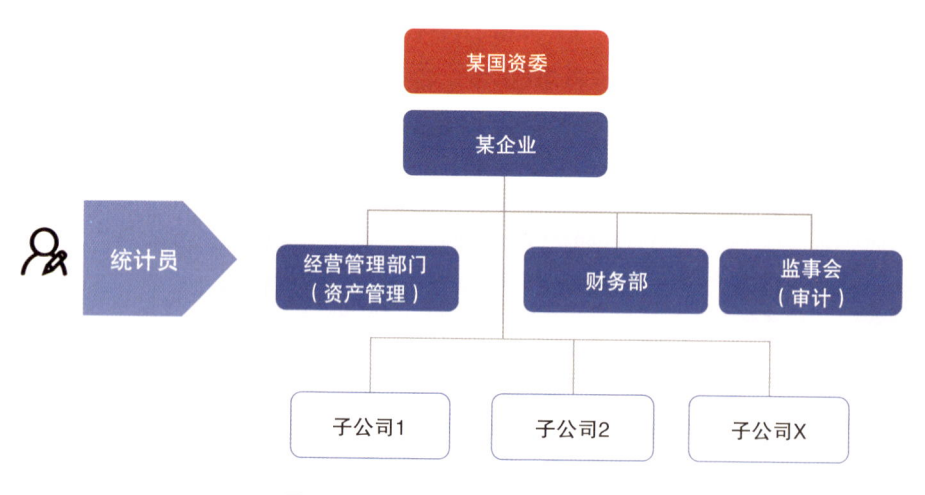

图3-19 初级形态的"实物管理型组织"

中间形态资产管理组织的核心任务是"资产增值"，在该组织形态下，企业的资产管理将经历发展的第二个阶段和第三个阶段。第二个阶段的资产管理实现了专业业务部门化，集团通过成立资产管理部，聚焦资产盘活和经营工作，同时对下属运营单位的经营状态、经营风险进行管理，并提出运营收益的指标要求和考核要求，这时集团的资产管理组织变为裁判员的角色。

随着企业资产管理能力的进一步增强，第三个阶段的资产管理将实现专业部门公司化，根据资产业态与业务划分，集团单独成立公司进行垂直领域的市场化运营管理，例如，公租房租赁类、商办写字楼租赁类、零散商铺租赁类、资源性资产租赁类等，该模式有利于集团在业务垂直领域的深耕，也便于集团的统筹规划和管控。不少集团下属专业资产运营公司在运营能力得到提升后，借助集团的指导，可以向外拓展业务，例如承接轻资产运营服务等业务。这时候集团的资产管理组织则变为教练员的角色，集团的资产管理也已经发展到了成熟阶段。

中间形态的组织通常为"运营管理型组织"。在组织角色分工上，集团是裁判员和教练员，项目部是运动员。标志性特点是，资产按业务类型划分，单独成立部门，或者公司进行垂直业态的运营管理（见图3-20）。

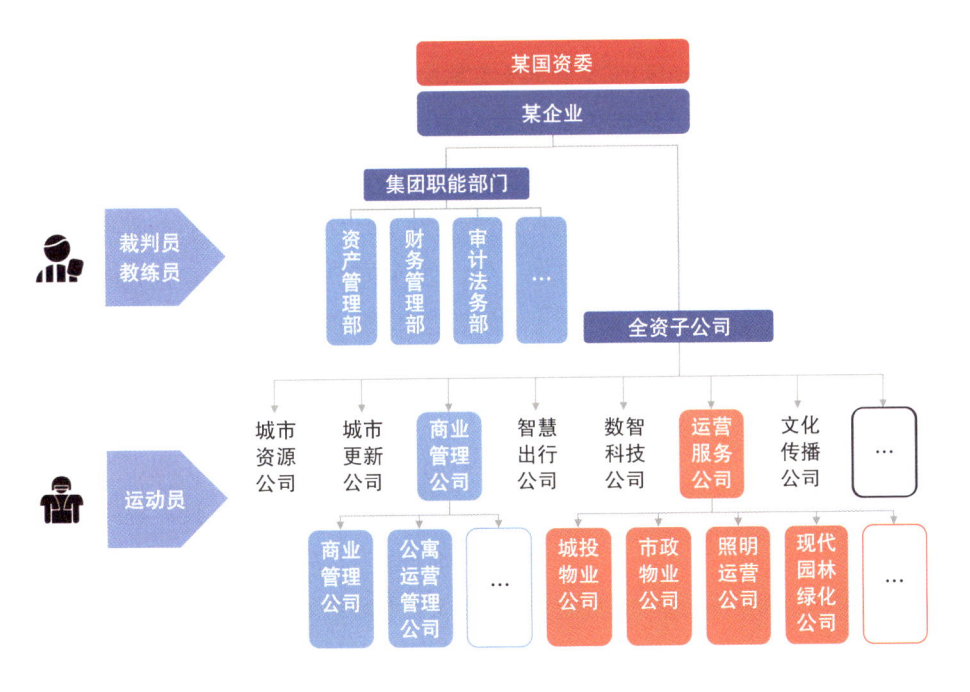

图 3-20 中间形态的"运营管理型组织"

终极形态资产管理组织的核心任务是"资产增值"和"资产变现",该组织形态的形成意味着企业的资产管理发展来到了第四个阶段——专业公司资本化。在此阶段,企业考虑的是如何通过资产证券化的手段实现"资产—资本—资金—资源—新资产"的循环,达到资本优化的目的。进一步来看,企业须具备"投、融、管、退"的资产全周期管理能力,尤其是前端的"资源对接"能力和末端的"资本对接"能力,前端的"资源对接"考验的是市场研判、投资决策、专业前介等能力,末端的"资本对接"考验的是运营团队实力、NOI指标和现金流、资本机构对接、证券化产品运行等能力。该阶段的资产管理组织不只是裁判员和教练员的角色,更是投资者的角色,相关组织代甲方行使重资产管理的职能,并对资本回报率负责。

终极形态的组织通常为"资产管理型组织"。在组织角色分工上,集团是投资者、裁判员和教练员,项目部是运动员。企业的资产管理组织达到终极形态的标志通常是,企业已将资产管理纳入其战略规划中,推动公募REITs等资本平台的建设(见图3-21)。

在资产管理的三种组织形态和四大发展阶段的基础上,企业想要高质量地推进资产管理工作,就一定离不开数字化的支撑。我们以长沙C企业的资产管理平台建设为例,该企业通过建设数字化平台充分赋能资产管理工作,第一步是完成"资产盘清"工作,打好资产盘活、资产增值的基础,搭建起管理规则和标准;第二步是完成"运营强化"工作,提高市场化运营能力,强化运营监管机制;第三步是完成"数据决策"工作,强化数据洞察分析能力、业务风控预警能力,并完善数据指标决策体系。从结果上看,这套数字化赋能资产管理的动作,起到了资产有"数"、运营有"效"、增值有"望"的效果。

综合以上内容,我们看到,企业的资产管理工作是系统性的工程,为了实现最终的管理目标,资产管理工作需要历经多个阶段的进化,在此过程中,资产管理组织在不断转变角色定位,演变为不同形态,数字化则在不断使流程成熟,优化管理策略,总结下来便是一幅企业资产管理组织发展图(见图3-22)。

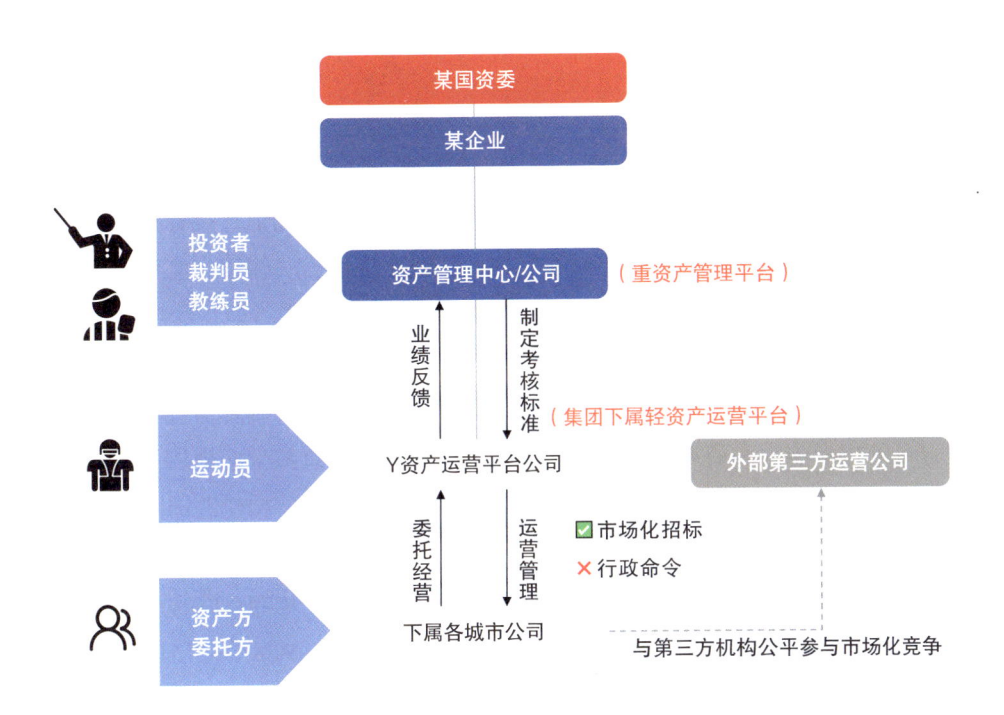

图 3-21 终极形态的"资产管理型组织"

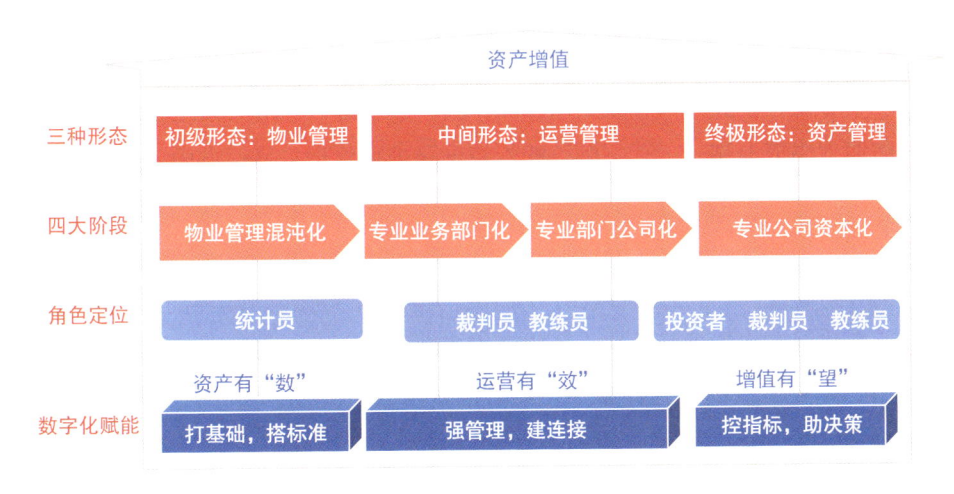

图 3-22 企业资产管理组织发展

第三章 搭建系统化资产管理体系，打造三资盘活顶层设计 227

二、管理职能：因地制宜设置组织职能，五大维度发挥核心作用

资产管理并非企业资产成熟之后才需要的管理行为，从项目的投融资环节，资产管理就应提前发挥作用，为项目建设开展前置化论证，接着将管理行为贯穿项目的投资、运营和退出过程。因此，对企业而言，构建全流程的资产管理体系，以及为管理组织匹配相应的管理职能尤为重要。

由于不同企业的发展目标与自身定位存在差异，资产管理体系也不尽相同。例如，A 类企业业务结构相对单一，资产管理应以资产投资为重心，并关注自身的招商能力和资源统筹能力，管理过程中适合由总部全面把控资源，构建运营体系，保障项目落地，这便要求企业强化总部职能，构建总部团队的核心能力；B 类企业业务结构较为复杂，但资产运营业务占比较低，资产管理应以资产运营专业能力构建为重心，管理过程中适合由专业化的运营管理团队为持有型资产提供支持，这便要求企业构建"专业化分工＋大区管理"的组织结构及能力；C 类企业业务结构复杂且以资产运营为主业，资产管理应以资产退出为重心，从项目前期投资决策开始全过程管理，打通资产管理业务全链条，这便要求企业构建垂直化资产管理的组织架构。

综合三类企业的资产管理体系来看，有效的资产管理离不开专业的组织支撑。一方面，企业可以在集团层面成立资产管理部，统筹集团经营性资产管理，按照"决策上移，运营下沉"的管控思路进行管理；另一方面，企业可以建立"两权分离"的运行和监管机制，成立市场化的专业运营公司，完善经营性子公司组织体系，向着"专业业务部门化—专业部门公司化—专业公司资本化"的方向构筑核心能力，有效助力集团提升资产管理效能和运营水平。

企业成立资产管理部的核心价值是构建涵盖资产全生命周期重大事项、关键环节、重要节点的管控体系，在经营性资产投资立项、资产配置、招商运营、评估处置等环节明确管控目标、管控要点、管控权限，确保企业资产管理的合规高效和风险可控。综合来看，集团资产管理部通过资产管理制度的制定，将在抓统筹、定计划、督考核、控风险、管资本五个方面发挥积极作用。

第一是抓统筹。资产管理部是集团经营性资产的归口管理部门，应规范业

务流程、提高管理效能。企业通过设立资产管理相关制度，规定各类事项的审批权限、审批流程、审批要点，厘清集团总部和二级经营单位的管理边界。集团管控投资立项、定价决策、资产处置等重要节点和重大事项，而日常运营工作均可授权经营单位完成，从而实现母子公司权责边界清晰透明，各类事项审批流程规范高效。另外，企业可通过构建内部市场化资源配置的方式，组织产权单位与专业运营子公司之间签订委托运营协议，充分发挥产权单位和运营子公司的专业特长，提高集团资产经营水平。

第二是定计划。资产管理部在制订计划时，需要明确长期目标，并确保该目标与企业的整体战略保持一致。另外，资产管理部需要对企业当前资产情况进行全面评估，以便更好地制定管理策略，并通过设定具体的时间表、责任人和资源需求等，确保计划的可执行性和可衡量性。完成计划设定后，需要将相关策略以书面形式递交给利益相关者，如投资者、管理层等。在执行过程中，资产管理部应按照"以终为始"的思维，及时反映资产运营和经济效益状况，做好经营性资产运营分析，并借助高效的工作调度机制，逐步实现资产"投、融、管、退"良性循环。

第三是督考核。集团就全年经营计划及各类重点工作对经营单位实施督办与考核，建立资产管理责任制。考核机制的设定应该注意5点：①对经营单位考核的指标应与资产管理部的整体目标保持一致；②考核指标应是具体的、可衡量的，并且与实际情况相符；③确保考核指标合理公平，激发资产管理团队的积极性和创造性，有效凝聚共识与力量，共同推进资产效益提升；④在考核过程中，建立有效的反馈机制，及时分享绩效数据，以便相关管理团队及时了解绩效情况，在必要时进行调整和改进；⑤考核与反馈的持续循环是确保资产管理目标顺利达成的关键，通过不断对资产管理的评估和调整，使资产管理部适应市场变化，持续提升管理能力。

第四是控风险。风险管理是资产管理中至关重要的一环，资产管理部在制定资产管理计划时，需要充分评估资产的风险特征，制定相应的风险管控措施和应对策略：①全面评估各类风险因素，包括市场风险、信用风险、操作风险等；②建立健全的风险管理体系，确保风险的准确识别、实时监控；③制定有效的应急预案和解决措施，以应对可能发生的突发风险事件，最大程度地减少损失；④持续评估风险管理效果，及时调整和改进风险管理策略。此外，资产管理部应对标资产退出时资本方的要求，关注财务、内部控制、全面风险管理及审计等风险内容，及时发现资产管理的薄弱环节。集团领导根据动态的经营分析情况，对集团整体资源进行灵活调动，实现资产的保值增值。

　　第五是管资本。资产管理部最核心的职能之一就是以管资本的方式经营好企业资产，并代替业主方行使资本投资的职责，为资产的全生命周期负责。企业可以通过搭建国内外资本平台（如公募REITs等）的方式，为项目融资提供更多渠道，支撑项目建设；同时为项目退出提供更优途径，打造资产管理闭环。当然能让资产管理部实现这一职能的企业，目前还寥寥可数，企业资产管理发展到第四阶段——专业公司资本化，才能更好地做到以管资本为核心的资产经营，这是企业资产管理的终极目标。

三、岗位权责：建立清晰的职责制度，厘清业务权限及管理边界

　　做好资产管理的组织支撑，将组织架构搭建起来仅完成了第一步，企业还需要结合自身业务特点，细化资产管理部的核心工作与岗位职责，并制定科学的人才选拔培育标准，真正发挥企业资产管理中组织的保障作用。我们通过参考国内外优秀企业的管理经验，将资产管理相关组织的核心工作内容总结如下。

- 对集团业务进行资产盘点，并将各类项目按照优质、良好及不良等等级进行分类，形成资产台账。
- 根据企业的投资目标和风险偏好，合理构建资产组合，以实现最佳的投资回报和风险控制。
- 根据市场情况、资产表现和投资目标，制定投资策略，包括买入资产、持有资产、卖出资产等。
- 对所管理的项目下达年度经营计划书，并监督执行，考核项目资产组合的

绩效表现。
- 监督和管理资产的安全性和合规性，确保资产管理活动符合法律法规及内部制度要求。
- 识别、评估和管理投资过程中的各类风险，制定相应的风险管理策略和应对措施。
- 掌握国内外资产管理政策，与银行和其他机构构建良好的业务关系，为集团融资提供政策和渠道支持。

在明确资产管理组织的岗位职责后，企业可以根据自身的产业规模和资产管理阶段构建相应的组织体系，值得注意的是，有两大岗位的必要性是较高的。一是资产经理，其核心的工作内容是资产的运营管理，并关注与租户的合作关系。二是投资经理，其岗位权责更偏向于对外投资及项目的并购，同时需要配合资产经理制订经营计划书，定期审查所投资项目效益，提升所管理物业的市场价值。

在建立岗位职责体系之后，为了确保资产的有效管理并避免利益冲突，企业可以将资产管理的"三权"，即资产所有权、资产使用权和资产收益权进行分立。

具体来看，首先，要明确资产所有者、资产使用者和资产受益者身份，规定管理责任和权限。其中，资产所有权通常属于投资者或业主，而资产使用权则属于实际管理和操作资产的个体或组织，例如经理人或租户，资产收益权则归属于资产所有者、资产使用者或其他相关方，他们可以从资产运营中获得收益。

其次，建立管理框架和流程，通过公开资产信息，确保资产所有者、资产使用者和资产受益者及时了解资产管理的情况，增加各方的沟通和协调机会，及时解决问题与矛盾。

最后，设立监督和审计机制，对资产管理全过程进行管控，确保各方都能够按照规定的程序进行资产管理，避免出现违规行为。

综上所述，通过资产管理的"三权分立"，企业可以使资产得到更好的经营和管控。以长沙城发为例，其内部分别有十余家产权单位（资产持有主体）与九家各类运营单位，如果不能明晰各主体之间的权责边界，便很难把资产盘活的各项工作落到实处。因此，为厘清集团总部和二级经营单位的管理边界，规范业务流程，长沙城发制定了《经营管理工作权责手册》，详细规定了各类事项的审批权限、审批流程和审批要点。在经营性资产管理过程中，集团公司只管控投资立项、定价决策、资产处置等重要节点和重大事项，日常运营工作均授权经营单位完成。

同时，为了优化资产管理效率、提升资产管理能力，长沙城发通过构建内部市场化的资源配置方式，组织产权单位与专业运营子公司之间签订委托运营协议。产权单位享有经营收入、融资和销售等资产权益，并向运营单位支付托管费用；运营单位负责资产的全流程招商与运营管理，达成与产权单位约定或集团下达的经营目标，收取产权单位的委托费用。这种资源配置方式使产权单位和运营单位的专业特长得到了充分发挥，并调动了各方工作积极性，提高了集团资产经营整体水平。

四、绩效考核：长短期考核激励结合，提升资产价值与运营收益

对资产管理业务的考核是确保资产获得有效管理和最大化利用的重要手段，在具体的资产考核管理中，企业应从多个方面入手，如资产价值、运营收益、安全合规、经营效率、创新能力等。

首先，对资产价值方面的考核主要涉及资产的评估、保值和增值。通过专业评估机构对资产进行定期评价，并结合对资产账面价值与市场价值的比较，判断项目资产情况，进而采取相应措施，保护或增加资产价值。

其次，对运营收益方面的考核可以评估企业资产的盈利能力，以确保通过资产运营为企业带来可观的收益。例如，通过评估资产的利润率等指标，了解资产的创收能力；通过分析资产的利用率，包括设备的使用率、房产的出租率等，了解资产的使用效益；通过评估资产的运营成本，包括人力成本、维护成本、管理费用等，了解资产的投入、产出。

再次，除对资产价值和运营收益的考核之外，资产管理的安全性和合规性考核也极为重要。对资产安全性的考核主要涉及资产的风险暴露和安全措施的有效性，以最大程度避免损失和风险为目标；对资产合规性的考核主要涉及资产管理活动是否符合法律法规和企业内部机制，以确保资产管理工作在合法性和规范性的前提下开展。

最后，对资产管理的经营效率和创新能力的考核主要包括判断资产管理的技术是否有效，资产管理是否采用了最新的管理方法和工具等内容，以确保资产管理能够满足企业的需求，并适应市场变化。

资产管理考核工作虽然应该从多个方面切入，但是考核的原则要统一且坚定。

一是目标导向原则，绩效考核全面承接公司战略和经营目标，考核应以业绩结果为导向，杜绝"大锅饭"与上下游推诿现象。

二是全面绩效原则，公司应实行全员绩效管理，所有部门和个人均纳入绩效管理范畴，通过全面考核评比，营造内部竞赛氛围，深化全员绩效文化，并为公司资源科学、公平分配提供依据。

三是指标刚性原则，指标可分为经济指标和进度指标两大类，经济指标均应量化，进度指标均应设置时点。

四是分类考核原则，结合各部门功能定位、工作特点，细化前、中、后台部门分类管理，体现不同职能之间的差异化考核，同时根据业务指标增长率差异，进一步分层、分档，以充分挖掘各部门经营潜力，引导公司效益增长。

五是加强应用原则，绩效考核结果将与各部门管理人员及员工的个人发展和薪酬激励等紧密挂钩，充分运用绩效考核结果，促进组织及个人能力提升。

在具体的考核内容上，可分为部门和员工两个维度。在部门维度中，职能部门侧重考核部门职责、职能指标、管理指标完成情况；业务部门则侧重考核经营业绩、重点工作完成情况。在员工维度中，考核内容主要包括业绩指标、能力态度等，业绩指标与员工岗位职责、重点任务等挂钩，能力态度则涉及工作态度、员工能力及安全履职等。

在制定具体的考核体系时，企业可以参考目前成熟的考核办法，形成适合企业自身发展并独具特色的考核制度。例如，目标管理（MBO）法，通过目标的设置和分解，以完成情况进行奖惩，实现企业经营的目标，该考核办法注重目标设定和个人绩效，适用于强调个人任务和职责的组织；平衡记分卡（BSC）法，通过财务、客户、内部运营、学习与成长四个角度，将战略落实为可操作的指标，该考核办法适用于注重长期战略和整体绩效的组织；关键绩效指标（KPI）法，把企业的战略目标分解为可操作的工作目标，该考核办法适用于强调结果导向和效率的组织；目标与关键成果（OKR）法，通过明确目标并跟踪目标，对重要过程进行管控和评估，该考核办法适用于对快速变化和灵活性要求较高的组织。

为了促进资产管理组织发挥更大的效能，激励机制是另一个重要驱动力，企业可以通过股权类激励和分红类激励提升其内生动力。股权类激励包括股票期权、限制性股票、股票增值权、虚拟股、跟投激励等。分红类激励则包括岗位分红激励、超额利润等。

以新加坡淡马锡为例，其依靠独特的考核及激励机制，为市场化经营提供了关键支撑。在考核方面，淡马锡针对不同角色，制定了不同的考核方式，公司管理层和投资者通常使用股东总回报（TSR）来评估公司的整体表现，并将其与同行业其他公司或市场指数进行比较，以判断公司在投资方面的相对表现。针对集团旗下公司，淡马锡采用经济增加值（EVA）进行考核，该办法衡量了公司经营活动产生的净利润，考虑了资本成本的因素，评估了公司管理层对于投入资本的使用效率，判断了能否创造出超过资本成本的价值。针对具体的执行管理层，淡马锡则以经济价值为导向，进行相应的绩效考核。

在激励方面，淡马锡以风险共担、利益共享为原则，对员工实施短期、中期、长期的多维度激励。短期激励采用"年度现金花红"的方式，预算范围内的年度现金花红取决于公司、团队与个人的业绩表现；中期激励采用"财务增值花红储备"的方式，根据员工的绩效表现与贡献，花红储备派发至每位员工的名义财富增值花红储备账户，如果花红储备的结余是正值，那么高级管理层将获得不超过其财富增值花红储备账户结余三分之一的奖励，中层管理人员为二分之一，其他员工为三分之二；长期激励采用"投资共享计划"的方式，员工可以获得以绩效或服务年限为兑现条件的联合投资单位，联合投资单位的价值也会随着公司每年股东回报而有所增减，且期限不超过 12 年。

五、人才培养：构筑金字塔能力模型，形成内外综合培养机制

通过解构标杆企业资产管理部的组织架构及岗位权责，可以看出资产管理对人才的能力要求是综合性的，我们对这些能力要求进行分类和总结，构建出企业资产管理所需人才的金字塔能力模型（见图 3-23）。在该模型中，资产管理部门需要构建五大专业能力，一是物业管理能力，资产管理部需要承担最基础的物业日常清洁维护的职能，包含成本管理、机电改造等；二是运营管理能力，主要是物业的日常经营，包含物业定位、招商招租、营销推广等；三是资本结构管理能力，包含股本管理、现金管理、负债管理等；四是战略管理和物业组合管理能力，包括新项目的投资和物业处置及较大规模的改建、改造等；五是监管沟通、上市披露和投资者关系管理能力，包括股东管理、流动性管理、市值管理、信息披露等。

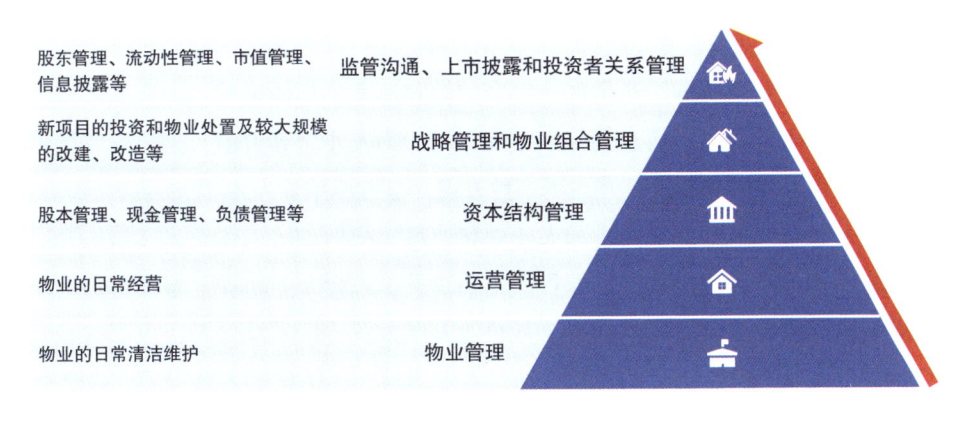

图 3-23 金字塔能力模型

为了加快资产管理部的金字塔能力模型构建，有两个具体的关键举措需要注意，一是人才的选拔，二是人才的培养。

资产管理人才往往扮演着业主代表的角色,因此企业对相关人才的能力要求较高。优秀的资产管理人员必须熟悉资产管理全周期的每一个环节,经历从项目早期建设到中期运营管理,再到后期项目退出的各个阶段,培养出项目全周期的决策能力和操盘能力。当然,对于人才的选拔,企业要做到有的放矢,有所侧重,用人所长,人事匹配。例如,企业对资产经理和投资经理的选拔要求应有所不同:资产经理应选用经历过多领域培训及实操的专业人士,该类人才更熟悉各类物业的建造、租赁及管理的内容,并了解行业的法律法规;投资经理则应有深厚的金融和相关行业的双重背景,具有项目收并购、项目转让、大宗物业交易的操盘经历。

在设定了人才的选拔标准后,企业可以通过优化选人用人机制来提高选拔效率,例如,采取内部推选、外部交流、公开遴选等方式选拔任用相关人员,并全面推进市场化用工模型,健全市场化招聘制度,拓宽用人渠道,实行有利于吸引和留住关键岗位核心骨干人才的政策。

人才的市场化选用,可以使企业在一定程度上建立起一支较为专业的资产管理团队,但这并不意味着通过招聘或选拔,就可以彻底解决人才短板的问题。企业只有将"选"和"育"相结合,才能培养出适应自身业务特色的专业型人才。

企业需建立系统的、科学的、综合的培养体系。具体来看,企业人才培养的策略应基于自身发展需求制订人才规划,明确人才培养价值,定位人才培养方向,设立人才培养制度,并运用多种方式,全方位培养人才。

其一,企业根据业务需求和人才现状,科学的构建培训体系,逐步提升组织能力。例如,通过设置专题课程,定期对员工进行专业培训,培训讲师可以是企业内部具有丰富经验的同事,从企业发展视角传授实操经验,也可以是聘请的外部讲师,站在行业的视角,通过企业对标,传递优秀实践经验。在Z央企的资产管理战略转型过程中,明源不动产研究院协助其开设资产管理大讲堂,邀请内外部专家讲师进行资产管理的思想动员和专业培训,通过讲授系列专题课程,实现了领导层、管理层、执行层的思维重塑,推动了制度迭代,加强了组织保障,支撑了Z央企的资产管理战略落地。

其二，除了通过外部讲师的"请进来"进行培训，企业也应组织各类"走出去"的活动。当企业经营和员工工作进入常态化模式后，往往会出现故步自封的情况。为了更利于企业发展和人才培养，对标游学成为打开能力天窗的一把钥匙，通过参访标杆企业、实地考察优秀项目最佳实践，企业在提高人才综合能力的同时，将提升公司的整体治理水平。

其三，对人才定期进行合理的岗位调换，让其有机会接触不同的业务领域和工作环境，培养综合能力。所谓十年树木，百年树人，人才的培养是一个长期的过程。资产管理人才因其特殊的职能定位，往往需要在多个部门轮岗，一个培养周期下来少则 3 年，多则 5～6 年。这样的培养周期看似漫长，但是人才的基本功却非常扎实，并通晓各类业务，一旦经过全项目周期的历练就可以独当一面，迅速成长为项目的负责人，甚至业务板块或区域公司的负责人。

其四，项目驱动培养人才，该培养方式与传统的课堂培训相比，更加注重实践和应用，让员工在实际项目中快速掌握所需的技能和知识。在采用项目驱动培养时，企业要挑选具有一定挑战性和学习价值的项目，参与者需要定期回顾工作内容，将经历沉淀为经验，将经验转化为能力。但值得注意的是，项目驱动培养虽然可以使人才成长速度更快，但对其个人能力要求是较高的，并且在拼运营能力的存量时代，初出茅庐的人才往往较难协调投资、开发和运营三者之间的复杂关系，拔苗助长的成长方式，不管是对企业、项目还是对个人都并非易事。因此，项目驱动培养要和岗位调换相结合，并结合内外部培训逐渐打牢基础，让理论和实践不脱离，这样才能提升企业资产管理的能力及核心竞争力。

六、案例分析之凯德集团：建管合一的"一个凯德"战略

总部位于新加坡的凯德集团，业务聚焦不动产投资管理和开发建设，目前投资组合遍布全球，拥有成熟的业务生态系统。凯德集团成为业内的领军企业，离不开其发展过程中持续变革和适应市场的能力，两次历史性转型推动了该公司的跨越式发展，它将资产管理作为集团经营中枢系统，构建起特有的核

心竞争力。

在凯德集团成立之初，其主营业务住宅地产投资和开发的营业收入占比超过60%。随着集团业务的持续发展壮大，重资产业务带来的高负债率成为集团发展过程中不小的负担和风险。为了应对这一挑战，凯德集团进行了第一次历史性转型，于2002年发行了新加坡历史上第一只公募REITs——凯德商用信托（CMT），这标志着凯德集团进入了资产管理时代，通过优化债务结构实现了企业的可持续发展。

为适应不动产市场的不断变化及资本市场的更迭要求，凯德集团于2021年在"一个凯德"生态系统的基础上，进行了资产管理的轻重分离，将基金管理及旅宿业务整合为"凯德投资"（CLI），并推动其在新加坡证券交易所上市，同时，将开发业务单独拆分为"凯德地产"（CLD），完成私有化。这种轻重分离的策略提高了凯德集团的整体估值，同时聚焦轻资产可以使该公司更好地应对周期波动，保持业务的稳健发展（见图3-24）。

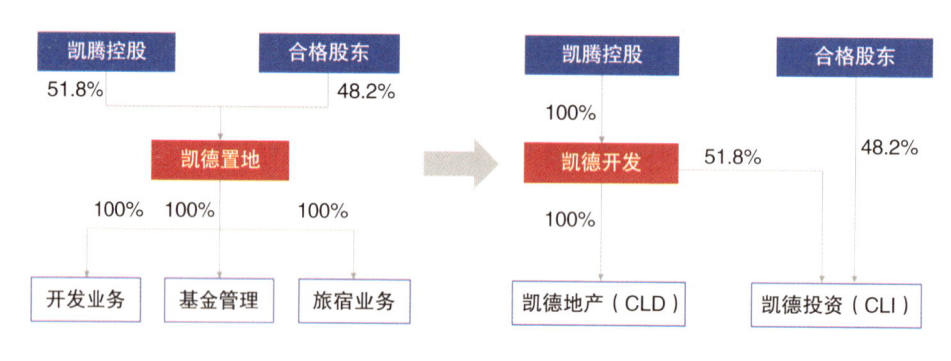

图3-24　凯德集团资产管理的轻重分离

资料来源：凯德集团，明源不动产研究院整理。

在大部分时期，凯德集团将"拿地—住宅开发—销售"与"商业综合体开发—商业运营"两大业务线区分管理，并分别由两家独立公司经营，前者由聚焦房地产与城镇开发的"凯德中国"负责，后者由聚焦商业综合体开发与经营的"凯德商用"负责。

凯德集团总部作为资产配置的中心枢纽，通过打造基金平台，有效推动项目运作至成熟期，构建出一条以地产基金为核心的投资物业成长通道，打造了以"集团内部孵化—私募基金的开发培育—公募REITs"作为持续收益支撑的"地产开发+资本变现"的资产管理模式，该模式具有以下特点。

其一，业务界面清晰。凯德集团的投资、开发及运营业务均相对独立，轻重资产业务界面划分明确，不容易出现"外行指导内行"的情况。

其二，资本基因强大。凯德商用的资产管理部从诞生之日起，就具有强大的金融及资本基因，因此在项目融资与退出环节能与资本市场无缝对接。

其三，管理中枢定位。凯德集团的成员企业之间是平级关系，分别负责开发建设、运营管理等业务。凯德集团资产管理部则代表业主方统筹协调各业务单元工作，保障集团的投资回报目标顺利达成。

从某种角度看，资产管理部处于凯德集团组织结构的核心位置，并有权对各业务单元制定考核指标，换句话说，资产管理部是位于决策层之下的企业最大战略规划者，是典型的"管理中枢"。

随着市场的不断变化，凯德集团不断推动"一个凯德"战略落地，并更加注重培育轻资产运营管理平台，打造项目专业化运营能力，提升管理效能。在项目运营管理过程中，凯德集团培育了两大"关键角色"，其一是项目公司，其二是轻资产运营管理平台——CRSM。

两大"关键角色"之间优势互补、互相支撑。例如，在项目管理环节，项目公司可以向CRSM寻求筹建、开业、运营等支持，并支付相关费用，这可以大幅提升项目的管理效率，降低管理成本；在项目招商租赁和市场推广环节，CRSM与项目公司协同配合，融合地方优势和集团整体资源优势，进行品牌统一洽谈，争取有利条件；在客户服务方面，CRSM协助项目公司进行客户消费习惯洞察，动线优化升级，焕新品牌和业态组合，从整体上为客户提供更好的消费体验，为集团争取更大的收益。

凯德集团通过这种协同化、集约化的管理方式，不仅提高了项目经营质量，还大幅优化了人员配置。凯德集团的财务共享中心负责所有项目的资本账务处理，企业共享服务中心负责所有项目的用印流程、IT支持等，同时集团对购物中心经营数据的深度分析，为新项目筹建、新品牌签订、运营费用控制、推广活动选择提供经验参考。如此一来，一个 10 万平方米左右的购物中心，除必备的进行项目现场维护的技工、消防监控人员之外，其余包含项目总经理和人力资源、结算出纳、租赁、市场推广、运营管理等人员总计仅需十余人。

凯德集团通过规模化的项目管理，有效提升了其核心竞争力。首先，凯德集团通过共享中后台部门资源，实现边际成本的递减。其次，经过规模化管理后，集团拥有了更强大的品牌影响力，能够获得更有利的市场条件并创造更大的行业影响力。最后，经过长期的经验积累，集团能够降低开发新业务时的试错成本，提高成功率，实现管理效能的提升。

七、案例分析之 Z 央企：推动资产"轻重分离"的市场化经营先锋

作为具有明确资产管理战略的大型央企 Z，其拥有着成熟的资产管理体系和市场化的资产管理模式。Z 央企通过设置独立的资产管理组织，实现了专业业务部门化和专业部门公司化的发展，现在已进入专业公司资本化的阶段，综合 Z 央企的规模体量、专业能力、思维方式等多个方面的特征，其资产管理组织的构建与演变过程是值得其他央国企参考和借鉴的。

借鉴一是"建管分离"。目前，大部分企业对项目的经营没有将重资产开发和轻资产运营分离开，还停留在"谁建设、谁管理"的阶段，这种模式在一定程度上影响了项目资产的价值释放。而在 Z 央企的资产管理中，各城市公司开发后的项目将被移交至集团，再由集团委托资产管理中心结合内外部资源进行资产的专业打理。集团资产管理中心扮演着投资者、裁判员、教练员的多重角色，通过深刻解读集团战略，将其转化为具体的、可操作的资产管理实施路径，与运营公司密切合作，保障战略目标达成。值得注意的是，企业内部的轻资产运营公司会与第三方运营机构进行公平竞争，倒逼内部运营公司不断优化运营策略和业务模式，确保运营工作的可持续开展（见图 3-25）。

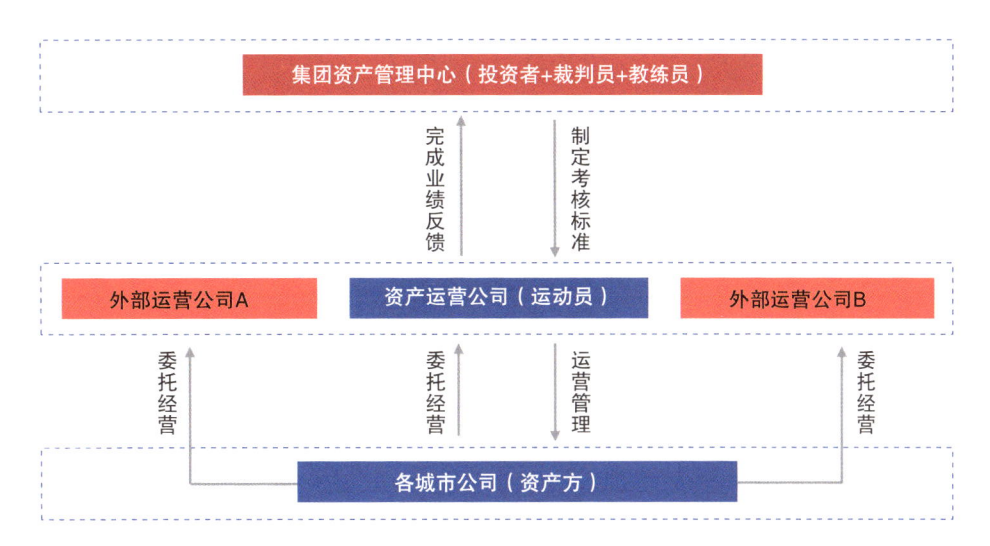

图 3-25　Z 央企"建管分离"架构

资料来源：公开资料，明源不动产研究院整理。

借鉴二是"以退为进"。在项目投资阶段，资产管理中心按照"以终为始"的逻辑在理性投资方面发挥着重要作用。资产管理中心通过参与项目投资决策委员会，提供专业前介服务，判断项目的可行性和风险性，并针对销售型资产或持有型资产等不同的资产类型，设计相应的退出方式（如大宗交易、产权转让、公募 REITs 等）。而不同的资产退出方式又匹配着不同的运营要求、收益要求、考核要求等，如此前后贯通、上下一致地设计资产管理策略，不仅能够保护集团资产，还能为集团带来持续的投资回报。可见，资产管理中心具有投前专业决策、投中运营管控、投后资本放大的综合价值（见图 3-26）。

借鉴三是"轻资产扩张"。通过对上述两项核心能力的打造，Z 央企既拥有了"建管分离"的专业能力，又拥有了"以退为进"的管理思维，这些能力也支撑着 Z 央企从重资产开发到轻资产运营的业务进化。由于资产管理团队在资产轻重分离管理的过程中具备了专业能力和丰富经验，再加上集团资本化平台的赋能，资产管理团队逐渐接收外部资产管理业务。这种"轻资产扩张"的业务模式，在赋能外部资产提升质量的同时，为企业自身扩大了资产管理规模，放大了品牌影响力（见图3-27）。

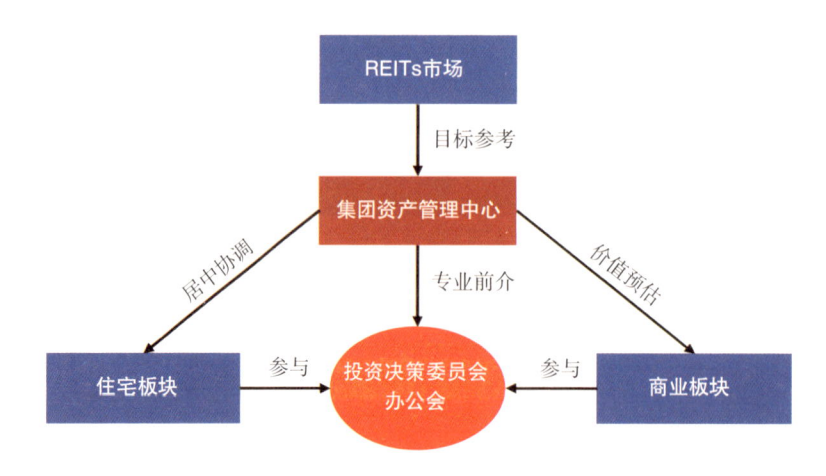

图3-26 Z央企资产管理中心专业前介

资料来源：公开资料，明源不动产研究院整理。

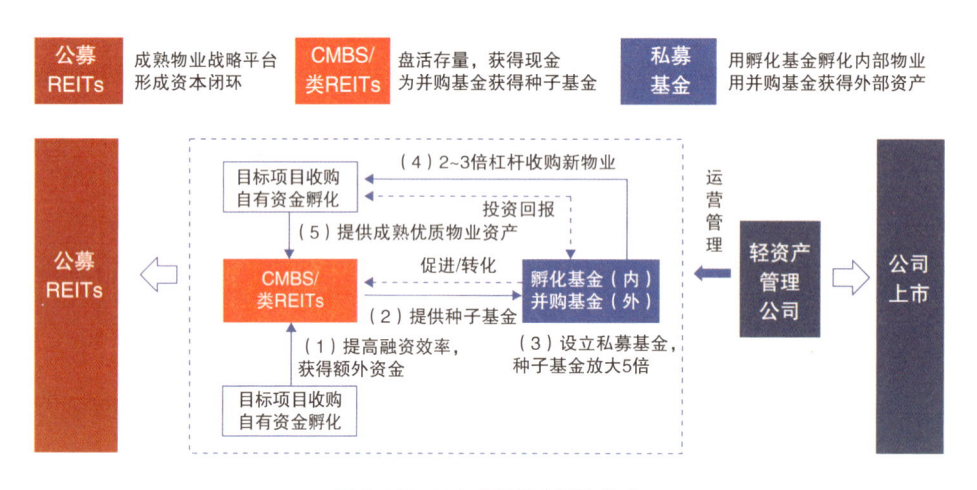

图3-27 Z央企轻资产扩张模式

资料来源：公开资料，明源不动产研究院整理。

总体来看，Z央企通过"建管分离"，促进了资产的价值释放；通过"以退为进"，带来了持续的投资回报；通过"轻资产扩张"，提高了资产的规模价值。可以看到，资产管理不仅是对资产进行简单的统计和维护，更是为资产全生命周期负责，通过建立有效的资产管理体系，企业能够实现资产的精准配置和高效运营，降低资产的闲置率和损耗率，从而提升运营效率和盈利能力，确保自己在竞争激烈的市场环境中保持优势。

本章小结

本章深入探讨了如何搭建系统化的资产管理体系，以及如何通过"三资"盘活的顶层设计实现资产价值的最大化。在探讨如何搭建系统化的资产管理体系及实现"三资"盘活的顶层设计之前，我们首先深度剖析了国有企业资产的现状和共性问题。针对这些现状和问题，首先，本章强调了在全球视角下，国资国企进行战略升级的重要性，要求国资国企与国内同行对标，明确相应的资产管理发展阶段。其次，企业必须进行思维重塑，学会用增量思维看存量资产，用资本思维看资产价值，这里的关键是以价值为导向的评估方法，以及全面、科学的指标体系的建立，这有助于企业更准确地计量资产价值，为资产的有效管理提供科学依据。最后，本章认为组织支撑是实现资产管理体系有效运行的基础，其中包括组织定位、管理职能、岗位权责、绩效考核、人才培养等方面，以确保资产管理体系的顺利运行和持续改进。

第四章

以资本为核心，探索三资盘活最佳业务实践

在国有资源整体优化配置上，国企要在做好战略升级、思维重塑、组织支撑，构建全面的资产管理体系后，将关注点转向如何从"管资产"进化到"管资本"，如何全面实现三资盘活逻辑，如何推动国有资产实现"价值发现—价值分析—价值实现—价值放大"的全周期管理。

第一节
以资本四要素和价值四阶段实现三资盘活闭环

在深入剖析三资盘活战略时，国企需要思考如何有效地将资本与业务实践相结合，将资本的力量转化为业务实践的强大动力，从而实现"三资"的有效盘活。其中有四个关键要素——优化资本布局、提高资本回报、维护资本安全、规范资本运作，这构成了"管资本"的核心逻辑，引导着三资盘活的整个过程。同时，企业应关注价值创造的四个阶段——价值发现、价值分析、价值实现、价值放大，这四个阶段构成了企业价值创造的完整链条，层层递进地引领并促进三资盘活的落地。

一、资本四要素

实际上，从"管资产"到"管资本"的逻辑变化，体现的是国有资产管理制度改革方向的变化，也是国有资产监管方式的重大变革，需要有策略、有部署的开展，要聚焦四个关键要素——优化资本布局、提高资本回报、维护资本安全、规范资本运作。

1. 优化资本布局

优化资本布局是指国有企业根据自身的战略定位、市场环境和发展目标，在不同领域、不同项目、不同地域合理配置资本，以实现资本效用的最大化。优化资本布局是国有企业在新的市场环境下实现转型升级和持续发展的关键步骤，这不仅仅是对现有资产的简单调整，更是基于企业长远战略目标的深层次优化。

"管资本"首先需要统筹国有资本布局，服务于国家重大战略以及区域和产业发展战略，构建全国国有资本规划体系；其次要着力优化资本配置，坚持出资人主导与市场化原则相结合，大力推进国有资本的战略性重组、专业化整合和前瞻性布局。在优化资本布局的过程中，国有企业应紧密围绕国家重大战略，服务于国家整体利益。同时，市场变化日新月异，国有企业必须紧跟市场趋势，及时调整投资策略，确保资本布局与市场需求相契合，进而投向具有市场前景和盈利潜力的领域。此外，国有企业要分散投资风险，通过多元化投资，避免资本过度集中于某一领域或项目，确保资本的安全和稳定增值。

例如，一直被全国各地效仿的"合肥模式"：合肥市依托合肥产投、合肥兴泰金融控股、合肥建投三大国有资产投资平台，形成"引导性股权投资＋社会化投资＋天使投资＋投资基金＋基金管理"的多元化科技投融资体系，以资本纽带、股权纽带作为突破口和切入点，不断增强创新资本生成能力，将行政主导下的"单打独斗"变为"政府引导、市场运作"的协同作战，持续扩大经济效应。

2. 提高资本回报

提高资本回报是国有企业经营管理的核心目标之一，也是检验其经营成果和效益的重要指标。企业要重视投资效益，从关注规模、速度转向更加注重质量、效益，按照高质量发展的要求，引导企业加快转变发展方式，不断增强国有经济的竞争力、创新力、控制力、影响力、抗风险能力；加强上市公司市值管理，提高股东回报，强化财务预决算管理和重大财务事项监管，实现资本收益预期可控和保值增值，做到决策合规、风险可控。在市场竞争日益激烈的今天，国有企业必须通过优化资源配置，不断提高资本运营效率，实现资本效用的最大化。

提高资本回报要求国有企业具备高效的经营管理体系和敏锐的市场洞察力。企业应通过精细化管理、成本控制、技术创新等手段，不断提高经营效率和盈利能力。同时，企业应关注市场动态和客户需求，及时调整产品和服务策略，确保在长期经营过程中保持稳定的盈利能力，为资本回报提供坚实基础，提高资本回报水平。国有企业还应积极探索新的盈利模式和业务增长点，例如发展循环经济、绿色经济等新兴产业，或者利用互联网、大数据等现代信息技术推动产业转型和升级。这些新兴领域和技术的发展往往能够给企业带来更高的资本回报。

例如，上海国盛集团作为多家国有企业及上市公司的重要股东，通过参与市场化重组和资本运作，助力上市公司进一步提升竞争力、引领力和影响力。目前，集团持股光明食品、东方国际、临港集团等上海国有企业及上市公司，持股的金融机构包括海通证券、上海农村商业银行等，同时持股了上海硅产业集团、商汤科技等上市科技企业。在投资与投资管理方面，该集团统筹传统产业转型升级、新兴产业发展壮大和未来产业前瞻布局，聚焦生物医药、人工智能、民用航空等关键领域。

3. 维护资本安全

维护资本安全是国有企业健康发展的重要保障。在复杂多变的市场环境中，国有企业必须时刻警惕各种潜在风险，确保资本安全无虞。在经营管理过程中，国有企业可以通过建立、健全风险管理体系，识别、评估、控制和应对各种可能影响企业实现经营目标的不确定因素，保障国有资产的安全和增值。

国有企业可以采取多种措施来维护资本安全，以实现战略目标为目的，以风险管理为导向，通过内部控制等管理手段对各项业务活动进行规划控制，确定自身的风险承受能力，对重点业务和重要领域进行风险分析，进行事前、事中、事后的风险管理，同时鼓励创新容错机制。

首先，建立完善的内部控制体系，从投资规划、财务监管、考核分配、资本预算、产权管理、内控管理、监督追责和干部任免等国有资产监管的各环节综合施策，发挥监管合力，其中包括通过制定和执行一系列规章制度与流程规范，确保企业内部管理的规范化和标准化。其次，建立健全风险管理机制，包括设立专门的风险管理部门或岗位，定期开展风险评估和排查，制定风险应对预案等，确保及时发现和处置潜在风险。最后在投资方面，国有企业应坚持稳健的投资策略，充分考虑风险因素和投资回报的平衡。在投资决策过程中，国有企业应进行充分的市场调研和风险评估，确保投资项目的可行性和安全性。同时，国有企业应加强投资后的管理和监督，确保投资项目能够按照预期目标顺利推进并实现预期收益。

4. 规范资本运作

规范资本运作是国有企业经营管理的底线，规范资本运作要求国有企业严格遵守国家法律法规和行业规范，确保企业经营活动合法合规。在国务院国资委 2022 年发布《中央企业合规管理办法》之后，从中央到地方的各级国有资产管理部门开始推动下属国有企业建立合规体系，企业合规管理在国内得到进一步开展。在资本市场日益成熟的今天，国有企业必须严格遵守市场规则和法律法规，确保资本运作的规范性和合法性。规范资本运作要求国有企业建立完善的信息披露制度，确保及时、准确、完整地披露企业资本运作信息，保障投资者的知情权和监督权，维护市场公平和公正。

为规范资本运作，国有企业可以从以下几个方面入手。首先，加强信息披露工作，制定并执行严格的信息披露标准和流程，确保信息的及时性和准确性，同时加强与投资者的沟通和互动，及时回应投资者的疑问。其次，加强内部合规管理，建立健全合规管理制度和流程规范，确保企业经营活动符合法律法规和行业规范。最后，国有企业还应建立监督机制，比如设立专门的监督机构或委托第三方机构，对企业的资本运作进行监督和评价，确保资本运作的规范性和有效性。

在国有资产监管效能提升上，国有企业可以通过建立大数据监管体系，有效地推动国有资产监督管理进行纵向和横向拓展。比如重庆市万盛经济技术开发区国有资产管理中心实行"政企一体化，穿透式监管"，其核心是为了实现国资委从"管资产"到"管资本"的职能转变。一方面，这可以综合利用全面准确的国有资产监管数据信息，为国有资产布局和结构优化提供强有力的数据支撑。另一方面，这可以预防违规操作、堵塞管理漏洞，对相关信息数据进行及时收集、汇总、分析和预警，有效防止国有资产流失。

二、价值四阶段

国有资产盘活需要以"管资本"为核心，围绕央国企的资源、资产、资金，打造良性、可持续的发展循环，这是一个自上而下的过程，也是一个各要素联动的过程。具体路径可以分为四个阶段：价值发现、价值分析、价值实现、价值放大（见图4-1）。

01 价值发现
- 资产清点，盘清家底
- 资产梳理，业态分类
- 建立档案台账，搜集资产数据

02 价值分析
- 资产定级
- 资产评估，价值分析
- 资产盘活策略制定

03 价值实现
- 灵活采用多种手段管理闲置、低效资产，提升资产价值

04 价值放大
- 产权交易市场
- 公募REITs、ABS、CMBS

管理调优：健全资产管理机制
- 投决文件、租决文件、运营管理制度、考核机制、权责边界梳理、流程重塑等

＋

数字化赋能：资产全生命周期管控
- 统一资产管理语言，沉淀数据资产
- 搭建适合集团自身特点的资产管控体系

图4-1 价值四阶段

第一个阶段是价值发现。在资产盘活过程中，最基本的是对资产进行清点和梳理。企业只有把资产梳理工作做好、做透，才能为后续资产盘活提供有力保障，其中包括对资产进行实地盘查，对资产权证进行梳理，建立各类业态资产档案，盘清企业家底。可以说，资产盘清是资产盘活的前提，是资产定级、

资产评估、价值分析的基础，最核心的要求是数据准确以及信息得到有效披露。

第二个阶段是价值分析。在盘清家底后，企业可以根据不同资产类别，以提升管理效率和便于市场化运作为目的，给资产定级。从提升管理效率角度看，资产定级的目的在于内部语言同频、便于管理、制定差异化盘活方式；从便于市场运作角度看，资产定级的目的在于加强市场对标，以便实现与资本市场的对接。企业制定资产盘活策略前的重要任务就是对资产定级并且对资产进行评估。在资产分类的基础上，将资产定为优质资产、次优资产、低效与无效资产、问题资产，针对不同等级的资产设计不同的资产盘活方式。一方面要符合企业主责主业要求，实现协同发展；另一方面要将资产价值最大化作为目标，灵活且有针对性地制定资产盘活策略。

第三个阶段是价值实现。资产盘活的系统性实施，绝非针对某项资产通过某种专业化手段一次性完成，而是需要统筹规划、通盘考虑，最终实现整体资产的提质增效。首先，最重要的是聚焦主责主业，企业的战略定位应最大程度上与资产的特性相契合，尽可能地避免资产与主业不相符的问题，企业只有从战略层面明确目标愿景，才能为资产盘活方案的设计提供判别依据。其次，企业需要对盘活资产的初步盘活方式和重点方向进行诊断分析、总体谋划。再次，存量资产的盘活往往还涉及企业的战略规划、产业结构、人员管理、税务筹划等方面，企业需要以市场化为导向，明确组织定位，制定执行方案。最后，针对特定资产，多维分析，选择合适的盘活路径，以实现资产的保值、增值。

第四个阶段是价值放大。存量资产盘活所需资金量大、回收资金的周期长，盘活其实并不直接等于资产变现，而是要有新的价值创造出来，存量资产盘活的盈利就是在长期经营中不断提升资产价值，从而有稳定的现金流回报。其中，金融创新的助力不可忽视，通过公募 REITs、ABS、CMBS 等金融工具，盘活存量项目，并将回收资金用于新的项目建设，进而形成投融资良性循环的商业闭环。可以说，无论是公募 REITs 还是资产支持专项计划，作为资产证券化的手段和金融创新工具，它们在盘活存量资产、拓宽融资渠道、提高资金使用效率等方面均发挥了积极作用。

第二节
价值发现：三重盘点，盘清资产全貌

在价值发现阶段，盘清资产家底是国有企业的重要工作，也是国有资产产现保值增值的基本要求。但实际情况却不容乐观，国有企业普遍存在家底不清、账本混乱的情况。由于过往碎片化的管理，国有企业未形成体系化的管理规范，这导致权属关系混乱、信息口径不统一、经营收益对不上、资产价值不一致等问题出现（见图4-2）。每年为满足向上提报国有资产数据的要求及内部管理需要，国有企业耗费了大量时间和精力进行资产盘点，陷入了"资产年年盘点，数据年年不准"的怪圈。

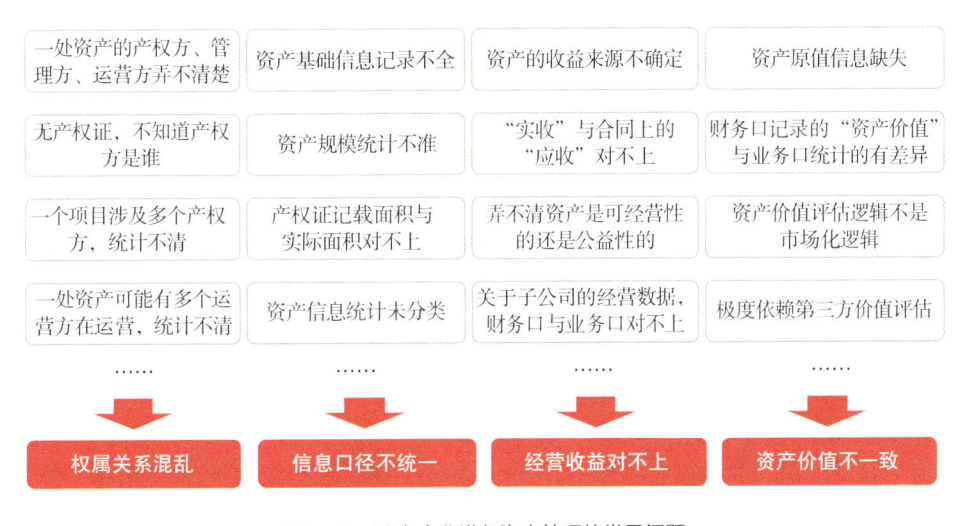

一处资产的产权方、管理方、运营方弄不清楚	资产基础信息记录不全	资产的收益来源不确定	资产原值信息缺失
无产权证，不知道产权方是谁	资产规模统计不准	"实收"与合同上的"应收"对不上	财务口记录的"资产价值"与业务口统计的有差异
一个项目涉及多个产权方，统计不清	产权证记载面积与实际面积对不上	弄不清资产是可经营性的还是公益性的	资产价值评估逻辑不是市场化逻辑
一处资产可能有多个运营方在运营，统计不清	资产信息统计未分类	关于子公司的经营数据，财务口与业务口对不上	极度依赖第三方价值评估
……	……	……	……
权属关系混乱	**信息口径不统一**	**经营收益对不上**	**资产价值不一致**

图4-2 国有企业进行资产管理的常见问题

国有企业如何才能盘清资产？当下国企面临的形势与业务形态都已发生了显著变化，这些变化对"盘清"有了更高的新要求，而新要求与过往管理之间的差距是造成资产家底难以盘清的根本原因。具体来说，主要体现在以下几个方面。

首先，随着城镇化进程加快，经过十几年的开发建设、多元化发展，国企手中的资产体量越来越大，种类越发庞杂。过去，很多国企和平台公司的工作重心在开发建设上，对于建设过程中遗留的存量资产，保持着"不流失即可"的态度，不会过多地关注资产的经营收益，这其实会导致大量国有资产流失。

其次，随着存量资产盘活变成国企的必修课，存量资产的经营收益如何是当下国企首先要回答的问题。加上近年来国企对于存量资产的价值认可是基于收益的估值逻辑，因此看待资产价值的视角由之前的成本逻辑与市场逻辑转化成收益逻辑。若面向资本市场，则需更加匹配资本市场的估值逻辑，也就是亟须做强资产的质量，把被低估的价值挖掘出来。

最后，现阶段国企的大量资产已经不能匹配当下国家对国企的产业发展要求，并且随着专业化整合分工，资产管理相关方呈现多级管理趋势。很多国企纷纷成立单独的资产管理公司或资产运营管理部，对资产实行集中化、统一化管理，按照资产业态的不同进行专业化运营。这时若按照单一维度盘点资产，企业将难以满足各方的管理需求，所以必然要做资产的分类管理。

从上述变化和趋势中可以看出，资产的体量、结构、质量是当前盘清资产的三重维度。第一，体量维度指的是盘资产权属，基于国企的组织形态和资产的实际权属关系，进行资产的多权划分。第二，结构维度指的是盘资产类型，在新权属模型下统一资产分类，设计不同类型的资产台账，盘清资产基础信息。第三，质量维度指的是盘资产收益，统一财务与业务双重视角下的收益口径，明确收益指标。企业只有通过三重维度的盘点，才能真正盘清手中的资产，厘清资产全貌。

一、体量维度："颗粒归仓"，多权划分提升效率，盘清资产权属关系

随着国有资产管理的相关方不断增多，多方权属混乱成为当下的普遍痛点。在资产管理和运作的过程中，相关方涉及多个，常见的有"产权方""管理方""经营方""使用方"。不同相关方的资产管理侧重点与颗粒度不同，经常会出现管理上的混乱和统计上的错误。例如，"产权方"会按照资产的产权维度进行管理和统计，"管理方"会按照资产的项目或片区进行管理和统计，"经营方"

会按照最小颗粒度、可租赁的房间进行管理和统计，"使用方"则会关注出租情况、承租人信息等。这导致对于同一处资产，不同的相关方管理和统计的数据口径有冲突，数据永远核对不清楚。

正确地进行多权划分，理顺权属关系是盘清资产的首要前提。不同层级的管理单位对资产管理的要求与侧重点不同，若按照单一维度盘点资产，企业将难以满足各方需求。要想盘清资产，企业首先要弄清楚资产的权属关系，这样才能更好地开展后续的资产盘活和运营工作。在资产的权属视角下，我们认为每一处资产都对应"管理权""产权""经营权""使用权"四个权属属性（见图4-3）。

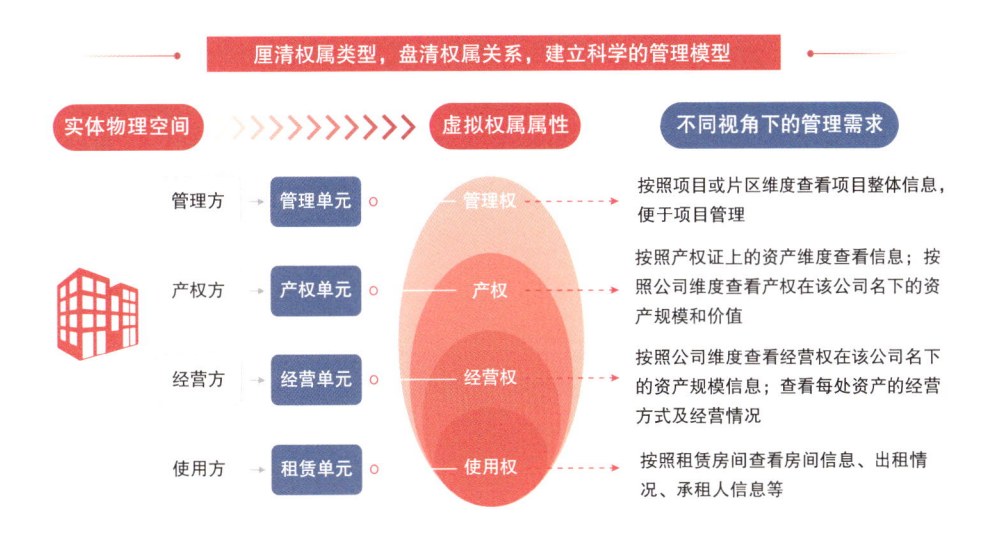

图 4-3 资产的四种权属关系

管理单元（管理权）：企业内部为了实现资产管理的便捷性，会根据管理需要对资产进行聚合管理，而这种资产聚合是基于地理空间位置的资产管理的集合，一般按照实际开发项目（集中式）、管理片区（分散型）进行项目或片区的管理，不同企业叫法不同，有"一处资产""一宗资产""资产项目"等多种叫法。

产权单元（产权）：按照产权证上的维度构建资产单元，日常管理也按照产权证的颗粒度与实物资产一一对应，暂时没有产权证的资产，可基于实际资产的管理单位进行1∶1构建。

经营单元（经营权）：通常平台公司会把资产交给专门的资产运营公司进行经营租赁，并签订资产经营委托协议。后者基于资产的经营性质、类型和经营单位进行经营单元的管理，通常按照经营权进行单元构建，非经营性资产则按照实际管理权进行单元构建。

租赁单元（使用权）：基于经营规划构建的最小实体单元，在实际出租业务中，通常根据承租方的空间使用诉求进行单元构建，资产租赁出去后，承租方使用的空间主体一般为房间。

具体来说，管理方往往会按照项目或片区进行管理，如一个购物中心、一个园区项目，我们将其定义为管理单元；一个管理单位会有多个不动产，如大厦A栋、大厦B栋，可能会拥有多个不动产权证，那么按照产权维度，我们将A栋和B栋定义为两个产权单元；整个项目中会有多种业态，如商业、写字楼等，不同业态会被交给专业的运营公司分类经营，不同经营方管理的资产，我们将其定义为经营单元；每种业态下使用、租赁的房间和商铺等"空间"，我们将其定义为租赁单元（见图4-4）。

二、结构维度："科学分类"，统一标准有序建档，盘清资产基础信息

分类粗放与信息混乱是国企资产档案管理中的普遍情况。面对资产体量的激增与种类越来越复杂，当前许多国企存在分类粗放、信息混乱，以及用"一张大表"进行大杂烩式管理的情况，信息丢失、数据错误的情况不胜枚举，这严重阻碍了对资产的日常统计与管理，对国有资产的安全造成了威胁。

统一标准和科学分类是厘清国有资产信息的重要基础。首先，企业可以参照国家资产分类标准，结合自身经营视角，建立科学的分类原则，对多类型资产进行有序管理；其次，企业需要扩充档案的登记维度，完善资产全周期信息记录，以支撑不同阶段业务开展的需要（见图4-5）。

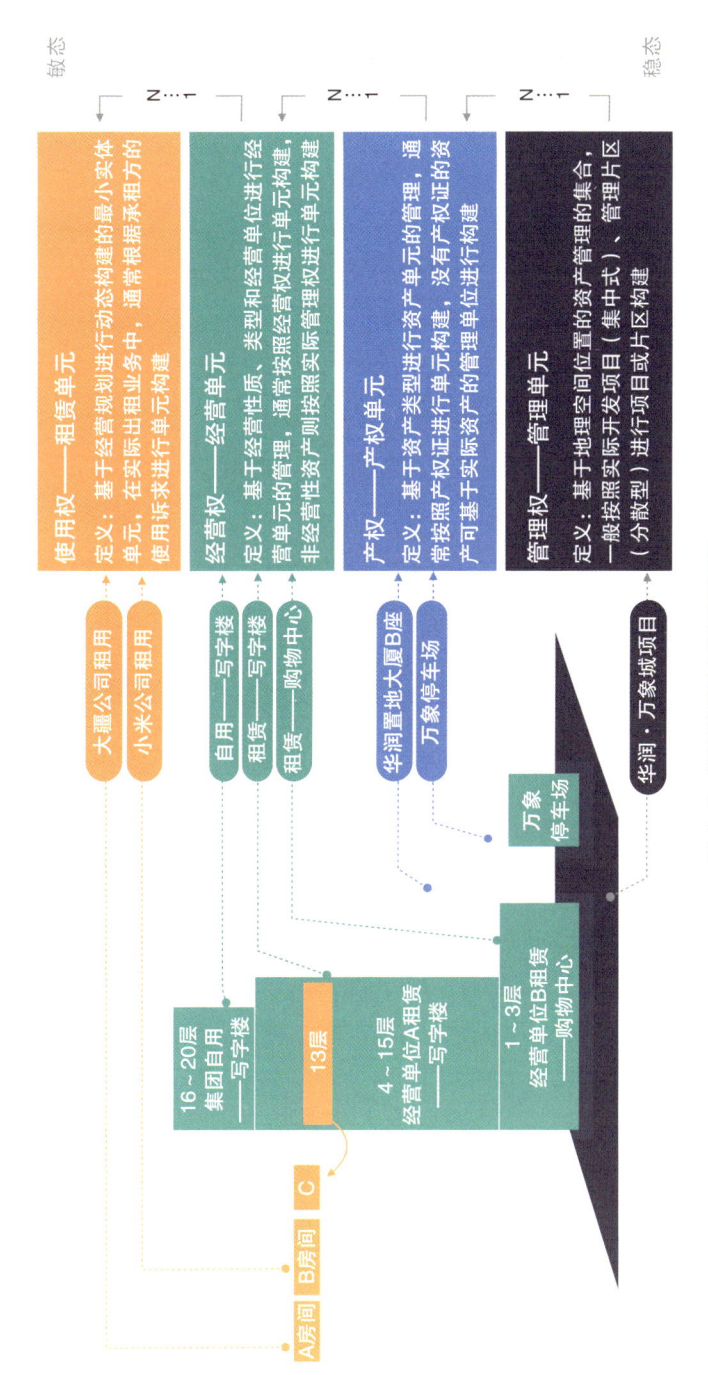

图 4-4 资产的具体权属关系示意

使用权——租赁单元
定义：基于经营规划进行动态构建的最小实体单元，在实际出租业务中，通常根据承租方的使用诉求进行单元构建

- 大疆公司租用
- 小米公司租用

经营权——经营单元
定义：基于经营性质、类型和经营单位进行经营单元的管理，通常按照经营管理权进行单元构建，非经营性资产则按照实际资产的管理方式进行单元构建

- 自用——写字楼
- 租赁——写字楼
- 租赁——购物中心

产权——产权单元
定义：基于资产类型进行资产单元的管理，通常按照产权证进行单元构建，没有产权证的资产则基于实际资产的管理进行产权单元的构建

- 华润置地大厦 B 座
- 万象停车场

管理权——管理单元
定义：基于地理空间位置的资产管理的集合，一般按照实际开发项目（集中式）、管理片区（分散型）进行项目或片区构建

- 华润·万象城项目

敏态 → 稳态

- 16～20层 集团自用——写字楼
- 13层
- 4～15层 经营单位 A 租赁——写字楼
- 1～3层 经营单位 B 租赁——购物中心

A 房间 / B 房间 / C

万象停车场

第四章　以资本为核心，探索三资盘活最佳业务实践　　257

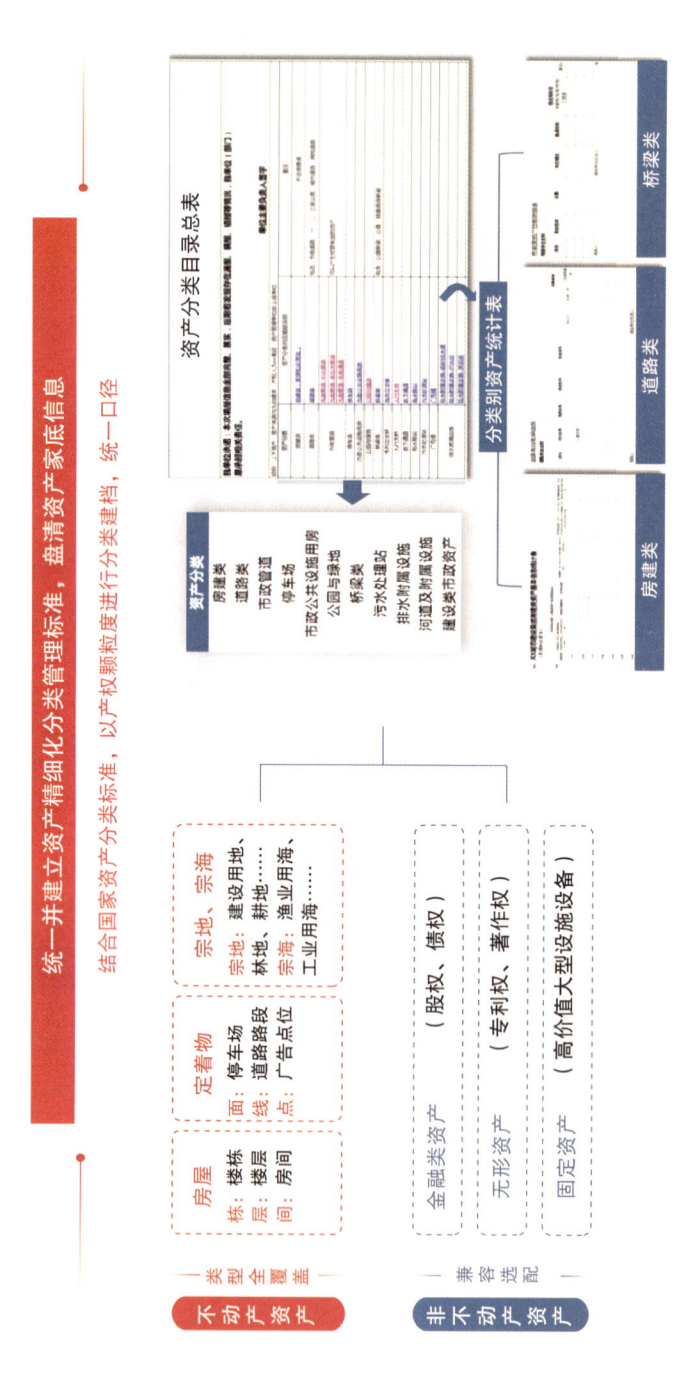

图4-5 资产分类标准

1. 建立科学的分类原则，支撑多类型资产统一管理

企业想要"家底"清晰，台账健全是重要前提，像传统的城投、城建，以城市建设与开发为出发点，留存的许多房建类、市政类、设施设备类资产，呈现出多业态类型的特征。此外，不同类型的资产有其独特的业务特点和经营方式，因此企业需要通过分类进行精细化管理和统计分析，以满足不同业务的管理需求。

结合国家资产管理相关标准的分类及企业经营视角，常见的资产大类主要分为不动产资产与非不动产资产，不动产资产包含房屋、定着物、宗地、宗海等；非不动产资产包含金融类资产（股权、债权）、无形资产（专利权、著作权）、固定资产（高价值大型设施设备）等，而每一类型下又会细分二级、三级资产。

例如，北京央企R集团旗下的资产类型十分复杂，除自持类、销售类和代建类资产外，还有因历史问题遗留下来的无产权类型的物业。面对资产复杂和盘不清的难题，R集团通过梳理分类，明确了四个大类、二十八个小类的资产分类，建立集团统一的资产编码体系，实现同时满足宗海、宗地、房屋、定着物等多个管理维度的分类需求，并形成资产分类管理标准。R集团通过资产的分类管理，实现了资产运营管理的有效区分，把不同类别资产的不同功能有效地发挥出来，增强了资产管理的精细度，更好地满足了国有资产的使用要求。

2. 扩充档案的登记维度，完善资产全周期信息记录

存量资产的状态并不是一成不变的，随着业务的开展，其信息量会越来越大。刚接收资产时，往往只有资产的基础信息；而开展资产经营后，会产生经营收益信息；对资产进行处置时，会有处置信息。同样，企业在对资产进行运作时，关注的重点也会有差异，如进行盘活时关注资产权属，交易时关注资产估值，不同业务的开展涉及的资产信息也会有差异。

为满足各类业务的开展，企业需要扩充档案的登记维度，完善资产全周期信息记录。从最开始的资产接收到过程中的使用或经营，再到最终的资产处置环节，这些信息都需要被完整记录。全生命周期的资产档案信息至少包含八个

维度：基本信息、接收信息、产证信息、价值信息、规划信息、安全信息、处置信息、关系图谱（见图4-6）。处在不同生命周期的资产，档案信息的完整度不同，伴随着业务的发生，每一阶段的资产信息将被逐步完善。企业在做资产建档时，应考虑统一各级单位的信息统计口径，建议由集团资产管理中心进行整体统筹，统一数据口径，明确填写标准，规范资产信息登记流程，做到全量资产信息记录完整、清晰。

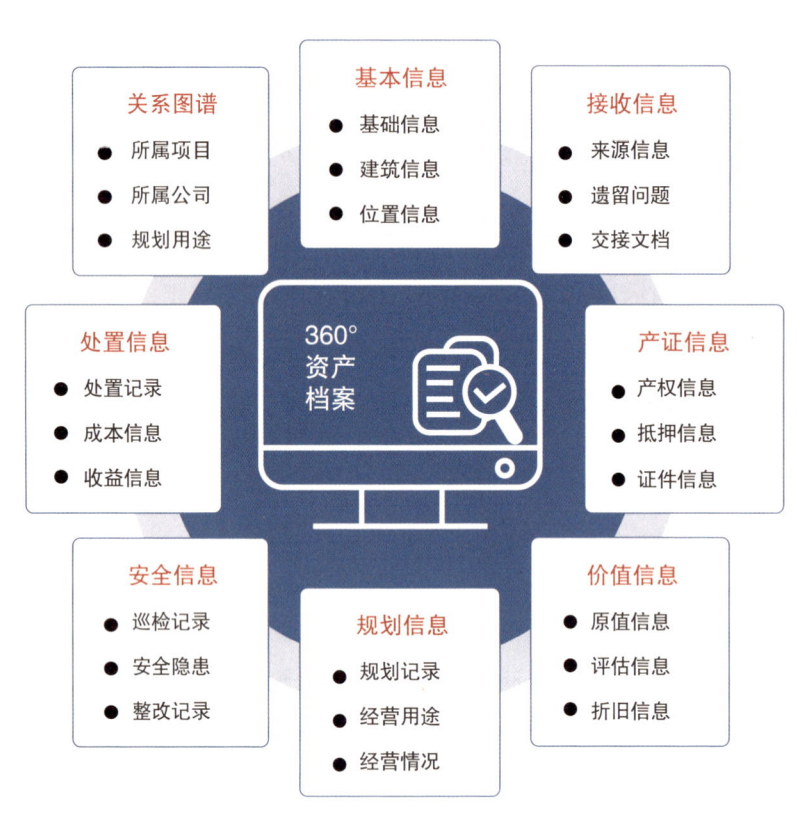

图4-6 资产全生命周期信息记录

三、质量维度："准确识别"，明确指标细化口径，盘清资产经营收益

收入知大账、不知小账，以及规则不清已成为盘清资产经营收益的阻碍。作为追求长期稳定收益的经营性不动产，资产经营收益的多少无疑是要时刻清楚的，但知易行难，要盘清资产经营收益，实际中挑战仍旧比较大。例如，一些企业集团同时经营上百个项目，如何及时准确地了解各个项目资产经营收益的高低，这本身就是一个难题。现实中影响资产经营收益盘清的因素很多，梳理下来主要有两大类。一类是统计维度的问题，资产经营收益的统计不能只简单粗暴的统计一个总收入，应按照管理需要把统计颗粒度细化，以便更精准的分析收益。另一类是指标口径的问题，资产经营收益的高低不能只看表面收入或合同应收，通过合理客观的收益统计指标分析，才能综合评定资产的经营收益水平。

细化和明确收益维度与口径是盘清资产经营收益的基础。对资产进行经营收益统计时，企业在统计维度与统计口径上都需有明确的规则。统计维度上要满足不同经营管理单位的需求，如组织上的集团、公司、项目组，权属上的管理方、产权方、经营方、使用方，它们都有不同的收益分析维度。统计指标口径上要分类去看租金收入情况、收缴情况、总收入情况等，综合评定资产的经营收益。

1.细化经营收益统计维度，支撑多维资产经营收益分析

平台公司组织架构的优化调整和资产权属关系的复杂性提高，都会给经营收益数据统计带来更大的难度。清晰的经营收益统计维度，主要分为权属维度、业务维度、组织维度三大类。

权属维度：经营收益数据按照产权单元、管理单元、经营单元、租赁单元的经营收益数据统计，这四类维度本身存在交叉，例如，一个管理单元下存在多个经营单元，不同经营单元的经营收益都来自同一个产权资产，只是该资产下的不同业态收益不同而已。

业务维度：按照业务划分统计资产经营收益，企业对资产业务的划分常见

的有按照资产业态、资产优劣等级、资产类型等划分。

组织维度：常见的有按照公司组织维度划分，例如，集团—区域—公司—项目组。

这里想说明一点，维度是灵活变通的，可以持续细化，不同维度也可以相互组合。例如对于权属维度，部分平台公司是统一由一家公司经营，因此在权属维度上可能就没有多个经营单元，可按照产权单元和管理单元进行经营收益统计。同样的，业务维度上，可以按照业务大类分也可以进一步细化，当然，统计颗粒度越细，统计的人工成本也会越高，这需要企业在统计成本和经营收益间权衡。

2. 明确关键指标口径，综合评定资产经营收益水平

统计资产经营收益要关注哪些指标，哪些指标才能反馈资产的真实经营收益呢？这里重点介绍租金类、收缴类两类经营收益指标。

（1）租金类指标：区分有效租金与表面租金

租赁业务是在空间与时间上共同产生价值，由于不同资产的空间与合约承租时间有所不同，那么就需要有一个可以比较的标尺来衡量产生的经营收益，这个标尺就是有效租金（effective rent），或者更准确地说是有效租金单价。

有效租金 = 合约实际总租金 /（合约租期 × 租赁面积），市场最常用的租金计量单位是"元 / 月 / 平方米"或"元 / 日 / 平方米"。有效租金是指经过平摊免租期、优惠减免和租金递增后计算得出的租金单价，反映了合约期内的平均租金贡献水平。与有效租金相对的是表面租金，或称合同初始租金单价，它直接体现了合同中未计入免租期、优惠减免和递增条款前的租金水平。一般从合约上看的是第一年的租金单价，代表了合约首年的价格水平（见图 4-7）。

（2）收缴类指标：应收与实收的差异

在统计租赁收缴金额时，受会计口径的影响，租金收入企业一般是从权责发生制的角度去统计。但站在运营管理的角度，为了获取更加真实准确的收缴金额，很多时候不该受会计口径的束缚，因此就有了所谓的经营口径或收缴口径，而从收缴的维度看，就有了应收与实收的差异。

| 有效租金 | 管理 | 合约 | 表面租金 |

- ✓ 有效租金=合同实际总租金/（合同租期×租赁面积）
- ✓ 多应用于投资测算，定价时的对标参考
- ✓ 平摊了免租期和递增的金额
- ✓ 有些企业会减去装补、赠送等优惠再分摊

- ✓ 合同所约定的租金单价，一般看第一年
- ✓ 多应用于进行招商报价，在定价时也有作为对标的参考
- ✓ 不考虑免租期和递增的分摊
- ✓ 不考虑装补、赠送等优惠的影响

图 4-7　有效租金与表面租金

应收租金顾名思义就是按照合同约定的在该期间应当收到的租金，而实收租金则是实际收到的租金。因为应收与实收存在差异，所以产生了两个重要的指标：一是收缴率，收缴率＝实收租金/应收租金；二是租金欠费，租金欠费＝应收租金－实收租金。由于应收租金和实收租金都是滚动变化的数值，所以收缴率和租金欠费在不同时点也有所不同。为此，在统计角度上就会有一个期间值的口径，比如多数企业在统计收缴率时使用的是月末实收租金，即收缴率＝归属当月的累计实收租金/当月应收租金，同样的租金欠费在统计角度上也会选取月末时点的欠费金额。应收租金、实收租金与收缴率都是衡量资产经营收益的重要指标，不仅要租金收入高，还要能把租金收回来，实打实地把资产经营收益装进自家口袋。

三、案例分析之济南城市建设集团：聚焦资产清查、建章立制、数字化赋能，提升资产管理能力

济南城市建设集团整合组建于 2017 年 6 月，是济南市属投融资平台，属一级竞争类企业，主要负责城市开发、建设与经营，业务范围涵盖产业金融、城市开发、城市建设、城市运营、产业园经济、供应链经济、大数据七大产业链。济南城市建设集团资产规模大、类别多、业态广，实物类资产主要包含房建类、市政类、苗木类、土地类、设施设备类等。

为确保实现国有资产的保值增值，在集团总部层面，济南城市建设集团设立资产管理部，统筹管理集团各类实物资产，围绕资产盘清盘活、提质增效，开展了资产清查、建章立制、数字化赋能"三大战役"，组织开展全集团范围内五大类资产的全面资产清查，建立完善的集团资产管理体系，开发建设资产管理信息系统，同时，对各类资产实行委托运营管理，并完善监管与考核体系；在子公司层面，济南城市建设集团分类打造专业化资产运营公司，具体负责各类资产的运营管理工作，大力推动资产管理专业化、市场化能力建设，对集团资产管理和运营实现全周期、全过程管控，进行科学化、规范化、专业化、精细化管理，真正实现资产的高效管理和价值增长。

1. 资产清查，盘清家底，筑牢资产管理基石

为了尽快盘清家底，积极推进资产清查工作，济南城市建设集团成立了集团领导小组及各专项组，明确责任分工，由资产管理部牵头，相关部室、子公司及专业化机构等单位协同实施，建立工作机制，定期调度，确保清查盘点工作的圆满完成。同时，该公司启动了资产信息化建设开发和盘点资产信息的汇总整理录入等工作，为后续的资产数字赋能打下了坚实的基础。

一是为确保资产清查效率和规范，济南城市建设集团对集团资产盘点的范围、内容标准等做了明确规范。济南城市建设集团按照集团所辖房建类、市政类、苗木类、土地类等资产特点分类建立清查标准，清查内容包括资产实物状况（如资产类别、规格、位置）、管理状况（如合同管理、制度建设）、经营状况（如资产利用情况、出租情况）及手续情况（如产权情况，资产接收、调拨、处置、维修手续）等。

二是围绕集团资产数字化建档需要，济南城市建设集团完成了各类资产盘点标准的梳理，形成了资产盘点"五步法"（见图4-8），实现了资产盘点的有效性和高效性，实现了资产的应查尽查，实现了所有清查资产的数据信息上线，实现了集团资产的在线集中化管控。

三是济南城市建设集团通过全面的资产清查，真正将集团资产底数摸清，问题厘清，并建立了完善的资产信息台账，确保家底明晰、有账可查；通过清

查审计，梳理发现问题，并提出有针对性的管理建议，有效提升了资产管理效率，实现了资产综合效益的最大化。

- **第一步**：梳理房建类、市政类、土地类资产清单模板，结合数字化落地要求和兑现规划
- **第二步**：资产模板下发，开始启动第一轮资产自查，签字确认，没有资产的确认无、有资产的确认准确，盖公章
- **第三步**：主管部门与审计公司完成资产核查确认，明源不动产研究院参与重点项目把关数据质量和业务调研
- **第四步**：资产导入并针对关键信息做确认，下发整改，集团调度
- **第五步**：资产系统录入后开通运营公司账号，运营公司在线确认，发送资产信息确认回执

图 4-8 济南城市建设集团资产盘点"五步法"

资料来源：济南城市建设集团，明源不动产研究院整理。

2. 建章立制，盘活资产，创新驱动价值增长

资产管理部成立后，本着"先急后缓、逐步完善"的原则，济南城市建设集团不断建立和完善集团资产管理体系，先后制定了15项制度及工作流程。该公司通过建章立制，有效指导、规范了集团各项资产管理工作，做到了有章可依、责任明确、规范管理运行。

另外，济南城市建设集团着重加强考核管控，基于资产运营能力考核，重点围绕资产出租率、租金收入、收缴率、NOI、NOI Margin 等市场竞争力相关指标的建立完善考核机制，资产管理内部控制体系的不断完善和优化，为集团的发展提供强有力的支撑。

围绕考核评价，济南城市建设集团创造性地提出了资产管理评价"双体系"（见图4-9），一是以资产保值增值为目的，以综合管养评价为核心的"资产现状评价体系"；二是以效益提升为目的，以运营指标评价为核心的"运营质量评价体系"。资产管理评价"双体系"的提出使集团构建了统一的管理标准和评价体系。济南城市建设集团通过横向对比、纵向跟踪、现场巡检、考核评价等方式，对各单位的资产管理现状和资产运营质量进行了全面评估，推动各单位增强成本和经营意识，有效降低了资产管理成本，提高了资产经营收益。

制度流程执行情况
业务标准&信息化执行情况

资产出租合账情况
资产财务收缴情况

前期立项、规划设计阶段评价
后期交接、运营阶段评价

政策合规性评价
市场合理化评价
资产完好性评价
NOI评价
NOI Margin评价
出租率评价
租金收缴率评价
定价合理性评价
资产盘活率评价

制度运行评价
资产信息评价
全生命周期评价
运营规范性评价
运营指标评价

运营质量评价体系

资产现状评价体系

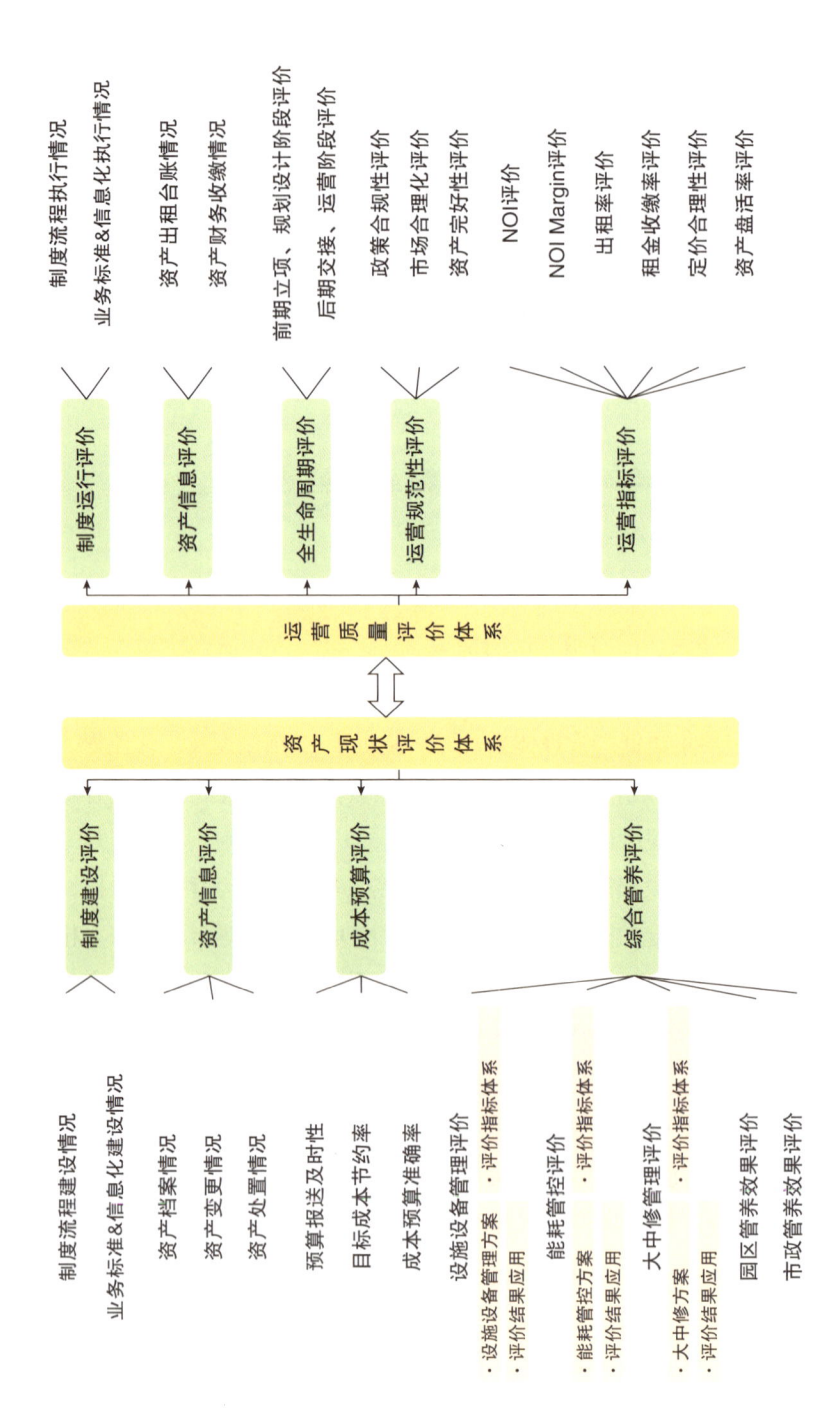

制度建设评价
资产信息评价
成本预算评价
综合管养评价

制度流程建设情况
业务标准&信息化建设情况

资产档案情况
资产变更情况
资产处置情况

预算报送及时性
目标成本节约率
成本预算准确率

- 设施设备管理方案 · 评价指标体系
- 评价结果应用
- 能耗管控方案 · 评价指标体系
- 评价结果应用
- 大中修方案 · 评价指标体系
- 评价结果应用
- 园区管养效果评价
- 市政管养效果评价

图4-9 济南城市建设集团资产管理评价"双体系"

资料来源：济南城市建设集团，明源不动产研究院整理。

266　　国企三资盘活

制度体系的建立为济南城市建设集团资产保值增值奠定了基础。在资产盘清的基础上和制度建设的保障下，济南城市建设集团按照"先易后难、重点突破、形成机制"的原则，有序开展资产盘活工作，分批、分阶段稳步实施资产盘活工作。

以待盘活实物类存量资产为例，根据资产经营情况可分为高效资产、低效资产及无效资产。高效资产是指运营能达到收支平衡的资产，以资产证券化为盘活方向，主要分为两类：第一类是达到 REITs 发行标准的资产；第二类是暂未达到 REITs 发行标准但已能够实现运营收支平衡的资产。低效资产是指有一定收益但目前运营亏损的资产，通过改造与转型，不断提升资产经营收益率，在转化为高效资产后再进行资产证券化。无效资产是指零收益资产，该类资产以产权交易为盘活方向。此外，针对债权类、股权类、商标权类等资产的特性，济南城市建设集团分别制定了分类标准及对应的盘活方法。在有效盘活存量资产、合规处置低效资产的同时，济南城市建设集团合理购置优质资产，逐步优化集团资产结构，实现了集团资产最优配置，带动新增投资，放大了国有资本功能，提高了国有资本效率。

3. 数字化赋能，做好标准化管理和风险管控，倒逼业务能力提升

为了适应市场变化和发展需求，实现资产管理的科学化、规范化、专业化、精细化，济南城市建设集团积极转变思路，推动数字化体系与资产管理的深度融合，较早的结合管理实际，进行了资产管理信息系统的开发建设，并建立了集团统一的资产数字化管理体系。济南城市建设集团制定并完善了资产管理权责手册、资产管理业务流程、资产管理指标看板、风险预警管控等，从组织、流程、制度、指标等维度对资产管理工作进行规范要求，统一管理口径和管理标准；建立了"资产全局在线、经营数据在线、风控预警在线、智能决策在线"的资产数据运行机制，并根据应用反馈情况持续进行完善优化。

资产家底可视化：济南城市建设集团通过数字平台构建了"全国—全省—全市—各区—各项目—资产信息—经营信息"的可视化层层穿透，由总到分实现了对资产家底的监管（见图 4-10）。

图 4-10 济南城市建设集团资产数字化平台示意

资料来源：济南城市建设集团。

业务风险可视化：济南城市建设集团围绕资产的全生命周期管理需要，实现了覆盖资产接收、资产变更、资产处置、资产规划、资产招商、资产运营的全业务线上化闭环管理，确保"业财一体化"。

经营结果可视化：济南城市建设集团通过数据大屏和报表对集团的资产分类、布局、经营、风险等指标进行实时抓取，向上匹配国资委的数据监管要求，向内解决集团资产考核和统计需要，向下支撑各产业单位负责的对应资产的日常运营。

通过资产管理数字化体系驱动业务变革，该公司实现了资产家底清晰、经营管理合规、审计风险可控、助力资产增值的管理目标。

未来，济南城市建设集团将继续以资产证券化管理为目标导向，持续建设、优化数字化管理平台，推动数字化资产管理再升级，对标资本市场的资产管理和收益要求，聚焦提升资产管理能力水平，有效防范风险，盘活存量资产，提升资产效能等维度，通过市场化手段加快推动从资源、资产向资金、资本的流动转换和升级，切实实现国有资产的保值增值。

四、案例分析：央企全流程体系化管理，厘清资产全貌

央企在资产管理上与地方国企有许多不同，央企通常经营范围广泛，组织机构庞大，因此其资产的规模和质量与地方国企存在显著差异。在日益复杂的经济环境中，央企的资产管理面临着前所未有的挑战。为了实现资产的保值增值、提升管理效率，央企亟须建立一套科学、高效的资产管理体系。下文结合我们服务过的央企案例，从资产交接、管理、招租、运营及数字赋能等几个方面进行详细阐述。

资产交接，扎实推进，力求保质保量。央企在经历上一轮重组、并购、整合后，往往面临大量资产接收的问题。为了确保资产交接工作保质保量完成，央企需要采取一系列措施扎实推进。首先，根据企业的资产接收工作安排，制订详细的工作方案，组建专业团队。其次，及时传达工作要求，通过现场指导、现场督办及召开推进大会等方式，确保任务全面落实。再次，针对资产交

接中的重点和难点问题，成立专班，建立上下联动的工作机制，提高工作效率。最后，严格审核资产交接的各项工作，确保工作落实。通过这一系列的措施，让资产交接工作变得更加有序、高效。

资产管理，分级施策，提升管理效益。由于央企资产体量庞大，涉及众多领域和复杂的管理层面，因此在资产管理方面应注重夯实基础，以提升管理效益。以某央企为例，该企业建立了规范的资产管理方法，以项目为单元，全面盘清资产底数。该企业采用"四维盘点法"（见图4-11），深度厘清了企业的资产全貌。第一步是盘清资产的管理权、产权、经营权、使用权的关系；第二步是盘清实物资产的基础信息，特别是保障信息的完整性和准确性；第三步是盘清资产的经营收入；第四步是盘清资产的市场价值，这里涉及资产估值的方法选择。资产盘清后，该企业制定了相应的资产分级标准，并对资产进行分级。这有助于明确管理重点，制定同类型资产的管理标准、经营策略和盘活策略，从而更加有序地进行资产盘活。

图4-11 某企业"四维盘点法"

资料来源：明源不动产研究院整理。

资产招租，创新优化，促进保值增值。在招租方面，提高资产周转率和促进资产保值增值是央企的目标。以某央企为例，该企业首先制定了相关制度规范，通过分级管理、提级管理等措施保障资产租赁的基本盘；其次搭建招商管理体系，完善招商方案模板及不同业态合同范本，引入外部专业运营商和经营权回购等多种经营模式，提高租金收益；最后提升自主招商能力，利用企业公众号和各地专业租赁平台资源，增强线上推广力度，解决渠道资源和客户资源不足的问题。

资产运营，依法依规，化解各类难题。央企在资产运营方面，普遍会建立遗留问题清单，以确保问题无遗漏，及时闭环。其中，特别要注意的是做好问题分类，针对历史成因复杂、解决难度大的遗留问题，用足政策、加强协同，确保问题得以解决。

数字化赋能，科学管理，助力提质增效。随着央企资产规模的快速扩大，传统的报表式管理模式确实已经难以满足当前资产管理的工作需求，特别是在企业资产的统筹管理、协调与监督方面，存在的漏洞与风险逐渐凸显。为了应对这些挑战，央企普遍采用数字化的方式进行管理，以统一管理标准和管理语言，从而提高管理效率和降低风险。在数字化管理实践中，很多央企采取了以下关键措施。首先，将分散在各单位的资产进行统一登记，形成线上资产台账，以全面了解资产情况。其次，建立从资产接收、资产管理、资产运营、资产变更到资产维修、资产处置的管理闭环，真正实现企业在管资产和业务的数据可视化，确保资产家底清晰可知。再次，加强合规性监管，搭建风险预警体系，及时反馈租金定价、租赁期限等风险，形成从风险预警识别到风险整改处理的监管闭环机制。最后，建立统一的业务指标体系及报表体系，包括各种指标，如风控类指标（资产空置、资产闲置、资产出租率、资产收缴率、资产逾期、合同逾期等）、日常应用类指标（合同、收款、资产等）、考核评价报表（收入总额、出租率、收缴率等）及外部单位上报指标（资产规模、出租率等），这些数据是科学决策的重要依据。一些企业还搭建了资产评估模型，以量化资产估值，积极推动资产证券化，助力企业资产保值增值。

综上所述，国有企业需要通过"三重盘点"来全面厘清资产全貌。厘清权属关系是为了弄清楚资产属于谁，谁在管理，谁在经营，这是合法合规经营资产的前提条件。科学分类建档是提高精细化管理水平、提高资产管理和运营效率的基础要求。"准确识别"是为了统一指标口径，综合客观评判资产的真实盈利能力，这是资产是否需要进一步盘活、提高运营水平的判断依据。可见，盘清资产是所有国企进行资产盘活的重要前提条件，也是进行存量资产管理的必经之路。

第三节
价值分析：识别资产优劣，分级施策助推资产价值最大化

在具体实操过程中，资产状况多种多样，盘活手段各式各样，企业如果缺少正确的盘活策略，盲目发力，只会适得其反。只有通过对资产的有效识别，区分不同类型资产的优劣程度，并对症下药，匹配对应的盘活措施，才能真正有效地盘活存量资产。

一、识别资产优劣，找到盘活的最佳路径

不同的资产分别用何种手段盘活，是当下普遍困扰国资国企的问题。盘活首先要聚焦企业的战略性主责主业，而后基于资产当前的收益进行评定和等级划分，并制定差异化的盘活目标，再匹配相应的资源加以实施，以此实现资产的有效盘活。

1. 聚焦战略性主责主业，全面统筹配置资产

聚焦主责主业，稳链、补链、强链是国企发展的关键词，存量盘活自然也要方向正确。在资产盘活价值分析的过程中，评定资产价值高低有三个维度，即战略价值、商业价值和权属完整度（见图4-12）。战略价值体现为将存量资产配置到央国企的核心主业当中，盘活方向需要指向主责主业，同时满足政府的发展诉求；商业价值体现为资产通过运营升级等方式最终能带来的经济收益；权属完整度方面，尽管很多资产权属并不完整，但只要跟国企的战略性主责主业关系近，抑或是有机会配置到战略性主责主业当中，就是有价值的。

在战略价值、商业价值和权属完整度三者达到平衡的情况下，资产才算是一个优质盘活标的资产，其中任一价值过高或过低，都不属于契合战略性主责主业的资产。以这样的标准要求筛选出的资产，不仅能盘活，助力业务增长、实现资产增值，还能为国企的主责主业保驾护航，也就是跟战略性业务、政府的诉求紧密相关。总的来说，并不是说什么盈利就去做什么，在算"经济账"的过程中，企业还要把握好政策方向。

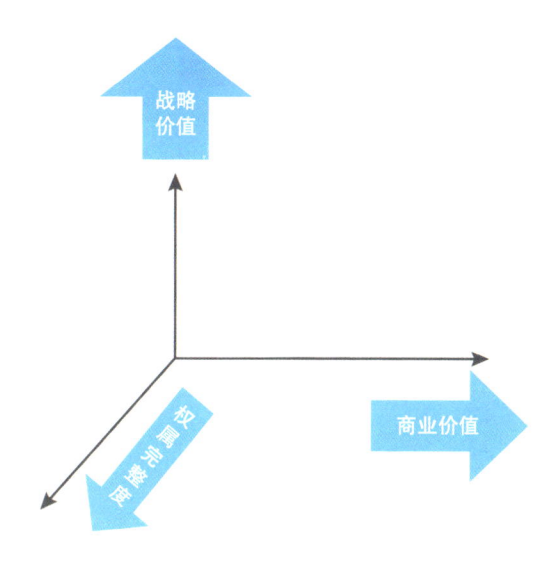

图 4-12 评定资产价值的三个维度

具体实操可以从两个维度看：面向政府，存量资产盘活要支撑区域及地方经济发展，进行产业转型升级，进行城市基础设施和经济活力提升，包括形象升级、产业引进、创造就业机会和增量税收等；面向企业，存量资产盘活要支持主业发展，为企业本身的产业转型或新产业发展做尝试，改善企业的资产负债情况。例如，低价值的土地调整形成高价值的土地，随着再次开发增加资产规模，适当增加可以变现的物业，还可以补充和改善企业现金流，这样就可以放大资产效益，充实企业的总资产价值，为企业的长远发展助力。

2. 多因子综合评定，精准识别资产优劣

以资产收益的高低来划分资产的优劣，是当下行业普遍的做法。通过分析龙湖、金融街、凯德等成熟商业运营商的商业地产 KPI，可以看出它们都是以资产的投资收益率为衡量指标。通过收益计算公式，得出每一处资产的投资收益率。对标亚洲市场内的优质商业资产指标，优质资产投资收益率大于等于 8.8%，次优资产大于等于 6%，普通资产小于 6%，可以以此进行资产的等级划分（见图 4-13）。

企业	租金回报率	代表产品
凯德 CRCT REITs	8.84%	凯德 MALL
华联 REITs	8.62%	华联超市/百货
华润	7.85%	万象城/万象汇/五彩城
万达商管	7.56%	万达广场
嘉里建设	7.22%	嘉里中心
龙湖	6.60%	龙湖天街
大悦城	6.50%	大悦城
恒隆	5.99%	恒隆广场
九龙仓	5.46%	IFS
金融街	5.45%	大都会/金融街购物中心
首创钜大	5.14%	首创奥特莱斯
太古	4.85%	太古里/太古汇/颐堤港
瑞安	4.60%	瑞安新天地

- 优质资产：≥8.8%
- 次优资产：≥6%
- 普通资产：<6%

- 某外资基金对收益率的要求：
  ✓ 一线城市 5.00%
  ✓ 二线城市 6.00%
  ✓ 三线城市 7.50%

图 4-13　商业地产 KPI 体系

资料来源：公开资料，明源不动产研究院整理。

除了运用项目的收入和成本数据测算投资收益率，成熟的商业项目在评价时还应综合考虑其他影响因子，包括资产的建成年份、物业品质、证照情况、有无纠纷隐性风险、周边竞品竞合关系、运营团队实力、入驻企业能级等，根据资产所在区位不同、类型不同进行影响因子权重系数调整，更科学、综合地进行资产分级评定（见图 4-14）。

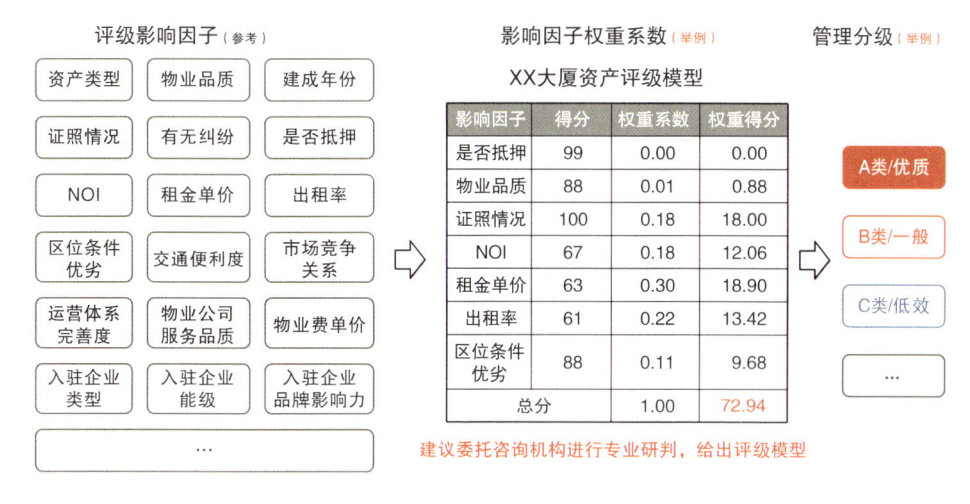

图 4-14 资产评级测算模型

除此之外，企业还需采取正确的估值方式，评定资产的真实价值。如前文所述，常见的资产估值方法有市场比较法、成本法和收益法，结合不同的场景和资产的实际状况，企业需要选择最合适的评估方式，准确得出资产的真实价值，进而根据资产的优劣情况和估值水平，制定最佳的盘活策略。

3. 根据资产优劣情况，定向匹配盘活的最佳路径

当前资产盘活手段种类繁多，但从核心内涵看，大体可以分为四类：第一类是交易变现，主要通过出售、转让、处置等产权交易；第二类是改造升级，通过建筑与结构改造，改变经营性质或形象品质，进而带来收益提升；第三类是提升运营，主要通过运营来提升资产经营收益；第四类是资本变现，主要是证券化的盘活手段，包含公募REITs、CMBS、ABS等（见图4-15）。

在完成资产的分级后，企业可根据不同优劣等级，匹配上述四类盘活手段进行资产盘活。

无效资产通常是未达到经营条件，无法获得经营收入的资产。此类资产可进行经济测算，若盘活投入成本远高于盘活收益，企业可通过出售等方式进行变现。因资产老旧、空间结构不合理，导致不可经营的资产，通过改造升级改

变其经营性质，使其达到可经营的状态。

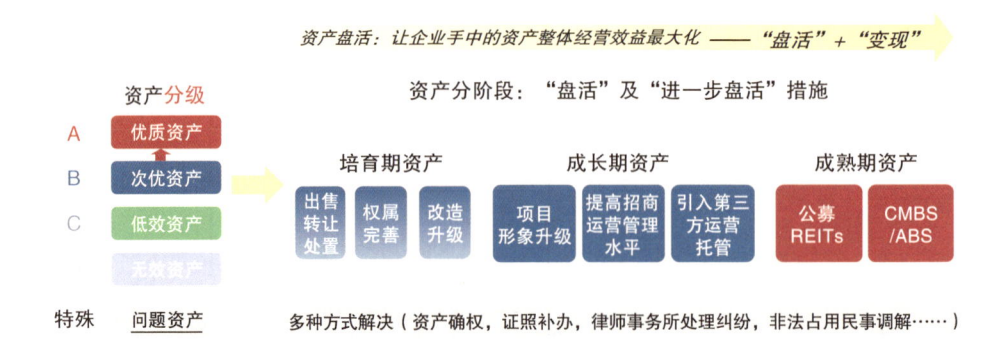

图 4-15 优劣资产盘活策略

低效资产通常为可正常经营，但整体效益不高，低于市场水平的资产。这类资产需要具体分析收益能力低的原因，对于物业品质形象老旧、商业动线设计不足的资产，企业可以通过项目形象升级、文化 IP 植入等方式盘活。对于若招商运营团队能力不足的，企业可通过交流学习、人才引进、工具赋能等方式提高自己的软实力，进而提高资产收益，实现盘活。对于有一定专业壁垒的垂直业态资产，如酒店、公寓、游乐场等，企业可引入第三方专业运营机构进行资产收益的提升，合作盘活。

次优资产通常是经营状态与收益都良好且稳定，能保持市场平均水平的资产。对于这类资产，企业需要稳定保持资源投入，学习行业标杆管理经验，持续提升运营能力，加强竞争力，进一步提高资产经营收益。

优质资产是整体效益良好的资产，项目运营团队专业能力较强，收益水平良好且稳定。这类资产可通过公募 REITs、CMBS、ABS 等方式进行资产 IPO 上市，以资产证券化的方式实现盘活。

以武汉平台企业 W 为例，为盘活手中的存量资产，W 企业商业与资产管理部牵头统筹，组织开展资产大摸底行动。在完成资产盘点后，W 企业根据资产盘点的情况，进行资产分类并匹配盘活方案，提升了资产质量（见表 4-1）。

表4-1　W企业资产分类盘活实施方案

资产分类	资产优劣	盘活方案
一类	地段不好、长期未能出租的低效商业资产	由置业公司包装策划后去化一批①
二类	核心地段、分散出租的高收益商办资产	统一策划、集中打造，提升一批，形成品牌商业综合体、高端写字楼、高档酒店或社区商圈
三类	零星、效益不好的资产	研究优惠政策，集中处理一批
四类	城建项目的边角闲置、低效地块	探索以建设口袋公寓、智能停车场等方式锁定所有权，或者打包后与区政府协商置换一批

① 去化一批是指把低效的商业资产销售出去。

再以长沙城发为例，长沙城发根据资产优劣，设立了明确的市场资源配置制度和处置制度，按照战略引领、主业聚焦的原则，选择行业前景良好、商业模式成熟、投资回报达标、经营风险可控的经营项目，通过收购、合作、注入、划转、处置等方式，整合、归集、配置市场资源，不断扩大资产规模，优化资产结构，增强盈利能力。

针对优质资产，长沙城发按照专业经营、内部市场化的原则，主要采取四种方式进行管理：其一，委托经营，集团及各业主单位将经营资产委托集团内专业经营单位进行运营管理，双方通过签订委托协议明确权责，集团内非专业经营单位所形成或实控的经营资产，原则上采用委托经营方式；其二，引进外部机构，通过引进专业管理能力强、市场认知度高、收益预期良好的外部机构，对集团内规模体量大、专业性强、品牌塑造要求高的经营性资产进行专业管理；其三，整体租赁，基于税务筹划、合作开发等情况，集团内部资产经营模式可采用整体租赁模式，整体租赁由各经营单位协商确定整租方案，签订整租协议；其四，自主经营，各经营单位根据集团赋予的职能，对经营性资产进行自主经营。除此之外，长沙城发还针对对外转让、出售和报废的次级经营资产设立了相关的资产处置制度。

二、案例分析之北京首农：传承中华老字号，焕发资产新价值

王致和、月盛斋、六必居等品牌都是人们耳熟能详的老字号，但很多人不知道的是，这些家喻户晓的品牌其实都来自同一个大家庭，那就是北京首农食品集团有限公司（简称"北京首农"）。截至目前，北京首农拥有16个中华老字号、18个北京老字号、39个知名品牌，承担着首都市民"菜篮子""米袋子""奶瓶子""肉案子"的光荣职责。

北京首农2017年由原北京首都农业集团、北京粮食集团、北京二商集团联合重组成立。针对重组后产业散而不专、多而不强的痛点，北京首农首先明确了发展战略——聚焦主业，加快产业布局的"进、退、整、合"，推动优势资源向食品主业集中，构建"从田间到餐桌"的食品全产业链条。目前，北京首农已经构建起了以食品制造与销售、现代农牧渔业、商贸服务、现代物流为主业，一二三产业融合发展的全产业格局。

如今，北京首农管辖物业资产总面积超过2 500万平方米，资产业态多样化，有写字楼、购物中心、底商、园区、老旧厂房等。截至2023年末，北京首农资产总额1 685亿元，营业收入达1 620亿元（见图4-16），连续多年入选"中国企业500强"，位列中国农业产业化龙头企业100强前列。那么，北京首农有怎样的资产盘活密码？

1. 腾笼换鸟，紧抓"疏解腾退"东风，盘活工业遗存

联合重组后的北京首农，不仅是首都市民的菜篮子、米袋子、奶瓶子、肉案子，更乘着区域协同发展的东风，积极落实首都疏解整治促提升专项行动，充分利用疏解腾退空间，打造新产业、新业态、新模式。北京首农以产业形态的大调整服务于首都发展的大规划，一手抓疏解腾退，腾退大量老旧工业厂房、建筑物等，一手抓产业转型，大力发展与主业定位相一致的都市休闲农业、文化创意产业、农产品物流圈等产业。

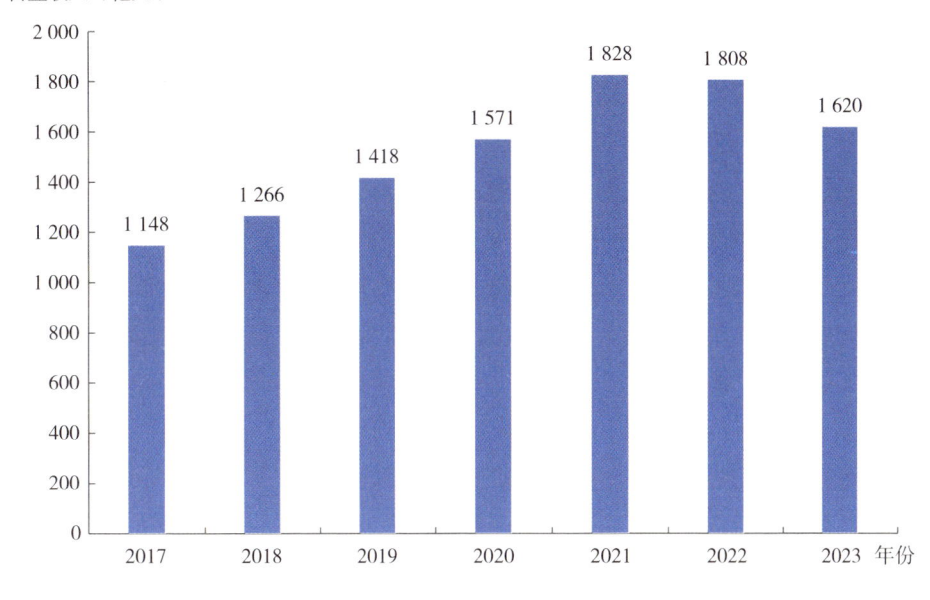

图 4-16　2017—2023 年北京首农营业收入走势

资料来源：公开资料，明源不动产研究院整理。

针对腾退土地，北京首农进行深入的价值分析和科学的规划利用，提出了环五环"一圈一系"建设战略。"一圈"，即重点发展集农业观光、农务体验、特色庄园于一体的农业休闲业态，打造环五环休闲观光农业旅游圈，突出农业的生态和文化功能。"一系"，即重点对老旧厂房、仓库等工业遗存进行升级改造，发展文化创意、电子商务、移动互联、教育和健康等产业，形成环五环高端产业园区体系，打造城市复兴新地标，培育集团增长新引擎。

以文创产业为例，北京首农通过产业的导入，对存量老旧厂房等工业遗存进行改造升级和盘活利用，让老旧厂房变身城市创意空间，让工业大院变身高精尖产业聚集地。如今，北京首农已打造了北京塞隆国际文化创意园、双桥 E9 区文化创意产业园、大磨坊文化创意产业园、康泰文化创意产业园、华都白酒文化创意产业基地等一批高端文化创意产业园区，其中不少园区更是成为城市新地标、网红打卡地。

例如，北京塞隆国际文化创意园是北京首农旗下的双桥农场践行"一圈一系"战略建设的标杆项目，由原胜利建材水泥库改造而成，利用地处朝阳区国家文化产业创新实验区的优势，将旧水泥厂更新改造后导入文化创意产业，园区入驻企业 80 多家，入驻率高达 96%，覆盖电影制作、广告拍摄、潜水训练等多元化服务，这些文化创意企业的入驻让旧厂房重现昔日的荣光，更是成为北京东部文化创意产业的新地标。又如 E9 区文化创意产业园，则是由原三元食品乳品一厂改造升级而成，聚焦数字创意产业，致力于成为文化创意与科技创新深度融合的示范园区。不难看出，北京首农通过价值分析和更新改造，盘活了工业遗存，提升了资产价值。

2. 资本助力，积极开展投资并购，助推全产业链搭建和资产盘活

联合重组后的北京首农，其全产业链的搭建、资产的盘活利用，都离不开资本的助力。北京首农基于对资产的整体盘点和价值分析，积极开展市场化投资并购，完善业务板块及产品结构，实现主营业务上下游互补、国内外市场协同，从源头推动产业链的完善巩固和升级。

作为北京国有资本投资公司，北京首农积极组建财务公司、基金管理公司等专业化平台，利用多层次资本市场，以获取关键技术、核心资源、知名品牌、市场渠道为重点，强化对国内外优质企业的并购力度，大力补链、稳链、强链、固链。例如，补强关键产业方面，北京首农与中信农业联手收购英国樱桃谷农场有限公司 100% 股权，成为我国动物育种行业的第一次跨国收购；补强全球布局方面，围绕优质农副产品生产产地和加工产能，北京首农在全球范围内配置资源，与日本罗森、德国拜耳、英国吉纳斯等跨国企业合作，业务往来遍布全球 50 余个国家，以区域空间的拓展打开产业发展空间，稳固产业链及供应链。

此外，北京首农不断创新筹融资模式。2021 年北京首农和北京信托共同出资成立北京首农北信产业发展基金，基金首期规模为 20.1 亿元，围绕主业发展需求，聚焦系统内重点板块上市企业、拟上市企业，以及系统外行业龙头企业和专精特新企业，通过多元化投资，以资本为纽带，为北京首农投资并购提供

资本支持和资源对接。

与此同时，北京首农成功入股中粮资本、中化资本、第一创业，并与北京银行、北京农商银行、北京信托等首都重要金融企业实现强强联合，为集团主业发展提供重要金融支撑，实现了"资源—资产—资本—资金"的形态转换与能级提升，放大了国有资本的投资功能。

未来，北京首农将持续加强顶层设计，坚持守正创新，推动老字号企业传承创新发展，挖掘老字号传统技艺，弘扬老字号工匠精神，激发老字号品牌活力。同时围绕新场景、新需求、新群体，开发特色产品，提高老字号企业核心竞争力，实现老字号品牌"破圈"发展，使老字号企业成为提升企业资产收益、推动企业高质量发展的重要力量。

三、案例分析之西安工投："工业遗存"化身"特色产业园"，激活资产收益

西安工业投资集团有限公司（简称"西安工投"）是西安市委、市政府为加快推进工业国有企业改革，促进经济结构调整而成立的国有独资公司，是西安市工业领域国有资产投资运营管理平台。其前身是2004年成立的西安工业资产经营公司。自成立起，西安市政府先后将57户市属企业、13户省属企业移交西安工投管理。经过多年的发展，西安工投已构建起产业投资、园区建设、资产经营三大核心业务板块。

在划归西安工投旗下的国有企业中，有相当一部分企业因产品、市场等因素已退出工业生产领域，遗留大量的土地、厂房等闲置及低效资产，如何将这些资产进行高效的盘活利用，是西安工投必须面对的现实问题。资产盘活，制度先行，西安工投首先从制度和考核体系入手，完善制度管理、建立考核机制，有针对性地制定了《关于加强所属企业低效和闲置资产盘活利用的实施方案》，明确要求坚持以企业为主体，以市场为导向，按照"分类盘活、有进有退"的原则，依法依规有序推进，并将闲置和低效利用资产盘活工作纳入年度专项考核当中。

在完善制度及考核体系后，西安工投进一步明确了工作流程和盘活策略。在工作流程上，按照四项工作流程狠抓落实：一是摸清家底，建立低效闲置资产台账；二是对号入座，制定资产盘活方案；三是规范操作，做好项目落地的保障和服务；四是监督追踪，做好风险防控。在盘活策略上，西安工投围绕主责主业，在实践中不断创新方式、方法，总结沉淀了闲置和低效利用资产盘活的五大策略（见图4-17）。

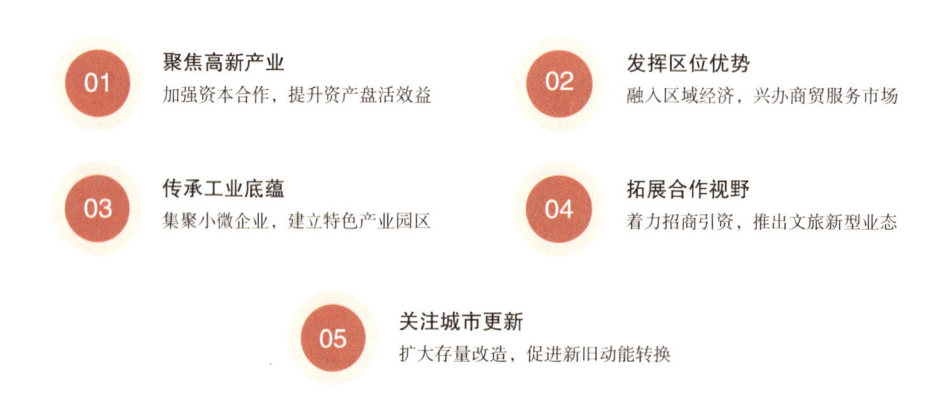

01 聚焦高新产业 加强资本合作，提升资产盘活效益

02 发挥区位优势 融入区域经济，兴办商贸服务市场

03 传承工业底蕴 集聚小微企业，建立特色产业园区

04 拓展合作视野 着力招商引资，推出文旅新型业态

05 关注城市更新 扩大存量改造，促进新旧动能转换

图4-17 西安工投资产高效盘活利用"五板斧"

资料来源：西安工投，明源不动产研究院整理。

1. 策略一：聚集高新产业

盘活闲置资产是西安工投深入推进国企改革工作的一部分，更是其"兴工业、强投资"的使命所在。在国家大力发展战略性新兴产业的大背景下，西安工投紧抓政策趋势，紧盯硬科技前沿产业领域，稳妥运用土地、地上建筑物等闲置资产，评估作价后，以参股科技企业等形式进行资本投资。

以西安工投位于西安市经济技术开发区凤城二路的一家企业资产为例，该闲置资产经评估后作价9 000余万元，西安工投将其投资于西部超导材料科技股份有限公司（简称"西部超导"），西安工投持有西部超导3 076万股，为西部超导的第四大股东。2019年7月，西部超导作为首批登陆科创板的公司在上交所挂牌。截至 2022 年末，西部超导向西安工投累计分红近 9 000 万元，按照 2023 年 2 月 22 日收盘价计算，西安工投持有的西部超导股权市值达到了 19 亿元。这正是"变闲置资产为流动资本"的成功案例，在科技驱动经济发展的新周期下，参股科技企业与科技企业共同分享成长发展红利，无疑是盘活闲置资产、提升资产收益的重要途径。

2. 策略二：发挥区位优势

光阴流转间，闲置已久的老旧厂房已变得破旧不堪，但是随着城市的发展，其所占据的区位越来越重要、交通越来越便捷、周边人流量越来越多，如何让城市中心的老旧厂房焕发新颜？西安工投充分发挥这类闲置资产的区位优势，采取"退二进三"的经营策略，经过改造提升，将其转型为第三产业服务业的交易空间，开设多元化商贸市场，吸纳了大量商户进驻。如此，不仅盘活了闲置资产，还激活了区域经济，为城市发展增添了新的动力。

例如，西安红华仪器厂有限公司位于西安市新城区长乐中路 30 号，距地铁三号线通化门站约 500 米，地理位置十分优越。经过对该闲置资产的价值分析后，西安工投基于该区位经济特点，将其改造为西安红华商贸城，大力发展商贸服务产业，商贸城以经营线下各类小商品批发为主，现有商户 500 多家，商贸城日均人流量逾万人。与此同时，结合西安市历史文化名城及茶文化重要发源地的独特标签，西安工投还致力于将西安红华商贸城打造为西北区域规模最大的茶文化一条街。

除此之外，基于对闲置资产的全面盘点和价值分析，西安工投还将过去的陕西省光华橡胶厂改造为长安家居建材基地，该建材基地目前已成为区域内具有一定规模和影响力的建材市场。不难发现，发挥区位优势，将闲置资产充分融入区域经济，是老旧工业厂房资产盘活增值的又一重要路径。

3. 策略三：传承工业底蕴

过去的老旧工业厂房都有自身的工业底蕴，如何对其进行传承和挖掘，是企业盘活闲置资产需要着重思考的。西安工投充分传承和利用传统工业企业浓厚的老工业底子，谋划特色产业园区，吸引小微企业和民营企业入园开展生产经营。西安工投采取资产租赁和物业管理服务相结合的思路，针对实际需要改造的老旧厂房，更新设施设备、完善园区配套及功能，为入园企业创造便捷条件，营造良好营商环境，逐步建立起一批生产效益好、资产收益高的特色产业园区。

例如，对于原西安蝴蝶手表厂的老厂区，西安工投经过价值分析后，将其改造为手表及其零部件产业园，充分延续其手表产业工业底蕴，发挥传统产业优势。又如原西安宇通汽车配件厂，西安工投基于其传统工业底子，将其改造为机械加工工业园。此外，西安工投充分挖掘闲置资产的特色与优势，将老旧厂房打造为特色产业园区。比如，原陕西骊山床单厂紧邻108国道，西安工投充分利用其区位优势，打造临潼现代物流园，吸引机加工和物流企业入驻，原棉织厂则相应地被打造为冷链物流仓储基地。再如，原沣河实业总公司地处车马坑西周文化保护区，对招商企业的经营范围有严苛限制，西安工投转变招商思路，着重发挥其远离闹市、环境清幽、古色古香的资产特色，将其改造为全日制校区，年租金增幅达300%。

4. 策略四：拓展合作视野

为充分发挥闲置资产价值，西安工投始终将招商引资作为"一号工程"来抓，并采取开放、合作、共赢的思路，主动引入新业态，将工业遗址与文化创意、数字经济等产业密切融合。如今，一批由工业旧址改造而来的、充满活力的新兴文旅项目相继落地。

以西安量子晨双创产业园为例，其前身为原太阳食品老厂区，是一处位于西影路和曲江大道西南角的40亩[①]资产，经过长期的招商，西安工投制定了以"数字文化"为核心的项目方案，与北京英雄互娱公司签订《资产租赁协议》，将西安太阳食品公司原厂区整体租赁出去。北京英雄互娱公司投资2亿元对厂区进行改造，打造西安量子晨双创产业园和以"电竞"作为核心驱动产业的综

---

① 1亩≈0.000 67平方千米。

合商业街区（见图4-18），该项目中工业传承与数字经济完美融合，使资产焕发出新价值，堪称典范。

图4-18　原太阳食品厂变身量子晨双创产业园

资料来源：西安工投，明源不动产研究院整理。

西安时光文化公园则是工业历史文脉与艺术文化的完美融合。其前身是原国营钟表机械厂，西安工投与陕西文化产业投资控股（集团）有限公司（简称"陕文投"）达成战略合作协议，将该闲置资产整体租赁出去，对原有建筑进行改造，打造时光文化公园，融入企业孵化中心、会议会展中心、文化体育中心、文化艺术中心四大特色板块，实现工业与文化产业的深度融合发展。

再以原西安电梯厂老厂区的改造为例，历经企业改革改制后，其产业已搬迁新址，较长一段时间里，原来的老旧厂房空置失修，散租于个体租赁户，并且存在一定的消防安全隐患。结合厂区及周边环境特点，西安工投与社会资本合作，融入独特的红色文化元素，以修旧如旧的方式，共同打造集写字楼、购物中心、运动健身及儿童娱乐于一体的印象红旗文化创意园，在保护原有老建筑风貌的基础上，做到了历史文化底蕴与现代文创产业的完美融合（见图4-19）。

图4-19　原西安电梯厂变身印象红旗文化创意园

资料来源：西安工投，明源不动产研究院整理。

5. 策略五：关注城市更新

过去，一些企业为了尽快盘活资产、取得收益，在经营方向和客户选择上没有过多考虑，部分企业采取零散招租模式等，这给后期现场管理、资产维护带来很多困难，资产收益率也相对较低。西安工投在具体分析论证的基础上，进行深度挖掘再盘活，以城市有机更新或微改造等手段，推动存量资产改造。以西安汽车工业公司的改造为例，该闲置资产位于未央路龙首商业街旁，原为小商品市场，2019年由社会资本投资约8 000万元进行改造升级，被打造为"夜未央"创业街区，企业扭亏为盈，并且彻底消除了安全隐患。

整体而言，在多年的资产盘活实践中，西安工投总结了四个方面的经验和体会，为行业提供了有益借鉴，帮助企业在资产价值分析的基础上，选择合适的盘活路径，优化管理、少走弯路。

其一，在招商盘活中，对合作企业和产业要进行筛选。筛选标准主要包括：①引入的经营项目或生产活动，全过程必须符合环保要求；②所从事的行业需符合国家倡导的产业方向，小作坊式生产的不招、国家淘汰或限制生产的不招；③经考察引进的企业须具备一定实力；④企业诚信度要好。

其二，整体盘活效益远优于零散租赁经营。从运行成本角度看，整体盘活后，资产整体翻修提升改造、日常维修费用由承租企业承担，运行成本大幅降低；从安全管理和环境治理角度看，整体盘活后，通过投资方的改造升级，资产状况得到根本性的改善，在安全和环境卫生方面的管理难度明显降低；从经营收益角度看，整体盘活后，收益为零散租赁总和的 2~4 倍。

其三，租赁模式的创新是提高资产经营收益的关键。西安工投强调整体租赁要由过去的粗放模式转变为规范细化的模式，一方面，除建筑物按其结构特点及成新程度收取租金外，土地使用权也计算租金；另一方面，全面考虑房产税和城镇土地使用税等税金成本，合理提高租金，由西安工投向税务部门缴纳，可有效规避因承租人少缴或漏缴相应税费给企业造成的税务风险。

其四，在资产经营中，注意做好服务和风险管理。服务方面，用高质量的服务留住合作方，进一步提升资产利用价值。另外，要严格把控经营收益风险，密切监控合作方经营状况，适时采取止损措施，防止国有资产流失。

综上所述，国企"三资"盘活的路径上，分级施策、充分挖掘资产价值在这一环中至关重要。也就是说，首先做好资产优劣识别和分级，识别哪些资产需要盘活，基于资产当前的收益进行等级划分；其次制定差异化的盘活目标；最后匹配相应资源去推进实施。在国有企业改革的大背景下，在挖掘资产价值方面，诸多国有企业做出了有效的探索实践，在传承历史遗存的同时，导入新的产业，引入新的文化消费，充分盘活了老旧资产，使资产焕发出更高价值，这值得行业借鉴。

第四节
价值实现：灵活运用多种盘活方式，实现资产保值增值

我们从前文所提到的"价值发现"和"价值分析"环节可以看到，资产是具有不同属性和特征的，而针对不同类型的资产，企业应采用不同的盘活方式，例如，西安工投的五种盘活策略便是根据企业的资源禀赋、资产类型、区位特点等条件所制定的。在具体的资产盘活行动中，企业该如何因地制宜、多措并举地实现资产价值最大化？我们选取了国家发改委发布的资产盘活部分典型案例进行解读，总结盘活经验。通过案例分析，企业可以明白自己进行资产盘活需要什么资源、思维和能力，具有什么风险，如何精准施策，这也是本节的价值所在。

一、战略资产配置：聚焦主业协同，打造增长闭环

企业在采用不同方式进行资产盘活之前，有一项重要的前置工作就是战略资产配置。资产盘活工作并非针对企业的某项资产，通过某种手段一时完成的，而是需要企业进行战略规划、整体统筹、通盘思考。进行战略资产配置要求企业具有综合经营资产的能力。例如，是否能深入挖掘资产价值，做好资产收益？是否能做好产业运营，导入新的产业？是否能做好产业招商、产业投资、科技孵化？这就要求企业站在资本的视角，从顶层设计出发，对资产进行体系化的设计。

首先，企业的战略定位应该最大限度地与其资产的特性相契合，尽可能避免出现资产与主业不相符的问题，并从战略层面高瞻远瞩地明确目标愿景，为资产盘活方案的设计提供判别依据。其次，在行动部署中，根据各级公司的资产特点，结合战略目标，梳理出发展脉络及主攻方向。再次，结合资产盘活的情况，将不同类别的资产匹配给不同职能的公司进行管理。最后，按照资产与职能的匹配关系，进行后续投资安排。

以上海碳谷绿湾产业园为例，该项目是上海在"南北转型"大空间规划下推动的重点区块转型的典范，也是全国工业园区"二转二"整体转型发展的示范区。该项目通过临港集团与金山区的合作，实现了工业用地的二次开发，以推动碳纤维复合材料产业，探索"碳达峰、碳中和"发展路径，并通过资金杠杆撬动了长远转型收益，运用五大措施盘活存量土地，推动了园区提质增效。

措施一，以园区资产收购推动产业转型。该园区收购因环保问题停产的某企业产权，租赁给上海天承化学有限公司，赋能国家高新技术企业发展。

措施二，以优胜劣汰实现产业升级。该园区的关闭是因为高能耗产业的某化学品公司停用全部生产线，将其土地和厂房成功转让，淘汰落后产能，赋能综合绩效评价较高的企业。

措施三，收储闲置土地，助力资源盘活。该园区推进针对存在大量闲置土地的企业的收储工作，成功回收闲置土地 352 亩，并签约新项目。

措施四，鼓励合并开发，引领扩容增能。该园区对 20 亩土地以下的小集

中区进行合并收储，并为资源利用效率较高的企业提供扩建用地保障。

措施五，支持企业技术改造，完成自我转型。该园区多家企业通过自身技术改造，不断实现产业自我转型，向绿色化、高端化方向发展。

再以南京新工投资集团为例，作为南京市国有资本投资公司改革试点单位，其使命重大，承担了市属国有工业企业的经营管理和资产保值增值任务。在"十四五"高质量发展目标体系中，该集团将战略性资产管理视为关键，通过构建"核心企业＋科创载体＋基金化投资"的三位一体运营模式，积极推动先进电子元器件产业园等重点项目的建设，吸引了一批优质企业入驻。该集团将资产经营能力视为企业核心能力，并设定了三大发展目标：建设科创载体，打造共性技术平台，引进创业企业；提升资产价值，创新资产经营手段，实现资产保值增值；扩大土地开发利用，将闲置资产转化为现金流，支持可持续发展。

原为南京无线电四厂和南京无线电七厂的柳树湾数创科技园是南京市城市更新标志性项目，该项目是由南京新工投资集团和秦淮区政府共同打造的，老旧项目成功转型为以高端装备制造研发、智能制造研发、大数据定位为主导产业的市级重点科创载体。

可见，战略资产配置需要企业提前规划并设计资产的发展方向。这除了要求企业具备较强的经营能力，还需多关注细分市场的机会，例如，养老、教育用地的价值提升，商办、酒店、文旅的资产盘活，借城市更新东风实施一、二级开发联动等。企业既要关注顺周期性的投资机会，也要关注逆周期性的投资机会，进行资产合理配置，分散整体风险，实现业态多元化发展。

在此基础上，企业可以采用五种方式实现资产盘活：一是资产交易处置，通过各类交易手段的灵活运用，快速盘活存量资产；二是资产整合重组，聚焦主责主业，提升核心竞争力，增强核心功能；三是资产改造升级，通过改造使资产焕发新的生机进而创造新的收益；四是运营能力提升，扩大内部力量，借助外部力量，综合提升运营管理能力；五是巧用 PPP 模式，该模式强调"专业的人做专业的事"，形成良性投资循环。

值得注意的是，盘活不等于变现，而是创造新的价值（不限于现金层面）。所以在处置资产之前，资产的分类、分级是优先的，资产类型可以分为包含销售型和持有型的"经营性资产",包含公益性住房、公共事业、公共服务等的"准经营性资产",以及包含基础设施、市政、环境等公益性质的"非经营性资产"。资产的分级则可以设定为优质资产、低效资产、无效资产和问题资产等。根据资产的不同阶段,采用不同的盘活举措。例如,对培育期资产的出售转让处置、改造升级等;对成长期资产的项目形象升级、引入第三方托管等;对成熟期资产推行公募 REITs、CMBS、ABS 等。在分类、分级、分阶段的前提下,企业可以结合自身的业务特色与发展现状,在诸多的资产盘活方式中挑选最优路径,构建与之匹配的盘活能力,从而实现资产保值增值。

二、资产交易处置:划分两非两资,快速回笼资金

现阶段,不少城市及国有企业都面临着降债减负、消除隐性债的压力,在众多资产盘活方式中,资产售卖是最直接、最常用的盘活变现路径之一,可以帮助企业快速回笼资金,降低资产负债率。此外,企业在其发展过程中,由于外部环境变化或内部业务调整等原因,部分资产变为低效或无效资产,企业也希望通过出售的方式将其处置,进而优化资产结构。值得注意的是,无论出于何种原因出售资产,均不是单纯的一卖了之,应避免国有资产流失,不辜负国有资产价值。

具体来看,被出售的资产通常未纳入企业的主业范围,与重要的生产经营不匹配,并无法与社会资本对接导致闲置,较难做出更多贡献。这时企业可以利用产权市场的信息集散、发现投资人、市场化定价等功能,推动闲置、低效资产的价值挖掘。

但资产售卖需视资产情况而定,根据资产条件选择合适的交易手段,有针对性地进行资产处置,以保障国有资产的不流失及收益的最大化。例如,僵尸企业资产、闲置资产、非主业资产,这些资产更多可依托地方资产管理公司、产权交易所等,通过资产进场交易、协议转让、租赁、拍卖、公开招标等方式,按照合理的市场价进行价值变现,同时,企业在资产售卖过程中应遵循以下两大原则。

1. 以收益最大化为综合考量

为实现资产售卖收益的最大化，企业通常可以采用资产分割和资产合并两种策略。资产售卖前先进行项目整体评估，再以分割与合并两种思路展开资产处置，好卖的部分先处置，其他的部分则通过特色整合、资产打包的方式完成出售，以获得更高的资产溢价。

其一，资产分割，好卖的部分先处置，其他部分慢慢孵化。在资产分割之前，企业需要提前完成资产的盘点工作，并补齐相应的证照、手续，然后将能售出合理溢价的部分先行售出，不好售出的部分则通过注入资源、技术并采用专业运作的手段逐步孵化，当资产实现合理溢价后再售出。

以杭州市政府下属某国有企业为例，其拥有大量属于划拨用地的老旧和闲置资产，该类资产不具备盘活和交易的价值。但随着城市的发展，区位价值发生变化，该企业通过主动盘活，挖掘资产新的价值：首先，该企业将资产进行分割，并对每个资产包逐一分析，为有价值的资产补地价、补税金等，将划拨用地变为可流通用地；其次，结合资产所在片区新的商业规划，将资产分为多个标的，放入交易市场进行拍卖，资产价值实现了 92% 的增长（见图 4-20）。

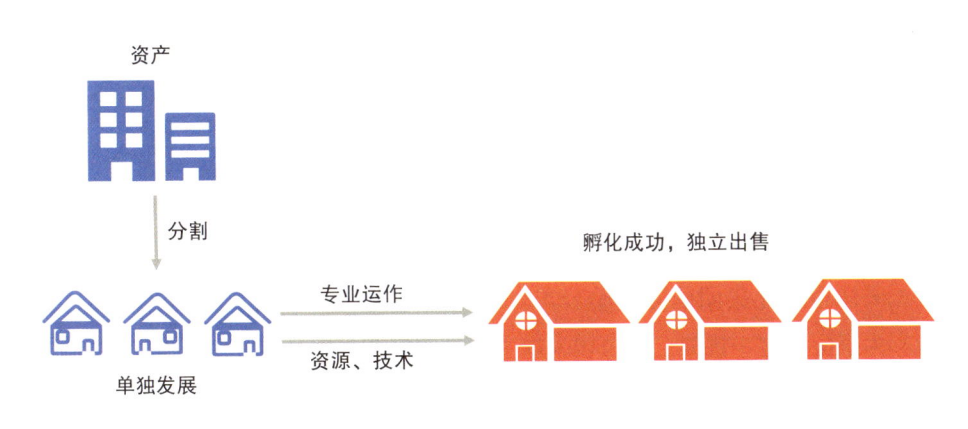

图 4-20 资产分割后单独发展

资料来源：公开资料，明源不动产研究院整理。

其二，资产合并，肥瘦搭配，整合零散资源打包出售。对于零散、老旧、规模较小的资产项目，通过"肥瘦搭配"的方式，形成具有规模经济性的资产包，从而提升资产吸引力，实现资产的高效出售。例如，某地方平台公司在之前的开发过程中遗留下来了包括商业、住宅、地下车位、仓库等尾盘共计8.2万平方米，该企业通过资产整体打包的方式，最终以总价1.6亿元成功出售该资产包，实现了资金的快速回流，有效降低了企业负债。

资产合并出售的典型案例之一还有首钢园区资产的盘活。首钢集团始建于1919年，随着2015年末第24届冬季奥林匹克运动会组织委员会（简称"北京冬奥组委"）宣布落户首钢园区，首钢园区被特色整合，进行整体的更新改造，最后成功改造为冬奥会的滑雪园区，从老工业园区蜕变成了"体育+产业"的融合创新中心。如若当时首钢园区仅以物业价值完成处置，其资产价值是较低的，而借助冬奥会的举办，加持了该项目的体育与产业IP，通过首钢基金团队的专业运营，赋予了更多的文化价值，资产价值得到大幅提升（见图4-21）。

图4-21 首钢园区："体育+产业"的融合创新中心

资料来源：公开资料，明源不动产研究院整理。

天津市渤化集团国际轮胎公司自2015年开始连年亏损，生产经营陷入困境。为了应对这一挑战，该公司采取了积极的经营策略，在2022年将公司的非流动资产，例如房产、土地、设备、品牌和专利等，进行了整合并打包出售。这一举措为公司带来了资金7.1亿元，使公司有效清偿了银行借款、融资租赁款等外部金融债务。通过这一策略，该公司不仅解决了财务困境，还展现了企业的灵活性和应变能力，最大限度保证了国有资产保值增值。

2. 确保资产处置的合法合规

资产售卖并非简单地运用渠道将资产一售了之，确保资产交易的合法合规、保障资产不流失更为重要。那么，产权交易所便是国有资产退出的最优通道之一，其交易过程公开、成交机会公平。操作流程规范、操作成本较低、吸收资本合理等方面的优势，使产权交易所成为市场经济环境下生产要素在各主体之间规范交易的重要平台。当然，产权交易所也要积极吸纳和培育合格投资人，并合法合规地利用及打通更多社会化平台资源，让资产方在产权交易平台进行资产处置、资产租赁等操作时，拥有更多的交易机会和交易空间。

以广西北港物流有限公司资产出售为例，该公司因为部分业务剥离的需要，决定转让名下的钦州港大榄坪作业区 12 号、13 号泊位工程项目。这次转让通过北部湾产权交易所公开挂牌完成，最终以 1.7 亿元的价格完成交易。这一价格明显高于项目的投入成本（1.15 亿元），实现了国有资产的保值增值。该项目转让所得资金则进一步用于投资新建北港钦州新通道联运中心项目。同时，受让方也利用北港物流名下的土地等资产，启动了新建钦州锦峰海洋重工年产 30 万吨风电产业项目。通过此次资产转让，该公司不仅成功盘活了资产，还有效促进了近 20 亿元的增量投资。此外，各地产权交易所还有诸多完成资产交易的案例，例如，天海汽车电子集团股份有限公司通过广州产权交易所完成增资扩股，引入多家战略投资机构，募集资金 9 亿元；三亚市公交集团有限公司通过海南产权交易所高溢价处置成交了 163 辆报废公交车；中国石油天然气股份有限公司兰州石化分公司通过甘肃产权交易所成功转让一批废旧铝资产，实现了 68.75% 的高溢价成交；等等。

三、资产整合重组：巧用金融活水，盘活不良资产

国办发〔2022〕19 号文鼓励行业龙头企业通过兼并重组、产权转让等方式加强存量资产优化整合，提升资产质量和规模效益。被兼并的企业通常已面临无法正常运营的困境，龙头企业通过现金等支付手段获得其产权，以达到整合资源、提升资产收益的目的。该方式一般适用于国有资本体系的内部整合，针

对僵尸企业、空壳公司，或者经营不善的国有企业，通过新主体（一般是经重组转型后的综合类国资平台）对该类企业的资产、债务、运营、管理等资源进行清产核资，完成"三资"合并，并盘活可利用的资产，降低金融风险。

例如，广州国有资产管理集团有限公司（简称"广州国资管理集团"）是广州市国有资产重组、结构调整、资源盘活的全市统一的专业化资产处置平台。广州国资管理集团资产体量较大，地域分布较广，经营业态多样，2016年以来负责全市关停"僵尸企业"的集中处置出清工作。

该平台对未聚焦主业的国有企业强化"压缩精减"管理，通过人员合署办公、财务统一管理、资金集中运作、压缩管理链条、全面预算控制等多种举措，完成集约化管理，起到了严堵管理漏洞，有效把控风险，大幅降低成本的作用，帮助多家低效企业扭亏为盈。另外，该平台通过对企业经营现状的精准识别，采取定性、定量结合的方式，客观分析了企业存在的问题并对症下药，激活企业内在动力，挖掘有效存量资产，恢复国有资产造血功能。

广州国资管理集团通过加快提升存量资产运营能力，不断提高经营效益，形成了极具优势与特色的盘活方式。对于低效、无效资产，深度挖掘并整合其中可运营资产，对已无任何有效价值的资产则加快处置、妥善清理。对于老字号品牌、土地物业等特色优质资产，一是做好经验萃取，总结成功经验，重塑资产价值，例如，"陶陶居"以品牌为突破口，整合线上线下资源，实施品牌重塑和商业模式优化，使老字号焕发了新活力；二是做好以点带面、分类管理，围绕资产专业化运营，通过提升资产运营能力，提高资产质量，通过拓展新兴业务，做强、做大资产运营专业平台，进而快速形成集团核心优势。

又如，长城汽车股份有限公司受让长丰集团的猎豹汽车公司荆门分公司及其相关资产的100%股权，并对原有工厂进行了改造升级。预计到2025年，该工厂将实现年产30万辆车的目标，年产值将达到400亿元，税收预计将超过20亿元。通过资产整合，该项目有效地激活了存量资产价值，显著提升了项目收益。与此同时，长城汽车不仅完成了原有工厂的技术改造，还不断加大对荆门工厂的投资力度。在该公司的引领下，十多家本地汽车配套企业的产值大幅增加，加速了扩规、扩产。随着以长城汽车为代表的汽车产业园建设的逐步完善，园区周边的基础设施也得到了进一步的提升，推动了城市功能和产业功能融合发展，使荆门汽车产业园朝着功能多元的城市空间深度转型。

四、资产改造升级：聚焦主业协同，激活资产价值

在待盘活的资产中，相较于无效资产，国有企业拥有的更多是低效待升级的资产。大部分资产都要经历从"起步阶段"到"成长阶段""成熟阶段"，再到"衰退阶段"的资产全生命周期，为了调整资产发展周期，企业可以通过资产的合理改造，使其在衰退之前得以再循环。

唤醒沉睡资产、提升资产价值的主要方式是对资产改造升级，改变其使用功能，使其焕发全新生机。该盘活方式的重点在于充分利用资产现有构造，使用创新工艺，实现经营功能的再造与升级。具体可分为四大改造升级方向，即改经营状态、改经营质量、改业态用途、改人文价值（见图4-22）。

图4-22　四大资产改造升级方向

1. 改经营状态，实现资产的有效利用

对闲置土地资产进行经营状态的改造，是门槛比较低的一种有效盘活方式，例如，某企业有一块闲置的土地，待两年后开发，那么可以将这块闲置土地在这两年间先改造成社会化停车场。这样的盘活方式并不需要改变土地现有性质，只需要跟街道方、权属方做好协商就可以启动运营。于企业而言，这盘

活了闲置土地，取得了经济效益；于社会而言，这改善了城市环境，助力了城市品质的提升。

又如，天津市河西区核心地段有一处闲置厂房，这片地块的用地面积达17 859平方米。2021年，天津泰达万嘉建设发展有限公司以协议转让的方式成功取得了该地块资产，随后启动了保障性租赁住房的投资建设。经过精心规划和开发，这片闲置土地的总建筑面积已达到40 318平方米，为1 000余人提供了就业机会，为1 200余人提供了居住场所，该项目帮助原产权人成功回收了约7 000万元的资金，有效降低了债务风险，对新产权人来说，该项目也将实现投入和产出的自我平衡。

2. 改经营质量，实现资产的华丽变身

1997年上海世界贸易大厦建设之初为乙级写字楼，在改造之前大厦已使用20年，内部主要设施设备均已老化，"跑、冒、滴、漏"情况严重，并且由于业权分散、租户结构凌乱、单位承租面积偏小、租金单价较低等原因，该项目在同区域中已无优势。于是该项目进行了从商办向商务的定位转型，升级了与周边环境融合度更高的外立面展示，提升了室内各类硬件配套的标准，该改造项目不仅提升了资产收益能力，也提升了城市形象，实现了政府、企业和社会共赢，充分展示了物理更替的背后是社会价值的再造。

又如苏州双塔市集建改造项目，该市集建于1998年，占地面积为2 310平方米。随着资产生命周期的推进，市集内各类设施设备已经老化，外观老旧、功能单一、配套不足，加上动线设计不畅，导致商铺空置率、客户流失率较高。于是在2019年，苏州双塔市集启动资产改造升级，整体分为两大改造方向。

其一是硬件更新迭代。姑苏区国资名城发展集团下属的汇邻广场商业管理有限公司，挑起了此次改造的大梁，在市相关职能部门的大力支持下，自筹1 800万元装修资金，实现了"双塔"内外部环境的质的飞跃。

其二是推动各类新业态发展。相对于改造前单一的业态，设计团队在新方案中设置了各类特色商铺，再根据具体设定与意向商家洽谈入驻，通过全新的

业态吸引各年龄层人群，将传统农贸市场打造成兼具多种社区生活服务与生活美学的多功能复合空间，提升城市生活品质和市民幸福感。

3. 改业态用途，实现租金单价的提高

企业通过改变资产的业态用途，可以淘汰落后产能并创造新的产能，当然也要注意深入研究改造的法规条例，并严控投入预算，避免对后续经营和价值创造产生不利影响。

2015年高和资本收购了北京"星街坊"老旧商场项目，该项目毗邻北京金融街核心区域，是一个市井气十足的老旧商场，但内部铺面是散租形式。面对网上购物对实体商业的冲击，以及北京写字楼市场的供不应求的情况，高和资本在接手后开始了"大刀阔斧"的改造，进行"商改办"的业态功能转换。改造后，该项目运营首年的整体出租率就达到90%，租金收益从原来的"5元/天/平方米"增长为"10元/天/平方米"。

又如老"动批"[①]改造案例。作为当时华北地区大型服装批发市场之一，老"动批"最鼎盛时有超过4万从业人员及10万人次的日均客流量，因原产业经济效益降低，并且行业环境与业务形象已不符合北京市经济社会发展需求，于是该项目结合其北接中关村、南临金融街的区位优势，实施资产的改造升级。通过分离所有权与经营权，创建专业运营公司，设立政府引导基金，"老动批四达大厦"变身"新动力金融科技中心"。此次改造升级是一次空间改造利用与产业定位的深度融合，实现了对周边区域公共服务功能的补充。

4. 改人文价值，实现相关产业的增收

在众多资产类型中，有些特定的资产是可以结合文化价值、历史价值等无形资产实现改造升级的。例如，北京古北水镇对房屋院落、街道格局，按照历史风格进行统一改造，恢复部分历史特色，彰显浓郁的风土人情，通过大力发展集文化、实物展览、饮食于一体的风情农家院等旅游相关产业，形成了文化

---

① 老"动批"指原北京"动物园批发市场"。

特色小镇。又如，广州琶醍通过"吃文化""喝文化""音乐文化"和"逛文化"的打造，将艺术与工业相融合，营造真实的场景和感受，成为广州产业"退二进三"的标杆。

再如，前身为上海第十钢铁厂的上海"红坊"，因1995年开始的工厂转型，该厂一直处于闲置状态，成为上海市中心城市现代工业遗产。2005年，得益于长宁区政府的指导，上海十钢有限公司投资开发，上海红坊文化发展有限公司负责运营，在整旧如旧、风貌协调的原则下，多方合力共同对这一工业遗产进行了修缮，在保留原建筑的主要特征的同时，打造出了"红坊国际文化时尚社区"，为上海城市文化树立了新的地标。2014年，融侨集团通过竞标成功拥有了红坊项目用地的再开发权。通过又一轮的改造，该项目涵盖了超甲级5A写字楼、主题购物中心、艺术人文复合空间和城市艺术雕塑公园等业态，让上海"红坊"再次完成了艺术基因的深化改造。

五、运营能力提升：借助专业力量，提升经营收益

资产能够持续稳定获取良好的经营收益，不仅仅依赖其优质的属性，更需企业具有精准的客户洞察能力、强大的产业招商能力、细腻的运营管理能力。对于没有单独设立专业的商业管理公司及运营能力较弱的国有企业来说，其可以通过委托第三方的方式，对闲置、低效资产进行规划调整与定位转型，充分挖掘资产潜在价值，达到盘活资产的目标。对于有一定运营能力或有专业商业管理公司的国有企业来说，其可以凭借提升自身能力，逐步提高资产经营收益。

目前，国有企业的市场化竞争力普遍有待提高，通过引入优秀的运营商来统一经营和管理经营性资产项目，是国有企业高效盘活资产的较优路径。国有企业通过与优秀的民营企业强强联合，可以借鉴并采用其成熟的管理方式，使资产管理达到事半功倍的效果，大幅提升资产运营效率和收益水平。

以华润入股润城新产业为例，华润集团通过引入外部优秀管理体系，成立合资公司，将央国企的资源优质性与民营企业的运营专业性深度融合，同时将

各股东方擅长的领域进行切分，弥补彼此短板，起到"1+1>2"的成效。例如，通过"华润产业资源+产业创新平台"构筑产业资源禀赋，形成强大的产业资源整合与导入能力；通过"产业对接平台+润智库"的产业运营体系，形成专业化的产业运营及服务能力；通过"智慧城市+地产科技"的智慧园区服务，打造智慧化的园区管理能力。此形式的战略合作，创造了更大的经济效益，为华润开启产业战略的新篇章（见图4-23）。

协同华润置地城市大片区统筹模式
助推区域发展实现社会效应
和经济价值的最大化

1　产业资源禀赋：华润产业资源+产业创新平台

2　产业运营体系：产业对接平台+润智库

3　智慧园区服务：智慧城市+地产科技

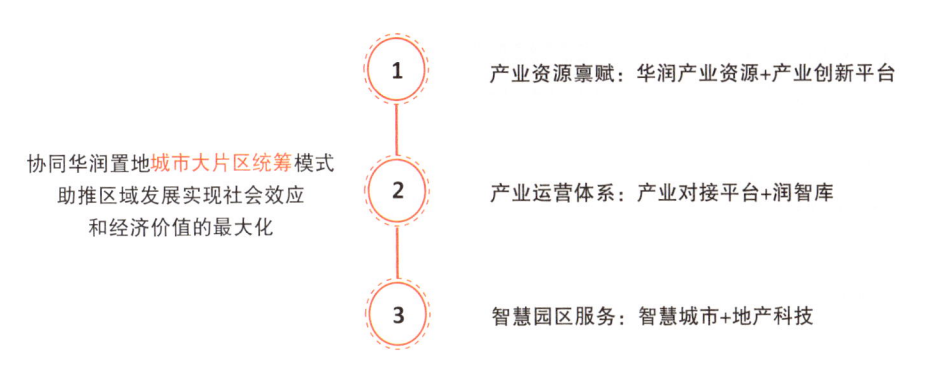

图4-23　润城新产业发展模式

资料来源：华润，明源不动产研究院整理。

又如常高新漫柏未来人才社区项目，该项目是由常高新集团与漫柏集团联合投资共建的，其充分利用了原有闲置的国有资产，将基础配套设施老化、无专业物业管理的破旧公租房，用几个月的时间，改造成了3 118间可拎包入住的精品公寓，专门面向无房新市民和青年人出租，成为一个吸引青年人才的热门地点，为常州市营造创新创业环境提供了基础保障。该项目的成功离不开股东双方的强强联合，通过注入各自的资源禀赋和专业能力，成功打造了常州市发展保障性租赁住房的典范。

综上所述，在盘活存量资产过程中，企业可以通过混合所有制改革、引入战略投资者或专业运营管理机构等方式，建立更为专业化、市场化的运用管理机制，创新商业模式，提升管理效率，提高盈利水平。

六、巧用 PPP 模式：拉动有效投资，促进优势互补

PPP（政府和社会资本合作）模式实施近十年来，一定程度上起到了改善公共服务、拉动有效投资的作用。PPP 模式根据项目实际情况，采用建设—运营—移交（BOT）、转让—运营—移交（TOT）、改建—运营—移交（ROT）、建设—拥有—运营—移交（BOOT）、设计—建设—融资—运营—移交（DBFOT）等具体实施方式开展项目建设及运营。PPP 模式的合同中会明确约定建设和运营期间的资产权属，清晰界定各方权责利关系。该模式适用于有经营性收益的项目，主要包括公路、铁路等交通项目，城镇供水、供气、供热等市政项目，以及生态保护、环境治理、公共服务等社会项目及新型基础设施项目等。

以深圳市妇儿大厦为例，其建筑面积为 5.79 万平方米，历经二十余年的使用，已面临诸多问题，亟须改造升级。一是大厦装修及设备管网老旧，存在严重的安全隐患，诸多设备已出现了不同程度的损坏或达到报废年限。二是妇儿大厦原设计标准与布局已无法满足现行规范要求和使用功能需求，业态分布不合理。三是外立面陈旧、辨识度不高，并且首层封闭，已无法满足深圳市妇女、儿童及家庭对公共服务的需要。

该项目通过 ROT 运作模式，引入社会资本——深圳市科之谷投资有限公司、深业集团、深业商业管理（深圳）有限公司，对项目进行改建。通过整体形象改建，安全官网改造，提升辨识度及服务保障力，以及设置女性创业、素质提升、儿童健康等相关业态，为该大厦打造了复合功能。深圳市妇儿大厦改造项目，通过"有为政府"与"有效市场"的有机结合，大幅提升了资产价值。

又如河北省秦皇岛市的污水污泥处理项目。该项目是一项资产总额达 36.8 亿元的重大工程。2018 年 3 月，秦皇岛市政府采用了 TOT 模式，引入社会资本负责资产包的运营和管理。被引入的社会资本回收投资资金的方式是向政府收取污水处理费和管网维护费。该项目通过资产一体化和管理专业化的手段，提升了项目整体管理水平，提高了资产运行效率，节约了运营成本。该项目极大地增加了秦皇岛市一般公共预算收入，其形成的有效投资带动秦皇岛市年均税

收增长超过 8%。

综上所述，资产盘活的核心要义是以终为始，打造企业发展的增长闭环，企业要找准发展的战略目标，聚焦主责主业，配置战略性资产，让盘活工作有的放矢。在此基础上，通过资产优劣等级的判断及资产经营现状的分析等，找到最佳盘活路径，实现收益提升或资产变现。通过上述案例我们可以看出，资产盘活没有最好的路径，只有更适合的路径，资产也不是只需盘活"一次"，也不是一次盘活就能释放资产的全部潜在价值，而需要循序渐进，从无收益到有收益，从有收益到高收益，从现金流收益到资本收益持续增值。

第五节
价值放大：资本加持，打通资产管理闭环，实现循环投资

从整个资产价值链来看，价值放大是最后一个环节，也是目前国有企业的短板和弱项。过去，诸多资产简单直接地通过大宗交易、产权转让兑现了价值，却很少利用金融工具打通"退"的闭环。其实，打通资本循环是至关重要的一环。结合近几年鼓励金融创新的生态环境，以及层出不穷的资产证券化创新产品，本节通过分析公募 REITs、类 REITs、CMBS、持有型不动产 ABS 等产品和标杆案例，为大家剖析国内资产证券化的几类经典产品，希望给国有企业资产证券化之路带来新启示，助力国有企业插上"金融翅膀"。

一、公募 REITs：打通投资良性循环的盘活利器

截至 2024 年 6 月末，全国地方政府债务余额为 42.61 万亿元。地方债的资产端对应的是大量的基础设施，比如高速公路、工业园区，还有供水、供暖等民生保障设施。这些基础设施的实际收益率并不高，一个原因是资产本身属于民生性质，另一个原因是地方政府有大量的银行贷款，并且贷款利率不低。如果单靠基础设施自然到期还本付息，化债会遥遥无期。

与一般的资产证券化产品相比，公募 REITs 最大的优点就是公开透明、流动性强。公募 REITs 由证券公司、投行保荐，公募基金作为管理人，在市场上发行资产证券化的公募基金进行融资，发行的基金是封闭式的，可以在二级市场交易，因而比一般产品有更强的流动性。

不论未来企业采用何种方式"出表"，这都必须建立在资产流动性的基础上，而 REITs 产品的推出恰好能弥补流动性的不足，让更多优质资产能与社会资本无缝衔接。由此看来，化解地方债务是公募 REITs 最显而易见的作用。

1. 基础设施公募 REITs 不同类型底层资产综述

2021 年 6 月，首批基础设施公募 REITs 分别在上海证券交易所和深圳证券交易所完成了资金募集，成功挂牌上市交易。在首批基础设施公募 REITs 成功发行近 3 年后，截至 2024 年 4 月末，已发行或已过审的基础设施公募 REITs 有 36 只，总市值超千亿元，底层资产类型包括：9 只产业园区 REITs、3 只仓储物流 REITs、9 只高速公路 REITs、2 只生态环保 REITs、4 只能源类 REITs、5 只保障房 REITs、4 只消费类 REITs。

（1）产业园区 REITs

产业园区是最为传统和典型的适合作为基础设施公募 REITs 项目的资产类型之一，主要优势表现为：现金流较稳定、产权较清晰、估值逻辑明确、具有增值潜力。

之前产业园区的债权融资渠道比较多，但是投资退出渠道比较有限，这造成原始权益人负债较大、经营不善的现象。基础设施公募 REITs 进一步打通和拓宽了过往产业园区开发全周期中退出再投资的通道，为产业园区开发构建了良性闭环，有助于增强产业园区运营商的管理能力、提升工业用地效率，从而助力产业发展、产城融合。

（2）仓储物流 REITs

仓储物流设施现金流较稳定、估值逻辑明确、具有增值潜力，是非常理想的 REITs 底层资产类型，也是当前国际 REITs 市场上发展最快的一类资产。

随着我国电商的高速发展及电商渗透率的逐年提升，配合我国庞大的人口基数及居民可支配收入的增长，物流网络不断升级，具有良好区位优势的仓储物流设施被持续看好，已上市的仓储物流 REITs 的底层资产均为高标仓。

（3）高速公路 REITs

具有收费权的高速公路也是最为传统和典型的适合作为基础设施公募 REITs 项目的资产类型之一，主要优势表现为：资产存量规模巨大、现金流较稳定、资产权属清晰、估值逻辑明确。高速公路 REITs 的推出，为该项规模巨大的存量资产找到了一个崭新的融资和退出渠道。

截至 2023 年 5 月末，高速公路是基础设施公募 REITs 底层资产中上市募集资金最多的资产类型。目前已上市的 7 只高速公路 REITs 原始权益人均为国有企业，高速公路沿线经济发展水平或物流需求均处于高位。

（4）生态环保 REITs

生态环保类项目具有投资金额大、项目回收期长的特点，同时生态环保类项目基于合理回报率的原则定价，具有收入和盈利稳定的商业模式优势，受短期因素扰动影响较小，具备一定的抗通胀性。生态环保 REITs 的推出，为环保污废物处理产业发展提供了新的融资渠道。截至 2023 年 5 月末，生态环保 REITs 有 2 只，分别是中航首钢绿能 REIT 和富国首创水务 REIT。

（5）能源类 REITs

在全球节能减排及我国设定"双碳"目标的背景下，我国电力结构逐渐由以煤电为主体，转向以太阳能发电、水电、风电等为主体。我国地域辽阔，各类清洁能源的原始自然资源丰富，并且前期在太阳能光伏产业、水电产业投资巨大，存量资产可观，行业集中度高。基础设施公募 REITs 为推进清洁能源基础设施建设提供了新的融资模式，能有效降低相关企业的财务杠杆，助推行业发展。

截至 2023 年 5 月末，底层资产为液化天然气燃料发电设备的鹏华深圳能源 REIT、光伏发电设备的中航京能光伏 REIT 及海上风力发电设备的国家电投新能源 REIT 均已完成上市。

（6）保障房 REITs

保障房是一项具有我国特色的基础设施公募 REITs 资产类型，兼具了"保障性"的民生公益属性和"租赁住房"的市场属性，具有受市场波动影响较小、存量资产潜力巨大、收入及现金流较为稳定的特点。

2022年8月，首批3单保障房REITs获批上市，其中华夏北京保障房REIT从申报到获批仅用时7天，使保障房一跃成为最受市场和潜在投资人关注的基础设施公募REITs资产类型。

（7）消费类REITs

截至2024年7月，已有5只消费类基础设施REITs项目正式上市，包括华夏华润商业REIT、嘉实物美消费REIT、华夏金茂商业REIT和中金印力消费REIT、华安百联消费REIT。消费类基础设施REITs启航，开启了商业不动产公募REITs发展的新篇章，对零售资产打通投资闭环具有重大意义。

2. 案例：华安张江产业园REIT

作为全国首批、上海首单基础设施公募REITs项目，以及第一批扩募的基础设施公募REITs，华安张江产业园封闭式基础设施证券投资基金（简称"华安张江产业园REIT"）受到了市场的广泛关注。

（1）项目底层资产概况

华安张江产业园REIT的基础设施项目张江光大园，位于张江科学城及上海集成电路设计产业园内。区位叠加的良好产业环境，使得张江光大园已近满租。当前，已有30余家行业头部企业入驻园区，该园区是包括集成电路、在线新经济、金融科技、先进制造业等在内的高科技产业项目集聚区。

华安张江产业园REIT也是第一批扩募的REITs产品之一。自2022年4月起华安张江产业园REIT开始筹备扩募事宜，张江集团、张江高科积极摸排符合条件的资产。2023年6月16日，华安张江产业园REIT扩募份额正式在上海证券交易所上市交易，标志着境内首批公募REITs扩募圆满完成。

（2）结构设计安排

在基金结构方面，华安张江产业园REIT采取了"公募基金+ABS"的模式（见图4-24）。其核心有两个层面：第一，基金管理人通过认购目标基础设施ABS的全部份额，即"国君资管张江光大园资产支持专项计划"；第二，一旦"国君资管张江光大园资产支持专项计划"设立完成，基金管理人就会购买安恬投资公司的 100%股权，并向安恬投资及中京电子发放借款，用于偿还存量负债及其他相关用途。

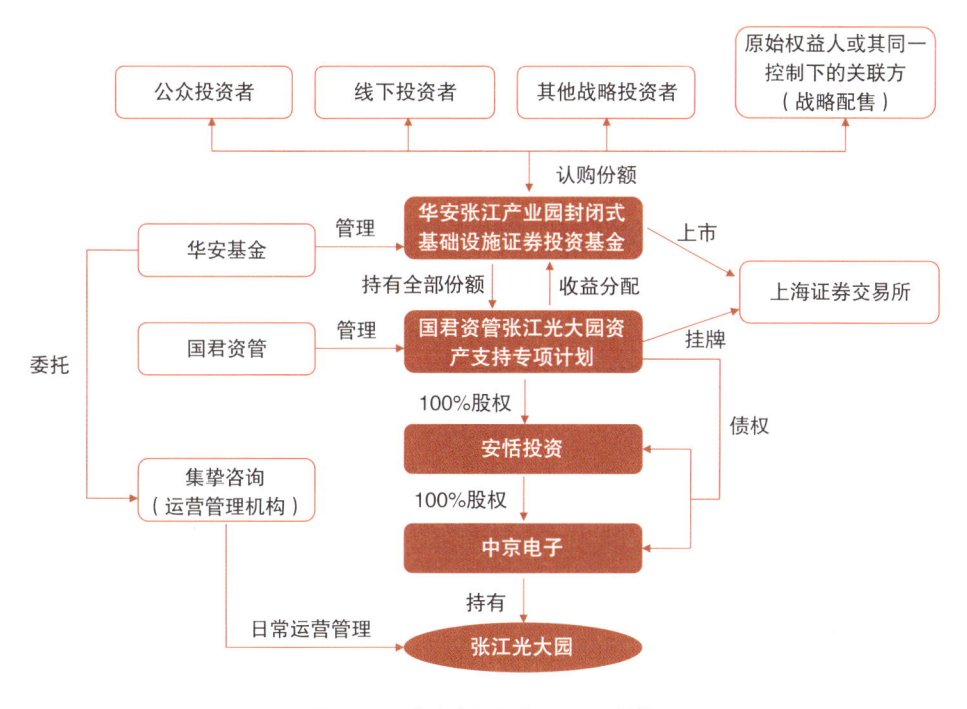

图 4-24 华安张江产业园 REIT 结构

资料来源：公开资料，明源不动产研究院整理。

（3）产品总体评价

华安张江产业园 REIT 不同于其他公募 REITs 产品的主要特征是其有两个权益人，它也是国内真正"PERE+REITs"模式的首个案例。

华安张江产业园 REIT 计划募集资金约 14.95 亿元，其中，张江集电港、光控安石或同一控制下的关联方将认购 10%的战略配售份额，持有期不少于 60个月。投资方向包括：①购买光全投资持有的安恬投资公司 100%的股权，预计支付金额约为 3.98 亿元；②向安恬投资和中京电子分别发放借款，用于偿还存量负债及其他相关用途，总计约为 10.40 亿元（见表 4-2）。

表 4-2 华安张江产业园 REIT 募集资金结构

项目	金额
发行份额募集资金	14.95 亿元
购买基础设施项目的支出	3.98 亿元
偿还借款支付的本金及利息	10.40 亿元

从本次募集资金的用途上可以看出光大安石"PERE+REITs"的具体运作模式。第一，设立 PERE，管理规模约为 3.98 亿元，主要投资方为张江高科和光大安石的关联方。第二，通过并购贷款和抵押借款获取基础资产的股权，支持基础资产的经营扩张。例如，安恬投资获得了 4.40 亿元的并购贷款，以张江光大园为抵押物，以安恬投资 99% 的股权为质押物；中京电子获得了 3.12 亿元的固定资产支持融资，以张江光大园为抵押物，以中京电子 100% 的股权为质押物。第三，通过华安张江产业园 REIT 退出，完成债权的替换及 PERE 资金的退出。

总体而言，华安张江产业园 REIT 之所以能够成为国内第一批公募 REITs 及国内第一批扩募的公募 REITs，得益于其优质的底层资产和系统的管理体系。

资产成熟运营，区位优势显著。截至 2020 年末，张江光大园出租率达 99.51%，吸引了包括集成电路、在线新经济、金融科技、先进制造业等在内的 30 余家行业头部企业入驻，整体分散度较为良好。

张江科学城是浦东新区乃至上海市重点发展的产业园区，也是浦东新区经济发展的重要增长极。张江光大园位于张江科学城核心位置——上海集成电路设计产业园内，具有良好的区位优势。

区域新兴产业集聚效应凸显。截至 2020 年末，张江科学城有从业人员 40 多万人，在地经营企业 5 000 多家，跨国公司地区总部 53 家，外资研发中心 163 家，已成为上海市高层次人才最集中的区域。人才优势、区域政策等优势条件持续助推上海集成电路设计产业园形成产业集聚效应，其中，全球芯片设计 10 强中有 7 家，全球排名前 10 的制药企业有 7 家。

为项目输出优质资产和运营管理。张江高科作为张江科学城的核心开发主体，以及市场著名的产业园区开发运营机构，拥有丰富的资产储备。发行基础设施 REITs 是张江高科创新发展战略的重要组成部分。未来，张江高科将依托优质的储备资产，为进一步发展壮大基础设施 REITs 提供支撑。

3. 产品小结：公募 REITs 三大核心价值点

公募 REITs 之所以可以获得如此大的关注，主要是因为以下三大核心价值点。

（1）REITs 产品核心价值点一：为社会资本提供成熟投资渠道

我国投资市场开启较晚，之前由于我国投资类渠道的匮乏，国内的投资热情无法得到有效的释放。对政府来说，既要合理引导大众的投资需求，又要在合法可控的前提下加推合格的投资产品，以满足越来越旺盛的全民投资需求。推行公募 REITs 就是很好的方式，其高额稳定的分红率，能满足大部分投资者的风险偏好。由于各地对 REITs 的分红都有强制性规定，即基金公司的租金收益等经营性利润的 90% 必须以派息的形式发放，REITs 具有很强的长期投资价值。

参照 2023 年亚洲主要 REITs 市场的派息情况，中国香港、新加坡及日本的公募 REITs 平均收益率普遍超出当地无风险收益率（10 年期国债收益率）3.5 个百分点以上（见图 4-25），显示出稳定的回报率。

（2）REITs 产品核心价值点二：助力企业实现资产盘活

与投资者相对的是资产持有人借助公募 REITs 进行"出表"的诉求。公募 REITs 是权益型运作产品，可通过物业的真实出售来达到资本变现。其重大的社会意义在于，把地方基础设施现金流进行良好的资产分类、打包、融资之后用于新的开发、偿还银行贷款，从而直接化解地方债务。这是政府债务化解、实现资产盘活的措施之一。

（3）REITs 产品核心价值点三：树立企业品牌、实现轻资产战略目标

REITs 产品在我国还有比较特殊的作用，就是帮助企业树立品牌，提高企

业的知名度。这不仅可以吸引潜在的消费者，也能让银行等资本机构为其提供更多授信。借助 REITs，企业可以实现轻重并举的模式，将重资产剥离出去并打包成 REITs 产品上市，没有重资产的企业凭借自身的运营能力也能单独进行 IPO 上市，这就相当于将企业的重资产与轻资产分开上市。

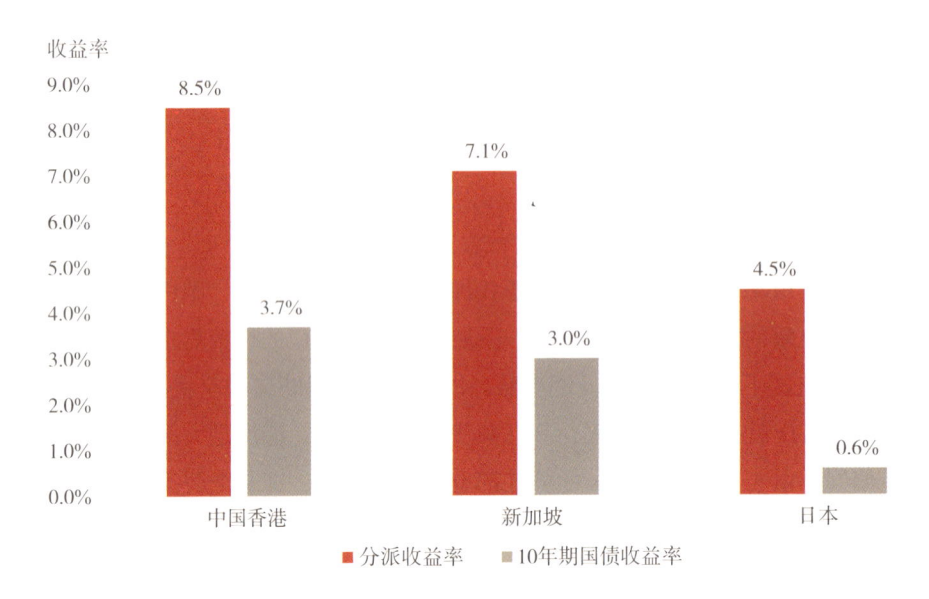

图 4-25 2023 年亚洲具有代表性的 REITs 市场的派息情况

资料来源：戴德梁行，明源不动产研究院整理。

二、类 REITs：具有通行 REITs 特点的私募融资渠道

我国 REITs 起步相对较晚，尽管其源头可追溯至 2002 年，但直到 2014 年中信证券的"中信启航专项资产管理计划"获得中国证监会核准，我国的类 REITs 市场才开始缓慢起步。该产品结构相对复杂，通过将基础资产的收益转化为私募基金发行的"受益凭证"，创造了"专项计划+私募基金"的双重特殊目的载体（SPV）结构，以降低相关基础资产转让的税收成本（见图 4-26）。这类产品被市场视为我国 REITs 的开创性产品，具备国际通行 REITs 的一些特

点，但仍有明显差异，因此被称为"类REITs"。

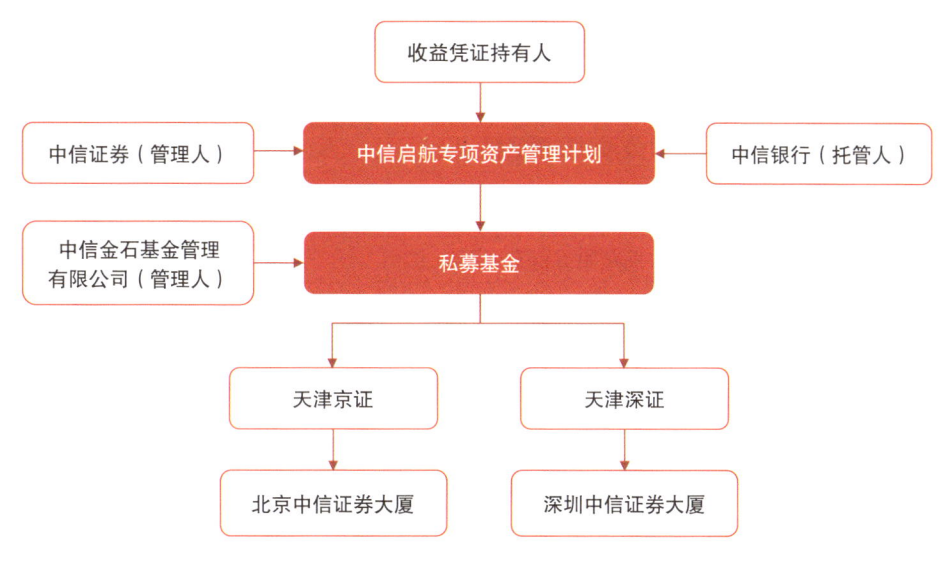

图4-26 中信启航专项资产管理计划结构示意

资料来源：公开资料，明源不动产研究院整理。

由于公募REITs准入门槛高，类REITs在国内仍在蓬勃发展。虽然当前国内发行的类REITs产品与公募REITs一样，都以不动产股权份额作为底层资产，以租金收益和增值收益为主要还款来源，但现行类REITs大多以融资为目的，这让许多开发商误认为REITs只是融资工具，将类REITs与公募REITs混为一谈。事实上，二者在组织形式、产品结构、投资者收益等方面存在明显差别（见表4-3）。

表4-3 国内类REITs与公募REITs对比

项目	类REITs	公募REITs
组织形式	专项计划	公司或信托基金
产品结构	优先级和次级	平层
投资者收益	优先级固定收益，次级享有剩余收益	分红与资产增值

（续表）

项目	类 REITs	公募 REITs
底层资产	主要为单一物业	通常为多个物业，物业可新增或出售
投资范围	项目公司股权和债权	物业产权：地产相关股票、债权、贷款、ABS 等
产品期限	有存续期，一般三年设置开放期	永续
退出机制	退出以开放期赎回或持有到期为主	退出以证券交易为主
增信措施	对优先级采取多样化的增信措施	极少部分产品具有增信措施
税收优惠	无税收优惠	设立、持有运营和退出环节均有一定程度的优惠

类 REITs 和公募 REITs 的区别大致可以分为以下四个方面。

第一，在投资者层面，存在债券和股票本质上的区别。类 REITs 采取专项计划的组织形式，设有优先级和次级分层，外部投资者主要认购优先级份额，享有固定收益，并获得相应的增信措施，而次级份额通常由原始权益人持有。相比之下，公募 REITs 则采用公司或信托基金的组织形式，投资者持有股份或基金份额，享有分红与资产增值。

第二，在投资范围和运作方式上也存在差异。类 REITs 通常针对单一物业，采取被动管理方式；而公募 REITs 通常涵盖多个物业，采取主动管理方式，存续期内可随时新增或出售物业。

第三，在交易方式上，存在私募和公开交易的差异。类 REITs 一般采用私募方式发行，设有特定的开放期，流动性较低，这导致个人投资者参与投资的门槛较高。而截至 2024 年 5 月中旬，我国 REITs 市场发展势头旺盛，已成功上市 36 只产品，市场中公募、私募 REITs 并存，个人投资者参与投资的门槛相对较低。

第四，存在有无税收优惠的区别。类 REITs 无税收优惠，在设立、持有运营和退出环节税种较多，税负较高；而公募 REITs 在设立、持有运营和退出环节均有相应的税收优惠。

三、CMBS：保证产权下的稳定融资手段

对重资产持有者来说，如果想在保证产权稳定的前提下进行融资，那么CMBS是最优选择。CMBS是一种商业资产证券化融资工具，是将单个或多个商业资产的抵押贷款组合打包成基础资产，通过信托或基金与资产支持专项计划组成的双SPV结构，以资产支持证券的形式向投资者募集资金，并以此基础资产的未来收入作为还本付息来源的资产证券化产品。

由于CMBS基础资产是商业资产抵押贷款，资产产权没有发生实质性转移，所以原资产持有人依然可以享受资产未来的增值收益。由于CMBS产品还款的基础是资产的租金收入与运营收入，所以商业资产的现金流是被重点关注的指标，与其相关的影响因素有很多，比如资产的基础业态、所在地的区域定位和历史租金收缴情况等（见图4-27）。

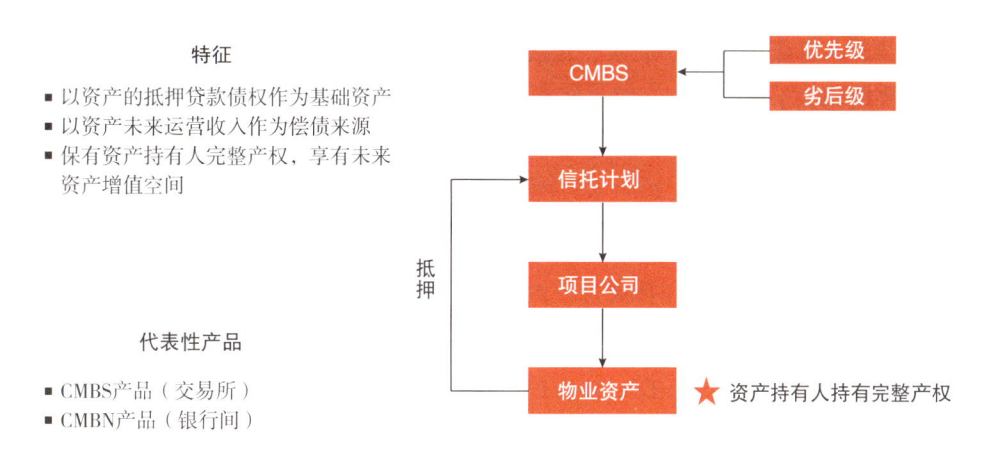

特征
- 以资产的抵押贷款债权作为基础资产
- 以资产未来运营收入作为偿债来源
- 保有资产持有人完整产权，享有未来资产增值空间

代表性产品
- CMBS产品（交易所）
- CMBN产品（银行间）

图4-27 CMBS产品介绍

资料来源：公开资料，明源不动产研究院整理。

与传统的债权融资不同，CMBS产品对投资人的吸引力更多源于基础资产本身的资质，而非其所属企业的信用评级，主体企业规模只是辅助增信，只能为产品评级"锦上添花"。在产品交易结构上，CMBS普遍采用双SPV的结构，

原始权益人（债权所属银行）以设立信托或借助委托贷款的方式向项目融资方（资产持有人）发放标的资产的抵押贷款，同时借助信托收益权与委托贷款债权将抵押贷款债权转让给专项计划，让其他机构投资人"接盘"。

1. 案例：北京亦庄 CMBS

为推动盘活存量资产、扩大有效投资，2022 年 6 月国家发改委办公厅发布了《关于做好盘活存量资产扩大有效投资有关工作的通知》，随后组织征集和评估筛选了一批典型案例，以展示盘活存量资产和扩大有效投资的成功实践。在此，我们介绍其中作为发行资产支持专项计划案例之一的"北京亦庄控股生物医药产业园区资产支持专项计划项目"。

（1）项目底层资产概况

北京亦庄生物医药园是国家科技重大专项课题"国家北京生物医药创新孵化基地"的核心组成之一，园区总建筑面积约 18 万平方米，可出租面积 12.1 万平方米，入驻企业达 170 余家。北京亦庄生物医药园致力于打造多功能、全过程、高端化的生物医药创新服务体系。

（2）结构设计安排

本项目采用储架方式发行（见图 4-28），储架规模为 30 亿元。2021 年 2 月，由工银瑞信投资管理有限公司（简称"工银瑞投"）担任计划管理人，由中国工商银行担任总协调人和托管行，由北京亦庄国际生物医药投资管理有限公司（简称"亦庄生物医药"）、北京亦庄投资控股有限公司（简称"亦庄控股"）作为原始权益人的"工银瑞投—亦庄控股产业园第一期资产支持专项计划"于上交所成功发行。北京亦庄 CMBS 首期发行金额为 10 亿元，获 AAA 评级，票面利率为 3.99%，发行年限为 20（3+3+3+3+3+3+2）年。

（3）产品总体评价

与传统金融产品相比，本项目具有以下特点。

放大融资规模增加盘活资金。本项目通过较高的资产抵押率和更长的期限，有效放大融资规模，成功撬动近 50 亿元的新增有效投资。

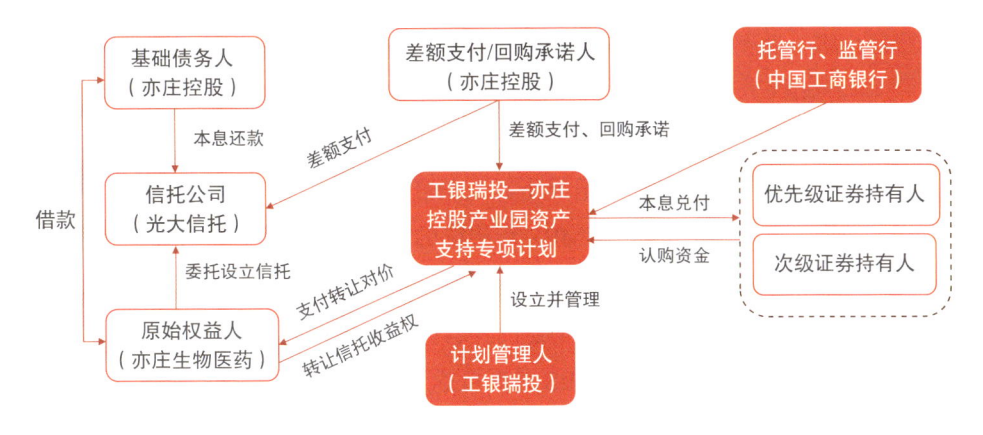

图 4-28 北京亦庄 CMBS 结构设计安排

资料来源：资产证券化分析网，明源不动产研究院整理。

多元化增信方式增加产品安全性。为了增强产品的信用，确保本息及时足额兑付，发行人采取了多种方式，包括物业运营收入质押担保、超额现金流覆盖、标的物业抵押及发行人提供差额支付承诺。

回售选择权安排增加投资灵活性。采用"3+3+3+3+3+2"年的期限，每隔三年设立一次开放期，在开放期内，投资者有权回售其持有的资产支持证券份额，这增加了投资者回收资金的灵活性，有助于保障其利益。

该项目帮助企业成功将相对难以流动的存量资产变成流动的、可交易的金融资产，提供更有效、成本更低的融资来源，拓宽融资渠道、扩大融资规模。作为北京市首单储架型产业园区 CMBS 产品，北京市首单生物医药特色产业园区 CMBS 产品，北京亦庄 CMBS 充分体现了 CMBS 产品发行价格低、流动性强、释放商业地产价值的同时保持资产控制权和未来增长潜力，以及资产负债表表外融资等优势，实现了资本市场融资模式创新，对拓宽产业园类融资渠道具有重要借鉴意义。

2.产品小结：优于传统融资，但灵活性不足

（1）CMBS 对比经营性物业贷存在多重优势

目前，CMBS 已成为国内成熟的资产证券化融资产品，尤其在行业限制非标融资、银行审贷日益严格的情况下，政策环境支持的 CMBS 产品迅速崛起，引发了许多企业的积极参与。CMBS 和传统的经营性物业抵押贷款，其目的都是融资，但 CMBS 产品所展现的优势主要有以下几点。

其一，融资规模更大。相同物业的经营性物业抵押贷款只能获得基础物业估值的约 50% 融资额度，而 CMBS 最高可达到物业价值的 70%（见表 4-4）。

表 4-4 经营性物业抵押贷款与 CMBS 产品的区别

项目	经营性物业抵押贷款	CMBS
融资规模	经营性现金流的 6～8 倍，通常不高于物业公允价值的 50%	经营性现金流的 10～15 倍，通常不高于物业公允价值的 60%～70%
期限	最长为 10～12 年	可设计为单期 3～5 年，到期滚动续发
资金用途	严格按照《固定资产贷款管理办法》使用	根据融资人需要，使用灵活
定价	银行审批政策	根据产品评级，市场化定价，通过结构设计，可以使得产品评级高于主体评级
增信措施	通常需要股东保证担保	主要依靠物业自身增信，也可增加外部增信
后续交易	银行要求融资人股权结构稳定，不能接受融资人股东退出	通过技术安排，未来进行 REITs 交易
风险资产占用	银行表内资产投放，风险资产为 100%	银行表内资金认购，若产品评级为 AA+ 以上，风险资产仅为 20%
操作流程	银行内部流程，不确定性较大	公开透明

其二，募集资金用途更广泛。CMBS 不对资金用途做出特殊要求，而经营

性物业抵押贷款必须符合相关资金使用守则，这是吸引很多行业融资人的重要因素。

其三，融资成本更低。举例来说，在产品中引入分级制度，引入不同的风险偏好投资人，从而实现每个等级债券的风险定价，通过加权平均法计算的融资成本均低于同规模的经营性物业抵押贷款。

其四，风险资产占用低。CMBS 是标准化产品，可以进行挂牌转让。如果银行采用表内资金认购投资，那么评级 AA+ 以上的产品占用风险资产仅为抵押性贷款的 20%，这可以减轻银行资本压力。

这几大优势对融资人与投资人都很有吸引力。该产品更重要的里程意义在于，以商业资产的经营性现金流作为还款来源，打破目前企业债权市场的强主体环境，回归资产本质价值，使得一些弱主体的中小企业无须依靠外部资源，可以通过其优质的资产获得融资。

（2）CMBS 灵活性不如传统融资工具

虽然 CMBS 作为融资工具有诸多好处，但也存在一定风险，尤其对融资人来说，CMBS 产品所附加的条款已经绑定了融资期限与规模，如果条款要求与集团本身的诉求不符，那么盲目跟风使用 CMBS 产品会适得其反，会对集团经营战略造成干扰。总结来看，主要存在以下三点潜在风险。

第一，CMBS 的条款内容一旦制定就较难更改，灵活性不如银行贷款。融资人若是签订经营性物业抵押贷款，在贷款期间可以针对期限和利率与银行进行协商调整。但如果公开发行了 CMBS 产品，那么融资人若想调整相应的融资结构，虽然可以通过召集投资人进行决议，但是在实际操作上难度很大。这就要求在发行 CMBS 产品前，一定要基于企业整体的战略考虑，对发行的期限与资产选择提前谋划。

第二，CMBS 产品在发行期内体现出刚需兑付的特征，特别是当物业现金流存在负面影响之后，不可能通过双边协调的方式调整还款期，所以一般弱主体 CMBS 结构都会采取借助外部机构做差额补足或留存备付金的增信措施。

第三，CMBS 发行失败后对于整个主体存在关联性负面影响，虽然 CMBS 更多地依靠资产信用进行融资，但在融资政策不稳定的情况下，一旦产品发行失败，这就会牵连主体信用。

四、持有型不动产 ABS：更为灵活简易的新兴融资方式

相较于公募 REITs 发行要求高、审核难、成本多的特点，持有型不动产 ABS 产品最大的特点就是灵活、开放、市场化，其在资产范围方面，涵盖所有公募 REITs 的资产范围及商业物业，包括商场、写字楼、酒店和无法发行公募 REITs 的基础设施。

相较于传统 ABS 产品，持有型不动产 ABS 产品最重要的特点是突出资产信用和权益属性。在交易机制方面，持有型不动产 ABS 一般采用平层结构（见图 4-29），以底层资产运营产生的现金流实现对投资人持续、稳定的分红，同时摒弃了传统的优先、劣后增级安排，也不再通过主体信用增进和资产回购等方式来为产品增信，力求在产品层面实现真正的资产信用，帮助发行人获得真正的权益性资金。

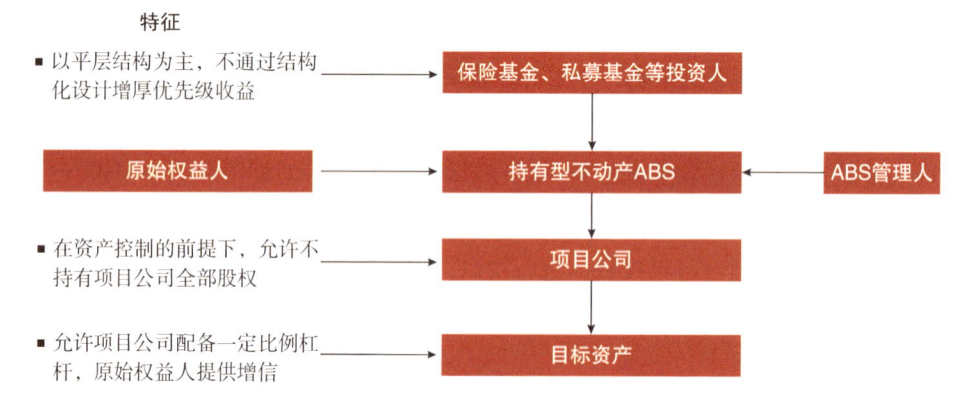

特征

- 以平层结构为主，不通过结构化设计增厚优先级收益
- 在资产控制的前提下，允许不持有项目公司全部股权
- 允许项目公司配备一定比例杠杆，原始权益人提供增信

图 4-29　持有型不动产 ABS 产品概览

资料来源：上海证券交易所，明源不动产研究院整理。

1. 案例：建信住租持有型不动产 ABS

建信住房租赁基金持有型不动产资产支持专项计划（简称"建信住租持有型不动产 ABS"）是继全国首单高速公路资产持有型不动产 ABS 产品之后，全国首单住房租赁持有型不动产 ABS 产品。该产品于 2024 年 7 月成功设立，发行规模为 11.7 亿元，产品期限为 66 年，并设置前 8 年每半年开放退出安排。

（1）项目底层资产概况

建信住租持有型不动产 ABS 项目发行人为中国建设银行旗下专注于长租资产投资的不动产投资基金——建信住房租赁基金。在本专项计划设立后，计划管理人按约定，将募集资金用于购买项目公司股权，并对基础资产追加投资，包括但不限于向项目公司提供标的借款、增资（如有）等。该项目底层资产是位于上海市闵行区（2个）、杭州市上城区（1个）和武汉市汉阳区（1个）的四个保租房项目，地理位置优越，交通、产业、环境等方面区位优势明显。

该项目基础资产均为保租房项目，专项计划通过受让项目公司股权的方式持有基础资产。首批入池的资产运营稳定，收入来源由保租房的租金收入、管理费收入及配套商业的租金收入组成，总体收入来源多元化，现金流稳健。

（2）结构设计安排

建信住租持有型不动产 ABS 在交易结构设计上有以下四个特点（见图 4-30）。

一是设有开放退出模式。参与开放退出的资产支持证券持有人持有的资产支持证券可按照约定进行开放退出。开放退出支持机构持有的资产支持证券不进行开放退出。开放退出支持机构建信住房租赁基金或其指定的机构根据《开放退出支持协议》约定，在专项计划设立后的前 8 年为资产支持证券的开放退出提供支持。

二是设有扩募计划。自专项计划设立日起，任一原始权益人或计划管理人均有权随时提出扩募要求。扩募所对应的扩募基础资产、扩募目标项目满足约定的合格标准。计划管理人应当于扩募启动日后 15 个工作日内将扩募方案提交资产支持证券持有人大会审议，审议通过后，由计划管理人实施扩募方案，启动扩募资产支持证券的募集。

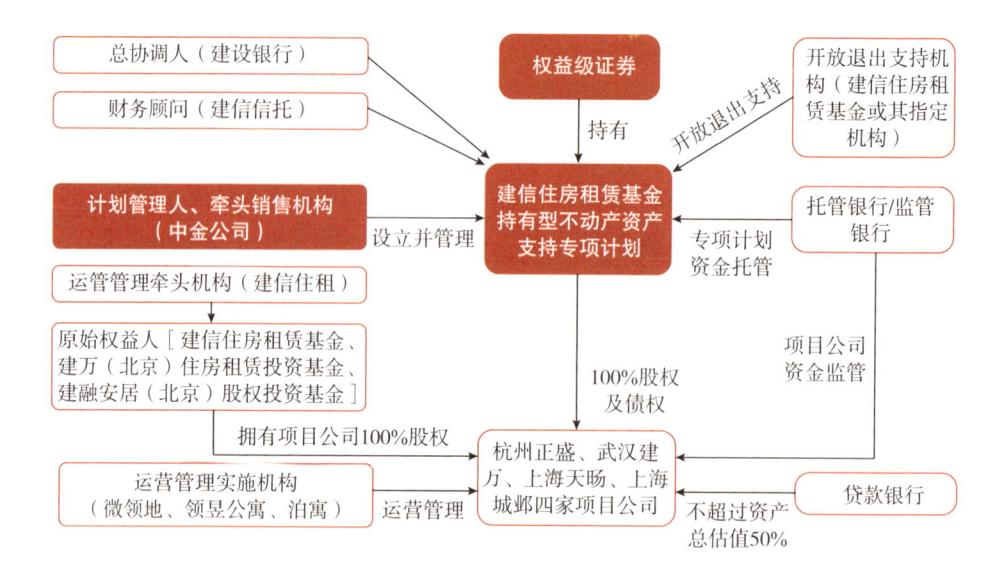

图 4-30　建信住租持有型不动产 ABS 交易结构

资料来源：公开资料，明源不动产研究院整理。

三是设有完整的运营管理考核机制。对运营管理牵头机构采用阶梯管理费模式进行激励考核，2023 年运营数据显示，运营管理牵头机构各目标项目考核完成度为 99%～105%，考核机制效果显著。

四是设有完善的决策机制。本专项计划设有持有人大会和管理委员会，其中管理委员会为持有人大会下设机构，负责处理专项计划日常管理事务。

项目公司层面决策机制大致为：项目公司股权转让后，计划管理人享有股东的全部权力和利益，其作为股东可决定项目公司融资或对外担保等事项。同时，项目公司印鉴证照及相关文件、银行账户预留印鉴、操作权限 U 盾等与账户查询、使用有关的资料交予计划管理人，计划管理人有权指定项目公司或运营管理牵头机构负责保管。

（3）产品总体评价

此持有型不动产 ABS 产品为不动产领域特别是住房租赁行业带来了权益融资渠道和方式的创新，有效助力了租赁住房项目的建设与运营，促进了市场的规范化和专业化，为租赁企业权益融资开路架桥，引领住房租赁市场朝着更加成熟和稳定的方向前行。同时，这进一步丰富了该产品对标公募 REITs 的资产大类类型，也促进了长租房金融市场的产品多样性。

2. 产品小结：从机制设计出发，保证产品更市场化

相比传统 ABS 产品，权益型 ABS 创新性地在信息披露、激励约束、二级市场活跃、流动性支持、持续扩募、资产运营管理"六大机制"方面做出更为市场化的机制设计。

在信息披露机制方面，信息披露的及时性和有效性有所提高，强化日常经营核心指标的披露频次，按季度进行披露，要求比传统 ABS 产品高。此外，强化了因重大经营变动情况触发的临时报告披露。

在激励约束机制方面，鼓励对存续期间内的经营情况设置考核机制及激励约束机制，能够增强运营管理动力，实现资产增值。

在二级市场活跃机制方面，鼓励多元化投资者，持续引入二级市场活跃机制。该机制能够有效提高产品的流动性，同时对管理人的能力提出了新的要求。

在流动性支持机制方面，允许发行人设置一定比例的流动性支持机制，满足部分投资者的退出需求。但与传统 ABS 产品不同的是，该机制是发行人的一项权利而非强制义务。

在持续扩募机制方面，该机制参考了公募 REITs，但并非强制。允许灵活设置持续扩募机制，不断纳入后备资产，促进产品可持续发展。管理人需要在计划说明书中披露扩募方案。

在资产运营管理机制方面，鼓励参与主体依据日常运营的实际情况，灵活设置决策机制，重大事项交由持有人大会进行决策，形成差异化的治理机制。

在业内看来，此类产品在促进流动性的同时，保障了产品净值稳定，让投资者真正参与底层资产的运营决策。这种运作机制既具备公募 REITs 的优点，又比公募 REITs 更为灵活。此外，相较于传统 ABS 产品和公募 REITs 产品，此类产品结构简单、审核流程简化、入池资产类型广泛、突出资产信用，可设置

扩募机制并通过公募 REITs 实现退出，因此产品优势较明显。

中央和地方加速布局资产证券化，通过公募 REITs、类 REITs、CMBS、持有型不动产 ABS 等金融工具盘活存量国有资产，提高资产的流动性、透明度，从而使资产易变现、易交易、易监管、易考核，提高国有资产监管水平。提高国有资产证券化率还能拓宽融资渠道，实现股权多元，也有助于现代企业制度的建立与功能的发挥。

经过两年多的发展，基础设施公募 REITs 作为基础设施及不动产投资退出新渠道已经获得市场的广泛认可。把公募 REITs 底层资产范围拓展到消费类基础设施，将使拥有优秀资产管理能力的企业真正受益，从而实现内部资源优化整合，使专业的管理和服务成为资产增值的重要因素，促进不动产市场的良性循环发展。

第六节
长沙城发实践："目标—执行—保障—赋能"层层递进

在从管资产向管资本的转变中，各地都在积极实践，期望有切实可行的路径，其中湖南省在三资盘活领域走出一条特色道路。2019 年 9 月，长沙市政府印发《关于做好盘活存量国有资产工作的通知》，由长沙市财政局牵头，市国资委、市自然资源规划局、市机关事务局等责任部门与市住房和城乡建设局、市税务局等职能部门专业人员共同组成三资盘活工作专班，统筹协调全市三资盘活具体工作。长沙市市属国企纷纷响应，2022 年长沙市实现三资盘活收入 248.26 亿元。

长沙城发经过多年探索，聚焦片区开发主战场，通过片区导入产业带动税收贡献持续增长，成为长沙市国资委向省内和全国推介的三资盘活创新案例之一，其"资产经营全生命周期精细化管理"入选"2023 国资国企高质量发展（国有资产盘活与产业运营类）精选案例"。

长沙城发在资产盘活上从战略到组织架构、体制机制，再到资产的运营管理和数字化平台搭建，在多维度进行了诸多实践。其不断强化资产管理意识，在资产管理理念、组织定位、管理模式和运行体制、数字化建设等方面都逐步有了自身的特色和差异化，有了一定的核心竞争力，并且特别强调"金融"意识，加快实现资源资产化、资产资本化、资本证券化。

长沙城发的实践经验中有四层值得重点关注：首先是目标层，"以终为始"，积极利用资产证券化来实现资本循环投资；其次是执行层，力争做到资产有数、投资有道、运营有术、增值有望；再次是保障层，管理机制支撑全面调优；最后是赋能层，数字化助力国有资产保值增值。

一、目标层：以资产证券化为目标，实现资本循环投资

长沙城发在 2019 年联合重组后，坚持"目标导向，以终为始"，把资产证券化的要求作为资产投资和三资盘活的"教练员"和"裁判员"，按照市场化原则，将所有权和经营权分离，把分散在 100 余家子公司的资产资源经营管理权统筹配置到相对应的专业运营子公司，使同类资产形成规模效应，专业团队形成核心竞争力，同时维护好 AAA 级信用评级主体优势。其实这是从资产原始价值实现到资产价值放大，再到资本价值实现的过程。

2021 年 3 月，"华福–先导控股污水处理收费收益权资产支持专项计划"成功推进，这对长沙城发拓宽融资渠道、降低资金成本具有重要意义，为公司业务发展提供了更有力的资金保障（见图 4-31）。可以说，长沙城发重组之后更加注重市场化融资，以此为目标，坚定地推进资产证券化，包括采取 ABS、CMBS、REITs 等手段，将沉淀的不动产转化为流动性强的金融产品，这优化了其资产负债表，并且能够拓宽融资渠道，降低融资成本，进一步提高资金使用效率，进而通过资产的专业化管理提升国企的运营效率和资产价值，增强市场竞争力。

目标导向，以终为始
Operation

资产证券化

2021年3月26日，华福-先导控股污水处理收费收益权资产支持专项计划成功推进。

6.4亿元 规模　　**AAA** 债项评级　　**3.7%** 票面利率

- 洋湖再生水厂是集团一核三极联动业务的典型案例，为给洋湖总部经济区进行配套，建设了洋湖再生水厂，负责片区污水处理、中水回用等业务。
- 设计产能合计22万吨/天，年收入约1.2亿元，利润贡献大，产权清晰、收益稳定。

- 资金主要用于项目投资及置换存量贷款，在降低财务成本的同时，极大提高了资金使用灵活性，在保留资产所有权和运营权的基础上实现了资产变现，实现了资源、资产、资金的良性循环，也为集团提升了资本市场知名度和品牌形象。
- 目前正在争取再生水污水处理及资源化利用的公募REITs项目。

图 4-31　华福-先导控股污水处理收费收益权资产支持专项计划

资料来源：长沙城发。

二、执行层："资产有数、投资有道、运营有术、增值有望"四步法

长沙城发的经营性资产体量大、分布广，并且资产业态多元，包括写字楼、商业、酒店等房产物业，户外广告、能源站点、停车位等公共资源，会议会场和体育馆等经营场馆，租赁土地，等等。在2019年重组之初，部分资产存在权属不清、房地分离、历史遗留等问题，集团资产盘清盘活工作面临诸多挑战。对此，长沙城发提出了"资产有数、投资有道、运营有术、增值有望"的存量资产盘活指引，力求从投资开发到运营服务，再到成熟退出，通过运营能力和管理能力的提升，实现"资金—资源—资产—资金"的闭环。

第一，以合理的价格投资一些符合相应要求，当时表现不好但具备增长潜力的标的资产，按照持有型资产的算账逻辑，投资前就需要考虑资产未来的退

出渠道，即投资有道。

第二，在运营阶段，重点关注资产证券化对收益及风控等维度相关指标的要求，严控资产运营的每个环节，通过强大的运营和招商能力，逐步把资产盘活。

第三，牢记"无退出不投入"的指引，通过资产处置、资产证券化等方式实现退出，让国有资产的保值增值目标水到渠成。

第四，打通资产管理闭环，实现"资金—资产—资本—资金"的良性循环。这样的三资盘活理念，一方面可以有效盘活历史存量，创造新的价值，另一方面回收的资金又可以实现增量的有效投资，这也是国办发〔2022〕19号文提倡的具有真正意义的"资产盘活"。

三、保障层：管理调优，五大维度健全资产管理机制

长沙城发通过建立明确清晰的投资、租赁、运营管理细则与科学可控的"母子权责"边界与督办考核机制，形成了定位明确、分工科学、视角相对独立但又高效协同的国有企业创新资产管理体系，助力了集团及子公司内部资产盘活管理优化的实现。

1. 把握好四大投资立项原则，引导实施合理的投资行为

为加快项目实施进度，切实做好项目要素保障，推动项目工作稳步实施，长沙城发制定了投资立项管理制度，以帮助相关部门和人员提高项目的推进工作。投资立项管理制度部分主要包含投资立项原则、投资立项情形、投资立项审查流程和内容、投资评价四部分内容。其中，经营性资产投资立项遵循战略匹配、主业聚焦、投资效益、完善功能四大原则，为践行正确的投资行为起到了重要的指导作用。

- 战略匹配原则。经营性投资项目必须与各经营单位的发展战略、经营定位和中长期发展规划相匹配。

- 主业聚焦原则。经营性投资项目要聚焦各经营单位的主责主业，要有利于把主业做大、做强、做优。严格控制非主业经营性投资项目的比例和金额。
- 投资效益原则。经营性投资项目要进行严谨的投资经济测算，重点考虑投资回报、盈利能力等指标。
- 完善功能原则。为满足经营需求、改善原有功能、消除安全隐患、提升经营品质等而进行经营性投资。

2. 设立可控的租赁管理制度，落实租赁决策文件，实现资产收益

长沙城发的经营性资产租赁管理制度主要包括租赁决策文件管理、租金管理、招租方式、主力客户、续约管理五部分内容。其中，租赁决策文件是所有经营性资产建成投运前必须编制的文件，需要报集团审批后严格执行，相当于资产运营过程中的基本准则。租赁决策文件管理主要包括租赁决策文件类型及内容、租赁决策文件制定、审批及节点、租金调整、项目整体定位和业态规划等方面。租金管理主要包括签约租金和减免租金两种情况，其分别对两种情况做了详细规定。

3. 明确细致的运营管理细则，助力经营性资产精益运营

运营管理制度对于日常的经营性资产管理非常重要，不仅可以使服务标准化，运营工作更高效，还可以使新项目快速实现运营。长沙城发的经营性资产运营管理制度包括经营定价、营销和应收、客户管理、优品创建、装修管理、信息化管理、信息报送和资产出借、安全管理、监督管理等内容，以实现精细化运营为目标。

4. 规范委托运营的关键权责，构建清晰的"母子权责"边界

长沙城发的委托运营协议包括委托管理的原则与方式、职责与权责边界，收费管理与奖惩措施等内容，其中委托管理的职责和权责边界主要涉及统筹部门职责、委托方四大职责和受托方六大职责。

统筹部门职责：集团资产管理部统筹经营性资产的委托管理工作，负责拟定委托管理细则，制定经营性资产资源配置方案，统筹协调和指导托管事项的顺利推进，负责考核、监督、评价托管事项的执行情况。集团相关部门按条线职责协同支持。

委托方四大职责：负责托管资产达标交付，负责托管资产的重要事项审批和费用承担，负责房产类资产修缮和维修维护，负责安全监督和安全整改事项响应。

受托方六大职责：负责托管资产的合规经营，负责经营目标的达成，负责预算内日常维修维护任务的具体实施，负责及时提报重大维修维护事项，负责落实经营安全生产主体责任，负责协助委托方完成其他事项。

5.建立差异化运营考核制度，确立科学的督办考核机制

长沙城发就全年经营计划及各类重点工作对经营单位实施督办与考核，考核结果直接与经营单位每一位员工的薪酬挂钩，这可以有效凝聚共识与力量，共同推进资产效益提升。考核制度包括考核原则、组织绩效考核、中层管理人员及员工绩效考核等内容，集团对不同子公司按照业务重点的不同设立差异化标准，精准实现督办、考核和激励作用。

考核原则大体包含五个维度。一是战略导向原则，根据公司中长期战略规划和年度计划，以战略目标实现为导向，长期目标和短期目标相结合，既关注过程考核也注重结果考核。二是全面绩效原则，公司实行全员绩效管理，所有部门、中心和个人均纳入绩效管理范畴，通过全面考核评比，营造内部竞争氛围，深化全员绩效文化，为公司资源的科学、公平分配提供依据。三是分类考核原则，结合各部门功能定位、工作特点，细化前、中、后台部门分类管理，体现不同职能之间的差异化考核。同时，根据业务指标增长率差异，进一步分层、分档，以充分挖掘各部门经营潜力，引导公司效益增长。四是突出重点原则，不同部门（中心）和个人，绩效考核内容与指标侧重不同。部门（中心）绩效突出关键任务，个人绩效挂钩组织绩效。五是加强应用原则，坚持"考核必有区分、区分必有应用"，充分运用绩效考核结果，切实发挥绩效考核指挥

棒作用，促进组织及个人绩效提升。

四、赋能层：数字化助力提质提效，促进业务融合发展

长沙城发在资产管理数字化方面有两个关键目标，一是"统一管理标准的强有力支撑"，二是"借数字化转型促进融合发展"。长沙城发在业务融合、创新发展的过程中，提前谋划数字化转型落地，将企业"战略发展目标、业务发展策略、业务管理要求"融入数字化建设当中，以实现"数字赋能"的建设目标。

1. 建设思路：绘制"1+N+1"整体数字化蓝图

长沙城发自 2019 年重组以来，一直将资产经营板块作为集团转型的重要抓手，是集团优化业务结构、构建"投—建—营"一体化、增加收入来源的有力基础。由于存量资产体量庞大、资产类型多元、权属复杂，在盘点盘清资产时，如果仅依靠传统手段，那么工作量巨大，并且准确性也难以保证。此外，国企需要兼顾国务院国资委等各级政府主管部门的监管要求，以及集团总部关于经营性资产的管理需求，资产盘活的效率提升迫在眉睫，其中数字化工具的作用不可忽视。

因此，基于资产管理诉求，以及响应国家信息化管控平台建设的号召，长沙城发携手明源云共同搭建了资产管理平台，从集团到区域，围绕"监—管—营"三级体系，打造了"1 个集团资产管理系统、N 个专业资产运营子系统、1个数据决策中心"的"1+N+1"整体资产管理运营数字化平台（见图 4-32）。通过数字化赋能集团经营性资产管理，满足集团业务台账在线化、过程管理规范化、数据分析一览化的经营诉求，使得集团资产管理跃上新台阶。

2. 建设成果：搭建"监—管—营"三级管理平台

站在资产管理角度，集团资产体量庞大、业态多元，产权分散在多家子公司。随着集团资产体量的不断增加，资产管理业务的多样性和复杂性不断凸

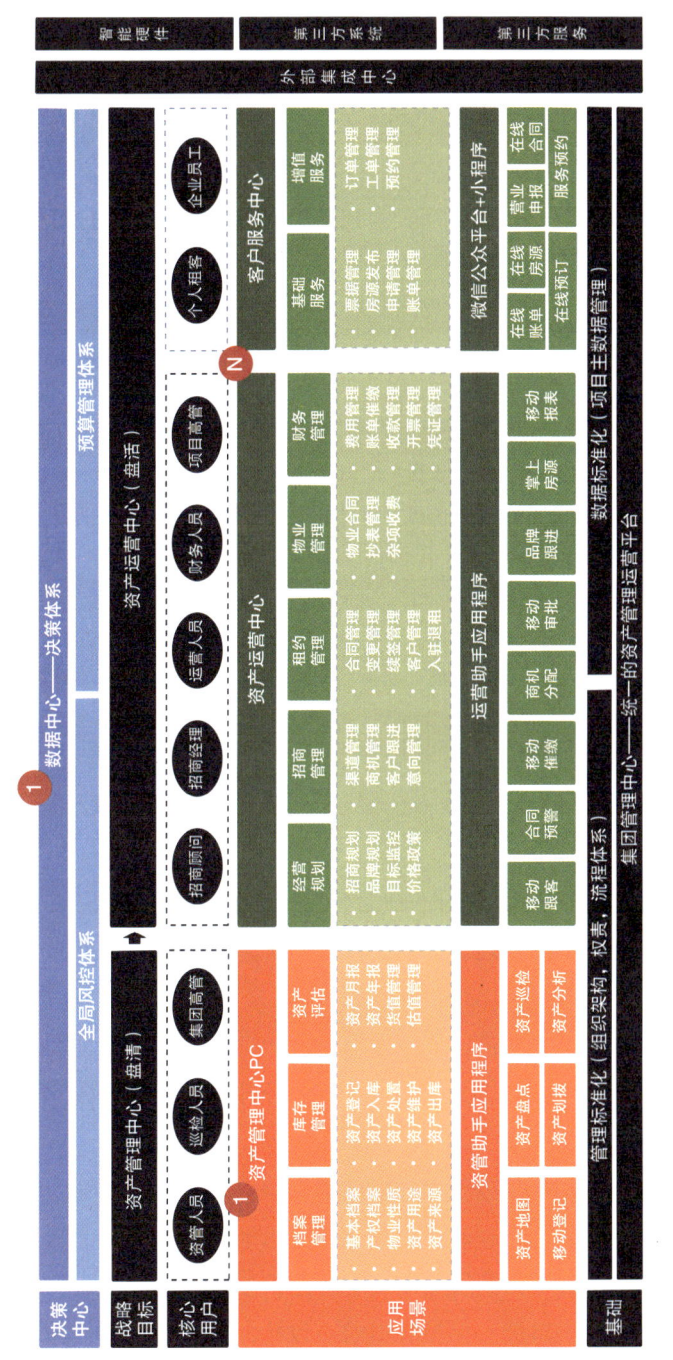

图 4-32 长沙城发"1+N+1"整体资产管理运营数字化平台

第四章 以资本为核心，探索三资盘活最佳业务实践　　327

显，长沙城发在实际运营过程中面临诸多挑战。基于此背景，长沙城发携手明源云，通过完善资产管理组织体系、健全机制体制、赋能信息化工具三大举措，建立了"监—管—营"三级管控数字化资产管理平台（见图4-33）。

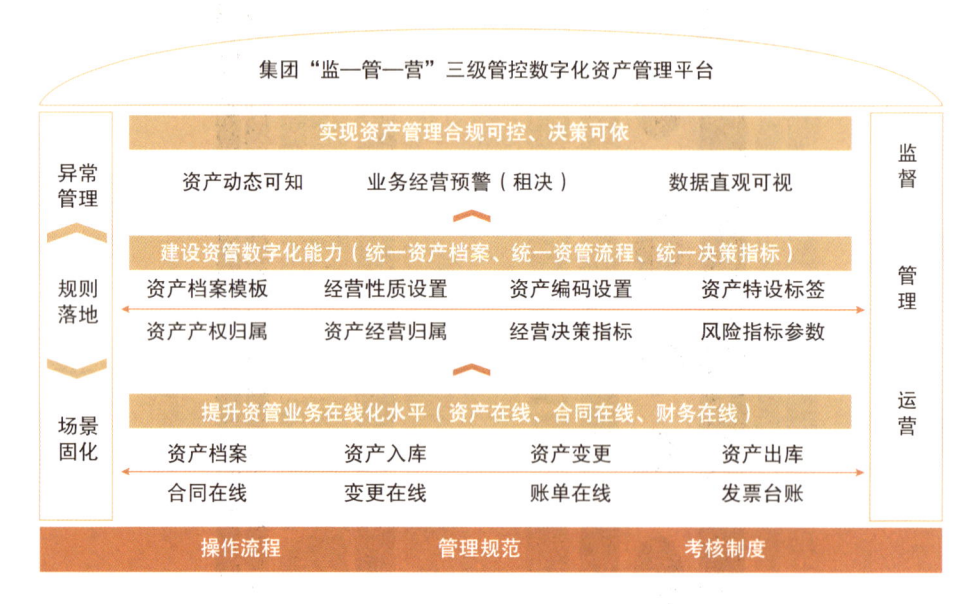

图4-33　长沙城发"监—管—营"三级管控数字化资产管理平台

结合"长沙城发—运营公司—项目部"三级组织体系，集团"监—管—营"三级管控数字化资产管理平台在建设过程中，主要围绕以下三个层面重点发力。

第一层，监督层，主要进行风险预警管理。围绕资产风险、运营风险、财务风险，实现经营风险提前发现，从"救火式"管理向"防火式"管理转变，并建立数据决策平台。

第二层，管理层，主要进行管理标准统一和依靠数据分析辅助决策。集团统一资产档案，统一资产管理流程，统一决策指标，实现集团下属二、三级单位全面拉通。另外，为支撑高层决策，平台提供多业务统计台账和多维度统计报表，并统一报表输出口径、保障数据的一致性，提供能随时、随地掌握经营情况的移动报表。

第三层，运营层，主要进行业务在线化水平提升和合规监管。集团统一梳理、完善业务开展流程并进行系统固化，实现业务在线化、提高效率的同时，通过业务审批在线留痕，确保任何业务发生有规可依、有据可查。此外，借助专业方案和有效工具，通过信息化固化制度，保障业务合规性。

长沙城发的资产管理信息化项目经过半年多的建设正式上线，已平稳运行两年有余。该系统通过"三个在线""三个统一"，将集团资产管理"监—管—营"三级体系的核心业务场景进行了软件层面的落地，最终实现集团资产管理合规可控、决策可依。

长沙城发未来要实现"以终为始"的资产管理思路，构建以资产退出为核心的资产管理逻辑和体系，形成从集团到一线作战单元的"监—管—营"三级资产管理体系，实现资产经营全生命周期精细化管理，最终通过"厘得清""盘得活""退得出"资产管理三部曲，实现"存量优化、增量优质，资产资金良性循环"的资产管理目标。

本章小结

国有企业进行三资盘活的核心逻辑应该是：国有资产盘活需聚焦"战略主业"，积极发挥"管资本"职能，提升"投—融—管—退"核心能力，推动资源资产化、资产资本化、资本证券化，加快"资源—资产—资金—资本"的循环，进一步打通三资盘活闭环，让国有企业在高质量发展道路上阔步前行。

用一张图来总结，其核心为两层循环（见图4-34）。

第一层循环在国有企业的集团或一级公司层面，主要做好资源、资产、资金和资本的联动，加快这四个要素的循环速度，把资本真正地发挥好，让它得到应有的收益，从而实现资产价值的放大。具体来看，政府有资源注入，比如政府直接划拨、政府作价入股、企业重组兼并等，加上国有企业的资金和资本（包括社会资本）进来之后，国有企业利用这些资金进行产业投资、产业导入，具体项目包括城市更新、产业升级等（这是未来国有企业发展的关键）。值得注意的是，在这个"四资"联动的过程中，有一个很关键的能力是价值发现，即通过各种方式找到资产的价值。

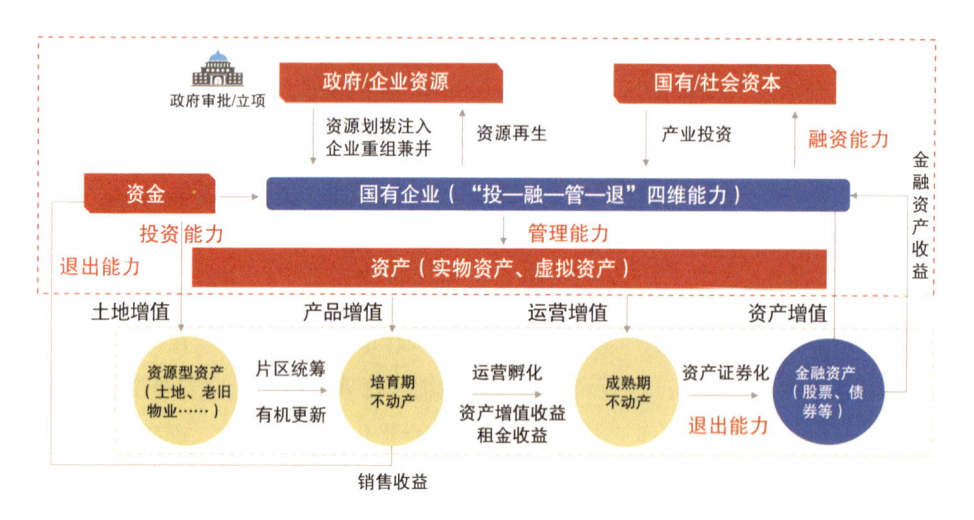

图 4-34 "资源—资产—资金—资本"联动循环

第二层循环在二级公司层面，国有企业的资产和项目大多在二级公司，这里的资产包括实物资产和金融股权类资产。在资金投进去之后，企业更多的是通过二级公司开展具体业务，这个环节的核心是把项目管好，把资产真正运营好，让"投、融、管、退"真正形成闭环，实现资产价值，进而得以保值增值。另外，通过金融退出渠道，充分利用资产证券化，包括 ABS、CMBS、公募 REITs 等方式真正把"退"这条路打通，放大资产价值。这部分金融资产获得的收益又会成为企业的资本，也就是第一层循环，进一步支持上面提到的四资联动。如此，两层循环就实现了打通，所以这两个循环就是国有企业现阶段要实现的，而背后的核心能力其实就是资产管理能力。

国有资产的保值增值一直是国家的发展要求，保值是保持原有资产价值，并且使其不受物价变动的影响，增值是资产价值进一步增加。国有资产盘活需以锚定资产价值为核心，国有企业需要先盘清资产，盘清其现有价值是多少，接着对标市场同类资产，审视手中资产的经营效益是否有增长空间，进而制定相应的盘活策略，提高资产价值。对于持有型资产，国有企业应具备长期的、精益的运营能力，持续提高资产收益，包含空间的运营、服务的运营、产业的运营。面向未来，国有企业还需要保持业务的创新能力，不断适应产业升级带来的新业务，实现业务新突破、业绩新增长、资产新价值，持续做强、做优、做大国有资本，提升"投—融—管—退"核心能力，构建"价值发现—价值分析—价值实现—价值放大"的三资盘活闭环，发挥国有经济的战略支撑作用。

后　记

当落笔写《国企三资盘活》的后记时，我的内心充满了感慨与欣慰。作为一位专注于不动产行业的研究者，我有幸参与并见证了中国不动产行业从增量到存量的时代巨变。自 2019 年我参与编著的《资管大未来》一书出版算起，在过去的近 5 年中，我和我的团队全身心投入资产管理的研究与实践，参与了诸多国企三资盘活的探索与创新。如今，能将这些年的所见所闻、所思所感凝结成册，与读者分享，是我莫大的荣幸。

回首过往，2018 年对我而言是一个特殊的起点，我迈出了存量资产管理研究的第一步。彼时，中国的不动产市场经历了自 1998 年开始的 20 年红利期，处于从高速增长向高质量发展转型的关键时刻，行业的发展也站在从增量时代向存量时代转变的重要分水岭，众多企业开始意识到存量市场与资产管理的重要性，并积极探索有效的管理模式。我深感这是一个值得深入研究的战略性课题，于是毅然踏上了这条探索之路。

为了深入了解这一领域，近年来，我协助 40 余个地方国资委开设"国资大讲堂"，服务了诸多资产持有者（如中央企业及地方国企），并积极与海内外知名运营机构及资本机构开展生态合作。通过大量的走访、调研及服务，我先后与多位专家学者、企业家等进行了深入的交流、学习及实践，每一次都让我受益匪浅。我也有幸在此过程中结识了本书的另一位作者——越秀商管的董事长林德良。林总早在 2005 年就主导越秀房地产投资信托基金登陆中国香港资本市场，成为全球首只投资于中国内地物业的上市 REITs，也是中国香港首批上市的 3 只 REITs 之一。林总在不动产行业和 REITs 领域的影响力不可小觑，他也是我在资产管理研究领域的引路人，非常感谢林总的指导与引领。

一路走来，我对资产管理的认知逐步深入，也深感行业变革的迅猛与深刻，资产管理已然成为国企高质量发展的重要动能。近 5 年来，我看到了行业的变化和企业能力的提升，从最初的摸索尝试到如今的成熟运作，从单一的资产盘点或运营管理到系统化、专业化、多元化的投前、投中、投后运作，从传统的物业经营模式到创新的资本运作模式，从 2018 年凤毛麟角的国内资管案例到 2024 年大量的中央或地方国企资管案例，这些变化都让我感到无比的欣喜。更让我倍感自豪的是，在行业生态伙伴的共同推动下，越来越多的城市结合自身的资源禀赋开展资产盘活创新探索，越来越多的国企聚焦自身主责主业探索资产保值增值的最佳路径。从中央到地方，各级政府越来越重视三资盘活工作，政策频出，专班频现，力求从顶层设计维度搭建资产管理体系，持续提升国有企业的资产管理能力，有效推动及实现国有资产的保值增值。

在本书中，我尝试从资源、资产与资金的三资角度切入，剖析不动产行业从增量市场步入存量市场，企业资产管理战略转型升级的底层逻辑。通过对全球政治经济形势变化、国企深化改革关键导向，以及高质量发展赛道红利等方面的解读分析，洞察国有资产盘活的机遇与挑战。同时，本书从对标一流企业案例、剖析标杆企业实践入手，探索国企高质量发展的战略升级路径，总结出国企资产管理从资产盘清到运营盘活，再到资本优化的持续进阶路径，系统阐述了如何搭建资产管理体系，从而实现三资盘活目标。

在撰写过程中，我深感责任重大。我希望本书能够引起更多人对国企三资盘活问题的关注和思考，为国资国企提供有价值的参考，帮助它们更好地应对市场挑战，实现高质量发展。书中的案例不仅来自我的走访交流，也来自我对行业的深入观察和思考，每篇案例都蕴含着企业的智慧和创新精神，是行业发展的生动缩影，希望读者能够从中获得启发和借鉴。

当然，本书的完成也离不开众多专家学者和企业家的支持与帮助。在此，我要特别感谢专家顾问团的参与及指导，感谢甘卫斌、卢蕴琦、冉斌、徐凤军、徐世湘、张劲泉、周星星、周军山等一众好友，他们分别从国企改革、主业赋能、文化赋魂、战略转型、生态服务、产业共赢、商业焕新、"三资"转化视角给予了专业指导，这些宝贵的意见使得本书视角更为全面，内容更加丰富。同时，我还要感谢提供案例信息、数据及图片的所有人员及机构。此外，为本书的撰写提供帮助和支持的朋友还有许多，未能详尽列出，在此一并致谢！

展望未来，我相信国企三资盘活将成为推动国企转型升级和助力中国经济高质量发展的重要力量。随着市场的日益成熟，我们将迎来更多的机遇和挑战，我相信通过不断研究和探索，我们能够找到更多的解决方案和最佳的实践路径，推动不动产行业的持续健康发展。

我期待与更多的专家学者、企业家，以及广大读者进行深入的交流与合作。我们可以共同分享研究成果、交流实践经验、探讨未来趋势，共同推动国企三资盘活事业的蓬勃发展。我相信，只要我们齐心协力、共同努力，就一定能够开创国企三资盘活事业的美好未来。

最后我想说，本书的出版并不意味着研究的结束，而是标志着一个新纪元的开始。未来，我将继续关注国企三资盘活动态，不断积累新的实践经验，丰富和完善理论体系，继续投身于这个充满挑战和机遇的领域，与大家共创辉煌！

黄乐
2024 年 9 月